KB121333

신화의 종말

신화의 종말

—

2021년 8월 18일 초판 1쇄 발행

—

지은이 그렉 그랜딘
옮긴이 유혜인
펴낸이 김정수, 강준규
책임편집 유형일
마케팅 추영대
마케팅지원 배진경, 임혜솔, 송지유, 이영선

—

펴낸곳 (주)로크미디어
출판등록 2003년 3월 24일
주소 서울시 마포구 성암로 330 DMC첨단산업센터 318호
전화 02-3273-5135
팩스 02-3273-5134
편집 070-7863-0333
홈페이지 http://rokmedia.com
이메일 rokmedia@empas.com

—

ISBN 979-11-354-6739-4 (03940)
책값은 표지 뒷면에 적혀 있습니다.

—

• 커넥팅은 로크미디어의 인문, 사회 도서 브랜드입니다.
• 잘못 만들어진 책은 구입하신 서점에서 교환해 드립니다.

팽창과 장벽의 신화,
미국은 지금
어디로 가고 있는가?

신화의 종말

THE END OF THE MYTH

그렉 그랜딘 지음

유혜인 옮김

Connecting

저자 _ **그렉 그랜딘**Greg Grandin

그렉 그랜딘은 미국의 역사학자이자 작가이다. 뉴욕 시립대학교 브루클린 칼리지를 졸업했고, 예일 대학교에서 박사 학위를 받았다. 구겐하임 재단과 뉴욕 공립도서관 펠로우십을 수상한 바 있는 그랜딘은 뉴욕 대학교 역사학과에서 교수 생활을 시작했고, 2019년부터는 예일 대학교에서 학생들을 가르치고 있다. 그는 미국의 외교정책, 제국주의, 라틴아메리카, 대량학살, 인권, 노예제 등 다양한 역사 분야에 대해 폭넓은 연구를 해왔다. 그의 대표적인 저서 중 하나인《필요의 제국The Empire of Necessity》은 그해 가장 우수한 미국 역사서에 수여하는 벤크로프트상과 베버리지상을 모두 차지하는 영광을 안았고,《포드랜디아Fordlandia》는 퓰리처상, 전미도서상, 전미비평가협회상 최종 후보에 올랐다. 이 책《신화의 종말》은 전미도서상 후보에 올랐고, 퓰리처상을 수상하는 영광을 안았다. 그밖에《키신저의 그림자Kissinger's Shadow》,《제국의 작업장Empire's Workshop》,《마지막 식민지 대학살The Last Colonial Massacre》,《과테말라의 피The Blood of Guatemala》등의 작품도 널리 호평을 얻었다. 그는 유엔 진실위원회 소속으로 과테말라 내전을 조사했으며〈더 네이션The Nation〉,〈런던 리뷰 오브 북스London Review of Books〉,〈뉴욕 타임스The New York Times〉같은 매체에도 기고했다.

역자 _ **유혜인**

경희대학교 사회과학부를 졸업했다. 글밥아카데미 수료 후 바른번역에서 전문
번역가로 활동 중이다. 옮긴책으로는《나는 상처받지 않기로 했다》,《나는 오늘
부터 달라지기로 결심했다》,《나는 스쿨버스 운전사입니다》,《인 어 다크, 다크
우드》,《우먼 인 캐빈 10》,《위선자들》,《악연》,《봉제인형 살인사건》등이 있다.

그리운 마이클, 메릴린, 조엘, 타니, 진, 톰, 에밀리아에게.
그리고 엘리너와 친구들에게 이 책을 바칩니다.

신화의 종말 이후를 살아간다는 것은 위험한 일이다.
⋮
앤 카슨

| 프롤로그 |

앞으로 달아나다

시詩는 변경frontier의 언어였고, 변경에서 가장 위대한 계관시인(국가 또는 왕이 임명한 시인, 여기서는 비유적인 의미로 쓰였다_옮긴이)으로는 역사학자 프레드릭 잭슨 터너Frederick Jackson Turner가 있었다.

"미국은 사회사에 거대한 페이지로 놓여 있다."

터너가 1893년에 쓴 말이다.

"서쪽에서 동쪽으로 선을 하나씩 따라가며 대륙의 페이지를 읽다 보면 사회 진화의 기록이 보인다."[1]

터너는 유럽인이 아메리카 대륙에서 영역을 넓히며 아예 다른 사람으로 태어났다고 말했다. 거칠면서도 호기심이 넘치는 사람, 절제하면서도 충동에 따라 행동하는 사람, 현실적이면서 창의적인 사람이 되었다. '식을 줄 모르는 강렬한 에너지'가 넘쳤고 '자유가 가져온 활력과 패기'로 들떠 있었다. 터너가 학자로 활동하던 19세기 후반에서 20세기 초반은 짐 크로Jim Crow법(1876년부터 약 100년간 공공장소에서 흑인을 백인과 분리했던 미국의 주법_옮긴이)의 절정기였고 인종 간 결혼금지법, 원주민 배척법이 강화되고 KKK단이 부활한 시기였다. 텍사스의 멕시코 근로자들은 린치를 당했고, 미국군은 카리브해와 태평양에서 피 튀기는 반란 진압 작전을 벌이고 있었다. 그런 상황이었지만 터너는 훗날 프런티어 사관Frontier Thesis으로 알려지게 되는 이론 —변경의 '자유 토지free land'로 정착지가 뻗어 나가며 다른 국가와는 차원이 다른 미국만의 정치적 평등, 활기차고 진취적인 개인주의가 탄생했다는 주장— 으로 희망적인 미래를 확신했다.

터너로 대표되는 이 미국 정신은 미국 건국에 반영된 무한한 낙관론을 받아들이고 미국이 변경을 넘어 세계에 진출하며 인종 차별이 역사의 뒤안길로 사라질 것이라 믿었다. 그렇게 되면 빈곤, 불평등, 극단주의 같은 사회 문제가 줄어들고 다양한 사람이 평화롭게 어우러져 살 수 있다고 했다. 1902년에 소설가 프랭크 노리스Frank Norris는 영토 팽창으로 새로운 보편주의가 나타났으면 한다는 소망을 밝혔다. '전 세계가 우리의 국가이고 전 인류가 우리의 동포라는 사실'을 미국인들이 깨달으며 '인류의 형제애'가 싹트기를 바랐다.[2]

서쪽에는 약속의 땅이 있었다. 미국은 에덴동산 같은 유토피아에서 새로운 아담이 되어 자연의 한계, 사회의 부담, 역사의 모호함을 초월하는 상상을 했다. 미국 역사에 이보다 강력한 신화는 없었고, 수많은 대통령이 이 신화를 입에 올렸다. 신화 속의 개척자는 무한한 자오선을 넘어 전진한다. 앞으로, 또 앞으로. 1930년대와 1970년대에는 잠깐 의혹과 불신에 휩싸이고 반대 운동으로 잠잠해졌던 적도 있다.

하지만 팽창을 해야 한다는 의무는 모습을 바꿔 가며 수 세기 동안 지속되었다. 1890년대에 우드로 윌슨Woodrow Wilson은 말했다.

"늘 우리의 선봉에 서 있는 변경 사람들이야말로 여태껏 미국 역사를 결정한 핵심 인물이다."

윌슨은 또 이렇게도 말했다.

"물러선다는 생각은 존재하지 않았다."[3]

하지만 이제는 아니다. 도널드 J. 트럼프Donald J. Trump가 대선 출마를 선언하며 프레더릭 잭슨 터너를 거꾸로 뒤집은 2015년 6월 16일, 변경의 시는 끝났다. 트럼프는 말했다.

"나는 대장벽을 세울 겁니다."

트럼프는 터너가 누구인지, 터너가 미국 사상에 얼마나 큰 영향력을 미쳤는지 모를 것이다. 하지만 맨해튼 5번가에 있는 트럼프 타워 로비에서 도널드 트럼프는 자기 마음대로 재단한 역사를 이야기했다. 북미자유무역협정North American Free Trade Agreement(NAFTA)과 자유무역을 향한 미국의 신념을 언급하며 트럼프는 말했다.

"멈춰야 합니다. 지금 당장 멈춰야 해요."

국경이 없는 나라는 없고, 오늘날 많은 나라에 실제로 장벽이 서 있다. 그러나 변경이라는 개념을 가졌던 나라는 미국뿐이다. 최소한 자유의 대리 역할을 하는 변경은 미국에만 존재했다. 미국의 변경은 현대의 삶을 이룩할 수 있다는 가능성이자 약속이었고, 전 세계가 본받아야 할 모범과도 같았다.[4]

미국은 건국의 아버지들이 독립을 쟁취하기 수십 년 전부터 무한한 생성과 끝없는 전개 과정을 거치고 있었다. 1651년 토머스 홉스 Thomas Hobbes는 아메리카에 식민지를 건설하도록 영국을 움직이는 힘을 '지배력 확대에 대한 무한한 탐욕, 폭식증'으로 묘사했다.[5] 토머스 제퍼슨Thomas Jefferson은 독립선언문보다 2년 먼저 쓴 정치 논문에서 정착민이 '살던 곳을 떠날' 권리가 보편적인 법칙의 한 요소라고 썼다. '새로운 거주지를 찾는 것'은 '선택이 아닌 기회'다.[6]

초창기 미국 신학자들은 진정한 종교가 태양과 함께 동쪽에서 서쪽으로 이동했고 만약 인간이 그 빛과 보조를 맞출 수 있다면 역사의 시간을 극복하고 쇠락을 막을 수 있다고 믿었다.[7] 변경 작가 한 명은 서부가 '인류에 두 번째 기회를 줄 땅'이라고 말했다.[8] 터너의 말처럼 변경은 '영구적인 부활'의 장소였다. 과연 새로운 변경이 있을까? 1950년대 초에 활동한 역사학자 월터 프레스콧 웹Walter Prescott Webb은 이런 질문이 끊임없이 나오는 이유가 죽음의 본능에 대한 거부 반응일 뿐이라 했다. 사람의 영혼이 있느냐는 질문과 다를 바 없다는 것이다.[9] 변경의 재생력을 믿으며 많은 이가 지금의 처지에서 벗어날 기회를 얻었다. 부자가 된 사람도 적지 않았다. 미국은 크기만큼이나 야망도 대단한 나라였다.

변경이라는 개념은 상황을 진단하고(미국의 부와 권력을 설명) 처방도 내려 주었다(그 부와 권력을 유지하고 확대할 정책 추천). 물리적인 변경은 닫혔어도 시장·전쟁·문화·기술·과학·정신·정치 등 다른 영역의 팽창에 얼마든지 변경의 이미지를 가져다 붙일 수 있었다. 제2차 세계대전 이후 한동안 '변경'은 새로운 세계 질서의 비전을 이야기하는 메타포의 중심에 있었다. 과거의 제국은 자원이 한정적으로 보이는 환경에서 지배력을 확립했다. 세계의 부를 최대한 많이 차지하고 경쟁국을 꺾기 위해 지배권을 넓혀 나갔다. 하지만 현재 미국은 그들과 차원이 다른 세계 강국을 자처하고, 끝없는 성장을 전제로 세계 경제를 지배하고 있다. 미국의 지도자들은 미국 정부가 세계를 지배하지 않는다고 말한다. 지배자보다는 조력자로서 자유롭고 보편적이며 다자적인 국제 사회의 조직과 안정을 도울 뿐이라고 했다. 변경이 무한하다면 부도 제로섬 게임에서 벗어난다. 모두가 부를 공유할 수 있다. 전후 미국의 사회경제 기획자들은, 앤드루 잭슨Andrew Jackson 계파가 1830년대와 1840년대에 변경을 두고 했던 말을 빌려 미국이 세계의 '자유 영역'을 넓히고 '자유로운 제도의 범위'를 확대할 것이라 했다.[10]

변경의 이상ideal은 변경을 비판하는 표현에 내포되어 있었고, 변경은 바로 그 점에서 한 국가의 강력한 메타포 역할을 했다. 마틴 루터 킹 주니어Martin Luther King Jr.는 변경의 이상이 다양한 사회 병폐에 반영되었다고 주장했다. 인종 차별이 심해지고 남성성은 폭력적으로 변했다. 또한 부자를 찬양하고 가난한 이를 비난하는 도덕 원칙이 강화되었다. 1967년 초부터 1968년 4월에 암살을 당하기까지 1년여 동안 ―미국이 베트남에서 전쟁을 확대하던 시기였다― 킹은 여러 차례 설교와 기자 회견을 통해 현 상황을 비판적으로 분석했다. 미국이 해외에서 군세를 확장하며 국내 양극화의 진행이 빨라졌다고도 주장했다.

"베트남에서 화염방사기를 사용하면 우리 도시에 불길이 번집니다."

킹은 그렇게 말했다.

"베트남에 투하한 폭탄은 우리 집에서 폭발합니다."

그러는 동시에 계속되는 전쟁은 양극화가 가져올 최악의 결과를 바깥으로 돌리는 역할도 했다.[11]

킹의 주장은 심오하면서도 단순하다. 미국은 끊임없이 앞으로 달아나면서 경제 불평등·인종 차별·범죄 및 처벌·폭력 같은 국내의 사회 문제를 직면하지 않고 회피할 수 있었다. 그 무렵 다른 비평가들도 비슷한 결론을 내렸다. 학계에서는 미국이 제국주의적 팽창을 이어 가며 사회복지를 강화하거나 제3세계를 착취해 임금을 높이는 방법으로 숙련된 국내 백인 노동자층을 '매수'했다는 주장이 나왔다. 경쟁적 이해관계가 합치된다며 팽창의 정치적 이점을 강조하는 학자들도 있었다.[12] 하지만 다른 학자들은 프로이트주의, 더 나아가 융주의와 관련된 동기에 집중했다. 오래전 변경에서 유색인종과 전쟁을 벌이며 형성된 폭력적인 판타지가 깊이 뿌리를 내리고 있다가 외부로 투영되었다는 것이다. 병사들은 전쟁 중 잔혹 행위의 공범으로서 '자신의 부끄러운 욕망'을 기괴한 사디즘으로 승화시키고 있었다.[13]

미국의 오랜 역사에서 영토 확장이나 경제력·군사력 확대가 국내의 극단주의를 회피하는 수단이 되었다는 주장에는 해소해야 할 의문점이 많다. 역사적 트라우마·분노·신화·상징이 어떻게 한 세대에서 다음 세대로 전해졌단 말인가? 미국은 객관적으로도 외국의 자원을 확보하고 내수 시장을 개방하기 위해 팽창을 해야 했나? 아니면 지도자들이 팽창의 필요성을 믿었을 뿐인가? 어떤 답이 나오든 간에 미국은 건국 이래 계속해서 앞으로 밀고 나갔고 변경 안팎의 모든 사람에게 이로움을 주는 도덕적 용어로 팽창을 정당화했다. 1966년에 역사학자 윌리엄 애플맨 윌리엄스William Appleman Williams가 썼듯 팽창이라는 개념은 '심리적이고 철학적인 의미에서 활력을 불어넣고' 있었다. 팽창은 '무한한 투영'이 가능했기 때문이다.[14]

하지만 결과적으로는 무한하지 않았다.

현재 미국은 결코 승리하지 못할 전쟁을 18년째 치르고 있다. 2000년대 초 아프가니스탄과 이라크에서 싸웠던 군인의 자식이 입대할 나이가 되었다. 최근 한 해병대 퇴역 장군은 미국이 앞으로도 최소 16년은 아프가니스탄에서 철수하지 못한다고 말했다. 그때가 되면 참전 군인 1세대의 손자들이 입대할 나이가 된다. 린지 그레이엄Lindsey Graham 상원의원은 '미국이 경계도, 시간이나 지리의 제한도 존재하지 않는 끝없는 전쟁을 치르는 중'이라고 한다.[15] 또 다른 퇴역 군인은 (니제르 같은 아프리카 국가로 군사 작전을 확대하는 것을 두고) 전쟁이 '절대로 끝나지 않을 것'이라 말했다.[16] 현재 6조 달러에 육박한다고 추정되는 비용은 후대의 자손이 메꿔야 한다.[17]

이렇듯 끝없는 전쟁을 치르는 미국이지만 끝없는 성장은 이제 상상도 할 수 없다. 근본적으로 모든 세대의 기대치가 축소되었다. 2007-2008년 금융 위기 이후 비정상적인 회복기를 거치며 투자는 신통치 않고 현금도 돌지 않고 있다. 주가는 상승하고 임금은 정체되었다.[18] 현재 미국에 닥친 위기의 근원을 확인하려면 수십 년 전으로 거슬러 올라가야 한다. 1980년대 초 농업 실패와 탈산업화로 경제구조가 개편되었고 뒤이은 금융 규제 완화로 세금이 대폭 낮춰졌다. 저임금 서비스직과 개인 부채는 뿌리 깊이 박힌 문제들이다. 지난 수십 년 동안 정치계는 무한하다는 표현의 강도를 조금씩 높이며 경제 개혁의 당위성을 주장했다.

"무엇이든 가능합니다."

로널드 레이건Ronald Reagan은 말했다.

"성장에는 한계가 없습니다."[19]

후임 대통령들 —조지 H. W. 부시George H. W. Bush, 빌 클린턴Bill Clinton, 조지 W. 부시George W. Bush— 도 이념의 거품bubble을 주도했다. 하지만 1998년에 클린턴의 경제 수석이 얼마 지나지 않아 터져 버릴 닷컴 버블을 '영원히 계속될 것'이라며 잘못 예측했듯, 대통령들의 주장도 현실성 없는 거품에 불과했다.[20] 꾸준히 판돈을 올린 네 대통령은 도덕적 의무를 내세워 국제적 '개입'을 추진했다. 그 의무는 미국을 페르시아만Persian Gulf으로 이끌었고, 미국은 국가 재정을 위태롭게 하고 도덕적으로 불명예를 안긴 세계 전쟁에 들어서고 말았다.

모든 국가주의의 이상과 현실에는 차이가 있다. 그러나 베트남 전쟁 이후 미국에서는 단호한 개인주의와 무한한 변경에 대한 신화가 부활하며 —탈산업화로 일상이 망가지고 한계에 봉착하는 사람이 늘어나던 바로 그 시기에— 극단적인 부조화 현상이 나타났다. 정부에서 제공하는 복지와 노동조합 같은 사회적 연대가 그 어느 때보다 필요한 시점에 연대의 힘이 약해졌다. 서부 신화에서 카우보이는 조합에 가입하지 않기 때문이다.[21] 신화와 현실의 틈은 더욱 깊이 갈라졌다.

미국은 개인의 자유로운 이익 추구에 정부가 개입하면 안 된다는 원칙을 바탕으로 세워진 국가이다. 도덕적 사명감을 품고 세계에 진출했을 때도 부패와 탐욕은 미국에 엄연히 존재했다. 하지만 미국 역사에서 지금처럼 부정과 환멸이 만연한 시대, 가진 자가 가지지 못한 자를 그저 멸시하는 시대는 찾으려 해도 없었다.

2016년 도널드 트럼프가 미국 대통령에 당선되자 ─또한 선거 운동과 임기 중에 온갖 독설을 쏟아 내자─ 평론가들은 두 가지 상반된 가능성을 내놓았다. 우선, 정부 기관에 지극히 비非미국적인 움직임을 불러온 트럼프주의Trumpism가 과거와의 단절을 나타낸다는 의견이 있다. 반대로 트럼프는 뼛속까지 박힌 미국식 극단주의의 화신이라는 주장도 있다. 트럼프가 무신경하고도 냉혹하게 자국민 보호주의nativism를 부르짖는 것은 어떤 의미일까? 미국은 그동안 정도의 차이는 있어도 꾸준하게 국내에서는 관용과 평등을 고수하고 해외에서는 다자주의·민주주의·자유 시장을 수호했다. 그 전통에서 벗어난다는 뜻일까? 아니면 많은 이가 공감한 딕 체니Dick Cheney의 표현을 빌려 미국 역사의 '어두운 면'이 드러났을 뿐인가? 단절인가, 지속인가?

하지만 대다수 평론가가 언급하지 않은 문제가 있다. 미국이 무한한 팽창을 약속하며 인종 차별과 극단주의를 변방의 문제로 밀어냈다는 문제 말이다. 이전의 혼란기에도 조지 월리스George Wallace, 팻 뷰캐넌Pat Buchanan처럼 트럼프와 비슷한 선동 정치가가 등장하기는 했다. 그러나 이들의 자국민 보호주의 활동은 지리적·제도적·이념적으로 비주류에서 제약을 받았다. 노골적으로 인종 차별을 내세우는 미국 대통령도 처음은 아니었다. 리처드 닉슨Richard Nixon은 신新남부연합주의자들의 표를 얻기 위해 '남부 전략southern strategy'을 이용했다. 그보다 앞서 우드로 윌슨은 실제 남부연합 잔당과 그들의 아들, 손자를 선거 연합으로 육성하고 연방 정부에서 유색인종을 재분리했으며 KKK단을 합법화했다. 윌슨 전에는 앤드루 잭슨이 있었다. 나체스에서 내슈빌까지 사슬에 묶인 노예 무리를 짐승처럼 직접 몰았던 잭슨은 인종 청소 정책으로 넓은 땅을 비우고 그 땅에 백인 정착민이 살게 했다. 그리고 연방 정부 차원에서 총력을 기울여 '백인 민주주의'를 이루어 냈다.

그러나 잭슨이나 윌슨 같은 인종주의자 대통령은 트럼프와 달리 미국이 한창 세계에 진출하던 시기에 국가를 이끌었다. 그때까지는 국내의 정치 양극화를 억제할 수 있었다. 남북전쟁으로 자칫 찢어질 뻔했지만 전 국민이 끝없는 성장을 기대하며 똘똘 뭉쳤다. 반면 트럼프의 극단주의는 내부를 향해 있어 소모적으로 자기 살만 파먹는다. 욕구를 억제하고 욕구의 방향을 외부로 돌려 줄 '신성한 구세주' 같은 개혁 운동은 없다. 어떤 형태의 팽창도 사람들의 배를 채워 주지 못한다. 어긋난 의견을 조화시킬 수도, 파벌을 깨뜨릴 수도, 분노의 방향을 돌릴 수도 없다.

작가 샘 타넨하우스Sam Tanenhaus는 버락 오바마Barack Obama의 임기 중에 증가한 극단적 보수주의 정서를 '격노'라 묘사했다. 그 격노는 갈 길을 잃었다.[22] 미국 안에서 휘몰아치고 다닐 뿐이다. 트럼프는 미국식 인종주의를 다양한 형태로 활용했다. 버서리즘birtherism(오바마 대통령이 미국에서 태어나지 않았으므로 미국 대통령 자격이 없다는 주장에서 유래한 믿음_옮긴이)을 팔았고, 법과 질서를 수호한다는 극단주의 세력을 포용했다. KKK단이나 나치 지지자와도 거리를 두지 않았다. 멕시코인에게 강간범이라는 꼬리표를 붙였고, 이민자를 뱀 아니면 짐승이라 표현했다. 미등록 체류자를 향한 분노를 부추기고, 출생 시민권 제도를 폐지하려 했다. 구석구석 이민세관단속청ICE 요원을 풀어 학교와 병원을 급습하게 하고 가족을 찢어 놓고 슬픔을 퍼뜨렸다. 이처럼 국경과 국경을 둘러싼 모든 문제에 초점을 맞추며 트럼프주의를 정통으로 꿰뚫은 메시지가 탄생했다. 세계의 지평선은 유한하고, 모든 사람이 부를 나눠 가질 수 없으며, 국가 정책은 현실을 반영해야 한다는 것이다. 물론 새로운 주장은 아니다. 이런 주장은 그동안 두 가지 형태로 존재해 왔다. 한쪽은 인도적으로 현실을 인식하고 현대를 살아가려면 의무를 져야 한다고 본다. 자연의 자원은 무한하지 않고, 부를 최대한 공평하게 분배하는 방식으로 사회를 조직해야 한다고 믿는다. 반면 다른 한쪽에서는 한계를 인정했다면 지배력이 필요하다고 생각한다.

언젠가 캐나다 시인 앤 카슨Anne Carson은 말했다.

"신화의 종말 이후를 산다는 것은 위험한 일이다."

트럼프와 함께 미국은 어느새 신화의 종말을 맞이했다.

변경의 이야기에 자본주의와 자본주의가 가진 힘과 가능성, 자본주의가 약속하는 무한함을 빠뜨릴 수는 없다. 도널드 트럼프는 국경에 대한 말 —장벽에 대한 약속— 이 자본주의의 용어를 건드리지 않고 자본주의의 한계와 고통을 인정하는 방법이라고 생각했다. 트럼프는 전쟁을 끝내겠다고, 반규제와 자유 시장을 극단적으로 추구하는 공화당의 정책을 바꾸겠다고 약속했다. 그래 놓고는 취임 후 규제 완화에 박차를 가하고 군비를 확충하고 전쟁을 확대했다.[23] 그 와중에도 장벽에 관한 이야기는 멈추지 않았다.

그 벽은 생길 수도 있고, 생기지 않을 수도 있다. 의회와 백악관 사이의 영구적인 협상 카드로 예산 단계를 넘지 못하고 환영으로 끝날 가능성도 있다. 하지만 미국의 남쪽 국경에 강철과 콘크리트로 길이 3,200킬로미터, 높이 9미터의 장벽을 올리겠다는 약속은 제 역할을 충분히 해냈다. 트럼프의 장벽은 미국의 새로운 신화이자 변경의 마지막 문을 닫는 기념비가 되었다. 한때는 미국이 역사의 손아귀에서 벗어났다는 믿음이 있었다. 장벽은 적어도 역사를 밟고 올라섰다고 믿었던 나라인 미국이 현재는 역사라는 덫에 제 발로 들어가 붙잡혔음을 보여 주는 상징물이다. 한때 미래를 이끄는 선장이라 자신했던 미국 국민도 이제는 과거의 포로일 뿐이었다.

| 차례 |

그 모든 공간

"아메리카란 무엇이었냐 하면 지리,
순수한 공간일 뿐이었다."

$$\longrightarrow\!\!\!\!\!\!\text{≫≫}\!\!-$$

1
—

북아메리카의 영국 식민지들은 팽창_{expansion} 과정에서 생겨났다. 기독교가 크게 분열되고 유럽의 종교와 제국 갈등이 끊이지 않던 시기에 아메리카는 열망이자 사명, 의무였다. 요한 계시록을 어떻게 해석하느냐에 따라 유럽인이 뉴잉글랜드에 정착한 이유도 다양했다. 누군가는 유럽에서 벌어질 전쟁을 피하려 대서양을 건넜다. 누군가는 새로운 땅에서 전쟁을 벌이고 승리하기 위해 이주를 택했을지도 모른다. 이처럼 1600년대부터 신세계_{New World}라는 종말론적 성운에서 아메리카의 역설적인 이미지가 굳어지기 시작했다. 아메리카는 새로운 땅이면서도 황폐했다. 텅 비어 있었지만 그 안에는 가톨릭 스페인의 지배에서 벗어나기를 갈망하는 원주민들로 가득했다. 영국보다 1세기 먼저 아메리카 일부를 정복한 스페인은 세계 강국으로 부상하려는 신교 영국에 크나큰 걸림돌이었다. 1500년대 말, 성직자이자 왕실 학자였던 리처드 해클루트Richard Hakluyt는 여왕과 투자자들에게 아메리카 식민지 건설을 청하며 이렇게 썼다.

"'리베르타, 리베르타(자유, 자유)'라고 모두 한목소리로 외칩니다."[1]

척박한 생활환경 탓에 아메리카 내 영국 청교도 사회가 무너졌고 변경 지대는 정착민을 위협하는 한편 유혹했다. 음침한 숲은 마녀들의 소굴이었고, 사람들은 숲의 마법에 이끌리고 있었다. 숲은 무너진 공동체를 재건하고 새로운 삶의 목적을 찾을 수 있는 공간, 처음부터 다시 시작할 기회였다. 하지만 그곳에서 더 불행해질 위험도 있었다. 일찍이 아메리카에 정착한 청교도 족장 두 명은 숲이라는 미지의 영역에서 경험하게 될 고난을 '황무지의 비애wilderness sorrows'라 묘사했다. 정착민이 뿔뿔이 흩어져 목사의 지배에서 벗어난다면 그나마 남아 있는 결속마저 산산이 부서질 수 있었다. 인크리스 매더Increase Mather(청교도 목사이자 하버드 총장으로 세일럼 마녀재판에 아들 코튼 매더와 큰 영향력을 미쳤다_옮긴이)는 경고했다.

"사람들은 언제라도 다시 숲에 들어가 이교도로 돌아갈 수 있다."

목사들의 설교에서도 팽창은 기독교 공동체 확립이 어려운 문제의 원인인 동시에 해결책이었다.

팽창이 원인이든 해결책이든 아메리카 원주민은 길을 비켜 줘야 했다. 그렇게 하지 않으면 죽을 수 있었다. 한 청교도 기록자는 말했다.

"그들은 쇠약해지고 썩어서 사라진다."

1620년 메이플라워Mayflower호가 도착하기도 전에 유럽의 전염병으로 사망한 원주민들을 가리켜 한 말이다. 주인이 죽고 사라진 땅에 는 매사추세츠 베이 식민지Massachusetts Bay Colony가 들어섰다. 다른 이 는 이렇게 평했다.

"하나님께서 이교도를 제거하시고 땅에 묻어 그분의 사람들을 위 해 길을 열어 주셨다."[2]

살해당하는 원주민도 있었다. 역사학자 버나드 베일린Bernard Bailyn 은 청교도가 자행한 살상의 원동력을 이렇게 설명했다.

"미지의 황무지에서 문명인이 무슨 일을 당할지 모른다는 두려움 이 있었다. 다른 인종과의 갈등도 두려워했다. 그들은 신을 부정하는 이교도들이 주변 세계에 들끓는 가운데 하나님의 자녀로서 사탄의 무자비한 대리인과 싸워야 할 운명이었다."[3]

원주민은 노예가 될 수도 있었다. 1626년에 아메리카 식민지에서 최초의 특허를 따낸 이는 버지니아의 상인이자 농장주 윌리엄 클레이 본William Claiborne이었다. 인디언을 구속하고 강제로 일을 시키는 도구 를 발명한 클레이본은 '발명품을 실험할 대상으로' 인디언 한 명을 받 기까지 했다.[4] 이 발명품이 정확히 무엇이었는지는 식민 시대 기록물 에도 나와 있지 않다. 실험이 성공하지 못했다는 사실만 언급될 뿐이 었다.*

목숨을 건지고 노예 신세를 피한 원주민은 서쪽으로 멀리멀리 밀 려났다. 1794년 뉴올리언스의 스페인 총독은 불만을 표했다.

---

* 버지니아 사람들은 부족한 노동력을 충당할 곳으로 아프리카를 택했고, 청교도 정신에 동조했 던 클레이본은 스페인어권 아메리카로 눈을 돌렸다. 그래서 런던 상인 자본가들의 지원을 받아 온두라스 해안에 새로운 뉴잉글랜드를 건설하려 했으나 계획은 실패했다.

"무수한 사람이 지치지도 않고 그쪽에서 우리 쪽으로 인디언을 계속 몰아내고 있다. 오하이오, 미시시피강, 멕시코만, 애팔래치아산맥 사이에 인디언이 차지한 넓은 땅을 독차지할 속셈이다."[5]

그로부터 1세기 반이 지난 1950년대 초, 멕시코의 작가이자 외교관인 옥타비오 파스Octavio Paz도 비슷한 주장을 했다.

아메리카란 무엇이었냐 하면 인간의 행위에 열려 있는 지리, 순수한 공간일 뿐이었다. 역사적 실체 —오래된 사회 계급, 확립된 제도, 종교, 대대로 전해 내려오는 법률— 가 없었기 때문에 자연의 장애물 외의 장애물은 현실에 존재하지 않았다. 사람들은 역사가 아니라 자연과 싸웠다. 역사적 장애물 —이를테면 토착 사회— 이 있다면 역사에서 지우고 단순한 자연적 사실로 치부했으며 그에 따라 없애 버렸다 … 악惡은 외부에 있다. 자연 세계의 일부로서 인디언, 강, 산처럼 길들이거나 파괴해야 하는 장애물과도 같다.[6]

파스는 미국 독립 혁명American Revolution이 영원히 끝나지 않을 혁명이며 '아메리카의 본질과 맞지 않는 요소들'을 끊임없이 축출하는 '지속적인 자기 발견'이라고 했다. 이런 발견에 방해가 되거나 영원한 창조에 '환원 혹은 동화가 불가능한 것'이 있다면 —아메리카 원주민이든, 스페인어권 아메리카Spanish America(스페인어를 사용하는 아메리카 국가들, 히스패닉 아메리카Hispanic America라고도 한다_옮긴이)든, 역사 그 자체든— "그것은 아메리카가 아니다."

다른 곳에서는 미래를 인간이 가진 속성 중 하나로 본다. 우리는 인간이기 때문에 미래를 갖는다. 색슨 아메리카에서는 … 순서가 뒤바뀌어 미래가 인간을 결정한다. 인간인 우리가 곧 미래인 것이다. 미래가 없다면 인간이 아니다.

파스는 "미국이 모순, 불분명, 불일치를 허용하지 않는다."라고 말했다. 미국이라는 국가는 '중력을 받지 않는 것처럼 재빠르게' 앞을 향해 날아가 육지를 가로지른다. 100여 년 전 텍사스의 아버지 스티븐 오스틴Stephen Austin은 서쪽으로 이동하는 북아메리카인을 막는 것이 '짚으로 만든 댐으로 미시시피강을 막으려는 것'과 같다고 했다.[7]

2

서부 이동은 간헐적으로 반복되다 중대한 순간에 엄청난 위력으로 폭발했다.

1700년대 초는 신학과 관련해 비교적 조용한 시기였다. 영국 식민지인들은 전쟁, 질병, 궂은 날씨, 내부 분열에 시달리느라 청교도 정착민들이 앞서 겪었던 정신적 고통을 어느 정도 잊고 살았다. 그러다 1730년대에 종교 부흥 운동인 대각성 운동Great Awakening이 일어났고, 국제적 사건 ―유럽 국가 간의 전쟁― 이 로마 가톨릭교와 진정한 종교의 마지막 싸움이라고 장담하며 한탄하는 목소리가 다시 나오기 시작했다. 숲 열병Forest fever ―이주는 예언된 것이며 세상을 구하

려면 숲을 개척하고 계곡을 그리스도교 신자로 채워야 한다는 발상
— 이 재발했다. 정착민들은 블루리지 산맥Blue Ridge을 넘고 셰넌도어
Shenandoah와 오하이오 계곡으로 들어가 컴벌랜드갭Cumberland Gap을 지
나기 시작했다. '이들은 하나같이 종교에 엄격했고 성경을 곧이곧대
로 인용하며 이교도를 비난했다.'**8** 1730년대에 코네스토가Conestoga 사
람들을 펜실베이니아 서쪽 땅에서 몰아낸 스코틀랜드계 아일랜드인
들에게는 신념이 걸린 문제였다.

"이곳에서 땅을 일구고 식량을 기르고자 하는 그리스도교 신자가
이리도 많은데 넓은 땅을 사용하지 않고 놀리는 것은 신과 자연의 법
칙에 위배된다."**9**

미국 독립 혁명이 시작되기 수십 년 전부터는 서부 정착에 세속적
인 의미가 더해져 그리스도의 강림이 아닌 사회 진보를 유도하는 과
정이라는 인식이 생기기 시작했다. 벤저민 프랭클린Benjamin Franklin은
1751년 〈인구 증가에 대한 고찰Observations Concerning the Increase in Mankind〉
이라는 소논문에서 이런 사고방식을 간략히 설명했다.**10** 프랭클린에
따르면 인구 과잉 때문에 유럽의 생활수준은 밑바닥으로 떨어진 상
태였다. 척박한 토양을 겨우 일궈 식량을 구했고, 도시로 사람들이 몰
리며 임금은 곤두박질치고 있었다.

"노동력이 넘치면 자연히 임금이 낮아진다."

하지만 프랭클린이 주장하기를 아메리카는 유럽처럼 인구의 함
정에 빠지지 않았다. 인구가 증가해도 한정된 자원을 더 작은 몫으로
나눠야 하기는커녕 더욱 부유해졌다. 땅이 넓고 저렴하며 비옥했기
때문에 노동자는 원하는 만큼 아이를 낳을 수 있었다. 자녀도 부모와

똑같이 숲을 개척하고 작물을 심으면 됐기 때문이다. 공급에 맞춰 시장도 커질 테니 유럽이 겪은 문제 —식량 부족, 노동력 과잉, 임금 저하, 도시 과밀, 수요를 넘는 공산품 생산— 를 피할 수 있었다.

"북아메리카 영토는 매우 광활하다."

필라델피아에 있는 자신의 인쇄소에서 프랭클린은 이렇게 썼다.

"수 세대가 지나야 완전한 정착이 가능해질 것이고, 모든 땅이 채워지기 전까지 임금은 절대 낮아지지 않을 것이다."

프랭클린은 낙관적인 프로메테우스(프랭클린은 번개가 전기라는 사실을 밝혀 낸 후 제우스의 불을 훔쳐 인간에게 전한 신에 빗대어 현대판 프로메테우스라 불렸다_옮긴이)였다. 프랭클린은 역사가 동쪽에서 서쪽으로 바다와 육지를 가로지르며 나아가는 과정이라고 상상했다.

"아메리카의 숲을 개척함으로써 우리는 이 지구를 깨끗하게 닦고 있다."

프랭클린은 아메리카에 '영국인 100만 명'이 있으며 다음 세대에는 그 수가 2배로 증가해 영국 본토보다 '바다 건너편'에 있는 영국인이 더 많아질 것으로 예상했다. 이때 프랭클린은 새로운 사고방식으로 인종을 구분하며 자신과 같은 '피부색'을 선호하는 습성을 정당화했다. 성경의 절대적 기준 —아메리카 원주민은 사탄의 대리인이므로 신의 섭리에 따라 이 땅에서 쫓아내야 한다— 이 아니라 상대적 기준을 새롭게 제시했다. 프랭클린은 누구나 본인이 속한 종족을 '편애'하기 마련이라 자신은 백인을 선호한다고 말했다.

"당연히 나는 백인이 더 많아졌으면 좋겠다."

그러면서 아프리카인의 피부는 '검은색black'이고, 아시아인의 피부는 '황갈색tawny'이라 주장했다. 영국인과 독일의 색슨족을 제외한 유럽인은 대체로 '거무스름하다swarthy'고 했다. 프랭클린은 "북아메리카에 정착한 백인의 피부가 밝기 때문에, 지구에서 우리가 사는 곳은 화성이나 금성에 사는 생명체의 눈에 더 밝게 빛난다."라고 썼다. 전지전능한 신이 아니라 지각을 가진 다른 존재(외계인)에 판단을 넘기는 말로 프랭클린은 강력한 이신론理神論을 내세웠다.

7년 전쟁이 확대되며 프랭클린의 낙관론(팽창에 번영이 뒤따른다는 이론)과 은밀한 부추김(피를 흘렸으면 포상으로 땅을 받아야 마땅하다는 믿음을 조장했다)에 넘어가는 사람이 점점 많아졌다. 1756년에서 1763년 사이 유럽은 두 개의 거대한 연합으로 분열되어 ─한쪽은 가톨릭 프랑스가, 다른 한쪽은 신교 영국이 이끌었다─ 싸웠고 전쟁은 인도, 아프리카, 아시아, 카리브해, 남아메리카에 이르기까지 전 세계로 퍼졌다. 프랑스와 영국은 북아메리카에도 상비군, 정착민 민병대, 원주민 동맹군을 배치하고 아메리카 대륙의 지배권을 차지하기 위한 다툼을 벌였다.[11]

전쟁(아메리카에서는 영국과 프랑스 식민지인들이 오하이오 계곡을 두고 교전을 벌인 1754년에 시작되었다)은 살벌했다. 전투 강도는 낮았으나 기나긴 강행군으로 사망률이 치솟았다. 길 하나 없는 숲속을 헤치고 나아가야 했고 학살이 일어났다. 마을은 불바다가 되었고 사람들은 정신없이 달아났다. 병사들은 굶주림과 갈증에 시달렸다. 양쪽 모두 인육을 먹었는데 한편으로는 적군에 대한 보복이었고, 한편으로는 생존 수단이었다. 영국의 '레인저ranger'들은 아메리카 원주민의 전투 방식을 모방해 소수 인원으로 지형 사이를 은밀히 움직인 다음 기습 공격을 했다. 로저스 레인저 부대Rogers' Rangers는 '인디언처럼' 옷을 입고 생활했으며, 머리 가죽을 벗기는 칼을 들고 코네티컷 계곡의 프랑스 측 원주민 동맹군을 진압했다. 세인트로런스강 인근의 아베나키Abenaki 마을에 접근했을 때, 마을에는 여성과 아이들밖에 없었지만 한 레인저의 증언에 따르면 로저스 부대는 "가차 없이 죽인다."라며 공격을 개시했다. 15분도 되지 않아 마을 전체가 불길에 휩싸였고 끔찍한 살육이 이어졌다. 탈출한 사람은 없었다.

"불에 타지 않은 사람은 총으로 쏘거나 도끼로 내리쳤다."

그 레인저는 말했다.

"야만인들의 비인간적 행위에 대한 보복이었다. 비록 끔찍했지만 놈들은 벌을 받아야 마땅했다."[12]

인디언을 모방하는 전략에는 심리적인 기능도 있었다. 피해자가 얼마나 무자비하게 당했을지 상상하고, 살인을 함으로써 적을 무자비하게 죽여도 괜찮다고 합리화할 수 있었기 때문이다. 그리고 인디언처럼 본토에서 태어난 듯 행동해 인디언을 몰아낸 후에는 땅에 대한 소유권을 주장할 수도 있었다. 한 작가는 정착민이 인디언을 모방하며 '동족 학살'을 저질렀다고 묘사했다.

"잔혹하게 살해된 '인디언 형제들'은 한 맺힌 유령이 되어 백인의 무의식에 자리했다."[13]

어떻게 보면 이곳이 코맥 매카시Cormac McCarthy의 소설에 나오는 핏빛 자오선의 출발점인 셈이다. 끝없는 하늘이 끝없는 증오와 만나는 수평선은 아닐지라도 정착민이 아메리카 원주민을 말살하는 행위가 이곳을 기점으로 대륙 전체에 퍼졌던 것은 확실하다. 버나드 베일린이 말한 수십 년의 '미개한 세월'은 이렇게 시작되었다.

전쟁의 승자는 영국이었다. 영국은 북쪽의 오대호Great Lakes에서 오하이오 계곡까지 내려와 서쪽으로는 미시시피에 이르는 광대한 삼림지대를 프랑스에서 빼앗아 왔다. 그러나 평화는 오래가지 않았다. 프랑스가 패배하며 스페인이 영국의 마지막 경쟁국으로 부상했기 때문이다. 하지만 이 무렵 북아메리카 영토에서 스페인의 지배권은 약해질 대로 약해져 있어, 프랭클린 등 영국 식민지인들은 영국이 최후의 전투로 북아메리카 전체와 카리브해를 차지할 날을 고대하고 있었다. 1767년 프랭클린은 "'앞으로 벌어질 전쟁'에서 영어를 쓰는 사람들이 미시시피강에서 아래쪽 지방을 통해 멕시코만으로 들어가 쿠바, 혹은 멕시코와의 대결에 이용될 것이다."라고 썼다.14

사람들은 이미 미시시피에서 쏟아져 내려오고 있었다. 산을 넘어 미시시피 계곡으로 달려드는 떠돌이와 불법 거주자 행렬을 보며 영국의 식민지 총독은 "제국의 찌꺼기들이 흘러넘치고 있다."라고 표현했다. 영국 정부는 그들을 막으려 노력했지만 이러지도 저러지도 못하는 처지였다. 전쟁에서 승리했을 때 두 집단에 보상을 약속했는데 양쪽의 상반된 이해를 조정할 수 없었기 때문이다. 앨러게니산맥과 애팔래치아산맥 동쪽에 사는 영국 식민지인들은 영국군의 보병으로 프랑스군과 싸웠고 전쟁에 나가는 대가로 변경 지대의 땅을 약속받았다. 한편 애팔래치아계곡의 서쪽에는 동맹군으로 영국을 지원한 원주민들이 살고 있었다. 북쪽의 이로쿼이족Iroquois, 남쪽의 체로키족Cherokees, 촉토족Choctaws, 치카소족Chickasaws, 플로리다의 세미놀족Seminoles 외에도 많은 부족이 있었다. 대부분 영국 편에 서서 싸웠고

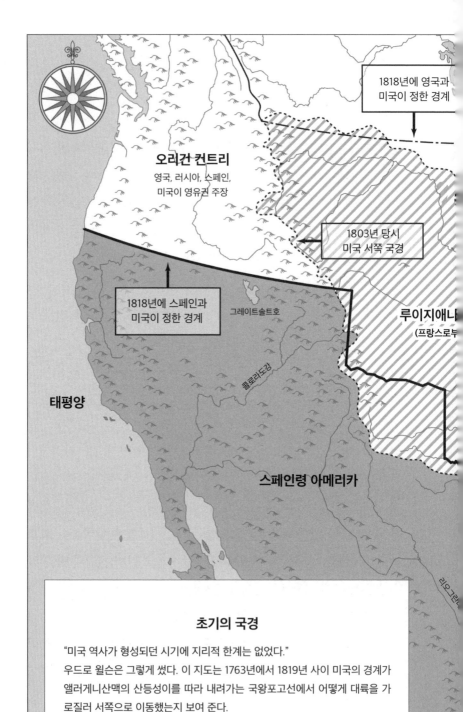

1818년에 영국과
미국이 정한 경계

오리건 컨트리

영국, 러시아, 스페인,
미국이 영유권 주장

1803년 당시
미국 서쪽 국경

1818년에 스페인과
미국이 정한 경계

그레이트솔트호

루이지애나

(프랑스로부

콜로라도강

태평양

스페인령 아메리카

리오그란데

초기의 국경

"미국 역사가 형성되던 시기에 지리적 한계는 없었다."
우드로 윌슨은 그렇게 썼다. 이 지도는 1763년에서 1819년 사이 미국의 경계가
앨러게니산맥의 산등성이를 따라 내려가는 국왕포고선에서 어떻게 대륙을 가
로질러 서쪽으로 이동했는지 보여 준다.

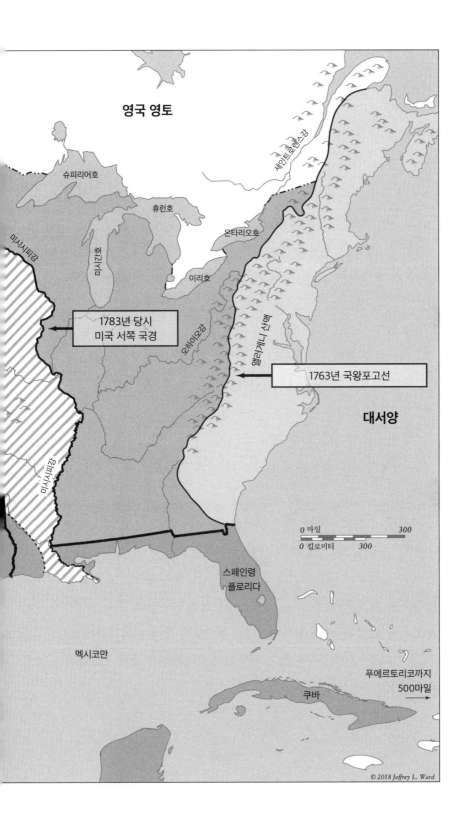

백인 식민지인만큼이나 영국의 승리에 크게 이바지했다.

1763년 10월, 영국 왕실이 상황을 수습하기 위해 나섰다. 조지 3세는 앨러게니산맥 정상을 분할선으로 정하고 분할선 서쪽에 유럽인의 정착을 금지하는 포고령을 발표했다.

"사랑하는 모든 국민에 대단히 비통한 마음으로 명령하니, 위에서 지정한 토지에 대한 매입·정착·소유를 엄격히 금지한다."

심지어 선을 이미 넘은 정착민에게도 '즉각적인 퇴거'를 명령하고 동쪽으로 돌아가라 했다. 조지 3세는 이 포고령으로 식민지의 건립 헌장을 무효화하고, 왕이 그간 민간 기업에 영구히 하사했던 권리를 거두고 있었다. 그중에는 오하이오 컴퍼니Ohio Company에 양도한 땅 수십만 에이커도 포함되어 있었다.[15] 사실상 원주민으로 구성된 새로운 식민지를 인정한 것이나 다름없었다. 유럽인이 대서양 연안에 세운 식민지와 분리되었을 뿐, 자격은 동등했다. 국왕 포고령은 "원주민이 우리의 보호를 받는다."라고 했다.

"우리의 영토와 영지를 소유하는 데 방해 또는 피해를 받지 않아야 한다."

새로운 조치에 이해관계가 없다고 할 수는 없었다. 원주민 사냥터에 백인 정착민이 접근하지 못한다면 영국 상인이 지금처럼 모피를 계속 공급받기 힘들어진다. 하지만 "야만인들이 황무지에서 조용히 알아서 살게 두자."라고 한 무역식민위원회 위원장의 말에는 강력한 효과가 있었다. 게다가 조지 3세는 원주민에 대해 이야기하며 '민족nation'이라는 단어를 사용했다. 원주민 지도자들에게 국왕 포고령은 원주민의 자주권을 인정하는 확인서였다.[16]

반대로 영국 식민지인들은 자주권을 침해당했다고 여겼다. 그들에게 자주권이란 서쪽으로 이동할 권리였기 때문이었다.

3

조지 3세의 분할 결정을 인정할 불법 거주자나 대지주는 없었다. 영국 왕실의 이익과 영국 식민지인의 이익이 일치하지 않는다는 사실이 이제는 확실해졌다. 조지 3세의 법 위에 신과 자연의 법칙이 있으므로 식민지인들은 그들이 적합하다고 여기는 곳에 적합한 사회를 세울 권리가 있다고 주장했다. 앨러게니산맥 앞뒤 지역이든 산꼭대기든 상관없었다. 프랭클린은 흐름을 돌이킬 수 없다고 경고했다.

"국가나 지방에서 포고령을 내려도, 야만적인 전쟁의 공포와 참상을 경험해도 산 너머에 정착해야 했다."

사람들이 이미 그 땅에 정착하고 있는 것이 현실이었다.

북아메리카를 분할한다는 왕의 발상에는 현실성이 없었다. 포고령 자체도 앞뒤가 맞지 않았다. 7년 전쟁에 참전한 백인에게 땅을 수여한다는 약속과 아메리카 원주민에게 땅을 지켜 주겠다는 약속을 동시에 하고 있었기 때문이다. 첫 번째 약속은 지키다 말았고, 두 번째는 아예 지키지 못했다. 왕에게 충성을 바치는 아메리카 식민지 총독들은 서쪽으로 이동하는 행렬을 막고, 극단적인 조치까지 취하며 인디언 땅에서 불법 거주자를 내쫓았다. '재판 없이 사형에 처한다'는 위협도 서슴지 않았다. 그래 봤자였다. 프랑스와의 전쟁에 자원했던 식민지인 수천 명은 금지된 구역을 직접 눈으로 목격했다. 그곳의 오크나무와 느릅나무가 얼마나 울창한지, 사냥감과 물줄기가 얼마나 풍부한지 확인했다. 강과 지류에는 배를 띄울 수 있었다. 토양의 특성도 확인해 어떤 식물을 심으면 좋을지(담배, 아마, 목화 등), 알아서 잘 자랄 식물은 무엇이 있을지 파악하고 있었다. 포도와 뽕나무 열매는 먼저 따는 사람이 임자였다. 그곳에 자생한다는 대마도 가서 자르면 그만이었다. 그렇게 풍요로운 땅을 목격한 이상, 앨러게니산맥 동쪽에만 머무를 수는 없었다.

정착민들이 서쪽으로 전진하며 오하이오와 미시시피 계곡의 아메리카 원주민들은 공포에 떨었다. 1763년 스코틀랜드-아일랜드계로 이루어진 팩스턴 보이스Paxton Boys는 펜실베이니아 서부를 휩쓸고 다니며 코네스토가 인디언 수십 명을 죽여 머리 가죽을 벗기고 시신을 훼손했다.[17] 변경에서 야만 행위를 한 인물에는 프레더릭 스텀프 Frederick Stump도 있었다. 독일 이민자 2세로 태어난 스텀프는 1755년 펜실베이니아주에서 프레더릭스버그라는 마을 건립에 일조했고, 전쟁의 소용돌이 속에서 돈을 벌었다가 망하고 다시 부자가 되었다. 펜실베이니아 동부에서 상점을 운영하던 스텀프는 소규모로 땅 투기를 하며 잘살고 있었다. 하지만 필라델피아주의 허가를 받지 않고 '산 너머'로 가족과 이사한 것이 화근이었다. 아내와 자녀들이 그곳 원주민들에게 살해당했다는 소식에 스텀프는 독일인 시종 한스 아이젠하워 Hans Eisenhauer와 복수에 나섰다.* 두 사람에게 호의적인 이야기를 참고

---

*   한스 아이젠하워는 드와이드 D. 아이젠하워의 5대조였다.

하면, 존 아이언커터John Ironcutter라고도 불렀던 아이젠하워와 스텀프는 계곡과 산을 다니며 야만인을 사냥했고, 희생자가 사냥개 무리를 피해 나무에 오르면 그를 추적해 들고양이처럼 총으로 쐈다.[18]

스텀프는 '인디언 킬러Indian Killer'로 유명해졌다. 인디언을 죽이고, 인디언처럼 죽였기 때문이다. '불을 든 악마'와 싸웠고 '야만인 적들이 쓰는 수법'을 사용했다.[19]

가장 참혹한 사건은 1768년 1월의 어느 날에 터졌다. 그날 스텀프와 아이젠하워는 앨러게니분지 동쪽에서 열한 명을 살해했다. 영국 관리가 '인디언 친구들'이라 말한 피해자에는 남자 다섯, 여자 셋, 어린이 둘, 갓난아이 하나가 포함되어 있었다. 두 남자는 피해자의 머리 가죽을 벗기고 시체를 유기했는데 얼어붙은 강에 구멍을 내 일부는 그 안에 던지고 나머지는 불태웠다. 소문이 퍼지고 인근의 인디언 땅 전역에 학살 소식이 알려졌다. 필라델피아의 퀘이커 정부는 스텀프와 아이젠하워에 고액의 현상금을 걸었고 두 남자는 곧 체포되었다. 그러나 70명에서 80명에 달하는 백인 자경단이 그들을 구하러 왔다. 그중에는 아직 활동 중인 팩스턴 보이스 회원도 있었다고 한다. 총과 도끼로 무장한 폭도들은 칼라일이라는 마을에 도착해 낡은 통나무 감옥을 에워싸고 두 살인자를 풀어 주었다.

결국 스텀프와 아이젠하워는 법의 심판을 받지 않았다. 필라델피아는 원주민의 땅에 정착을 금지하는 포고령을 재차 내렸다. 이번에도 사람들은 듣지 않았다. 스텀프는 퀘이커 세력이 미치지 않는 조지아로 내려가 테네시로 도망쳤다. 이후 농장과 노예를 소유하고 수익성 높은 매시 위스키를 생산해 테네시주 내슈빌에서 제일가는 부자가 되었다. 테네시의 첫 번째 군사 원정에도 민병대 대장으로 참여해 내슈빌과 나체스 사이에서 크리크족과 촉토족을 쓸어 냈다.[20] 범법자가 법 집행자로 변모한 셈이었다. 스텀프는 다소 자유로운 비정규군인 레인저 부대뿐만 아니라 정식으로 조직된 민병대에도 속해 있었다. 백인들은 이런 군대 조직 덕분에 메인과 캐나다가 있는 북쪽, 스페인령 플로리다가 있는 남쪽, 미시시피 계곡이 있는 서쪽까지 진출할 수 있었다.

스텀프와 아이젠하워 같은 불법 거주자 뒤에는 대지주들이 버티고 서 있었다. 이들은 서부 지역의 투기에도 관심이 많아 현재의 켄터키, 테네시, 웨스트버지니아, 오하이오, 플로리다 서부, 펜실베이니아 서부 등 분할선 서쪽의 넓은 부지를 호시탐탐 노리고 있었다. 대부분 버지니아 출신인 투기 세력에는 곧 왕권에 맞서 혁명을 일으킬 토머스 제퍼슨, 패트릭 헨리Patrick Henry, 조지 워싱턴George Washington도 포함되어 있었다. 1763년 포고령을 인정하지 않는다는 점은 스텀프와 같았다. 하지만 교양 없는 스텀프처럼 직접 손에 피를 묻히는 방법은 쓰지 않았다. 7년 전쟁에 참전했던 워싱턴은 변경 지대에 투자를 했고 '위치탐사가locator' ―민간 측량사를 부르던 말― 에게 당국의 눈을 피할 수 있게 '사냥으로 위장해' 서쪽으로 가 보라 지시했다. 훗날 미국 초대 대통령이 되는 워싱턴의 목적은 '왕의 구역에서 가장 가치 있는 땅을 확보하는 것'이었다. 즉, 분할선의 서쪽을 말했다. 워싱턴은 자신의 의도를 설명하며 이렇게 썼다.

"현재는 이동을 제한하고 정착을 완전히 금지하고 있지만 이대로 있을 수는 없다. 왜냐하면 (우리끼리 하는 이야기지만) 내가 봤을 때 그 포고령은 인디언을 달래기 위한 임시방편 이상도 이하도 아니기 때문이다."

위싱턴은 말했다.

"반드시 무효화해야 한다."

실제로 미국 혁명과 함께 포고령은 무효가 되었다.[21]

4

1776년 독립선언에는 여러 배경이 있지만 1763년 국왕 포고령에 대한 식민지 내 반대 여론도 한몫했다. 토머스 제퍼슨이 쓴 독립선언문은 영국 정부가 북아메리카를 나누려 한 일을 간접적으로만 언급하며 조지 3세가 '우리의 변경에 거주하는 무자비한 인디언 야만인들'에게 정착민을 상대로 전쟁을 벌이도록 선동했다고 호소했다. 그러나 제퍼슨은 2년 전 발표한 초창기 정치 팸플릿에서 이주를 금지하는 국왕을 노골적으로 비난한 바 있다. 〈영국령 아메리카의 권리에 대한 요약A Summary View of the Rights of British America〉에서 제퍼슨은 "정착민이 아메리카를 정복했다."라고 썼다.

"이는 영국 대중이 아닌 개개인의 희생 덕분이었다. 자신이 정착할 땅을 얻기 위해 피를 흘렸고, 자신의 정착을 인정받기 위해 재산을 쏟아부었다. 그들은 자신을 위해 싸우고, 자신을 위해 정복했다. 따라서 소유할 권리는 그들에게만 존재한다."

제퍼슨의 〈권리에 대한 요약〉에는 미국 독립 혁명 이전에 버지니아 반란군 사이에서 인기가 높았던 주장도 담겨 있다. 제퍼슨은 재산권에 기반을 둔 현대 자유의 이상이 수백 년 전 독일의 색슨족에서 출발했다고 썼다. 새천년이 시작되던 시기에 독일의 색슨인들은 모두 동등한 자유민으로서 자치自治를 하고 토지를 '절대 권리로' 소유하고 있었다. 구세계 영주들이 그 권리를 침해하려 하자, 색슨족은 아메리카식 자유의 선구자로서 영국으로 몸을 피했다가 이후 신세계에 당도했다.

그렇게 색슨인은 영국으로, 영국인은 아메리카로, 아메리카인은 서쪽으로 이동했다. 1750년대 초 벤저민 프랭클린이 강력한 정치경제학을 내세워 황무지 개척을 정당화한 곳에서 토머스 제퍼슨이 교훈적인 역사를 소개하자 정착민들은 지금과 유사한 과거를 이용해 불만을 표출했다. 1066년 영국 제도를 침략한 노르만족 영주들이 자유로운 색슨인의 권리를 짓밟고 그들의 목에 봉건제라는 '멍에'를 둘렀듯, 조지 3세도 버지니아에 사는 색슨인 후예들의 권리를 침해하고 있었다.

제퍼슨은 이야기했다.

"'자연'이 '모든 인간에 부여한' '보편적인 법칙'에 따라 '조상님들'이 고국을 떠나 '새로운 거주지를 찾고 그곳에서 새로운 사회를 건설'했다."

제퍼슨에게 이주란 자연이 부여한 권리를 행사하는 행위를 넘어 권리의 근원에 있는 행위였다. 다 떠나서 역사적으로도 이주는 불가피했다. 자유는 이주할 권리가 있어야 비로소 실현되는 법이다. 자유를 침해받은 자유인은 자유의 땅을 찾아 이동하고 이곳에서 저곳으로 사람들을 이끌어야 했다. 제퍼슨은 '색슨인 선조들'이 '나고 자란 유럽 북부의 황무지와 숲을 떠나' '브리튼섬을 정복했다'라고 썼다. 그 과정에서 상대적인 '우월성'을 주장한 독일 군주는 없었다. 그런데 영국 왕은 대체 어떤 법을 근거로 자기가 '아메리카 황무지'에 정착하려는 식민지인보다 우월하다고 주장한단 말인가?

미국 독립 혁명은 질문에 답했다. 그런 법은 존재하지 않는다고. 한때 식민지 백성이었던 이들이 영국에 맞서 싸운 전쟁은 1783년 파리 조약이 체결되며 공식적으로 끝났다. 파리 조약은 영국의 패배 조건을 제시하며 신생 독립국의 서쪽 국경을 미시시피강으로 지정했다. 이로써 미국은 2배 늘어난 영토로 세상에 태어났다. 조지 3세는 첫 번째 조항으로 최초 13개 식민지의 독립을 인정했고, 두 번째 조항으로 앨러게니산맥과 미시시피강 사이의 영토를 미국에 양도했다. 이때부터 미국은 —중력을 받지 않는 것 같다는 옥타비오 파스의 표현처럼— 재빠르게 서쪽으로 나아갔다. 1786년에 제퍼슨은 "켄터키로 이동하는 정착민의 수가, 이 글을 쓰는 동안에도 계속 늘어나고 있다."라고 했다.

여기서 제퍼슨은 당시 유럽을 휩쓴 소문을 바로잡고 있었다. 유럽인들의 주장에 따르면 신세계는 풍요롭지 않고 타락한 곳이었다. 토양이 척박하고 동물이 잘 자라지 않으며 사람 —원주민과 유럽 이주민 모두— 은 활력이 없어 후손을 볼 힘도 쓰지 못한다고 했다. 제퍼슨과 동지들은 높은 출생률과 낮은 사망률을 근거로 아메리카의 힘, 풍요, 생식 능력을 강조하며 소문에 반박했다. 훗날 이러한 낙관론은 자연에 한계가 없고 변경이 영원한 부활의 장소가 될 것이라는 발상에도 반영된다.[22] 아메리카인의 수명이 짧다고 우기는 유럽인을 향해 벤저민 프랭클린도 이렇게 대답했다.

"1세대 정착민의 자녀들도 아직 살아 있다!"*

일시적이었지만 미시시피강 중앙은 미국의 서쪽 국경으로 절묘하게 들어맞았다. 고정되어 있다고 착각하기 쉽지만, 실제로는 쉬지 않고 흐르며 영원한 창조를 거듭했기 때문이다. 후에 마크 트웨인은 미시시피강이 '세상에서 가장 구불구불한 강'이라고 썼다.

"육지의 좁은 통로를 누비며 높이 튀어 올라 제멋대로 몸을 펼쳤다 줄였다 한다."[23]

미국 외교관들은 미시시피강의 변덕스러운 성질을 이용해 파리 조약을 자유롭게 해석했다. 아직 캐나다는 영국의 지배를 받고 있었지만, 신생 국가 미국의 앞길을 막아선 나라는 스페인이었다(스페인은 1780-90년대에 미시시피 서쪽 지역과 플로리다를 다스렸다).

국무장관이 된 제퍼슨을 필두로 외교관들은 미시시피강 서쪽 기슭(파리 조약에 따르면 스페인 영토였다)에 미국 선박을 정박할 권리를 달라고 스페인 정부에 요구하기 시작했다. 증기선이 없던 시절에는 강

---

* 미국인이 장수하고 대가족을 이룬다는 희망찬 주장은 영국의 경제학자 로버트 맬서스(Robert Malthus)가 내놓은 유럽의 암울한 전망과 대조해 볼 수 있다. 지금도 '인종 현실주의자(백인 우월주의자가 스스로를 칭하는 용어)'들은 인구 증가를 다룬 맬서스의 논문을 교과서로 여기며 이 세상에 사람이 너무 많기 때문에, 혹은 조만간 그렇게 될 것이기 때문에 사회적 갈등이 벌어진다고 주장한다. 제퍼슨은 제곱마일당 최대 인원을 열 명으로 규정하며 땅이 충분하다고 말했다. 사람이 그 이상 늘어날 경우 '양 대륙' ─북아메리카와 남아메리카─ 이 '가득 찰 때'까지 '빈 땅을 찾으면 된다.' 다음 세대 작가인 파슨 윔스(Parson Weems)도 "우리를 곤경에서 구해 줄 수 있는 것은 인구, 인구뿐이다."라며 유럽의 신세계 비하를 반박하려면 미국의 미혼 남성과 자녀 없는 여성이 창세기에 나오는 명령대로 살아야 한다고 촉구했다.

의 상류로 올라가려면 기슭에서 기슭으로 침로를 바꾸며 나아가는 방법뿐이었기 때문이다. 제퍼슨은 이렇게 말했다.

"무언가에 대한 권리가 있으면 그 무언가를 사용하는 데 필요한 수단, 즉 목적을 이루기 위한 수단에 대한 권리도 생기는 법이다."

제퍼슨이 스페인에 주장한 원칙은 '당연한 근거', '인류의 상식'일 뿐이었다. 스페인 정부는 토지를 사용하게 해 달라는 요구에 진짜 목적이 따로 있다고 보았다. 당시 미국은 파리 조약의 조항을 바꾸려 하는 중이었다. 미시시피강으로 흘러들어오는 강을 모두 자유롭게 이용하게 해 달라는 요구에는 강가에 정착하고 강을 관리할 자유도 달라는 요구도 포함되어 있었다. 또 배가 다니는 물줄기와 연결된 도로도 이용하기를 원했다. 미국이 요구하는 땅의 규모는 작지 않았다. 세계에서 네 번째로 긴 강인 미시시피강 유역은 100만 제곱마일도 넘었다. 제퍼슨이 대통령에 취임한 후 국무장관이 된 제임스 매디슨James Madison도 플로리다의 모든 수로에 접근할 권한을 달라고 끈질기게 요구한다. 매디슨은 이렇게 주장했다.

"바다를 자유롭게 드나드는 행위는 너무도 자연스럽고 합리적이며 필수적이기에 반드시 실현되어야 한다."[24]

대체 언제까지 조를 것인가? 뉴올리언스의 스페인 식민지 총독이었던 카론델레트 남작Baron de Carondelet은 궁금했다. 카론델레트는 미국이 '자유로운 항해'라는 구실을 이용해 '미주리의 활발한 모피 무역에 개입하고 멕시코 왕국의 내륙에 있는 풍부한 광산'을 지배하려 들 것이라 경고했다.[25] 그래서 스페인 정부는 '억제' 정책을 시도했다. "그들을 억누를 방법을 궁리해야 한다."라고 한 식민지 총독의 말에서

'그들'이란 앵글로 정착민을 뜻한다.[26] 또 다른 총독은 이렇게 썼다.

"아메리카인들을 제한선 안에 가둬야 한다."

그러나 미국은 억눌리지 않았다. 카론델레트 남작은 미국의 '성장세'를 저지할 방법이 없다고 썼다. 아메리카 정착민들은 미국 독립 혁명 이후 '조용한 평화 속에서 빠른 속도로 증식'하고 있었다. 오하이오 계곡과 켄터키로 밀어 넣어도 '모든 권위'에 저항했다.

"한곳에 살다가 싫증이 나면 다른 곳으로 이동한다."

미시시피강의 영역을 어디까지 정의하든, 수많은 개인과 기관 ─ 7년 전쟁에 참전해 땅을 하사받은 군인 출신, 투기꾼, 스페인과 프랑스로부터 땅을 매입한 정착민, 부동산 회사, 초기 13개 주의 대부분 ─ 은 그 영역을 뛰어넘어 서쪽 지역을 차지했다. 조지아, 사우스캐롤라이나, 노스캐롤라이나, 버지니아는 옛 식민지 헌장을 근거로 들며 태평양까지 전부 자기들 땅이라 주장했다. 1600년대 초 승인된 버지니아 헌장이 정의한 버지니아의 영토는 '바다와 바다까지 전부 다'였다. 헌장에는 '그 모든 공간'이라 쓰여 있었다.[27]

미국은 그 외에도 많은 주장을 내세우고 상황별로 수단을 바꿔 가며 계속 전진해 나갔다. 미국이 혁명전쟁을 일으켜 영국으로부터 독립을 쟁취한 데는 서쪽 경계를 확정하려는 영국의 권리를 부인하고자 하는 목적도 있었다. 하지만 파리 조약으로 독립을 인정받고 서쪽 경계를 확립한 후에는 도리어 과거 영국이 승인한 문서를 인용해 경계선을 뛰어넘었다.

그 모든 공간을 어떻게 써야 좋을까?

5

—

벤저민 프랭클린에게는 한 가지 생각이 있었다. 프랭클린이 1750년 대에 간략히 정리한 기초 정치경제학 이론에서 아메리카 대륙의 광활하고 저렴하고 풍요로운 땅은 안전장치 역할을 했다. 프랭클린의 이론에 따르면 미국인은 땅이 있어 안심하고 식구 수를 불릴 수 있었다. 높아진 임금은 떨어지지 않을 것이고, 수요와 공급이 발맞춰 움직이며 농업과 도시의 제조업도 조화를 이룬다. 1770년대에 토머스 제퍼슨은 정착민들에게 역사적·교훈적 철학을 제시해 서부 이동이 자유의 결실이 아닌 자유의 원천이라 말했다. 이어 1780년대에는 제임스 매디슨이 새로운 정치 이론을 내놓았다.

앞서 프랭클린과 제퍼슨은 성장을 찬양했지만, 헌법 초안을 잡던 1787년 무렵에는 미국의 크기를 두고 불안해하는 대의원이 많았다. 땅이 넓으면 부정이 따르지 않겠느냐 하는 근심이 있었기 때문이다. 스페인만 봐도 제국의 영토가 넓은 만큼 폭정과 부패가 심각했다. 당시 인정받던 정치 철학 이론 —고대의 아리스토텔레스와 키케로부터 근대의 마키아벨리와 루소와 몽테스키외까지 전해져 내려온 이론들 — 에서 공화제는 작은 정원에서만 키울 수 있는 여린 꽃이었다.

"작은 영토는 공화국의 본질이다. 그렇지 않으면 공화국은 존속할 수 없다."

몽테스키외는 1748년 《법의 정신The Spirit of the Laws》에 그런 가르침을 남겼다.

"큰 공화국에서는 고려해야 할 무수한 문제에 공익이 희생된다."

여기서 '공익'이 무엇인지는 관점에 따라 달라지겠지만 대다수 공화주의자는 개개인이 가진 이익의 총합보다 큰 무언가로 정의했다. 공화주의자들이 말하는 '미덕virtue'은 문화, 종교, 혈통, 피부색, 언어, 용기와 관련되었을 수 있었다. 하지만 어떤 경우에든 미덕은 개인의 활동과 열정보다 우월한 가치였다. 몽테스키외가 말한 대로 실제 미덕은 늘 개인의 활동과 열정에 침해를 받고 '고려해야 할 무수한 문제에 희생'되었다. 매디슨 이전의 철학자들도 그래서 영토가 넓어지면 미덕이 희생된다고 생각했을 것이다. 공화국은 크기와 선善을 동시에 잡을 수는 없었다. 규모에 야심을 품으면 도덕을 중시하기 힘들다. 땅이 넓을수록 사람의 활동과 열정, '고려할 사항'도 많아질 수밖에 없었다.

하지만 크기를 제한해야 한다는 몽테스키외의 이론은 매디슨에게 말도 안 되는 이야기였다. 미국은 이미 컸고 갈수록 더 커지고 있었다. 상인, 농부, 노예상 등 저마다 정의하는 미덕의 의미도 제각각이라 타협이 되지 않았다. 매디슨은 이렇듯 다양한 관점을 합치할 방법을 궁리하던 중 기존의 단순하고 명쾌한 공화주의 이론을 두 단계로 수정했다. 우선 몽테스키외가 말한 '고려해야 할 무수한 사항'이 공익을 위협하지 않는다고 말했다. 그 '자체'가 공익이었기 때문이다. 매디슨은 1787년 11월 발표한 〈연방주의자 논문 제10호Federalist Paper No. 10〉에서 사회의 새로운 미래상을 소개하며 미덕이라는 명목 아래 '다양성'을 억압하려는 공화주의적 시각을 비난했다. 그 대신 미덕과 다양성을 같은 의미로 정의하는 이상적인 관념을 제시했다. 미덕은 사회에 존재하는 무수한 충동, 견해, 욕망, 재능, 사상, 야망이며 부와

'재산'을 만드는 능력이라고 했다. 따라서 정부의 가장 시급한 '첫 번째 목표'는 부를 창출하는 다양성을 보호하는 것이었다.

매디슨은 부로 인해 '가진 자와 가지지 못한 자'로 사회가 양분되어 미덕이 파괴될 수 있다는 사실도 잘 알았다. 헌법 초안에 참여한 다른 이들도 부가 일반 복지에 끼치는 해를 인식했다. 펜실베이니아주 대의원으로 제헌 회의에 참석한 거베너르 모리스Gouverneur Morris는 생각했다.

"부유층은 자신의 지배력을 공고히 하고 나머지를 노예로 만들려 할 것이다."

"늘 그래 왔고 앞으로도 그럴 것이다."[28]

하지만 대의원들이 고안한 해결책은 이런 식으로 복잡했다. 귀족이 생기지 않도록 한 세대가 지날 때마다 재산을 몰수한다. 하원과 상원을 따로 설립해 서로를 견제하게 한다. 모든 가정에 토지를 균등하게 분배한다. 제퍼슨은 가난한 임금 '노동 빈곤층'이 늘어나지 않게 재산을 '세분화'하면 어떨까 하는 방안도 잠깐 떠올려 보았다.[29]

매디슨에게는 더 간단한 해결책이 있었다. 몽테스키외의 이론을 수정한 2단계 주장은 '영역을 확장하라'였다.[30]

헌법 초안을 작성할 당시 '영역sphere'이라는 단어는 인구수, 유권자 수, 무역 범위 등 다양한 정치 현안에 사용되었다. 그러나 매디슨의 〈연방주의자 논문 제10호〉에서 영역은 실제 크기, 영토, 물리적 공간을 의미했다. 단순히 크기만 한 공화국이 아니라 끝없이 넓어지는 공화국에서는 정치적 갈등이나 당파 싸움이 큰 문제가 되지 않는다. 시민들이 넓은 영토에 흩어질수록 '공통의 이익 또는 열정'으로 뭉칠 가능성, 목표 아래 '단결하고 행동'할 가능성이 작아지고 '자신의 힘을 발견하고 함께 뜻을 모아 행동하는 일'도 사라진다. 크게 팽창된 사회는 '훨씬 다양해진 이익과 열정으로 나뉘어 서로 견제할 것'이다. 권력의 연합을 사전에 방지하기 때문에 정부가 굳이 나서서 부의 집중을 규제하거나 부의 집중에 반대하는 운동을 억제할 필요도 없다. 매디슨은 "영역을 확장하면 당파와 이해관계가 다양해진다."라며 무리 지은 다수나 폭력적인 소수가 단결해 '다른 시민의 권리를 침해하는 것'이 어려워진다고 주장했다.

당대의 논쟁(특히 노예제도에 관한 논쟁)에서 서로 견해가 다른 사람들도, 공화주의와 토지·상업·금융·노동에 대한 철학적 해석이 일치하지 않는 사람들도 이 문제에 관해서는 똑같이 실리를 택했다. 다들 미시시피에서 스페인을 쫓아내고 싶어 했다. 적대적인 아메리카 원주민을 평정하고 가난한 세력의 반란을 진압할 능력을 바라지 않는 이가 없었다. 모두가 영국의 방해 없이 장사할 수 있기를 바랐다. 토머스 제퍼슨은 1800년 취임사에서 유럽의 '말살하는 대혼란'으로부터 '충분한 공간'을 지켜야 한다고 말했다. '충분한 공간'은 모든 미국인의 꿈이었다.

모든 질문의 해답, 모든 문제의 해결책은 팽창에 있었다. 팽창이 불러온 문제를 해결할 방법도 결국은 팽창이었다.

02

End of the Myth

The Alpha and the Omega

알파와 오메가

"해가 질 때는 동양이었고
해가 뜰 때는 서양이었다."

1

미국의 국경은 일시적인 전쟁이나 외교로 가끔 움직이다 다시 고정
되는 선이 아니었다. 미국은 대관절 어떤 공화국이었기에 국가의 특
성에 따라 국경의 본질까지 바뀌었을까? 이동하는 경계선의 너머에
무엇이 있단 말인가? 움직이는 경계선이 멈춘다면 미국은 어떻게 될
까? 이런 질문이 나와도 미국은 두려워하지 않았다. 오히려 활기를
얻고 특별한 국가로서 고유한 역사를 이룩했다.

　어떤 대상의 고유성을 확인하고 싶다면 비교 대상을 찾아야 한다.
그러니 여기서 잠깐 스페인어권 아메리카에 대해 알아보도록 하자.
토머스 제퍼슨과 존 애덤스John Adams가 사망한 1826년 무렵, 쿠바와
푸에르토리코를 제외하고 아메리카에 있던 스페인 식민지는 모두 자

유를 얻었다. 곧이어 이렇게 탄생한 국가들 —그란콜롬비아, 리오데 라플라타 연합주, 볼리비아, 페루, 칠레 공화국, 멕시코 합중국 등— 은 옛 식민지 경계를 기준으로 다른 국가의 영토 보전을 인정했다.

그럴 수밖에 없었다. 각국이 존재론적 용어로 다른 나라의 인정 또는 위협을 받기 때문이다. '인정'의 이유는 한 국가가 독립하며 나머지 국가도 식민 지배에 저항해 자치 공화국을 세울 권리를 얻었기 때문이다. '위협'의 이유는 신생 공화국들이 생겨난 시기와 관련이 있었다. 당시는 전쟁, 점령, 정복 같은 수단으로 영토를 획득하고 통치권을 확립할 수 있었다. 그래서 스페인어권 아메리카의 공화국들은 공존하는 법을 배워야 했다. 시몬 볼리바르Simón Bolívar를 비롯한 공화주의자들은 발견의 권리right of discovery를 거부하고 스페인어권 아메리카에는 주인 없는 '자유 토지'가 남아 있지 않다고 주장했다. 그 대신 꺼내 든 카드가 옛 로마법인 현상 유보의 원칙uti possidetis이었다. 영어로 '소유하므로'라는 뜻인 이 원칙은 스페인어권 아메리카가 독립하기 이전만 해도 권력정치를 나타내는 표현으로 통했다. 소유하므로 소유할지니. 즉, 정복 전쟁으로 토지를 빼앗는 행위를 정당화하는 표현이었다. 강한 쪽이 빼앗아 소유하면 된다는 것이다. 그러나 스페인어권 아메리카의 외교관들은 현상 유보의 원칙을 다른 식으로 적용했다.

남아메리카와 북아메리카의 공화주의는 평화 이론을 내세웠다. 그러나 미국과 스페인어권 아메리카를 세운 이들은 결코 평화주의자가 아니었다. 목표를 이루기 위해 죽기 살기로 전쟁을 벌였고 신세계를 만들기 위해서라면 폭력도 불사했다. 유럽의 증오에서 벗어나 서로 조화를 이루는 세계인 신세계는 반드시 존재해야 했다. 그래서 스페인어권 아메리카의 공화주의자들은 고정된 국경(식민지 정부에서 나눠 준 그대로인 1810년 당시의 국경)을 인정하면 분쟁을 예방하고 국경 안에서 각국이 도덕 공동체를 확립할 수 있다고 주장했다. 그란콜롬비아를 세운 이들은 1823년에 각 공화국의 '자유와 독립을 공고히 하고' 모든 공화국의 영토 '보전'을 보장해야 한다고 합의했다.[1] 소유하므로 소유할지니. 이것은 전쟁의 산물이 아닌 평화의 조건이었다.

이처럼 군사 공격의 정당성을 부정하는 주장이 이어지다 보니 기존의 국제법을 과감히 개정해야 했다. 스페인어권 아메리카의 공화주의자들이 국제법 개정을 제안한 데는 신생 공화국 간의 충돌을 막으려는 목적뿐만 아니라 유럽의 군주제 국가들이 신세계를 재정복하지 못하도록 막으려는 목적도 있었다. 그들은 아직 발견되지 않은 나라가 이제는 없다고 했다. 주권 없는 영토도, 무주지terra nullius(라틴어로 어디에도 속하지 않은 땅이라는 뜻_옮긴이)도, 사회화되지 않은 공간도 없다고 말했다. 구舊유럽은 약탈하고 강탈하고 확장하고 정복하고 지배했다. 신세계의 공화국들은 자제를 택했다.

불가침 원칙이 지켜지면 좋았겠지만 현실은 달랐다. 충돌과 전쟁이 일어났다. 국경이 바뀌었다. 많은 사람이 죽었다. 그란콜롬비아는 베네수엘라, 에콰도르, 콜롬비아로 쪼개졌다. 현재 우루과이가 있는 땅은 아르헨티나와 브라질을 오갔다. 1820년대에 소용돌이처럼 북아메리카를 휩쓸며 미국을 움직이던 힘이 스페인어권 아메리카의 신생 공화국들도 압박하기 시작했다. 아르헨티나 남부와 칠레, 멕시코 북부는 중앙 정부의 통제를 벗어나 끝없이 뻗어 나가는 듯했다. 아직 정복당하지 않은 아메리카 원주민의 땅은 정착민을 향해 어서 와 정착하라고, 중앙 정부를 향해 중앙집권형 정부를 수립하라고 손짓하고 있었다. 경쟁 관계에 있는 섬 수백 개가 대륙을 에워쌌다. 한가운데에는 200만 제곱마일 크기의 위험한 아마존이 마치 블랙홀처럼 자리해 9개 국가의 공동 변경 역할을 했다. 브라질은 페루의 고무나무를 탐내다 빼앗았다. 칠레는 볼리비아의 질산염 염전을 원해 손에 넣었다.

그래도 다음 세기에 '현상 유보' 원칙으로 침해 행위를 해결하려는 움직임이 나타나며 현상 유보 원칙은 제도화되었다. 여기서는 미국과 비교해 국가가 현재 영토를 고수한다는 개념을 '자기 억제' 원칙이라고 바꿔 부를 수도 있겠다.

"다시 한번 강조하겠습니다."

국경 분쟁 문제로 협상을 하던 중 에콰도르 외교관이 페루 외교관에게 말했다.

"합의의 근거로 삼을 수 있는 것은 1810년의 현상 유보 원칙뿐입니다."[2]

남아메리카에서 마지막으로 국가 간 전쟁이 크게 벌어진 것은 1930년대였다. 내륙국에다 땅이 척박해 남아메리카에서도 가장 가난하기로 손꼽히는 볼리비아와 파라과이는 석유가 매장되어 있다는 관목지를 두고 충돌했다. 스탠더드오일Standard Old은 볼리비아를 지원했다. 로열더치쉘Royal Dutch Shell은 파라과이에 자금을 댔다. 군대라고 해 봐야 가난한 원주민 징집병이 대다수였던 두 나라는 제3세계 최초로 군비경쟁을 벌이며 더욱더 가난해졌다. 양국은 제1차 세계대전 때 쓰다 남은 무기를 구입하고 유럽 중개인에게서 군수품을 매입했다.[3] 얼마 지나지 않아 드러났지만 그곳에 석유는 없었다. 그런데도 전쟁과 군비경쟁은 계속되었다. 결국 아르헨티나가 현상 유보 원칙을 근거로 휴전협정을 중재했고 아르헨티나 외교부 장관은 노벨 평화상을 수상했다. 그때부터 이 지역의 자기 억제 원칙은 신세계를 넘어 다른 곳에서도 보편적인 원칙으로 굳어졌고 국제연합un의 법적·도덕적 근간, 21세기 탈식민 국가들의 지침이 되었다. 1963년 아디스 아바바Addis Ababa에서 열린 아프리카단결기구Organization of African Unity 창립총회에서도 라틴아메리카의 현상 유보 원칙을 암묵적으로 확인했다.

"우리는 아프리카를 지금 이대로 인정해야 합니다."

말리 대통령 모디보 케이타Modibo Keita의 말은 유럽 식민지 개척자들이 정한 국경을 독립국의 고정된 국경으로 인정하자는 의미였다.[4]

그렇게 1820년대부터 스페인어권 아메리카의 공화국들은 세계 국가연맹의 원형이라 할 수 있는 협력 연맹을 최초로 형성하기 시작했다. 주권과 국경을 소유하고 제국주의와 식민주의에 반대하는 동등한 독립 국가로서 공동체를 이룬 이들은 침략을 부정하고 다자외교를 통해 분쟁을 해결하기로 맹세했다.[5] 한 공화국의 묘사처럼 같은 부모에서 태어나 신세계라는 집에서 함께 자란 스페인어권 아메리카 국가들은 어린 나이에 사회화를 마쳤다.

반대로 미국은 외동으로 태어나 자기가 특별하다고 생각하며 자랐다.[6] 1809년 토머스 제퍼슨은 미국을 이렇게 표현했다.

"세계 유일의 공화국이요, 인권의 유일한 모범이며, 자유라는 신성한 불의 유일한 보관소이다."*

---

*   미국이 세계 유일의 공화국은 아니었다. 아이티도 1804년에 공화국을 선포했기 때문이다.

2

파리 조약이 미시시피 중앙을 미국의 서쪽 경계선으로 정한 지도 4년이 흘렀다. 1787년부터 주 대의원들은 필라델피아에 모여 새로운 헌법을 논의하기 시작했다. 알렉산더 해밀턴Alexander Hamilton, 제임스 매디슨 등도 연방주의자 논문 연작으로 의견을 명확히 밝히며 스페인어권 아메리카의 공화주의자들보다 조금 먼저 국경에 초점을 맞췄다. 해밀턴은 '영토 분쟁'이 '국가 간의 적대를 유발하는 최대 요인'이고 '지구를 황폐하게 만든 전쟁은 대부분 여기서 기인했을 것'이라고 단언했다.[7] 칠레와 볼리비아가 국경 분쟁을 벌였듯 코네티컷과 펜실베이니아, 메릴랜드와 버지니아도 '의견이 일치되지 않는 불확실한 주장'을 펼치며 평화를 위협하고 있었다. 하지만 두 지역에는 큰 차이가 있었다. 중앙아메리카와 남아메리카의 경우 맞닿은 국경을 사이에 둔 주권국끼리 영토 분쟁을 벌였고, (원칙적으로) 대륙의 점유가 끝났다는 모든 국가의 합의가 있었다. 즉, 소유권을 주장할 빈 땅이 없다는 뜻이었다. 반면 미국의 경계선 분쟁은 새로 발견한 땅을 서로 차지하려는 제국의 경쟁에 가까웠다. 제임스 먼로James Monroe는 제퍼슨에게 보낸 편지에서 동부와 서부의 관계가 '혁명 이전 이 지역을 지배했던 식민지 정부'와 비슷하다고 썼다.[8] 먼로의 비유와 같은 맥락에서 미국에는 그런 식민지 정부 같은 세력이 여럿이었기 때문에 갈등이 극한으로 치달을 가능성이 더 컸다. 최초의 13개 주는 앞다퉈 '서쪽의 불모지'를 점유하려 했다. 뉴욕과 버지니아는 애팔래치아산맥 일대가 서로 자기 것이라 주장하고 있었다. 해밀턴은 통제력이 강한 정부,

'공통의 심판'이 없다면 각 지역의 갈등이 걷잡을 수 없이 커질 것이라 우려했다. 최후의 '중재자'로 '검'을 꺼내 들지도 몰랐다.

건국의 아버지들은 이런 위협을 해소하고자 헌법을 통해 중앙 정부를 세웠다. 중앙 정부는 해밀턴이 말한 대로 미국의 '점점 커지는 위대함'을 이끌 수 있었다. 각 주는 중앙 정부가 '준주'로서 관리하는 조건으로 서부 지대에 대한 소유권을 양보하기로 했다. 이어 헌법의 토지 조항에 따라 연방 정부는 준주가 최초 13개 주와 동등한 자격을 얻을 준비가 되었을 때 준주를 주로 전환하는 절차를 규제할 수 있었다. 헌법이 비준될 무렵, 이런 논의의 중심에는 앨러게니산맥 서쪽과 미시시피강 동쪽이 있었다(영국 왕실이 1763년 포고령으로 접근 금지를 선언하려 했던 땅이다). 그러나 헌법상의 절차는 팽창의 범위를 정해 놓지 않았다.

"먼 미래를 기대하지 않을 수 없다."

1803년에 제퍼슨은 그렇게 썼다.

"우리는 빠르게 늘어나 한계를 넘어서까지 팽창해 나갈 것이다."

여기서 '한계'는 원주민과 영국이 차지한 서부와 캐나다를 말한다.

"그날이 오면 북미 대륙 전체가, 가능하다면 남미 대륙까지도 같은 언어를 쓰는 사람들로 뒤덮이고 유사한 형식과 유사한 법의 통치를 받을 것이다."9

먼 미래는 빨리 찾아왔다. 불과 2년 후, 제퍼슨은 미국의 팽창에 한계가 없다고 말했다. 몇십 년 후인 1824년, 스페인어권 아메리카가 독립을 쟁취하던 바로 그 순간에 제임스 먼로는 쉼표 하나 찍지 않고 미국의 무한함을 이야기했다.

"이 나라 국민인 우리가 탐낼 수 없는, 우리가 소유하지 않는 우리의 손이 닿지 않는 대상은 없습니다."**10**

이러한 가능성은 제임스 윌슨James Wilson에게 깊은 인상을 남겼다. 펜실베이니아의 유력 판사였던 윌슨은 새로운 연방 조직이 팽창을 위한 기구라고 생각았다. 윌슨은 독립선언문에 서명하고 헌법 초안 작성을 도운 인물로 이후 미국의 초대 대법원장이 되었다. 헌법 비준을 지지하는 연설에서 윌슨은 "헌법으로 시간과 공간에 놀라운 가능성이 열립니다."라고 말했다. 그러면서 '아직 형성되지 않은 무수한 주와 셀 수 없이 많은 인류'로 이루어져 있을 미국의 미래를 그려 보았다.

"사람들은 아직 개척되지 않은 땅에서 살아갈 것입니다."**11**

윌슨은 헌법의 힘을 생각하며 열변을 토했다. 헌법의 잠재력을 완벽하게 이해하려면 "넓은 땅에 걸맞은 척도로 계산해야 합니다."라고 했다.

"우리 앞에 펼쳐진 가능성이 얼마나 대단한지 기가 막힐 때가 있습니다 … 그 규모를 생각하다 보면 정신을 차릴 수가 없습니다."*

시몬 볼리바르도 엄청난 가능성에 넋이 나가곤 했다. 볼리바르의 상상력은 성층권을 뚫었고 제퍼슨처럼 지구와 그 너머의 크기에 맞춰 계산했다. 제퍼슨이 대륙을 가득 채운 먼 미래의 미국을 보았던 것

---

* 윌슨의 정치적 기반은 스텀프와 아이젠하워가 백인 폭도의 도움으로 감옥에서 풀려난 마을 칼라일이다. 점잖고 학식이 풍부한 윌슨은 앞에 나서서 살인을 저지르는 이들과 달랐다. 하지만 법적인 문제를 처리한 윌슨 같은 '고루한 신사들'과 지저분한 일을 맡은 '오지 정착민들'의 동맹이 아니었으면 펜실베이니아의 혁명은 불가능했다. 윌슨은 서부 지대에 투자했다가 파산한 후 채권자를 피해 달아났고 대법원 판사 신분을 유지한 채로 도주 중에 캘리포니아에서 사망했다.

처럼, 볼리바르도 마음속에서 '한참 후의 세월'로 '날아가' '미래를 상상하고 이 땅의 번영, 영광, 생명력에 감탄'했다. 그곳에서 만난 절대적인 존재는 아메리카 대륙이 '우주의 심장'이고 신세계가 '인류의 중심'이라고 했다.

> 금과 은으로 이루어진 산에서 지구 전역으로 풍요를 발산하며 … 구세계의 병자들에게 [약효가 있는] 신성한 식물로 건강과 생명을 나누어 준다. 인간이 자연에서 얻은 깨우침의 총합이 자연이 낳은 물질적 부의 총합보다 훨씬 크다는 것을 모르는 현자들에게 [아메리카 대륙이] 귀중한 지혜를 나눠 주는 상상을 한다. 아메리카는 손에 정의의 홀笏을 들고 머리에 영광의 왕관을 얹고서 자유의 왕좌에 앉아 고대 세계에 현대 세계의 위엄을 뽐내고 있었다.[12]

볼리바르는 이념에 있어 팽창주의자가 분명했다. 훗날 스페인어권 아메리카뿐만 아니라 전 세계가 힘을 합쳐 '전 우주에 단일 국가, 연방을 형성하기를' 바랐다.[13] 언젠가는 파나마가 세계 정부의 중심이 될 것이라는 예측도 했다. 파나마의 한쪽에는 아시아가, 다른 한쪽에는 아프리카와 유럽이 있었다. 볼리바르는 후손들이 '공법公法의 기원'을 찾을 때 파나마에서 발견하게 될 것이라고 썼다.

"그러니 파나마 지협과 비교하면 코린토스 지협은 무엇이 되겠는가?"

볼리바르가 상상한 내용을 읽으면 '제한', '한계', '억제' 같은 단어가 떠오르지 않는다. 그의 공화주의에는 경계도 국경도 없었다. 볼리바르는 언젠가 세계가 통합되는 상상을 했다. 이렇듯 수사는 날이 갈수록 화려해졌지만 제퍼슨이나 윌슨과 달리 실제로 볼리바르는 영토 팽창을 추진하지 않았다. 오히려 반대였다. 전에 가 본 적 없는 환상의 세계 위를 날면서도 공화주의의 미덕을 지키고 그 미덕을 널리 퍼뜨리려면 각 공화국이 한계를 받아들이고, 경계를 고정하고, 변경에서 멈춰야 한다고 주장하고 있었다.*

반대로 미국은 계속해서 전진했다.

3
—

토머스 제퍼슨 대통령의 첫 번째 임기 중이던 1803년에 미국은 프랑스로부터 루이지애나를 매입했다(프랑스는 얼마 전 스페인에서 루이지애나를 넘겨받았다). 미국이 매입한 영토는 험한 지형에 미시시피강 서쪽에 넓은 마름모 형태로 놓여 있었으며 면적은 뉴올리언스부터 로키산맥 북쪽까지 80만 제곱마일이 넘었다. 루이지애나 매입을 결정한 첫 번째 동기는 국가 안보였다. 프랑스의 나폴레옹, 자코뱅파, 노예, 해방노예, 아메리카 원주민, 캐나다, 스페인, 영국까지 갓 독립한 미국을 위협하는 세력이 너무도 많았기 때문이다. 제퍼슨은 당시 버지니아

---

* 볼리바르는 공화주의가 세계 정부로 확대되는 상상을 했다. 그러려면 공통의 이상에 집중해야 했다. 반면 미국의 수단은 정복이었다. 미국은 스페인어권 아메리카와 달리 '현상 유보' 원칙을 인정하지 않았고, 인정하더라도 권력정치(machtpolitik)식 해석을 고집했다. 1840년대에 멕시코를 침공했을 때도 해군장관 조지 밴크로프트(George Bancroft)는 미국이 '현상 유보 원칙에 근거하여' 캘리포니아를 차지해야 한다고 주장했다.

주지사였던 제임스 먼로에게 보낸 편지에서 노예 봉기를 진압한 일을 언급하며 전반적으로도 포위된 느낌, 폐소공포증을 느낀다고 했다. 국내외 적들이 사방을 에워싼 듯했다.[14] 루이지애나로 미국은 포위망에서 벗어날 수 있었다.

루이지애나를 매입하며 미국의 공식적인 국경은 미시시피강을 한참 넘어 로키 산맥 분수령Continental Divide까지 이동했다. 하지만 경계선이 너무 멀리 있다 보니 큰 의미가 없었다. 넓은 영토를 매입하기는 했지만 지도를 제작하기 전이라 규모를 실감하지 못했기 때문이다. 제퍼슨은 매입을 비난하는 의견에 이렇게 답했다.

"실질적으로 연방 원칙이 적용되는 범위를 누가 제한할 수 있겠는가?"[15]

반대파는 매입이 불법 계약이라 주장했다. 실제로 헌법에는 연방 정부가 영토를 매입할 권한은 나와 있지 않았다. 하지만 찬성파는 헌법이 그런 행위를 명백하게 금지하지도 않는다고 지적했다. 버지니아주 대의원 존 랜돌프John Randolph는 '미국이 그 너머로 뻗어 나가지 못할 구체적인 한계선'이 헌법에 나와 있지 않다고 말했다. 랜돌프는 미국을 건국한 이들이 "한계를 명확히 제시하지 않고 그 한계에 우리를 구속하려 한다."는 말을 "이해할 수도, 인정할 수도 없다."라고 말했다.[16] 그런 경계선은 과거에도 존재하지 않았고 지금도 존재하지 않는다. 랜돌프는 미국에 "한계가 없다."라고 주장했다. 90년 후 우드로 윌슨은 그때를 돌아보며 이렇게 썼다.

"미국 역사가 형성되던 시기에 지리적 한계는 없었다."[17]

가장 흔히 제기되는 매입의 명분은 '황무지 그 자체'였다. 메릴랜드주 대의원 조지프 니콜슨Joseph Nicholson은 황무지가 '우리를 건드리려 하는 국가가 결코 넘을 수 없는 장벽'을 만들어 줄 것이라 말했다.[18] 제퍼슨은 루이지애나의 광활한 삼림을 국가 보호 기능을 하는 바다에 비유했다. 제퍼슨이 전쟁장관에게 보낸 편지를 보면 '서쪽 경계에 강력한 전선을 구축해 대서양 전선이 동쪽에서 우리를 보호하듯 미시시피도 그쪽에서' 미국을 보호한다고 쓰여 있다. 방어와 국가 안보를 근거로 한 주장은 더 이상적인 미래로 가는 문을 활짝 열었다.

"평등할 권리와 똑같은 자유주의 원칙으로 뻗어 나가려는 우리를 무엇이 막겠습니까?"

제퍼슨의 공화주의자 동지 데이비드 램지David Ramsay는 1804년 초 찰스턴 성 미카엘 교회에서 연설하며 이렇게 물었다.

"우리의 주는 27개, 37개, 아니 그 이상으로 늘어날 것입니다. 하나의 행복한 연합 안에 모든 주가 들어가 대서양에서 태평양까지, 캐나다의 호수에서 멕시코만까지 온 나라가 뻗어 나가지 않겠습니까?"[19]

램지도 윌슨처럼 홍분을 참을 수 없었다.

"맙소사!"

루이지애나는 보호와 자유를 전부 약속했다. 램지는 그것이 '아직 인류가 경험하지 못한 최고의 정치적 행복'이 되리라고 예측했다.

미국 독립 전쟁Revolutionary War 참전 군인이자 윌리엄 앤 메리의 법대 교수였던 세인트 조지 터커St. George Tucker도 루이지애나 매입을 지지했다. 노예의 점진적 해방에 찬성했고 왕성한 활동을 하던 젊은 법학자 터커는 역사의 거의 모든 '혈전'이 국경 전쟁이었다고 보았다.

훗날 스페인어권 아메리카 국가들이 내세울 입장과 같은 말이었다. 하지만 터커는 스페인어권 아메리카 국가들과 달리 분쟁을 피하려면 국경을 고정하지 말고 아예 없애야 한다고 주장했다. 적어도 확정된 국경선은 필요하지 않았다. 터커는 루이지애나 매입으로 얻은 폭 1,600킬로미터의 완충 지대를 서쪽 국경으로 삼으면 된다고 했다. 그곳은 '침략군도 뚫지 못할 장벽'이었다. 터커도 램지처럼 처음에는 국가 안보라는 뻔한 표현을 이용해 주장을 펼쳤다. 하지만 역시 램지와 마찬가지로 터커도 흥분하기 시작했다. 터커는 제퍼슨의 매입 결정이 '이상적'이라며 안보와 자유가 있어야 행복이 있다고 했다. '그렇게 행복한 권력을 가진 사람들'은 지금껏 없었다.[20]

루이지애나 매입이 가져온 결과는 영원한 평화와 사뭇 달랐다. '미국이 그 너머로 뻗어 나가지 못할 구체적인 한계선'이 완전히 사라지자 미국은 하늘의 태양이 움직이듯 육지에서 착실히 전진했다. 전쟁이 그 뒤를 그림자처럼 따랐다. 1812년 전쟁으로 영국·크리크족과 싸웠고, 텍사스가 멕시코에서 독립한 후에는 멕시코-미국 전쟁이 발발했다. 아메리카 원주민의 평정 작업이 오랫동안 이어졌으며 소규모 충돌, 습격, 학살 사건도 있었다.[21] 하지만 전부 몇 년 후의 일이다. 1810년대 이전만 해도 루이지애나는 신생 공화국의 상처를 전부 치유해 줄 연고로 작용했다. 모든 의혹에 해답을 주고, 모든 위협을 없애 주는 약이었다. 반대 의견이 없지는 않았다. 특히 뉴잉글랜드 연방주의자들은 '제왕적인 버지니아'가 이끄는 노예주(노예제가 합법인 주_옮긴이) 세력이 점점 커지며 자신의 힘을 빼앗길까 두려워했다. 하지만 정치인은 대부분 매입을 지지했다. 저마다 그리는 미국의 미래상이 극명하게 달라도, 서로 다른 이해관계와 당파 —노예상, 자유무역주의자, 상인, 농민— 를 대표하고 있어도 이 문제에서만큼은 하나로 뜻을 모았다. 미국이 농부로 이루어진 광활한 농업 공화국이 된다는 생각에 반대하던 알렉산더 해밀턴도 루이지애나 매입이 '상업을 중심으로 하는 주들에 자유롭고 가치 있는 시장을 열어 줄 것'이라 말했다.[22] 존 퀸시 애덤스John Quincy Adams는 프랑스와 맺은 거래의 정의를 바꿔 반대 여론을 극복하게 도왔다. 매입이 아니라 조약이므로 헌법에 어긋나지 않는다는 것이었다. 루이지애나까지 영토를 팽창해야 한다는 이유에는 모든 팽창의 명분이 들어 있었다. 안보가 보장되면 상업이 발달하고, 상업이 발달하면 번영이 깃든다. 번영이 깃들면 국력이 강해지고, 국력이 강해지면 미덕이 길러지고, 미덕이 길러지면 자유가 찾아온다. 자유를 보호하려면 자유의 범위를 확장해야 하고 자유의 범위를 확장하려면 자유를 보호해야 한다.

이익과 이상의 거리가 가까워지자 사람들은 흥분했다. 세인트 조지 터커는 루이지애나를 생각할 때면 '환희와 열광으로 소리치고' 싶다고 했다.

4

제퍼슨 같은 미국의 1세대 지도자들에게 미국 혁명은 굉장한 의지에서 비롯된 행위였다. 그들은 이 세상에서 가장 강한 제국을 무찌른 후 정치 헌장에 자연법을 명시했고 대서양 건너로 외교 사절을 보내 유럽 왕궁에서 공화국의 정통성을 옹호하게 했다. 그러는 한편 서쪽으로 이동해 '숲속 정부'를 세웠다. 건국의 아버지들은 자연법 —'자연의 법과 자연신의 법'— 을 인용해 미국의 주권을 증명했다. 하지만 그 주권을 행사하려면 자연을 지배해야 했다. 정착민들은 '자연을 은신처로 몰았고' 새로운 계명들을 만들었다. '천연의 황무지로 둘러싸인 이 세계를 지배할 힘'을 확립하라. '자연을 제압하라.' '전진하라.' '황무지를 정복하라.' '대륙을 점령하라.' '세상을 뒤덮어라.' '수를 늘리라.' '증식하라.' '샅샅이 뒤지라.' '깨끗이 비우라.'

토머스 제퍼슨에 관해 다양한 글을 쓴 역사학자 피터 오너프Peter Onuf는 제퍼슨 등 1세대 혁명가들이 서부 팽창 덕분에 고유한 '영광의 투쟁을 대륙과 미래에' 투사할 수 있었다고 주장한다. '공화주의를 따르는 새로운 자치주가 증가할 때마다 미국의 건국이' 재현되었다. 오너프는 "끝나지 않는 혁명과도 같았다."라고 말했다.[23]

오너프의 주장에는 심오한 뜻이 담겨 있다. 당시 대서양에서 수많은 혁명 —프랑스, 아이티, 스페인어권 아메리카— 이 일어난 가운데 미국만이 독창적인 역사를 이룰 수 있었던 것은 혁명을 멈출 지점을 알았기 때문이다. 미국의 공화파는 프랑스나 아이티와 달리 사회에 평등이라는 전제를 강요하거나 사유재산권을 침해하지 않았다. 국가가 개인의 이익에서 공동의 미덕을 끌어내야 한다는 생각도 없었다 (공화주의 정부가 '가능한 행복의 총합을 최대로' 만들어 내야 한다고 썼던 시몬 볼리바르 같은 사람과 달랐다). 실제로 그렇게 했다가는 프랑스, 아이티, 스페인어권 아메리카처럼 혁명 이후 공포와 폭정의 소용돌이에 휩쓸릴 것이라는 주장도 자주 나왔다. 미국 혁명은 정치와 경제가 별개의 영역임을 이해했다는 점에서 이상적이었다. 정치 영역에서는 평등을 이루려 노력해도 경제 영역에는 크게 개입하지 않았다. 개입이 아예 없지는 않았으나 적당한 수준에서 그쳤다. 재산권은 제한하되 영토는 제한하지 않았다. 영역을 확장하면 개개인의 자유가 보호된다. 그것이 매디슨이 꿈꾸는 이상의 핵심이었다.

미국 혁명에는 자코뱅파의 공포정치도, 귀족의 머리를 치는 단두대도, 노예의 보복도 없었다. 반란의 다음 단계가 전제정치를 부르는 무정부상태도 아니었다. 공화파는 혼돈 속에서 질서를 창조한 후 자연에서 부를 뽑아냈다. 멈출 시간은 없었다. 변경으로 진격해 오너프가 말한 끝나지 않는 혁명을 일으키고 또 일으켰다. 1829년 〈노스 아메리칸 리뷰North American Review〉의 편집장 에드워드 에버렛Edward Everett은 한 오하이오 단체 앞에서 '팽창이 우리 제도의 제일 원칙'이라 말했다.

"인격과 형태를 가진 문명으로서 앞으로 나아가 땅을 차지합니다 … 가장 고귀한 신의 위대한 작전처럼 말입니다."[24]

그러나 끝없는 혁명에는 힘과 권력이 필요하다. 그리고 이상이 어떻든 현실적으로 그 힘은 정치와 경제, 국가와 경제 사이의 차이를 미미하게 만든다. 행동하는 연방 정부는 진압, 제거, 이전, 정착, 보호, 처벌, 관개, 배수, 건설, 조달 같은 목표에 정치적·군사적·재정적 힘을 전부 사용해야 했다. 제퍼슨도 아메리카 원주민의 삶을 정착민의 삶에 동화시키려면 국가의 힘이 필요하다는 뜻을 명확히 밝혔다. 제퍼슨은 원주민이 자유로운 사냥과 어업을 포기하고 작물 재배, 방적, 방직을 택하도록 강요했고 원주민의 숲속 사냥터를 백인 정착민에 개방했다. 정부 보조금으로 원주민에 약탈적 부채를 지우는 방법도 상세히 지시했다. 제퍼슨은 루이지애나를 매입한 1803년, 인디애나 준주의 지사에게 편지를 보내 "우리 측 교역소를 밀어붙여야 합니다."라고 썼다. 또 아메리카 원주민이 빚을 지고 땅을 팔면 "기쁠 것입니다."라고 했다.[25] 제퍼슨은 교역소를 정부가 운영해야 한다고 했다. '민간 상인이 할 수 없는 일'이 가능해지기 때문이었다. 한마디로 교역소에서는 부채의 굴레가 시작될 만큼 상품을 싼 가격에 팔 수 있었다.

"개인이 빚을 갚기 힘든 수준이 되면 토지를 양도해 빚을 줄이려 할 것입니다."

국가에 빚을 져도 뜻대로 움직이지 않는다면 더 직접적인 힘을 이용해 아메리카 원주민에게 경제 활동을 강요할 수 있었다. '우리는 강하고 그들은 약하다는 사실'은 명백했다.

"마음만 먹으면 우리가 짓밟을 수 있다는 사실을 깨달아야 합니다."

제퍼슨은 계몽주의자였다. 그가 평가하는 아메리카 원주민은 동화와 말살 중 하나를 선택할 수 있는 합리적인 존재였다.

"우리는 순수한 인간성으로 그들의 의사를 전적으로 존중하고 있습니다."

하지만 제퍼슨은 이렇게 말했다.

"언제라도 무모하게 도끼를 드는 부족이 있다면 그 부족의 영토 전체를 점령해야지요. 평화 조건은 미시시피강 건너로 떠나보내는 것뿐입니다. 다른 부족에 본보기를 주고, 결국 하나 되는 길에 한 걸음 더 다가가려면 어쩔 수 없습니다."

기존의 생활 방식을 스스로 포기하는 원주민은 거의 없었다. 하지만 제퍼슨은 다른 곳으로 책임을 돌릴 수 있었다. 그 범인인 영국은 미국의 독립을 인정한 후에도 미시시피 계곡에서 원주민들과 동맹을 맺고 있었다. 그런 식으로 모피 무역을 이어 갔고, 1812년 전쟁 때는 원주민 동맹군의 힘을 빌렸다. 영국이 신세계를 떠나지 않자 제퍼슨은 일부 아메리카 원주민이 동화를 거부하거나 '야만인으로 돌아갈 때' 영국을 탓했다.

"영국의 불순하고 파렴치한 정책은 불행한 이들을 구제하려는 우리의 노력을 물거품으로 만들었다."

제퍼슨은 1813년에 그렇게 썼다.

"우리의 이웃 부족을 꾀어 우리에게 도끼를 휘두르게 했다."[26]

제퍼슨 세대는 과거를 뚫고 나와 새로운 세상을 열 혁명을 추진했다. 미국 혁명은 정치적 결단에서 나온 대단한 행위였고, 루이지애나 매입 덕택에 다음 세대도 그 정치적 결단을 재현할 수 있었다. 그러나 아메리카 원주민 정책의 효과를 논의할 때는 이야기가 달라졌다. 다양한 법과 시장 원리에도 땅을 버리지 않은 원주민에 폭력을 행사한 문제가 제기되면 제퍼슨은 수동적 표현과 어쩔 수 없었다는 감상에 숨었다. 분명 제퍼슨은 약탈적 대출로 아메리카 원주민에게 빚을 지우고 말살하겠다고 위협하라며 구체적인 지시를 내린 지도자였다. 그런데 결과를 고려할 때면 역사 앞에 아무 힘이 없었던 것처럼 굴었다. 정부가 말살의 수단이 아니었던 것처럼 행동했다. 제퍼슨은 영국의 행동을 이유로 들며 이렇게 말했다.

"이제 우리에게 주어진 임무는 그들을 말살하거나 우리의 힘이 닿지 않는 곳으로 몰아내는 것뿐이다."[27]

"미국은 숲속의 짐승들과 함께 그들을 스토니산으로 쫓아내는 의무를 다해야 한다."라고 했다. '우리에게 주어진 임무.' '의무를 다해야 한다.' 무조건적인 행위 동사 —정복하라, 확립하라, 소유하라, 가라, 행동하라— 는 사라졌다. 제퍼슨의 말만 들으면 통제할 수 없는 힘이 미국을 멋대로 끌고 가는 듯했다.

남아메리카의 시몬 볼리바르도 토머스 제퍼슨처럼 신세계의 공화국이 구세계의 식민국으로부터 '인디언 문제'를 물려받았다고 생각했다. 하지만 강하고 도덕적인 국가가 인디언을 시민으로 만들 수 있다고 믿은 볼리바르와 달리, 제퍼슨은 대량학살이 유일한 해결책일 수 있다고 말했다. 상황을 그렇게 만든 범인은 오직 영국이었고, 신세계 공화파가 영구적인 평화에 대한 약속을 지키지 못한 책임은 유럽에 있었다.

"그런 까닭으로 우리 아메리카에서 이 인종을 말살하는 행위는 영국 역사에 피부색이 똑같은 아시아 사람들, 또 자기네끼리 피부색이 같은 아일랜드 사람들 같은 장을 추가하는 거나 마찬가지네. 어디가 됐든 돈밖에 모르는 영국의 탐욕은 이 땅을 인간의 피로 물들이는 데 두 푼도 관심이 없겠지만 말이야."

수동적인 표현은 계속 이어졌다. 얼마 후 미국이 엄청난 규모의 연방군을 투입하며 아메리카 원주민은 고향을 등지고 서쪽으로 쫓겨났고 수많은 사람이 목숨을 잃었다. 그런데도 원주민 지도자들은 '자연의 힘을 피하지 못해' 이런 운명을 맞았다고 했다. 앤드루 잭슨 행정부의 전쟁장관으로 인디언 이주를 담당했던 루이스 캐스Lewis Cass

는 말했다.

"그들의 불운은 피차 통제할 수 없었던 사태의 결과였다."[28]

그렇게 미국은 의지에 반하는 의지를 행동으로 옮기며 앞으로 달려들었다.

5
—

제임스 매디슨의 이론에 따르면 팽창을 해야만 파벌이 약해지고 분열되어 자유가 찾아들었다. 그러나 정착선이 서쪽으로 이동하며 팽창은 자유의 조건이 아니라 자유 그 자체가 되었다. 인식이 변화한 흐름을 보면 간단하지 않다.

"결과는 원인과 혼동된다."

피터 오너프는 그렇게 쓴다.

"정착지가 서쪽으로 이동하는 필연적인 흐름 그 자체가 원인으로 보인다."

체계적인 연방 정책의 결과가 아니라 '자연 국가의 명백한 운명 manifest destiny'이라는 것이다.[29] 이처럼 외부에서 원인과 결과를 혼동하는 현상 —공적인 힘이 어떻게 사적인 힘을 만드는지 이해하기 힘들어졌다— 이 심해지자 수단과 목적, 이상주의와 현실주의, 고립주의와 국제주의의 차이도 불분명해졌다. 심지어 시간과 공간의 혼동도 생겼다.

신생국인 미국은 광대한 영토를 채워야 한다는 정신적 의무가 막중했다. 판사 제임스 윌슨의 말처럼 시간과 공간 사이에 새로운 관계가 형성되기 시작했고 다른 이들도 이 현상에 주목했다. 옥타비오 파스는 1950년대에 미국을 '순수한 공간'이라 묘사했다. 언뜻 절대성에 대한 묘사 같지만 역시 1950년대에 활동한 정치학자 루이스 하츠 Louis Hartz는 미국인이 자신의 절대성을 믿지는 않았다고 했다. 애초에 절대성과 마주할 일이 별로 없었다. 하츠는 '미국의 절대성American Absolutism'이 강제적이고 강박적인 개인주의와 시대를 초월한 '순수한 마음'에서 발현되었다고 말했다.[30]

"시간은 신의 국가를 위해 폐지되었다."

하츠보다 활동 시기가 조금 늦은 역사학자 로렌 바리츠Loren Baritz 가 미국의 신화에 관해 쓴 말이다.

"역사에서 구출되고 과거의 제약에서 벗어난 미국인만큼 자신의 운명을 스스로 결정한 민족도 없을 것이다."

바리츠는 미국이 구세계를 물리치며 '낡은 것', 한계가 있는 생각, 쇠퇴, 죽음에 종속되기를 거부했다고 말했다. 광활한 서부는 무한해 보이는 공간에서 미국인이 자유로이 활동하며 죽음과 과거의 마수에 구애받지 않는다는 관념에 일조했다.[31]

영토가 끝없이 팽창하는 공화국에 대한 매디슨의 방정식은 미국의 절대성(미국인이 직면한 대상이든, 미국인의 존재 그 자체든)을 확실하게 보여 준다. 공화주의가 팽창에 달렸다는 주장을 광범위한 논리로 깊이 파고들면 내부와 외부에 각각 무엇이 있었는지 구분할 수 없다. 내부가 번영하려면 외부 요소가 점진적으로 통합되어야 했다. 1822년에 제임스 먼로 대통령은 이렇게 말한다.

"팽창할수록 이득은 더욱 커진다."[32]

먼로도 팽창에 '실질적인 한계'가 있다는 가능성은 인정했다. 하지만 정확히 어떤 한계인지 아무것도 떠오르지 않았다.

전부가 되려면 전부를 차지해야 했다. 공화국은 그래야 제퍼슨이 말한 '최종적인 통합'을 이룩할 수 있었다.[33] 처음은 모든 것의 끝이었다. 동양을 정복하기 위해 서쪽으로 항해한 콜럼버스가 처음 붙인 이름처럼 미국은 알파와 오메가(요한계시록에 나오는 표현으로 처음과 마지막이라는 뜻_옮긴이)였다.*

---

* 16세기 밀라노 역사학자 피터 마터(Peter Martyr)가 말하기를 콜럼버스는 처음 대서양을 건넜을 때 쿠바의 서쪽 극점을 '알파와 오메가'로 부르려 했다고 한다. '해가 질 때는 동양, 해가 뜰 때는 서양'이라고 생각했기 때문이다. 1697년에 청교도 새뮤얼 수얼(Samuel Sewall)은 <계시록에 관한 현상(Phaenomena quaedam Apocalyptica)>에 이렇게 썼다. "아메리카의 존재가 동양의 시작이자 서양의 끝이라는 이유로 콜럼버스는 아메리카 일부를 알파와 오메가라 부르기로 했다."

백인 민주주의

"그 너머에는 황무지뿐이었다."

'변경frontier', '국경border', '경계boundary'. 이 세 단어는 미국이 루이지애나를 매입한 1800년대 초만 해도 본질적으로 의미가 같았다. 한 국가의 한계와 범위, '국경 지대, 영토의 극단'을 표현하는 단어들이었다. 훗날 '변경'에는 안팎의 문화가 뚜렷하게 구분되는 경계 구역이라는 의미가 추가되지만 당시로서는 문명이나 정서 관련해 특별한 의미가 있지는 않았다. 근본적으로 '변경'은 한 국가의 법적인 한계, 바깥쪽 가장자리와 뜻이 통하는 단어였고 국방선을 표시하는 용도로 자주 쓰였다.[1] 오히려 앞의 세 단어 가운데 변방의 고된 생활을 잘 나타내는 단어는 '국경'이었다. '나라와 나라 사이에 거주하는 사람'을 뜻하는 말은 변경인frontiersman이 아닌 '국경인borderer'이었고, 현재는 사라진 단어 'bordrage(국경을 뜻하는 border와 폭력 사태를 뜻하는 rage의 합성어_옮긴이)'는 '국경인을 상대로 한 약탈'을 뜻했다.[2] 1788년 미국에서 처음 출판된 영어사전에도, 1798년 미국 태생이 만든 최초의 사전에도 '변경'이라는 단어는 들어 있지 않다. 그러나 1800년대 들어 미국이 연이은 '이주removal' 작전으로 아메리카 원주민을 서쪽으로 몰아내고 정착민과 투기꾼에 원주민의 땅을 내주며 '변경'은 인디언 컨트리Indian Country(미국 정부가 인디언 부족에게 할당한 정착지_옮긴이)와 백인 정착지를 가르는 선으로 의미가 변한다. 그러다 1800년대 말, 여기저기 몇 군데 남은 거주지를 제외하고 인디언 컨트리가 전부 없어지며 '변경'은 어떤 선이 아니라 생활 방식을 뜻하는 단어, 자유의 유의어가 되었다.

1

미국의 초기 대통령들 ─건국의 아버지 연합이라 불러도 무방한 조합이다─ 은 대부분 버지니아주 타이드워터Tidewater와 피드몬드Piedmont 출신의 노예주들이었다. 워싱턴, 제퍼슨, 매디슨, 먼로는 앨러게니산맥 서쪽의 땅에 투기를 했다. 그리고 미국이 태평양에 진출하며 동화 정책을 사용하면 원주민 문화가 사라지고 원주민도 다 죽어 없어질 것이라 확신했다.

그러나 초기 대통령들은 마음껏 뜻을 펼칠 수 없었다. 제퍼슨은 원주민의 땅을 차지하고 원주민 사냥터를 사유지로 바꾸겠다며 정권을 '걸고' 약속했고, 살아생전에 원주민 사회가 완전히 해체되는 모습도 보았다. 하지만 연방 정부의 군사적·경제적 자원이 부족했던 탓에

서부 계획을 임기 중에 기대만큼 빠르게 실현할 수는 없었다. 건국 이래 50년 동안 미국을 통치한 대통령들은 고대와 현대를 가리지 않고 도덕 정부에 대한 글을 섭렵했고 책임감 있는 행정가가 되기를 꿈꿨다. 프레더릭 스텀프 같은 인디언 킬러를 테네시로 쫓아내고 아메리카 원주민을 거의 대등한 존재로 대우한 펜실베이니아의 퀘이커 정부와는 달랐다. 그렇다고 스텀프처럼 할 생각도 없었다. 일부는 신생 공화국의 대표로서 국제 사회에 우리가 원주민과 원주민의 땅을 훌륭히 관리하고 있음을 증명해야 한다는 의무감을 느꼈다. 유럽이 하는 이야기에 반박해야 했다. 그러려면 조지 워싱턴의 표현을 빌려 원주민 자치 공동체의 '내부 변경interior frontier'을 존중해야 했다.

미국은 영국에서 독립하며 영국이 원주민 사회에 약속한 의무를 무수히 넘겨받았다. 독립 후에는 더 많은 문서에 서명해 원주민 영토의 경계와 한계를 보호하고 인정하겠다고 약속했다. 워싱턴은 크리크족과 조약을 맺고 무단출입자를 '원하는 대로' 처벌할 권한을 내주었다.[3] 워싱턴 행정부의 전쟁장관 헨리 녹스Henry Knox도 원주민 부족을 '타국'으로 대했다.[4] 앵글로인은 연방 정부의 명령에 따라 여행 중 여권을 지참해야 오하이오강 남쪽에 있는 원주민 구역에 들어갈 수 있었다. 이때 경계선은 숲에 6미터 길이로 나무를 베어 표시했다.[5] 미국이라는 국가 안에 원주민 부족의 영토가 조각 퍼즐처럼 놓여 있는 꼴이었다. 숲속의 넓은 사냥터를 소유한 부족도 있었다. 옛 노스웨스트 준주Old Northwest Territory에는 이로쿼이족, 오지브와족Ojibwa, 오타와족Ottawa, 포타와토미족Potawatomi, 위네바고족Winnebago이 있었고, 애팔래치아산맥 남쪽에는 체로키족Cherokees이 살았다. 조지아와 테네시 서쪽의 크리크족Creeks, 미시시피 계곡 동쪽의 촉토족Choctaws과 치카소족Chickasaws, 플로리다의 세미놀족Seminoles 등 그 밖에도 많았다. 이름뿐이라 해도 인디언 주권이 미치는 영토를 다 합치면 앨러게니산맥 서쪽에 있는 오대호 주변의 커다란 영역에서 오하이오 북서부까지 뻗어 내려갔다. 조지아, 앨라배마, 미시시피는 대부분 인디언의 땅이었고 테네시 서부와 켄터키 서부도 마찬가지였다.

미국은 땅을 향한 영국 정착민의 욕망도 물려받았다.[6] 미국 건국의 근원에 있는 자유권은 저절로 행사되는 권리가 아니라 스스로 행동해야 얻어지는 권리였다. 사악해진 감정이 핏빛 자오선을 연장했다. 영국 정착민들이 영국 왕실에 느꼈던 적대감은 이제 미국의 연방 정부를 향했다. 그 적대감을 이용해 탄생한 정부가 영국처럼 원주민 주권을 지키겠다고 약속하고 있었기 때문이다.

미국은 이런 모순 위에 세워진 국가였다. 파리 조약이 미국의 존재를 인정하고 미시시피강을 미국의 서쪽 경계로 고정한 1783년, 대륙회의Continental Congress(영국에 맞서 미국의 식민지 대표들이 개최한 회의_옮긴이)는 20년 전의 조지 3세처럼 인디언의 거주지나 소유지에 정착을 금지했다. 과거 미국 혁명가들이 그랬듯 일부 주는 금지령을 무시했다. 같은 해, 노스캐롤라이나주는 '토지수탈법Land Grab Act'을 통과시켜 앨러게니산맥 서쪽의 모든 영토(곧 병합될 테네시주도 포함되어 있었다)를 측량하고 소유할 수 있다고 선언했다. 7개월도 되지 않아 체로키족과 치카소족은 400만여 에이커에 해당하는 영토를 정착민과 투자자에 빼앗겼다.

미국 독립 혁명이 일어나기 몇 년 전, 영국이 오하이오 계곡에서 투기를 막자 조지 워싱턴은 반발하며 1763년 국왕 포고령으로 지정된 선을 '무효화'해야 한다고 말했다. 그러나 10년이 지나 미국 건국을 이끌던 워싱턴은 오하이오 계곡으로 흘러 들어오는 '브로커, 투기꾼, 전매자'가 법을 제멋대로 무시하고 정부에 도움을 주지 않는다고 불평했다.[7] 워싱턴은 절대 자유에 따라 살겠다는 그들에게 '끔찍한 유혈사태'를 경고했다. 워싱턴 행정부의 전쟁장관 헨리 녹스는 정착민과 갈등을 빚는 인디언 편에 섰다. 녹스는 "인디언 원주민이 구역 내 모든 토지에 대한 권리를 소유한다."라고 말했다. 그러나 연방 정부가 그 권리를 지킬 수 있느냐 하는 문제에는 회의적이었다.

"변경의 인디언과 백인의 뜨거운 분노는 서로 피해를 주고받으며 금세 과격해졌고 지나치게 폭력적이라 미약한 시민 권력으로는 통제하기 힘들다."[8]

1807년에 연방 정부는 '침입법Intrusion Act'을 통과시켜 허가 없이 서부의 공유지에 정착하는 행위를 범죄로 규정했고 당국은 군대를 동원해 불법 거주자를 쫓아낼 수 있게 되었다. 하지만 법을 집행하기가 쉽지는 않았다. 녹스는 "인디언 거주지로 이주하고자 하는 미국인의 성향을 막을 수 없다."라고 하면서도 '억제와 규제'가 가능하기를 바랐다.

정착민 정신으로 탄생한 정부가 이처럼 '억제와 규제'를 거부하는 정착민의 반감을 샀다는 모순을 보여 주는 사례가 하나 있다. 앤드루잭슨이 대통령 선거에서 승리해 건국의 아버지 연합의 통치를 끝내기 17년 전인 1811년의 이야기다. 당시 잭슨은 스텀프 같은 자경단원의 활동을 지지했고(스텀프는 테네시에 정착한 후 잭슨의 부대에서 대위로 복무했다) 내슈빌을 대표하는 유력 인사였다. 테네시주 초대 의원에 선출된 후 테네시주 대법원의 대법관으로 임명되었고 테네시 민병대도 이끌었다. 사업가였던 잭슨 장군은 변호사, 상인, 말 사육사, 농장주만큼이나 돈을 많이 벌었는데 사업 수익은 주로 노예를 소유하고 거래하는 데서 나왔다. 인디언의 땅을 강탈하고 컴벌랜드갭을 통해 정착민을 테네시와 켄터키로 불러들이는 사업도 짭짤했다.[9] 변호사로서는 아메리카 원주민에게서 빼앗은 땅의 소유권 분쟁을 해결해 상당한 수임료를 챙겼다. 게다가 지금까지 알려진 바에 따르면 노예 '떼coffle'를 직접 몰았던 대통령은 잭슨이 유일하다. 여기서 '떼'를 몰았다는 말은 밧줄로 목을 묶은 노예 행렬을 한 곳에서 다른 곳으로 걸어가게 했다는 뜻이다.[10]

1811년 겨울, 나체스 트레이스Natchez Trace —미시시피강을 따라 내슈빌과 나체스를 연결하는 옛 인디언 길— 에서 노예 떼를 모는 잭슨을 연방 보호관인 사일러스 딘스모어Silas Dinsmore가 멈춰 세웠다. 나체스 트레이스는 명목뿐이라 해도 연방 조약의 보호를 받는 치카소족과 촉토족의 땅을 관통하는 길이었고, 여기서 딘스모어 같은 정부 소속 인디언 보호관은 여행객의 여권을 확인했다. 여권을 확인하는 이유는 다양했다. 한편으로는 원주민 땅에 들어가는 백인 정착민과 상인을 관리하려는 목적이었고, 인디언 영토로 몰래 들어가려는 탈출 노예를 감시하는 목적도 있었다. 또 노예제도를 규제하는 연방법이 늘어나는 가운데 법을 집행하기 위해서도 여권 확인 절차가 필요했다. 3년 전 의회는 대서양을 통한 노예무역을 금지했다. 그래서 1808년 이전에 미국으로 들어왔거나 미국에서 태어난 진정한 노예만이 길을 통과하도록 검문소에서 확인해야 했다.

"그러지요."

여권을 요구한 딘스모어에게 잭슨이 대답했다.

"항상 소지하고 다닙니다."

잭슨이 소지한다는 것은 여권이 아닌 미국 헌법이었다. 잭슨에게 헌법은 '법적으로 모든 미국 시민이 자유롭게 이동 가능한' 길을 포함해 '어디든 사업상 가야 할 곳이 있으면 통하고도 남는 여권'이었다. 잭슨이 권총을 들고 이런 말을 했다는 설도 있다.

"이것이 잭슨 장군의 여권이다!"[11]

정확한 상황까지 알 수는 없지만 잭슨의 의사는 분명했다.

"공공 도로 통행에 허가를 요청하라는 모욕에 증서를 보일 … 생각 따위는 없다."

잭슨은 지나가도 좋다는 허락을 받았지만 딘스모어를 해고해야 한다는 운동을 벌였다. 정부 관료들에게 보낸 편지에서는 딘스모어가 자경단의 정의를 맛보게 될 것이라 경고했다. 마침 다른 노예주들도 딘스모어 때문에 자유롭게 통행하기 힘들다고 불평하던 참이었다. 잭슨은 '검문소에 불을 질러 사일러스 딘스모어를' 태우고 '뿌리'부터 '잘라 내라'라고 협박했다.[12] 또 이렇게 엄포를 놓았다.

"정부가 움직이지 않는다면 시민들이 직접 골칫거리를 제거할 것이라 합니다. 사람들은 복수심을 터뜨릴 준비를 마쳤습니다."

"맙소사, 이 지경까지 왔단 말입니까?" 잭슨은 물었다(원본에도 똑같이 강조 표시가 되어 있다). "우리가 *자유인입니까, 노예입니까? 이것이 현실입니까, 꿈입니까?*"

딘스모어는 급진파가 아니었다. 워싱턴 정부에 이어 제퍼슨 정부에서도 보호관으로 임명된 그는 제퍼슨의 편지에 나오는 것처럼 인디언에 약탈적 부채를 강요하는 일을 했다. 연방 정부에 토지를 양도하라고 촉토족 같은 원주민 부족을 설득하는 것이 딘스모어의 임무였다. 그러나 딘스모어가 항변서에 썼다시피 잭슨을 비롯한 '서부의 신사분들'은 법을 전부 다 어길 수 있다고 믿었다. 자유라는 환각에 빠져 있었다.

"이것이 꿈입니까?"

노예 소유주임을 증명하는 서류를 보여 달라는 요구조차도 노예 취급으로 받아들였다. 그것은 '악마' 같은 짓(잭슨이 편지에 사용한 표현이다)이며 '우리 선조들의 용기와 피'에 대한 모독이었다. 잭슨의 촉구에 주의회도 딘스모어를 규탄하고 나섰고 딘스모어를 해고하도록 테네시주 상·하원에 압력을 가했다.[13]

남북전쟁이 일어나기 50년 전부터 변경의 뒷길에서는 인종을 잣대로 자주적 자유를 해석하는 두 가지 정의가 충돌하고 있었다. 잭슨으로 대표되는 첫 번째는 "자유인으로 태어났다."라는 말이 백인으로 태어났다는 뜻이며 '자유'는 원하는 행동을 전부 할 수 있는 자격이라고 생각했다. 이들의 자유에는 인간을 사고팔 자유, 내부 변경의 제약을 벗어날 자유, 원주민 소유로 규정된 도로에서 물건을 수송할 자유도 포함되었다. 여권을 보여 달라는 행위 자체가 노예 취급과 다름없었고, 더욱이 노예 앞에서 그런 요구를 한다면 노예에게 "주인이 주권자가 아니다."라는 암시를 준다고 했다.[14] 딘스모어 보호관으로 대표되는 두 번째 정의에 따르면 연방 정부는 '자유인'에게 지고 정복당한 피해자에게 최소한의 보호 조치를 취해야 했다.

잭슨 같은 사람들이 활개를 칠 당시 미국은 광대했지만 국가권력은 무시할 수 있을 정도로 약했다. 변경을 서쪽으로 밀어내기는 충분해도 그 힘에 짓밟히는 이들의 처지를 봐주기에는 역부족이었다.

2

잭슨이 나체스 트레이스에서 소동을 벌이고 1년 후인 1812년 10월, 테네시주 의회는 '크리크족을 박멸할 군대'를 소집하라 명령했다.[15] 테네시주 서부 민병대를 이끌던 잭슨은 명령을 따랐다. 백인 정착민은 내슈빌 주변에서 크리크족과 수년째 전쟁을 치르고 있었지만 끝날 기미가 보이지 않았다. 잭슨 같은 지도자들은 백인 공동체를 급습한 크리크족을 제대로 처벌하지 않는다며 연방 정부의 미온적 대처에 불만을 품고 있었다. 잭슨은 부하들 —스텀프와 아들들도 포함되어 있었다— 에게 "복수를 갈망하라."라며 스스로 '파괴의 무기'가 되라고 지시했다. 잭슨은 크리크족 마을을 파괴한 후 "정당한 이유가 있다."라고 공표했다. '항복 선언을 받을 때까지' 말을 태우고 전사들을 죽여 시신을 훼손하고(사망자 수를 기록하기 쉽게 죽은 인디언의 코를 잘라오라 명령했다) 아내와 자녀는 노예로 만들겠다고 위협했다.

잭슨은 연방 정부가 아메리카 원주민과 조약을 맺을 때 상대를 지나치게 존중한다고 오랫동안 비판해 왔다. 이제 크리크족을 무너뜨린 잭슨이 강요한 조약은 지금까지 없던 조항들로 이루어져 있었다.

크리크족은 잭슨이 훗날 대통령으로서 전국에 퍼뜨릴 절망을 미리 경험했다. 2,000만 에이커가 넘는 땅을 빼앗겼고 조약문에 따르면 '극도의 빈곤으로 전락'했으며 '생계 수단'도 잃었다. 자급자족을 하던 사람들이 정부에서 제공하는 옥수수 —잭슨의 조약에는 미국 정부가 '인도적인 목적'으로 무상 배급할 것이라는 조항이 들어갔다— 에 의존하게 되었고 정부 교역소가 자신의 영토에 들어서는 모습을 보고만 있어야 했다. 앞서 제퍼슨이 제안한 것처럼 조약의 목적은 부채로 원주민의 종속을 유도해 더 많은 사냥터를 포기하게 만드는 것이었다. (잭슨 시대 직전의 위대한 정치인 헨리 클레이Henry Clay는 크리크 조약이 인류의 외교사를 통틀어 '로마의 완전한 정복과 파괴' 이상의 증오로 가득한 문서였다고 말했다. 잭슨의 조약문은 치욕스러운 요구뿐이었다.)

"극한의 고통에 빠진 가련한 사람들이다. 처지가 딱하니 식량을 제공하는 임의 조항으로라도 지켜 줘야 한다!"

저항군을 이끈 크리크족 종교 지도자들을 넘기라는 조항도 있었지만 클레이는 이렇게 간청했다.

"장군님, 지도자들만큼은 부디 살려 주십시오!"[16]

잭슨은 크리크족을 꺾으며 전국적으로 이름을 떨칠 기회를 얻었다. 1812년 뉴올리언스 전투에서는 영국을, 플로리다에서는 세미놀족을 물리쳤고 테네시와 앨라배마에서는 치카소족을 패배시켰다. 학계에서는 비이성적인 폭력을 쓰겠다고 위협해 협상을 끌어내는 전략인 '광인madman' 이론이 현대에 처음 나타난 외교술로 본다. 그러나 잭슨은 1810년대부터 원주민 부족을 상대로 조건에 동의하지 않으면 말살하겠다며 경고하고 다녔다.

"불길이 마을과 촌락을 집어삼킬 것이다."

크리크족을 지원한다고 의심되는 아메리카 원주민들에 잭슨이 한 말이다.

"그들의 땅은 백인이 나눠 가질 것이다."

잭슨은 자기 손으로 죽인 인디언의 두개골을 트로피로 보관했고, 잭슨의 부하들은 피해자의 살갗을 길게 잘라 말고삐로 사용했다. 협박, 매수, 합법화. 잭슨은 이 순서를 차례로 따르며 ―죽이겠다 협박하고, 저항군의 단결을 깨뜨리도록 부족 지도자들을 가능한 한 매수하고, 합의 사항을 조약으로 공식화했다― 대통령으로 가는 길을 돌파했다.

"까마귀와 독수리 떼가 땅에 널린 시체를 노리고 있다."

1814년, 유난히 참혹했던 학살을 저지른 후 잭슨은 병사들에게 말했다.

"우리는 만족할 만큼 복수했다."[17]

지금까지 대통령들은 아메리카 원주민을 잭슨처럼 잔인하게 다루지 않았다. 매디슨과 먼로는 잭슨을 불신했다. 잭슨이 대통령이 된다는 얘기에 '깜짝 놀랐다'라고 말할 정도로 잭슨을 싫어했다.

"그런 자리에 제일 어울리지 않는 자다. 법률과 헌법을 존중하지 않고 … 화가 많고 … 위험한 인물이다."

그럼에도 세 명의 대통령은 잭슨에게 기댈 수밖에 없었다. 매디슨이 미시시피 계곡에서 영국을 쫓아내려 1812년 전쟁을 일으켰을 때 전쟁을 승리로 이끈 것은 잭슨 장군이었다. 스페인령 플로리다를 원하는 제임스 먼로에게 플로리다를 안겨 준 사람도 잭슨이었다. 1818

년 잭슨이 살기등등하게 공격해 오자 스페인은 펜사콜라Pensacola를 미국에 양도하기로 마음을 바꿨다. 제퍼슨은 피부가 희고 영어를 쓰는 사람이 대륙을 전부 뒤덮기 전까지 미국의 자유는 '최종 통합'을 이루지 못한다고 믿었다. '표면에 다른 것이 섞이는 경우'나 '얼룩'이 있는 한 불가능했다. 하지만 아메리카 대륙을 흰색으로 물들이겠다는 제퍼슨의 야망에는 세 가지 걸림돌이 있었다. 첫째는 아메리카 원주민이었고, 둘째는 아프리카인과 아프리카계 아메리카인(노예와 자유인 모두), 셋째는 피부색이 다양한 멕시코 시민들이었다. 1821년에 스페인으로부터 독립한 멕시코는 북쪽으로 현재의 유타까지 차지하며 태평양으로 가는 길목을 막고 있었다.

잭슨은 세 대통령의 고뇌를 잘 알았다. 다들 전부를 원하면서도 전부를 얻기 위한 행동은 꺼리고 있었다. 특히 잭슨의 눈에 토머스 제퍼슨은 의지박약의 화신이었다. 제퍼슨에게는 줏대라는 것이 없었다. 한편으로는 약탈적 부채로 원주민 문화를 무너뜨리라고 지시하고, 집단 학살을 꿈꿨다('그들을 박멸하기 위해'). 다른 한편으로는 섹스로 차이를 좁힐 수 있기를 바랐다(델라웨어주와 모히간족Mohegan 대표에게 이런 말을 한 적도 있다. "결혼으로 우리와 섞이면 그대들도 미국인이 될 것이고, 그대들의 피가 우리의 혈관에 흐를 것이다.") 제퍼슨은 연방 정부가 새로운 주를 건설하고 싶다면 '미래의 어느 시점에' 조지아 서부에서 원주민을 없애야 한다는 사실을 알았다.[18]

그 미래가 바로 잭슨이었다.[19]

1820년대 중반, 잭슨주의가 부상하며 건국의 아버지 연합은 깨졌다. 나이가 어려 건국의 아버지에 이름을 올리지 못했지만 존 퀸시 애

덤스John Quincy Adams는 연합을 대표한 마지막 대통령이 되었다(1825년
에서 1829년까지 단임). 애덤스는 노예제도에 반대했다. 아메리카 원주
민의 영토를 강탈하는 것도 반대했다. 초창기 잭슨파가 멕시코를 상
대로 긴장을 고조하라 압박했지만 애덤스는 굴하지 않았다. 하지만
애덤스도 미국의 팽창은 원했다. 애덤스는 미국이 '북아메리카 대륙
을 전부 차지할 운명으로 신과 자연의 점지를 받은' 나라였다고 말했
다. 하지만 불가능한 일을 시도할 수는 없었다. 미국이 대륙을 전부
차지하면서 노예제도를 폐지하고 멕시코와 전쟁을 벌이지 않고 아메
리카 원주민을 보호할 방법은 도무지 떠오르지 않았다. 심지어 조지
아 등 남부에서 남아 있는 원주민을 더욱 서쪽으로 밀어내는 것조차
막지 못했다.[20]

잭슨파에게는 이론 혹은 욕망을 행동으로 옮길 간단한 해결책이
있었다. 인디언을 제거하고 멕시코와 전쟁을 벌이고 노예제도를 수
호하고 확대하면 됐다.

3

1828년 앤드루 잭슨이 존 퀸시 애덤스를 꺾고 미국 제7대 대통령에
당선되었다. 지금도 많은 역사학자는 잭슨이 두 번에 걸친 임기 동안
(1829-1837) 귀족에 반대하는 미국 혁명의 약속을 충실히 이행했다고
본다. 평등주의가 휘몰아치며 흥분한 백인 노동자들은 투표로 무장
하고 정치세력이 되었다.[21] 어느 작가는 잭슨의 취임식 때 펼쳐진 광

경을 '프롤레타리아의 잔치'라고 회상했다.

"교양이 부족한 지지자들은 승합마차, 수레, 우마차, 말을 타고 오거나 걸어서 메뚜기 떼처럼 도시를 뒤덮었다."[22]

집에서 만든 옷에 거친 캔버스 천 재킷을 걸치고 그날 하루 백악관을 제집처럼 누볐다. 축제가 끝난 뒤 진흙투성이가 된 바닥에는 깨진 도자기 조각이 나뒹굴었다. 눈 깜짝할 새에 어마어마한 변화가 일어나던 시기였다. 도시가 발달하고 유럽 출신 이민자의 수가 늘었다. 제조업이 성장하고 금융 자본 규모가 커지고 있었다. 임금을 받아 생계를 꾸리는 가정이 점점 늘어나기 시작했다. 전국에 은행이 생기며 지폐가 지역 시장으로 쏟아져 들어왔다. 개인 부채가 증가하고 임대료가 올랐다. 대서양에서 면화의 인기가 치솟으며 수요를 맞추기 위해 남부에는 노예 농장이 늘어났다.

미국은 대격변이 일어나고 있다는 느낌에 휩싸였다. 곧 과거와 완전히 단절될 것이라는 기대감이 감돌았다. 선거 민주주의가 너무 빠르게 퍼지면 사회를 독단적으로 지배하는 세력이 커지지 않겠냐는 걱정도 많았다. 특히 도시에 점점 늘어나는 임금 노동자의 목소리가 커지고 대중의 요구에 못 이겨 잭슨파가 미국의 자코뱅파로 변할지 모른다는 우려도 있었다. 잭슨을 반대하는 부유층 세력인 휘그계에 퍼졌던 '공포'를 한 작가는 이렇게 묘사했다.

"황제 정치주의Caesarism의 도깨비가 대중의 상상력을 사로잡았다."[23]

그러나 잭슨은 미국을 다른 방향으로 이끌었다. 삶이 복잡해지자 잭슨은 '처음의 단순함과 순수함'을 되돌려 놓겠다고 약속했고, 정부 기관도 기존처럼 최소한의 구조로 '복원'하겠다고 했다.[24] 잭슨은 연방 정부의 권한이 '일반적인 관리력에 한정'되어야 한다고 말했다. '인간의 자유'를 구속하는 방향이 아니라 '인간의 권리를 행사'하는 방향을 추구해야 했다. 그중에서도 가장 중요한 권리는 '자유로운 기업 운영'의 권리와 재산권으로, 같은 인간을 재산으로 소유할 권리도 포함되었다. 미국 정부의 임무는 '분명'해야 했다. 또한 정부 '기구'는 있는지도 모를 만큼 단순하고 경제적이어야 한다고 했다.[25] 잭슨은 연방 정부 ―헌법으로 탄생한 단순한 기구― 와 각 주의 관계가 한정적이라 설명하면서 최소한의 기능만 남긴 기계의 이미지를 제시하곤 했다. 산업 혁명이 시작되기 직전인 1830년대에 '기계'는 어쩐지 무시무시한 느낌을 주었다. 하지만 잭슨이 말하는 기계는 물레방아처럼 윙윙거리며 돌아갈 뿐이었다.

연방 정부나 주 정부에서 사회의 요구를 수용한 예도 있었다. 투표권과 공교육이 확대되었고 채무자 감옥 제도가 사라졌다. 그러나 단순한 조직으로 회귀해야 한다는 믿음이 막으려는 요구는 단 한 가지였다. 북부를 중심으로 사람들은 동산노예제chattel slavery 철폐와 노예 해방을 주장하고 있었다. 연방 정부가 최소한의 권력만 갖는 상황에서 ―노예주와 노예제옹호론자는 연방법 효력 거부nullification, '주의 주권state sovereignty', 주의 권리 같은 새로운 법적 원칙을 내세우며 작은 정부를 지지했다― 노예제도의 폐지를 주장하는 북부의 적대감은 커져만 갔고 이에 맞서 남부는 합법적으로 무장을 했다.[26]

인종 지배 체제를 수호하기 위해 군대가 동원되며 연방 정부의 권한을 한정하는 이상 자체도 인종차별적으로 변할 수밖에 없었다. 백인 우월주의자들의 분노는 팩스턴 보이스 시절부터 계속 존재해 왔고 점점 커지고 있었다. 정착민들은 중앙 정부가 정착민을 보호하지 않고 오히려 적대하니 스스로 문제를 해결해야겠고 생각했다. 잭슨파가 생각하는 자유는 구속에서 벗어날 자유였다. 나체스 트레이스에서 앤드루 잭슨이 주장했던 것처럼 노예를 소유할 수 없다거나 이곳에 정착할 수 없다는 정부의 명령에서도 자유로워져야 했다.

일명 잭슨주의 합의Jacksonian consensus가 형성된 잭슨 시대에 백인 남성의 권력은 급격히 강해졌다. 동시에 아프리카계 미국인의 힘이 급격히 약해진 시대이기도 했다. 1970년에 역사학자 레론 베넷 주니어Lerone Bennett Jr.는 이렇게 썼다.

"보편적인 백인 남성의 참정권을 채택한 결과, 식민 시대 이후로 투표권을 행사한 흑인 남성의 권리가 박탈되었다."

최남부 지역인 앨라배마, 아칸소, 루이지애나, 텍사스에서 동산노예의 면화 노역이 확대되었고 대다수 주에서 새로운 2등 시민법이 통과되며 유색인종인 자유인(해방되었거나 탈출에 성공한 노예, 북부의 경우는 노예제도 폐지로 노예 신분에서 벗어난 노예와 그 후손을 의미했다)의 권리는 대폭 줄어들었다. 베넷은 또 이렇게 썼다.

"잭슨식 민주주의가 새로운 경지에 도달하며 미국의 인종 차별도 유례없이 심각해졌다."

'가난한 백인의 지위는 상승'했고 '가난한 흑인의 지위는 하락'했다. 그러나 가난한 백인은 지위가 올랐다고 해 봐야 밀집한 도시의 빈민 구역에서 낮은 임금을 받고 높은 집세를 내는 생활에서 탈출하지 못했다. 주변 환경이 얼마나 비참한지 본 이들은 노동자 협회와 정비공 협회를 조직해 잭슨이 나체스 트레이스에서 했던 질문을 똑같이 제기했다. "우리가 자유인입니까, 노예입니까?"

잭슨은 인디언 이주법Indian Removal Act을 통해 가난한 백인이 자유인이라 답했다. 첫 번째 임기 1년 차였던 1830년 초, 잭슨의 서명으로 인디언 이주법이 발효되었다. 이제는 연방군이 아메리카 원주민을 미시시피강 너머로 밀어내고 인디언 소유의 땅을 빼앗을 수 있었다. 남쪽 변경에서 저항하던 플로리다의 세미놀족은 무참히 패하고 그나마 생존한 이들만 에버글레이즈Everglades로 도망쳤다. 몇 년도 되지 않아 원주민 약 5만 명이 미시시피강 동쪽에서 서쪽으로 쫓겨났다. 우르르 강을 건넌 이들은 오늘날의 오클라호마와 캔자스 일부로 들어

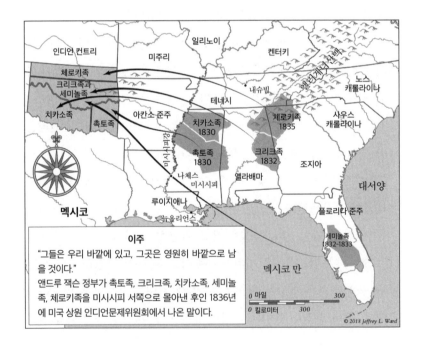

이주

"그들은 우리 바깥에 있고, 그곳은 영원히 바깥으로 남을 것이다."
앤드루 잭슨 정부가 촉토족, 크리크족, 치카소족, 세미놀족, 체로키족을 미시시피 서쪽으로 몰아낸 후인 1836년에 미국 상원 인디언문제위원회에서 나온 말이다.

© 2018 Jeffrey L. Ward

갔다. 잭슨은 1832년 의회에서 '잔당'을 미시시피강 서쪽으로 보낸 것이 '현명하고 인도적인 정책'이었고 '목표 완수'가 얼마 남지 않았다고 말했다.[27] 이주 과정에서 수천 명이 목숨을 잃었다. 병에 걸린 사람도 수천 명이었다.

1차 이주 이후 조지아와 앨라배마의 넓은 지대를 포함해 인디언 땅 약 2,500만 에이커가 시장과 노예주들에게 풀렸다. 전임 대통령인 존 퀸시 애덤스는 서부의 공유지를 매각하고 수익을 '국가 계획national program'에 투자해 도로와 운하를 건설하고 병원, 학교 등의 사회 시설을 세우고자 했다. 하지만 잭슨은 공유지를 정부 수입에 사용하는 '불온' 행위에 "종지부를 찍겠다."라고 약속했다. 연방 정부나 주 정부는 '담대하고 강인하며' '자유의 진정한 벗들'인 노예주와 변경 주민에게 싼값으로 땅을 제공해야 했다.[28] 갑자기 '주인을 잃은 땅'에 정착민과 노예주가 쏟아져 들어왔고 미시시피강을 따라 체로키족, 크리크족, 촉토족, 치카소족의 영토에 면화 농장이 우후죽순 들어섰다. 여권을 소지할 필요도 없었다.

4

1837년, 7년이나 이어진 무시무시한 불황이 끝나고 미국은 수많은 변경에서 전쟁을 준비했다. 〈뉴욕 상업 저널New York Journal of Commerce〉에는 이런 기사가 실렸다.

"내륙이든 바다와 인접했든 광대한 변경 중에 우리의 관심이 필요하지 않은 땅은 단 한 곳도 없다. 남쪽으로는 세미놀족과 싸워야 하고, 남서쪽으로는 멕시코와 관계가 위태로웠다."[29]

2·3세대 공화파의 지정학적 상상력을 자극하는 적이 사방에 깔려 있었다. 매사추세츠주 하원의원 케일럽 쿠싱Caleb Cushing은 캐나다 쪽 '변경'이 "온 바다 위에 낮게 깔린 먹구름처럼 우리를 위협하고 있다." 라고 경고했다.

서쪽 —쿠싱은 '강과 호수, 평원으로 이루어진 긴 내륙 변경'을 "요 새나 군대도 지킬 수 없다."라고 말했다— 에 모여들고 있다는 위협 세력은 공개 토론회의 단골 주제였다.[30] 인디언 이주가 순조롭게 진 행되는 동안, 보복을 두려워하는 이들도 있었다. 이름을 밝히지 않은 한 포병장교는 1838년 플로리다 동부에서 세미놀족의 저항군을 공격 하며 경험한 공포를 〈찰스턴 커리어Charleston Courier〉에 제보했다. 익명 의 제보자와 전우들이 '그들 영토에 있는 습지와 오지로' 밀어붙이자 세미놀족은 '발악하듯 마지막 힘을 쥐어짜 사랑하는 고향을 지키려' 애썼다고 한다. 그는 독자들에게 '평형equilibrium'이 물리적일 뿐만 아 니라 도덕적인 개념이라 '포기 뒤에는 응징이 따르기 마련'이라고 경 고했다. 참회하며 이렇게도 썼다.

"여름날 남쪽에서 불어오는 바람처럼, 북쪽에 천둥을 동반하는 구 름이 몰려드는 것처럼 우리로 인해 미시시피강과 로키산맥 사이에는 불만으로 가득한 인디언 부족들이 응집하고 있다. 전기가 번쩍 튀듯 구름은 방향을 틀고 앞으로 달려들어 지상에 분노를 쏟아부었다. 우 리에게 달려들어 새로 탄생한 행복의 나라를 초토화하라고 그 부족 들을 부추기는 국내외 적이 너무도 많다."[31]

이런 식의 자기반성까지는 아니어도 성서 수준의 몰수 정책에 반발이 뒤따른다는 사실을 모르는 사람이 없지는 않았다. 유럽에서 프랑스 공화주의자들이 왕을 처형하고 귀족을 몰아내고 공포정치를 펼쳤을 때 앙시앵 레짐ancien régime(프랑스 혁명 이전의 구체제_옮긴이)의 무수한 분파가 들고 일어나 군대를 동원하고 혁명군을 포위했다. 북아메리카의 공화파는 다른 공포, 계급이 아닌 인종의 공포를 주도했다. 아메리카 원주민에 끔찍한 폭력을 사용한 수십 년의 세월은 적을 도발했다기보다 적을 만들었다. 위에서 소개한 〈뉴욕 상업 저널〉 기사에는 "명심해야 한다."라고 적혀 있었다.

"크리크족, 치카소족, 체로키족, 세미놀족 등 인디언 수천 명이 저 멀리 서쪽으로 이주했고, 앞으로도 이주할 것이다. 그곳에서 자신을 공격한 사람들을 향한 적대감을 몰래 간직하다 때때로 전쟁을 일으킬지도 모른다. 인디언들은 곧 우리의 서부 변경에 집결해 전면전을 벌이려 할 것이다."

'앞으로도 ~할 것이다'라는 표현으로 갑자기 시제가 바뀌었다. 과거의 이야기 ─미국이 실제로 한 행동이 가져올 수 있는 결과─ 가 갑자기 미래로 넘어가더니 미국이 앞으로 할 행동의 결과를 예상한다. 1837년 인디언 사무국Bureau of Indian Affairs의 추정에 따르면 북아메리카에 남아 있는 인디언 인구 중 '전사'로 거듭날 가능성이 있는 수는 66,499명이었다. 그들이 "언제라도 힘을 모은다."라고 한다면 '가공할' 전투력으로 '미시시피강 서쪽의 백인 인구 전체를' 쓸어버릴 수도 있었다.[32]

아메리카 원주민을 쫓아낸 인디언 이주법에는 쫓겨난 원주민을 연방 정부가 보호해야 한다는 조항도 존재했다. 미국은 새로운 땅을 '영원히 보호하고 보장할 것'이라 약속하고 '타인 혹은 타인들'의 '모든 방해와 훼방'에서 이주 부족을 지켜 줄 의무가 있었다. 잭슨의 후임자 마틴 밴 뷰런Martin Van Buren은 이주한 아메리카 원주민의 처우와 관련해 이렇게 썼다.

"우리는 한 국가로서 위대한 국제 사회의 견해에 도의적인 책임을 져야 한다. 원주민은 상대적인 약자로서 처음에는 우리가 부당한 공격자였다고 할 수 있지만, 시간이 흐르고 여러 일을 겪으며 우리는 그들의 수호자가 되었고, 향후 후원자가 되기를 소망한다."[33]

이렇게 미국은 자신이 피해를 입힌 민족을 보호하는 임무를 스스로 떠안았다.

인디언 이주법은 국외와 국내 정책의 경계를 모호하게 만들었다. 인디언 컨트리는 미국의 관할권 밖에 있는 다른 나라일까? 1830년대에 연이어 나온 대법원 판결은 질문에 극과 극으로 답했다. 체로키족의 주권은 어느 날 생겼다가도 또 어느 날 없어졌다. 언제는 미국의 일부라 했고, 언제는 미국이 아니라고 했다. 한 판결문은 '어쩌면' 원주민 국가가 '국내 종속 국가domestic dependent nation'라 불릴 수도 있다고 했다. 이주 조약 —미국 정부가 각 원주민 부족과 서명해 원주민의 추방을 공식화한 합의— 이 각 부족의 주권을 인정했다는 점에서 '인디언 컨트리'는 외국이었다. 그러나 조약 내용대로 인디언 컨트리를 외국의 주권국으로 대접한다면 영국을 필두로 한 유럽 경쟁국들에게 빈틈을 줄 위험이 있었다. 영국이 원주민의 불만을 이용해 변경 사회를 어지럽힌다는 비난은 여전히 계속되고 있었다. 대법원이 체로키족과 관련해 특히 혼란스러운 판결을 낸 후 아메리카 원주민 사회의 한 신문에는 이런 기사가 실렸다.

"외국도, 연방에 속한 주도 아닌 전혀 다른 존재이다."[34]

한 역사학자는 이 상황이 "당황스럽다."라고 썼다.[35]

인디언 컨트리의 위치도 엄밀한 의미의 미국을 둘러싼 혼란에 가세했다. 1830년대 당시 미국의 외곽 지역은 동쪽에서 서쪽으로 이런 모습이었다. 우선 미시시피강이 있었고, 미시시피강을 넘으면 멀지 않은 곳에서 슈피리어호에서 나체스까지가 백인 정착지의 경계를 이루었다. 더 가면 미국군의 방어선을 따라 오대호에서 루이지애나까지 요새들이 배치되어 있었다. 그 너머에 인디언 컨트리가 자리했다. 보통은 오클라호마와 캔자스 일부를 말하지만 노스다코타와 사우스다코타까지 포함되는 때도 있었다. 인디언 컨트리를 지나면 국제적으로 공인된 미국의 법적 한계인 멕시코만 북쪽이 나왔다. 경계선은 사빈강(오늘날 루이지애나와 텍사스를 가르는 강)을 따르다 레드강과 아칸소강으로 이동했다. 그 선 너머의 멕시코는 북쪽으로 유타와 몬태나, 서쪽으로 캘리포니아에 이르렀다.

1836년 무렵, 미국 상원 인디언문제위원회Senate Committee on Indian Affairs는 이와 같은 경계선이 얼추 고정되었다고 보았다. 그러나 고정되었다는 말이 명확하다는 뜻은 아니었다. 인디언 컨트리는 국제적으로 공인된 미국 경계의 동쪽에 —즉, '안'에— 있었지만 정착선을 기준으로 보면 서쪽이었다. 위원회는 추방된 인디언을 언급하던 중 의도치 않게 문제의 불명확성을 드러내고 말았다. 정확히는 이렇게 말했다.

"그들은 우리 바깥에 있고, 그곳은 영원히 바깥으로 남을 것이다."[36]

여기서 위원회의 기준은 정착선이 틀림없었다. 어찌 됐든 인디언이 계속 바깥에 머물 날은 그리 길지 않았다.

정착민들이 인디언 컨트리를 밀어내며 경계선은 끊임없이 서쪽으로 이동했다. 결국 오하이오, 미시간, 인디애나, 일리노이, 위스콘신, 아이오와, 미네소타 등 서부 곳곳에서 이주하는 인디언의 수는 더 늘어났다. 이런 현상이 반복될 때마다 주기는 짧아지고 힘은 더욱 강력해졌다. 존 퀸시 애덤스는 이런 순환 ―인디언이 경계선 안에서 밖으로 나갔다가 다시 안으로 들어오는 현상― 이 영원히 계속될 수 없다고 생각했다. 아메리카 대륙은 광활하지만 무한하지 않았기 때문이다. 애덤스는 임기 마지막 해인 1828년에 이런 일기를 썼다.

"뉴욕 인디언이 그린베이로 이주하고 체로키족이 아칸소 준주로 이주했을 때, 우리는 천막을 지을 틈도 주지 않고 국민의 요구를 받들어 그들을 다시 밖으로 밀어내야 했다."

애덤스는 일기장에 원주민을 동등한 미국 시민으로 만드는 동화 정책이 제일 나은 방법이라고 고백했다. 하지만 '인디언이 사는 지역 안의 미국인들이 가만히 있지 않을 것'을 잘 알고 있었다.

19세기 들어 일부 원주민은 정착 농경을 시작했지만 그래도 땅을 빼앗기고 쫓겨나야 했다. 조지아의 체로키족은 아예 성문 헌법을 채택하고 주 정부와 연방 정부의 헌법적 관계를 통해 자신의 존재를 정당화하려 했다. 미국 대통령 중 아메리카 원주민의 곤경을 가장 안타까워했던 애덤스조차도 체로키족의 헌법이 '실현 불가능'하다고 일기장에 적었다. 옛 노스웨스트 준주 등 오대호 주변의 원주민 사회는 모피 시장에 뛰어들어 고유한 문화 정체성을 유지하기도 했다. 훗날 잭슨 행정부의 전쟁장관이 되는 미시간 준주의 루이스 캐스 지사는 원주민들이 어렵게 이룬 성공 —문화적·정치적 자주성을 유지하며 상업 시장을 정복했다— 을 후진성의 증거로 제시했다. 1830년에 캐스는 원주민들이 '상황을 개선하려는 모든 노력'에 '성공적으로' 저항했다고 썼다.[37]

5
—

잭슨의 이주법은 몇십 년 사이 '변경'이라는 단어의 의미를 바꿔 놓았다. 변경은 군사적 전선이나 국경을 의미하는 단어가 아니라 생활 방식을 가리키는 단어가 되었다. 훗날 프레더릭 잭슨 터너가 '파도의 바깥 가장자리'라고 정의한 개념은 문명인과 야만인의 생활 방식을 구분했다. '파도의 가장자리'라는 메타포는 모순으로 보일 수 있다. 명확한 정의 —'가장자리edge'— 를 나타내는 이미지와 지속적인 변화와 해체를 나타내는 이미지 —'파도wave'— 를 결합하기 때문이다. 하지만 목적을 설명하기에 그것만큼 완벽한 표현도 없었다.

특히 인디언의 이주 이후, 변경은 문명의 척도로서 칼날edge처럼 날카로워야 했다. 한 초창기 평론가는 변경에 대해 이렇게 말했다.

"극서 지역에 명확하게 정의된 선은 문명의 시작점을 표시했고 그 너머에는 황무지뿐이었다."

미국 독립 혁명은 개인이 능력·미덕·힘·논리를 이용해 열정을 억제하고 악을 통제해 자치를 할 수 있다는 정치적 자치론이 발전하는 계기가 되었다. 유색인종 —국내에 있는 노예나 재산을 빼앗긴 국경 주민— 은 참된 자유가 무엇이고, 통치 불가능한 방종이 무엇인지 구분하는 기준을 세워 주었다. 자유는 자치를 정당화했고, 방종은 지배를 정당화했다. 특히 아메리카 원주민이 '무모한 자유' —땅을 일구지 않고 방랑·사냥·수집을 하려는 욕구— 로 자연과 어린아이 같은 관계를 유지한다고 생각하는 사람도 많았다. 자기 힘으로 경작하고 소유하며 정치적 자치가 가능한 백인과 정반대였다.

"인디언은 어린아이다."

〈뉴욕 트리뷴New-York Tribune〉의 편집장 호러스 그릴리Horace Greely는 말했다.

"10~15세 학생만 돼도 평범한 인디언과 같은 수준으로 욕구를 다스리고 공공 원칙을 준수하고 주나 공동체를 구성하고 집행할 수 있다."

인디언에 대해서는 다음과 같이 말했다.

"욕구와 나태의 노예이며, 또 다른 열망을 탐하는 탓에 열망의 지배에서 결코 해방되지 못한다 … 이자들은 씨를 말려야 한다. 신께서는 개간하고 경작할 이들을 위해 이 땅을 내려 주셨다."[38]

그러나 파도와 마찬가지로 변경도 기준이 불분명한 곳이었다. 백인 정착민은 반대편의 야만인과 차원이 다른 자제심을 자랑하면서도 일상화routinization를 피해 변경으로 도망쳤다. 동부에서는 가정을 꾸리기가 점점 힘들어지고 있었다. 자본주의가 확산할수록 —임금은 낮은데 기본 생필품 가격은 높고 집세는 더욱 높았다— 가족 구조는 부담에 짓눌렸다. 많은 가족이 살아남기 위해 서쪽으로 이동했다. 그러면서 가정의 질서와 아버지의 권위 같은 가족의 이상이 부활했고, 변경의 야생과 극명하게 구분되는 삶이 나타났다. 한 평론가는 변경의 삶을 이렇게 묘사했다. 대초원에 자리한 집 한 채는 '자유분방'하고 '법을 무시하는 횡포'에서 보호를 받았다. 서부 로맨스, 시, 신문 기사의 모습도 바로 그곳에 있었다. 강렬하며 격정적이고도 우수에 차 있었고, 아메리카 원주민과 위협적이면서도 감상적인 공감대를 형성했다. 초기 변경을 '탁 트인 바깥의 삶'이라 묘사한 사람도 있었다.

"통제에서 자유롭고 왕성한 식욕으로 늘 배불리 식사를 하기 때문에 성실하게 일을 하고 비교적 품위를 지키던 단조로운 삶으로 돌아가기 힘들다."[39]

정착민의 상상 속에서 아메리카 원주민은 토지에 대한 장자 상속권을 가진 '형제'였다. 비록 가죽을 입고 도끼를 휘둘러 죽이고 권리를 빼앗았지만 말이다.

"쾌락주의와 금욕주의가 동시에 존재했다. 차마 눈 뜨고 볼 수 없는 분노에 휩싸이는 한편, 삶의 평범한 소동과 사건에는 더없이 차분하게 대처했다. 말이 많지만 속을 헤아릴 수는 없었다."

'야생의 삶'을 경험한 한 인디언 사무국 직원은 '레드맨(붉은 피부 때문에 나온 인디언의 별칭 중 하나_옮긴이)'의 '알쏭달쏭하고 기이한 자기모순'을 그렇게 묘사했다.[40]

역시 파도와 마찬가지로 변경은 '찰나'의 순간 이후 움직여야 했다. 1830년대 후반에 서부 여행가 조지 캐틀린George Catlin은 변경선이 문명의 진보와 함께 대륙으로 나아가는 '움직이는 장벽'이라 했다. 인디언 문제를 담당하는 공무원 한 명이 서부 변경을 '끊임없이 지그재그로 변화하는 선'이라 말한 적도 있었다. '어느 정도 명확한 표시'가 되어 있지만 항상 서쪽으로 느리게 이동하고 있었다. 끝없는 전쟁의 시작점으로, 지키려는 인디언과 소유하려는 백인의 싸움은 계속되었다.[41]

그러나 미국군은 전술상의 이유로 변경선이 고정되었다고 생각해야 했다. 군대의 역할은 명백했다.

"수많은 야만 부족의 습격에 맞서 1,600킬로미터의 경계선을 따라 뻗은 국경의 정착지를 … 보호한다."[42]

군은 변경을 안정적이고 분명한 공간으로 보았지만 아메리카 원주민과 백인 정착민을 분리하는 경계는 끊임없이 변하고 있었다. 미국이 서쪽으로 이동하며 미시시피강, 미주리강, 아칸소강, 레드강 등 주요 강과 직각을 이루는 지류들은 방어용 변경의 일부가 되었다. 이랬을 때 변경은 빗살이나 생선 뼈 반쪽 같은 형태를 띠었다.

군사 전략가들은 방어선을 확고히 하고 싶었기에 변경의 정확한 좌표를 표시하기 위한 조사를 진행했다. 그러나 미국과 '인디언 컨트리'를 나누는 선은 전략적으로 하나가 아닌 셋이어야 했다. 군 보고서에 따르면 첫 번째 선은 상인, 농장주, 목장주, 사냥꾼을 위해 필요했다. 두 번째는 '정착지를 특별히 보호하기 위해' 군대를 파견한 '내측 선'으로, 그 선 안에는 '반드시 우리 경계 안에 들어가 있어야 하는' 전초 기지와 요새가 있었다. 마지막으로 정착선 서쪽에 있는 '외측 선'은 '우리 경계선 *너머*에 있는 인디언 거주지를 향해' 전진하며 정해졌

신화의 종말

100

다.[43] 경계 안부터 경계 *너머*(보고서 원문에서도 기울임꼴로 강조했다)까지 정말 혼란스럽기 짝이 없는 지도였다.

하지만 어디에 있든, 어떻게 규정하든 한곳에 고정되는 선은 존재하지 않았다. 각각의 선은 상호작용을 하며 모든 작전을 앞으로 이끌었다. 잭슨의 이주법이 시행되기 2년 전, 전쟁장관은 '우리 군대의 주둔지' —미시시피강의 포트 스넬링과 미주리강의 포트 레번워스 등—를 '인디언 컨트리 깊숙이 전진시키는' 정책을 놓고 의회에 항의했다. '우리의 통상적인 전진 범위보다 훨씬 앞으로 진군'하다 보니 폭력의 순환이 반복된다는 것이었다. 전초 기지는 '인디언 거주지로 무모하고 무익한 모험을 하도록 유도할 뿐'이어서 '원주민과 개인적인 충돌'을 초래했다. 결국 정부는 '여기서 당한 상인들의 권리를 지키기 위한 군사 작전에' 착수할 수밖에 없었다. 미국이 선을 넘고 위험한 상황을 자초하며 대륙으로 끌려 들어가는 과정은 몇 번이고 되풀이되었다.

인디언 이주 정책으로 수문이 열리며 한 법학자가 '백민 민주주의의 거스를 수 없는 물결'이라 표현한 잭슨 시대가 쏟아져 내렸다.[44] 면화왕King Cotton(남북전쟁 이전 세계에서 면화를 가장 많이 생산했던 남부 경제를 대표하는 표현_옮긴이)은 남부에서 지배력을 확대하고 독보적인 부를 창출했고, 노예와 자유인을 막론하고 모든 흑인이 사상 초유의 인종적 지배를 받게 되었다. 동시에 아메리카 원주민이 서쪽으로 내몰리며 그 땅을 차지한 백인 정착빈과 농상주도 전에 없던 경험을 했다. 엄청난 힘과 국민 주권이 그들 품에 들어왔다. 이렇게 많은 백인이 스스로 자유인이라 생각한 역사가 없었다. 잭슨 시대의 정착민들은 계속 변경을 넘어 유색인종을 짓밟고 더 큰 자유를 얻은 후 자신이 짓밟은 유색인종과 대조해 자유를 정의하고 있었다.

안전밸브

"광기를 통제할 방법이 없다."

1

안전밸브를 생각해 보자. 안전밸브의 기본 형태는 말발굽을 자르고 양고기 뼈를 젤리로 만드는 압력솥이 폭발하는 사고가 잦았던 1600년대 말에 프랑스에서 발명되었다고 한다. 발명된 지 100년도 되지 않아 안전밸브는 증기기관, 보일러, 기관차, 용광로에 부착되어 나오기 시작했다. 효과가 의심스러운 경우도 많았지만, 가스가 쌓여 감당하지 못할 수준까지 압력이 올라갈 때 마지막 방어선 역할을 했다. 토머스 제퍼슨이 미시시피강 서쪽에 미국의 바지선과 용골선을 정박하게 해 달라고 스페인에 요구했을 때, 배가 물살을 거슬러 올라갈 방법은 그것뿐이었다. 하지만 곧 미국 선박들은 미시시피강과 수많은 지류를 누빌 수단을 손에 넣어 상류로 쉽게 올라가고 하류로 빠르게 내려올 수 있었다. 증기는 미시시피강의 전역에 대변혁을 일으켰다.

증기선을 타는 승객과 화물은 날이 갈수록 늘어났다. 수많은 노예주와 노예는 오하이오와 아칸소를 지나 서쪽으로, 미시시피강을 따라 남쪽으로 이동하며 미국에 새로 편입된 영토를 향해 갔다. 하지만 증기 배출이 쉽지 않다 보니 가스 응축으로 보일러가 폭발해 배가 산산조각 나는 사고가 빈번히 발생했다. 1840년 〈노스 아메리칸 리뷰〉는 강에서 일어난 보트 참사를 논평에서 길게 다루며 증기가 '전문가에게조차 수수께끼'라고 말했다.[1]

초기 증기선 기술자들은 영국, 뉴욕, 필라델피아 등 동부 출신이었고 이론이 아니라 경험에만 의존했다. 당대 한 보고서에서 말한 '증기에 대한 이론적 아이디어'를 이해하는 기술자는 소수에 불과했다.[2] 달궈진 보일러에 물을 어느 정도 유지해야 할지는 대충 알았다. 배의 속도를 높일 때 안전밸브를 잠그면 압력이 올라간다는 사실도 알았다. 그러나 증기의 '팽창력'을 제대로 이해하지 못해 직감을 따를 수밖에 없었다. 기술자들 사이에서는 보일러에 물이 바닥나야 보일러가 폭발하니 탱크에 물이 남아 있는 한 아무 문제 없다는 견해가 지배적이었다. 실은 그렇지 않았다. 이미 '증기 이론가들'은 밸브가 잠겨 있고 보일러에 물이 가득 있어도 온도가 증가하면 팽창도도 더 빠르게 증가한다는 사실을 알아냈다. 온도가 50도 오를 때마다 팽창도는 2배로 뛰었다. 그러니 현장의 추측이 정확할 리 없었다.

"차라리 마법이라고 부르지?"

물이 찬 보일러가 폭발할 수 없다는 발상을 언급하며 한 의사는 그렇게 썼다.

보일러 기술이 빠르게 발전하며 더 적은 양의 물로도 더 많은 증기가 생성되었지만 안전밸브 기술은 최신 보일러 기술에 못 미쳤고 기술자들의 직감도 시대에 발맞추지 못했다. 1830년대의 '안전밸브'는 보일러에 난 지름 7.5센티미터짜리 구멍에 끼워 도르래 밧줄이나 지렛대로 제어하는 추 몇 개에 지나지 않았다. 증기는 제멋대로 팽창할 수 있었고, 실제로도 그랬다. 겨우 안심하고 강에서 배를 탈 수 있게 된 것은 1830년대 말이었다. 필라델피아 발명가 캐드월러더 에반스Cadwallader Evans가 '증기기관 보일러의 폭발을 예방하는 안전장치 특허품'을 발명한 덕분이었다. 녹는 합금을 사용했기 때문에 과열되면 합금이 녹으며 응축된 증기가 방출되었다.[3] 그럼에도 '영원으로 떠나는' 승무원과 승객은 여전히 주기적으로 나왔다.

증기 문제가 사라지지 않는 이유는 그저 증기를 마법처럼 생각했다거나 빠르게 발전하는 기술을 따라잡지 못했기 때문만은 아니었다. 팽창의 '팽창력'―미국 서부를 빠르게 통과하는 능력, 새벽에 배를 타고 해 지기 전에 목적지에 도달하는 능력― 은 무모함을 불렀다. 증기 이론이고 뭐고 기술자들은 배를 더 빨리 모는 데 급급했다.

"인간의 특성은 여러 가지 고유한 모습으로 발현되지만 그중에서도 가장 불가사의한 것은 앞서 나가고자 하는 광적인 욕망이다. 어떤 위험이 도사리고 있든, 어떤 목적을 달성하려 하든 중요치 않았다. 목적이 아예 없을지도 모른다."

〈노스 아메리칸 리뷰〉는 증기선 사고가 계속되는 이유를 그렇게 설명했다.

보스턴이나 런던에서 온 부유층 승객들은 기관실 노동자들 ―소

방관, 급유자, 기술자 등 가난한 백인이나 아프리카계 미국인 노예가 대다수였다― 에게 책임을 돌렸다. 그들은 과열된 보일러만큼이나 변덕스럽고 통제가 안 되는 족속이었기 때문이다. 술 취한 허풍쟁이가 능력과 무모를 구별하지 못해 폭발이 일어났다고 비난하기 일쑤였다. 한 스코틀랜드인 여행객은 아프리카계 미국인 승무원의 '생각'과 '도덕적 품위'가 부족하다고 했다. 허먼 멜빌Herman Melville은 단편 소설 《꼬끼오Cock-A-Doodle-Doo!》에 이렇게 썼다.

"오하이오에서 얼마나 끔찍한 사고가 있었는지. 그 사고로 내 친한 벗과 선량한 승객 서른 명이 연통의 밸브가 뭔지도 모르는 돌대가리 기술자 하나 때문에 저세상으로 가고 말았다."

자기 앞가림도 할 줄 모르고 남에게 쉽게 휘둘리는 노동자 계급은 무조건 빨리 가자는 도선사와 승객의 요구를 거부하지 못한다는 불만도 나왔다. 미시시피강에서 보트 경주가 열렸을 때는 증기 응축을 위해 노예가 안전밸브를 깔고 앉아 있어야 했다. 승객들은 빠른 속도에 열광했고, 이동 시간을 몇 분이라도 단축하고 싶은 선주들은 화부火夫에게 가연성 물질을 더 많이 던지라고, 밸브를 누르고 있으라고 지시했다. 위험의 징후는 '과로에 시달린 배의 떨리는 진통'뿐이었다.

〈노스 아메리칸 리뷰〉는 이렇게 말했다.

"광기를 통제할 방법이 없다."

2

안전밸브의 작동 방식은 가스가 팽창하면 가스를 배출해야 한다는 강력한 이미지를 상징한다. 그런데도 1820년대에 들어서야 안전밸브를 메타포로 자주 사용하기 시작했다니 신기할 따름이다. 역사학자 고든 우드Gordon Wood는 그 무렵 미국을 장악한 광기가 있다고 했다. 우드의 《미국 혁명의 급진주의The Radicalism of American Revolution》를 보면 "모든 것이 파괴되는 듯했다."라고 쓰여 있다.

"붙잡고 있던 힘이 전부 풀리는 느낌이었다."

사람들이 점점 더 자유와 이기적인 방종을 혼동한다는 걱정은 늘어만 갔다. 우드는 이렇게 말한다.

"땅 위에 새로운 경쟁이 퍼져 나갔고 사람들은 서로 전쟁을 치르는 것만 같았다."[4]

'내부와 외부의 혁명'이 일어나던 시절이었다. 신학자 윌리엄 엘러리 채닝William Ellery Channing은 그 시절을 이렇게 묘사했다.

"영혼 안에 존재하는지도 몰랐던 구덩이를 깊이 파헤치고 전에 없던 요구를 무수히 쏟아 내며 아직 정의되지 않은 새로운 행복을 갈망했다."[5]

싸움과 폭력, 알코올 중독과 살인이 늘어났다. 병원에는 병적 중독mania a potu, 섬망증 환자가 급증했다. 〈미국정신의학회지American Journal of Insanity〉는 19세기 중반에야 나오지만 그 전부터 여기저기에는 민간·공공 정신병원이 설립되었다. 정확히 계산하기는 어려워도 정신병원 시설에 입소한 미국 시민의 수가 1808년부터 1812년 사이에

2배 가까이 늘어났다. 폐결핵과 간질 같은 질병을 앓는 환자가 무수히 시설에 들어갔고, 정신 질환을 앓는 환자는 감옥이나 구빈원에 갇혔다. '정신 질환'의 원인 목록을 보면 그 시대의 경쟁 스트레스가 어느 정도였는지 알 수 있다. '과음'과 가족 '내력' 같은 일반적인 원인도 있었지만 이제 의사들은 정서 장애에 '사업 실패', '재산 상실', '야망 불충족' 같은 원인을 추가하기 시작했다. 정신병원에서 환자가 가장 많이 사망하는 원인은 단연 '조병'이었다. 다른 사망자에게는 '멍청하다'라거나 '우울하다', '화가 많고 우울하다' 같은 설명이 붙었다.[6]

남부 출신 작가 윌리엄 길모어 심스William Gilmore Simms는 미국인이 '계속해서 뻗어 나가는 상상력'을 소유했다고 썼다.

"미국인의 야망은 언제라도 끓어 넘칠 기세였다."

심스는 '이상한 교리'에 대한 '열망'이 존재했다고 말했다. 대표적인 것이 모르몬교Mormonism와 밀러주의Millerism였다(1824년에 뉴욕주의 한 정신병원 책임자는 세 번째로 많은 '정신 이상' 원인이 '종교에 대한 열광 또는 의존증'이라고 밝혔다). 특히 젊을수록 무모하고 도를 넘은 감정—엄청난 망상—우울하고 황폐한 공포—깊은 상상력에서 비롯된 기괴한 환상에 넘어갔다. 심스는 그런 '광분'이 '도덕적 안전장치 역할'을 하고 안정된 사회를 초월하는 새로운 종교 공동체를 형성하기를 기대했는지도 모르겠다. 그러지 않으면 그런 '피와 담즙'은 연방을 무너뜨릴 수 있었다.[7]

불과 한 세대 전에 타올랐던 공화주의의 불길은 잭슨 시대를 지나며 위험할 정도로 높이 치솟았다. 미국에는 안전밸브가 필요했다. 투표권을 가진 무지하고 가난한 백인 남성의 수가 늘어 가는 현실에서 민주주의를 무겁게 짓누르는 압력을 방출할 수단이 있어야 했다. 이 시기에 안전밸브라는 표현은 주로 대중의 흥분을 억제하는 조치에 쓰였다. 신문 기자, 목사, 정치인은 제도를 통한 견제와 균형 —공직자 순환 근무, 사법 제도의 도움을 받을 권리, 주 정부와 연방 정부의 권력 분담 등— 이 '정치 기관의 안전밸브'라고 확신했다. 1822년 독립기념일, 코네티컷주 노리치에서 한 연설가는 출판의 자유라는 가치가 도덕적 원칙에서 유래하지 않는다고 말했다. 그보다는 '대중의 분노 발산을 막는 안전밸브' 역할에서 출발했다는 얘기였다. 정치인에 반대 발언을 할 권리를 대중에게 부여하며 '사회의 그릇된 열정을 쉽게 터뜨릴 분출구'가 생겼다. 출판의 자유는 '끓어오르는 분노'를 배출할 '안전밸브'였다.[8]

잭슨에 반대하는 휘그당은 이제 막 투표권을 얻은 대중의 '응집된 증기'를 발산해야 한다고 생각했다. 자기가 더 잘할 수 있다는 반대 세력을 향해 잭슨파는 '종신직'을 약속받은 적이 없다고 다시 일러 주었다. 대표를 선출할 권리는 '가장 커다란 야심에 대한 유혹'을 억제하는 '헌법상의 안전밸브'였다.[9] 개혁가들은 채택된 모든 의제 —채무자 감옥 폐지, 공인된 독점 금지, 더 평등한 사법 체계, 자유롭고 보편적인 교육, 투표의 확대— 가 '우리 체제에 대한 원칙적인 안전밸브'라고 평했다. 부유층이 불평불만을 쏟아 낼 사안들이었지만 더 급진적인 변화를 요구하는 목소리를 이런 방법으로 일단 달래면 부유층의 특권과 지위는 유지할 수 있었다. 1833년 한 작가는 평범한 '불평'이 사회 계층을 수호한다고 썼다. 조금 더 사회적 양심에 따라 행동해야 한다고 엘리트 계층에 일깨움을 주기 때문이었다. 불평은 '내면의 응어리

를 풀어 주는 안전밸브' 역할을 했다. '쉭쉭거리는 증기 소리'는 권력
층에게 연료를 지나치게 넣지 말라고 경고한다.[10] 프레더릭 더글러스
Frederick Douglass는 노예 농장에서 크리스마스부터 새해까지 연휴 내내
음악과 술을 즐기는 관례가 '노예 상태로 전락했을 때 인간의 마음에
나타나기 마련인 폭발 위험을 억제할 안전밸브' 역할을 한다고 썼다.
1818년 태어나 1838년 탈출할 때까지 20년간 노예 생활을 했던 더글
러스는 신년 연휴가 "반란을 일으킬 의지를 가라앉힌다."라고 했다.[11]

증기 배출과 관련한 표현은 헌법에 명시된 시스템과 권리 보장(투
표로 지도자를 선출할 권리, 법정에서 억울함을 호소할 권리, 공개적으로 연설하
고 집합할 권리 등)뿐만 아니라 민주주의의 심리적 작용을 설명할 때도
등장했다. 철학자와 신학자는 도덕적 전제에 '안전밸브'를 자연스럽
게 끼워 넣고 악덕과 나약함을 미덕과 강인함으로 통제하거나 조절
해야 한다고 주장했다. 1831년 〈내셔널 가제트National Gazette〉에 '러스
티쿠스Rusticus'라는 익명의 기고자는 이렇게 썼다.

"이성과 정신은 동물적 본능을 통제해야 할 의무가 있고, 대중의 혼
란과 폭력을 초래할 수 있는 결과를 억제해야 한다. 증기기관의 안전
밸브처럼 자연적인 감각의 유인과 물리적 충동을 바로잡아야 한다."

그리스도교 신학자들은 '전례 없이' 부유해진 미국에 세속적인 마
음, 방탕, 악덕이 늘어날 것을 우려했다. 한 목사는 "안전밸브의 존재
가 얼마나 중요한가!"라며 "과도한 부에는 안전밸브가 필요하다."라
고 권고했다.[12]

동물적 본능, 열정, '광분'을 다룬 논의의 표면 아래에는 성폭력이
도사리고 있었다. 계층, 지위, 피부색을 막론하고 모든 여성은 위협을

받았고, 노예 여성의 경우는 더 심했다. 남북전쟁이 벌어지기 수십 년 전부터 노예제도가 도덕적 악이며 공화주의 원칙을 좀먹는다고 하는 노예폐지론자가 늘어나자 노예주들은 노예제도가 공화주의적 미덕을 고취하는 '절대 선'이라 옹호했다. 노예는 시장에서 사고파는 상품이었다. 그러나 남부의 기사들(남부 상류층 남성들은 자신이 영국 귀족의 후예라 믿고 미국에서도 영웅적인 기사도 전통을 수호하려 했다_옮긴이)은 노예주가 노예를 많이 소유해야 지저분한 시장을 뛰어넘어 더 세련된 기사도를 갈고닦을 수 있다고 했다. 그러기 위한 도구에는 강간도 있었다. 노예제옹호론자들의 표현을 빌리자면 노예 여성은 백인 여성을 향한 백인 남성의 욕망을 대신 받아 주는 '안전밸브'였다. 그래서 남부는 고상하고 품격 있는 곳으로 북부와 차별화할 수 있었다. 조지아주 녹스빌의 노예주 새뮤얼 러더퍼드Samuel Rutherford는 뉴욕의 지역신문인 〈제임스타운 저널Jamestown Journal〉에 남부 노예 여성이 성폭행의 공포에 시달린다는 반反노예 사설이 실리자 항의 서한을 보냈다. 러더퍼드는 사설 내용이 사실이라고 인정하면서도 노예 여성을 성적으로 건드리는 행위가 '당신네 북부 여자들보다 훨씬 월등한 우리 백인 여인들의 순결을 지키는 안전밸브' 역할을 한다고 주장했다.[13]

3

사람들은 온갖 메타포로 글을 쓰고 생각을 한다. 그러나 안전밸브를 활용하는 아이디어가 특별히 더 의미 있는 이유는 안전밸브가 수사법 발달에 이바지하던 그때 실제 산업 현장에서도 인류의 힘과 속도를 높여 주고 있었기 때문이다. 특히 서부 팽창을 이야기할 때 안전밸브는 최대의 자유와 극한의 부자유 위에 세워진 국가인 잭슨 시대 미국의 부조화, 지독한 모순을 조화시키는 효과를 가져왔다.

안전밸브의 이미지를 노예제도에 처음 적용한 사람은 엘리저 라이트Elizur Wright 목사였다. 뉴잉글랜드 노예폐지론자이자 미국노예제폐지협회American Anti-Slavery Society의 설립자인 라이트는 해방 노예를 아프리카로 보내 노예제도의 문제를 해결한다는 발상이 식민지화라고 맹렬히 비난했다. 1833년에는 그런 계획이 '어마어마한 압력에 시달리는 엔진의 안전밸브' 역할을 한다고 말하기도 했다.[14] 라이트 같은 노예폐지론자들은 기계의 증기를 빼는 방법이 아닌 기계의 파괴를 원했다.[15] 또 식민지화를 지지하는 북부 사람들이 노예제도 존속을 굳히고 있다고 비난했다. 후에 또 다른 비평가는 식민지화가 '방해물을 제거해' 노예제도를 살리는 '안전밸브'였다고 말했다.[16] 여기서 '방해물'이란 점점 수가 늘어나는 유색인종 자유인을 뜻했다. 1840년대 초에 약 40만 명이었던 유색인종 자유인은 단 하나의 문제를 상징했다. 노예제옹호론자가 봤을 때 이들은 이념(유색인종은 자유롭게 살 수 없다)과 제도(유색인종은 범죄자 아니면 위험인물이고 능력이 없어 남에게 의존해 살거나 백인의 일자리를 빼앗는다)를 다 위협하는 존재였다. 노예폐지론자들은 해방 노예에 뿌리 깊은 혐오를 드러내는 수많은 백인 —아프리카계 미국인의 선거권을 박탈하고, 주거·교육·공공서비스를 분리하는 법을 새롭게 제정했으며 백인과 흑인이 결혼해 혼혈을 낳는 '융합'에 치를 떨었다— 을 보며 노예제도가 사라진다 해도 노예제도가 만들어 낸 악마는 사라지지 않을 거라고 생각했다. 제도를 폐지한다고 공화주의적 평등의 약속을 지키지 못하게 막는 인종 불평등 문제까지 사라질성싶지 않았다.

라이트 같은 반체제 인사를 제외하고 노예제도의 반대론자와 옹호론자는 함께 식민지 건설을 추진했다. 미국식민협회American Colonization Society 필라델피아 지부는 식민지가 '국내 노예 문제의 유일한 안전밸브'라고 했다. '유일한'이라는 표현에는 큰 의미가 담겨 있다. 평등에 반대하는 세력을 인정하는 동시에 그들의 권력에 순응했다는 뜻이기 때문이다. 해방된 아프리카계 미국인 수천 명이 라이베리아, 시에라리온 등 주의 지원을 받는 아프리카 식민지(메릴랜드, 조지아, 펜실베이니아 모두 서아프리카에 식민지를 세웠다)로 향했지만 이주민 숫자가 적다 보니 일반 대중은 차이를 체감하지 못했다. 그래서 노예폐지론자와 옹호론자, 개혁가는 서부로 눈을 돌렸다.

노예제도를 유지하려는 이들은 증기를 배출할 곳으로 아칸소, 앨라배마, 미시시피 계곡 하류와 그 너머에 있는 텍사스를 택했다. 해방노예를 서부로 보낸다면 남부 해안에서 일어나는 사회 갈등의 근본이 사라진다. 또 백인 정착민을 서부로 보낸다면 미국에 노예주가 늘어날 테니 장기적으로 북부보다 남부의 정치적 영향력이 강해질 것이었다.[17] 미국이 태평양까지 밀고 나가야 한다고 강력히 주장한 〈웨스턴 먼슬리 리뷰Western Monthly Review〉의 편집장 티머시 플린트Timothy Flint는 1830년에 멕시코 영토를 매입하자고 제안했다.

"노예주에 흑인이 과도하게 모이는 위험을 배출하는 밸브로 적절하고 … 넓은 땅에 퍼뜨려 인구 밀도를 낮춘다."[18]

플린트는 이론적으로 노예제도에 반대했지만 "문제의 양면이 보인다."라고 말했다. 팽창의 가능성이 대두되자 플린트 같은 부류는 굳이 어느 한쪽의 편을 들 필요가 없어졌다. 당시 텍사스는 아직 멕시코 영토였지만, 주의 권리와 노예제도를 옹호한 잭슨주의자이자 사우스캐롤라이나주 상원의원이었던 조지 맥더피George McDuffie는 텍사스가 '우리 주위에 넘쳐나는 노예 인구를 내보내는 안전밸브가 될' 수 있겠다고 생각했다.[19] 압력을 해소할 도구가 새로운 영토나 새로운 시장만은 아니었다. 최남부 지역의 변경 지대에서 생활하고 일해야 하는 극한의 고난 자체도 안전밸브로 작용했다. 1840년에 노예의 손에 목숨을 잃을지 두렵지 않으냐는 질문을 받은 한 버지니아 농장주는 걱정하지 않는다고 말했다. 변경의 고된 삶이 그를 보호해 주기 때문이었다.

"신께서는 그분의 섭리에 따라 최남부 지역에 안전밸브를 열어 주셨다. 노예를 사서 일을 시키면 7년 안에 죽고 만다."[20]

4

'안전밸브' 메타포는 계층 문제의 해결책에도 사용되었다. 사실 문제는 하나가 아닌 둘이었다. 첫 번째는 경제적 문제였다. 어떻게 해야 빠르게 늘어나는 도시 노동자의 수를 감당하며 높은 임금을 유지할 수 있을까? 두 번째는 정치적 문제였다. 못 배우고 재산도 없는 남성 유권자(앤드루 잭슨의 핵심 지지층)의 수가 늘어나는 위험을 어떻게 막을 것인가? 그들이 파벌 ─'노동당'─ 을 형성하고 재산권을 침해하는 정강에 투표하지 못하게 막으려면 어떻게 해야 한단 말인가? 많은 사람이 간단한 답을 내놓았다. 서쪽으로 보내 땅을 주면 된다.

공유지를 나눠 주자는 결정은 제법 급진적이었다.[21] 사회주의자라 자처하는 이들 ─1820년대에 영국에서 미국으로 건너온 조지 헨리 에반스George Henry Evans와 프레더릭 에반스Frederick Evans 형제가 대표적이다─ 은 일명 '자유 토지Free Soil' 운동을 조직했다. 초기의 자유 토지 운동은 미국과 프랑스 혁명뿐만 아니라 종교개혁에서 약속한 평등을 서부의 땅에서 실현할 수 있다고 상상했다. 다수의 셰이커교Shaker 공동체 설립을 도운 프레더릭을 비롯해 자유 토지당 당원은 대부분 급진적 기독교 신자들이었다.[22] 초기 자유 토지당의 요구 사항 목록을 보면 미국 정치 역사상 가장 호전적인 강령으로 이루어져 있다.

투표로 농장을 소유하라.
독점가를 타도하라.
공유지의 자유로운 이용을 보장하라.
채권 추심에 관한 모든 법을 폐지하라.
여성에게 남성과 동등한 권리를 부여하라.
동산노예제와 임금노예제를 철폐하라.

여기에는 자신을 노예 ─임금노예─ 라 부르는 백인 남성들이 있었다. 이들은 아프리카인이나 아프리카계 미국인과 거리를 두지 않고 연대를 형성하려 했고, 그 안에는 여성도 포함되었다. '에반스의 안전밸브'는 실제 안전밸브 장치만큼이나 단순했다. 뉴욕에서 가장 급진적인 조합들의 연맹인 뉴욕산업회의New York Industrial Congress는 이 민 노동자가 서부의 공유지를 저렴한 가격에 구매할 수 있다면 임금 경쟁만이 아니라 주택 경쟁도 잠잠해질 것이라 했다. 임금은 오르고 집세는 낮아질 것이다. '기술자와 노동자'는 '자신의 권리와 이익을 지 킬 수 있는 더 탄탄한 기반을' 얻게 된다.

현실적으로 '자유 토지'는 제 기능을 해내지 못했다. 땅을 차지한 것은 주로 투기꾼, 철도 회사, 목장주, 기업이었다. 가난한 노동자 가 족이 서부로 이사하기도 쉽지 않았다. 1830년대 말에 인플레이션으 로 물가가 폭등하며 이사 비용은 엄두도 못 낼 만큼 비싸졌다(그래도 이후에 철로가 깔리며 이주에 대한 부담이 줄어들었다). 서부의 땅이 있으니 임금을 올려야 한다는 주장이 거셌지만 동부 공장에 노동력 절감 기 술이 빠르게 도입되며 임금은 제자리걸음을 했다. 어쨌거나 변경은 남아도는 노동력에 '지속적인 도피처'가 되지는 못했어도 '지속적인 위협'의 효과를 낼 수는 있었다.[23] 노동 쟁의 중에 노동자가 굳이 제분 소, 작업장, 공장을 떠나 서부로 갈 필요는 없었다. 그렇게 할 수 있다 는 가능성을 고용주가 알면 충분했다. 서부는 노사 간 권력의 '균형추' 를 아주 조금 움직여 주는 역할로 충분했다.[24]

그러나 사회적 모순을 다른 방법으로 해결하고자 '자유 토지' 분배 를 제안한 세력도 있었다. 연방 정부를 '처음의 단순함'으로 돌려놓겠 다고 약속했을 때 앤드루 잭슨이 한 상상과 같은 맥락이었다. 대형 선 박회사 사장의 아들로 태어난 매사추세츠주 하원의원 케일럽 쿠싱은 남부의 노예제도를 옹호했고 변경을 전체론적으로 이야기했다. 쿠싱은 변경이 잭슨주의로 나타난 주요 문제를 전부 해결해 줄 수 있다고 했다. 당시에는 노예제도가 공화주의의 미덕을 위협하는 문제, 백인이 주류인 사회에서 해방 노예가 동등한 권리를 요구하는 문제가 있었다. 투표권을 얻은 백인 노동자의 문제도 점점 늘어나고 있었다. 또한 동산노예와 유럽 이주자가 전체 노동 시스템을 지배하며 백인 노동자의 임금은 바닥을 기었다. 하지만 쿠싱은 셰이커교식 공산주의는 당연하고 사회주의 쪽으로도 접근하지 않았다. 그 대신 재산권 보호에 전념하는 최소 정부의 이상을 찬양했다.[25]

1839년 스프링필드 독립기념일 연설에서 쿠싱은 서부가 '우리에게 최고의 안전밸브'라고 평했다. 서부는 인구과잉 사회가 '더는 정직한 산업과 야심에 마땅한 보상을 할 수 없을' 때 발생하는 '빈곤, 불만, 결과적인 혼란'의 위험에서 미국을 보호해 준다고 했다. 여기서 쿠싱이 말하는 위험은 빈곤이나 혼란, 불공평한 보상 그 자체가 아니었다. 그보다 쿠싱은 문제를 해결하기 위해 연방 정부가 강해지고 그 과정에서 개인과 주 정부의 자유가 박탈당하는 상황을 우려했다. 서부 이동은 이런 상황에 탈출구를 열어 주었다. 연방 정부는 변경을 확장하는 데만 힘을 집중할 수 있었다. 쿠싱은 그렇게 변경이 확장되면 개인은 자유롭게 능력을 기르고 이익을 추구하고 열정을 충족할 수 있다고 말했다. 국가가 과도한 억압이나 과도한 재분배 정책으로 시민사회를 숨 막히게 하는 일은 없다. 정부는 서부에서 사업을 추진하며 단순한 형태를 유지할 수 있고, '위대한 헌법적 원칙을 수호하는' 주의 권리가 유지되며 '공덕과 사덕'의 적절한 균형이 보장된다. 여기서 '사덕'이란 자유재산의 보호를 의미했다.

남부에서도 미시시피의 유력 상원의원이자 노예주인 로버트 워커Robert Walker가 의견을 제시했다. 워커는 노예 혁명이나 내전까지 가지 않아도 서부를 '안전밸브' 삼아 노예제도가 공화국에 가져온 문제를 해결할 수 있다고 생각했다. 1840년대 초는 경기 침체가 한창일 때였다. 노예 폐지를 옹호하는 북부가 사방을 포위하고 경제가 위축되자 남부인들은 숨통이 막힐 것 같다고 느꼈고 폭력 사태에 대한 두려움도 점점 커졌다. 팽창은 답답하게 조여 오는 힘을 풀어 줄 열쇠였다.[26] '자유로운 흑인'이 '남부 안에서 활개를 치고 다니는 것'은 절대 '용납'할 수 없었다. 흑인은 백인 정착지의 경계 너머에서 '집을 찾을 수' 있었다. 대다수 노예제옹호론자가 그렇듯 워커도 언젠가는 노예제도가 폐지되어야 한다고 인정했다. 워커는 서부로 팽창한다면 소란을 일으키지 않고 그런 결말을 맞이할 수 있다고 했다.

"노예제도는 서서히 힘을 잃고 종국에는 무한한 영역 안으로 사라질 것이다."

노예들도 '연합의 한계 너머'에 있는 수평선으로 '소멸'할 것이라 했다.

워커는 노예폐지론자의 비판을 차단하기 위해 남부는 물론 북부의 독자에게도 의견을 제안했다. 인종적 공공 정책이 미국 정치 문화에 어떻게 침투할지 간략히 설명한 후 ─아프리카계 미국인 때문에 다양한 사회 병폐가 생기고 이런 병폐에 대응해 정부 조직의 권한이 커진다고 보았다─ 노예가 해방되면 '자유로운 흑인 인구가 대거' 북부 도시로 몰려들 것이라 예상했다. 그렇게 되면 범죄율이 증가하고 '백인 노동자'의 임금은 폭락할 수 있었다.

"구빈원과 교도소, 귀가 먹었거나 멍청하거나 앞이 안 보이는 사람, 바보나 정신병자를 위한 수용소는 꽉 차다 못해 넘쳐날 것이다."[27]

그런 비극에 대처하려면 정부의 힘이 커질 수밖에 없었다. 세금이 높아지고 '모든 재산의 가치가 추락'한다. 워커는 '전 세계의 파산'이 뒤따를 것이라 경고했다.

쿠싱과 워커는 북부의 '계급 문제'와 남부의 '인종 문제'가 얽혀 있어 미국 국경 안에서는 해결할 수 없다고 생각했다. 문제를 해결하려면 오직 서쪽으로 가야 했다. 워커는 '실질적으로 아프리카 인구를 내보낼 유일한 방법', '연합 전체를 구할 유일한 안전밸브'로 팽창을 주장했다. 쿠싱은 서부가 미국의 '수용소' 역할을 할 것이라 했다.

5

쿠싱과 워커를 비롯한 많은 사람에게 공화주의적 자유의 이상은 연방 정부의 지나친 간섭에서 벗어날 자유를 의미했다. 팽창은 자유의 이상을 표현하는 동시에 보호했다. 인디언을 쫓아내고 막대한 공유지를 획득한 상황에서(이후 텍사스를 합병하고 멕시코까지 정복한 상황에서) 거부하기 힘든 미래상이었고, 그러다 보니 잭슨의 백인 민주주의를 숭배하는 세력이 제시하는 그 밖의 더 평등한 이상까지 그 안에 포함되었다.

노예 반대와 흑인 반대 사이의 경계선은 모호해졌다. 훗날 W. E.

B. 듀보이스W. E. B. Du Bois가 말한 것처럼 '가난한 백인' 노동자는 임금 인상을 막는 '노예 시스템 자체에 대한 증오와 혐오'를 시스템의 희생 자에게 돌렸다.[28] 자유 토지에 대한 약속은 이 현상을 부추겼다. 조지 헨리 에반스는 동산노예와 임금노예 모두 없애야 한다는 급진적인 노예폐지론을 버렸다. 전까지는 임금노예가 있어 임금이 계속 낮아 진다고 주장하던 에반스였지만 이제는 동산노예제가 폐지되면 노동 시장에 공급 과잉이 일어나 임금이 낮아질 것이라 말하고 있었다. 에 반스는 해방 노예를 미시시피강 서쪽으로 보내자는 제안까지 했다. 전국에서 수많은 미국인이 완전한 평등을 실현할 수 있다는 기대를 품고 서부로 향했다. 하지만 그 행렬에 해방 노예의 자리는 없었다. 길이 두 갈래로 나뉘며 아프리카계 미국인들은 고향 땅에 갇히고 말 았다.

"당신네 북부 사람들이 노예를 위한 땅을 찾아 주시오."

에반스는 남부의 노예주에게 그런 말을 들었다고 했다.

"그러면 우리가 그들을 해방시키겠소."

1845년에 에반스는 직접 간행하는 〈영 아메리카Young America〉에서 "우리는 머릿수가 더 많았던 인디언도 서부로 쫓아냈다."라며 다음과 같은 질문을 던졌다.

"검둥이negro라고 왜 안 되겠는가?"

한 익명의 작가는 노예 해방을 피할 수 없다면서도 300만 임금 노 동자가 '한 방에' 노동시장에 쏟아져 나올 때 생길 문제를 걱정했다. 자유를 찾은 노예들은 전국의 '구치소, 교도소, 구빈원'을 가득 채우고 '백인 노동자'의 임금을 낮출 것이었다. 그래서 익명의 저자는 대안으로 이주를 제시했다.

"미국은 미시시피 서쪽에 광대한 영토를 소유하고 있고, 주인 없는 그쪽 땅의 기후는 검둥이의 체질과 습성에 적합하다. 의회는 그곳에 검둥이를 위한 주를 세우고 모든 가정에 토지 40에이커에 대한 영구적인 자유보유권과 1년 치 식량, 농업 기구와 도구 등을 제공하고 자립하게 하자."[29]

팽창에 반대하는 관점도 있었다.[30] 1848년 버몬트주 하원의원 조지 퍼킨스 마시George Perkins Marsh는 물었다.

"사회적 인간에게 이 땅이 무엇을 더 내어 줄 수 있단 말인가?"

마시는 미국이 커질 만큼 커졌다며 모든 팽창에 반대했다. 텍사스, 멕시코, 캘리포니아를 향한 열망도 마찬가지였다. 마시는 그만하라고 말했다. 1864년 출간한 저서 《인간과 자연Man and Nature》에서는 환경을 걱정하며 인간이 자연권에 대한 철학을 방패로 자연을 정복할 권리까지 보장받을 수 없다고 주장했다. 인간은 자연을 아끼고 보호해야 했다. 지금 보면 팽창을 비판한 마시에게 선견지명이 있었던 것 같다. 게다가 마시는 전쟁을 지속하면 공화주의가 황제 정치주의로 변할 것이라는 경고도 했다. 하원 연설에서 마시는 말했다.

"변경을 보호하기 위해 일으킨 군대가 선거인단을 대체하고 독재 권력이 되어 여러분 앞에 나타날 수 있습니다."

그러나 마시가 옹호하는 소국 공화주의는 한편으로 제임스 매디슨식 팽창주의 전제를 증명했다고 할 수 있다. 매디슨은 혈연, 인종, 문화, 종교, 무도武道가 아니라 다양한 이해관계에 얽매인 현대 시민의 미래상을 지키려면 영역을 넓혀야 한다고 말했다. 반면 마시의 전기 작가는 마시가 "인종적·언어적·문화적 동질성을 찬양했다."라고 썼다.[31] 마시는 프로이센 철학자 요한 고트프리드 폰 헤르더Johann Gottfried von Herder가 1794년에 한 주장에 찬성했다.

"가장 자연스러운 국가는 '하나'의 민족성을 지닌 '하나'의 민족이다."

앞으로 나아가려면 전진하는 수밖에 없었다.

사회의 증기 이론을 주장하는 이들 —목사, 정치인, 개혁가, 노예폐지론자, 노예제도옹호론자, 주권론자, 자유 토지 운동가— 은 안전밸브 메타포를 각양각색으로 사용했다. 계급 간 긴장 해소, 노예제도 약화, 노예제도 폐지, 노예제도 구제 등 안전밸브의 기대 효과도 천차만별이었다. 하지만 메타포의 힘을 이해하는 데 이런 차이는 중요하지 않다. 중요한 사실은 모두가 '안전밸브'를 소원하며 질문을 던지는 동시에 답을 회피했다는 것이다. 이 메타포는 잭슨식 민주주의의 문제가 얼마나 심각한지에 대한 '인식'을 내포했다. 기존의 사회적 관계와 정치권력 안에서는 문제를 해결할 수 없다는 의미였다. 지금 이곳에서 해결할 수 없어 보이는 사회적 갈등(노예와 임금 노동자, 노예폐지론자와 노예제도옹호론자, 주권론자와 연방통합론자, 농업과 제조업, 자유 무역과 관세 부과의 이해관계 충돌)을 나중에 저곳에서 해결할 수 있다는 상상이 가능해졌다는 점이 안전밸브라는 이미지의 핵심이었다. '저곳'은 정착지 경계 너머였고, '나중'은 연방 정부가 텍사스를 합병하거나 캘리포니아를 멕시코에서 빼앗을 때, 아니면 공유지를 분배하거나 중국 시장을 개방할 때를 뜻했다.

남북전쟁 전의 미국에서는 제국의 별이 모든 것을 인도했다. 불과 몇 세대 전 헌법 초안을 작성할 때만 해도 주의 권리를 주창하던 반反연방주의자들은 제국이 넓어지면 중앙 정부의 힘이 지나치게 강해져 주권州權을 마음대로 주무를 것이라 걱정했다. 하지만 1840년대가 되자 팽창은 연방 정부의 권력을 견제하는 열쇠가 되었다(인디언을 쫓아낼 때는 몰라도 노예제도 폐지 등 사회개혁 요구에 반응할 때는 확실히 그랬다). 사우스캐롤라이나 출신의 존 캘훈John Calhoun은 노예제도를 열렬히 옹호한 주권 이론가였다. 앤드루 잭슨 행정부의 부통령이었던 그는 팽창이 '국내 제도의 보존'에 없어서는 안 될 정부 기능이라고 정의했다.

쿠싱은 1850년에 이렇게 말했다.

"제국은 선진 사회에 억눌려 있는 열정과 폭발적·파괴적 성향을 배출할 안전밸브였다."

국가는 계속해서 움직여야 했다. 쿠싱은 미국의 끊임없는 움직임을 묘사하는 신조어 '팽창성expansibility'도 만들어 냈다. 미국 시민에게는 '우리 민족 고유의 특징인 활동성, 팽창성, 개인주의, 땅에 대한 사랑을 자유롭게 펼칠 영역'이 필요했다.

쿠싱은 안전밸브를 깔고 앉아 자유로운 행동의 범위를 제한한다면 ―'억누르고 저지하고 입을 막고 강제로 참게 한다면'― 엄청난 대가를 치르게 될 것이라 경고했다.

End of the Myth

Are You Ready for All These Wars?

전쟁을 치를 준비가
되었습니까?

"원인의 원인."

1

존 퀸시 애덤스는 재선에 실패하고 백악관을 떠난 후 말년이 되었을 때야 서부 팽창의 악순환을 이해할 수 있었다. 서부로의 팽창은 위기를 재촉하는 한편 억제했고, 한 전쟁은 결과로 다음 전쟁을 불렀다. 애덤스는 두 가지 두려움 사이에서 이러지도 저러지도 못했다. 우선 변경을 차지하는 전쟁이 영원히 끝나지 않을까 두려워했다. 애덤스는 1814년 앤드루 잭슨이 크리크족을 말살하면서 미국 정착민 세력이 변경에서 전쟁을 일으켰고 1830년 인디언 이주를 계기로 전쟁이 더욱 확대되었다고 믿었다. 이 전쟁은 미국을 '에브라임Ephraim과 유다Judah의 왕국'처럼 '산산조각' 낼 수도 있었다. 애덤스는 정부가 '잔인하고 냉정하게' 관할권을 넓히는 전쟁을 일으키며 미국의 양극화가 심해졌다고 말했다. 국가를 둘로 나눈 확고한 진영 —자유인과 노예— 은 결국 서로에게 칼을 겨누게 될 것이었다. 또한 애덤스는 변경 전쟁이 미국을 쪼개기보다 부당하게 하나로 묶을 미래를 두려워했다. 아메리카 원주민과 멕시코인을 향한 인종 폭력이 접착제로 작용해 미국의 다양한 인구가 공통의 증오로 뭉칠 위험이 있었다.

애덤스는 대통령 선거에서 앤드루 잭슨에게 패하고 1830년에 하원의원이 되었다. 정적인 잭슨이 자신의 정치적 유산을 폐기처분하는 모습을 보며 애덤스의 회의감은 깊어만 갔다. 애덤스는 미국이 파멸의 길에 올랐다고 생각했다. 보면 볼수록 인디언 이주는 멕시코에 대한 전면 공격의 서막이 확실했다. 애덤스는 1836년 5월 25일 자리에서 일어나 미국 역사상 가장 강력한 반전 연설을 한다. 연설의 주제는 멕시코에서 갓 독립한 텍사스였다. 이전에 루이지애나 매입을 옹호하기 위해 나왔던 주장들이 다시 모여 새로운 공화국의 합병을 정당화하고 있었다. 앤드루 잭슨 대통령은 텍사스가 '장벽'으로서 미국을 '무적'으로 만들 뿐만 아니라 '자유의 영역'을 넓히고 '자유로운 제도의 범위'를 확대할 것이라 했다.

그러나 그곳에 자유는 없었다. 앞장서서 멕시코에 반란을 일으켰던 스티븐 오스틴은 1835년에 말했다.

"텍사스는 노예국가여야 한다."[1]

실제로 텍사스는 모든 노예주의 이상향이었다. 1800년대 초 스페인이 텍사스를 건설한 이유는 백인 정착민의 충성을 얻을 수 있다고 착각했기 때문이었다. 침략의 그림자를 드리우는 미국을 막아 줄 방어벽이 되리라 생각했다. 스페인 정부는 정착민의 충성심을 잃지 않으려고 땅(소유하는 노예가 많을수록 더 많은 땅을 받았다)과 자유(즉, 무역과 노예 매매에 간섭하지 않았다)를 약속했다. 하지만 식민지가 자리를 잡기도 전인 1821년, 멕시코는 독립을 쟁취했고 얼마 지나 노예제도를 폐지했다. 멕시코가 노예선을 가로막으며 백인 테하노_Tejano_(텍사스인을 뜻하는 스페인어, 텍사스에 사는 히스패닉계를 가리킨다_옮긴이)들은 반란을 일으켰다. 잠깐이지만 독자적인 공화국으로 존재했던 시기에 텍사스는 노예제도를 영구히 보존하려는 시도를 했다. 주인이 노예를 자유롭게 풀어 주지 못하고 흑인을 무조건 노예로 간주하는 법이 통과되었다. (이후 미국 남북전쟁을 앞두고 텍사스는 거꾸로 달리는 지하철의 종점이 되었다. 노예주는 다른 곳의 자유인을 텍사스로 납치해 다시 노예로 삼았다. 멕시코의 반대에도 텍사스의 국제 노예무역은 부흥기를 맞았다. 1830년대 말에 텍사스 갤버스턴_Galveston_은 뉴올리언스 서쪽에서 가장 큰 노예 시장이 되었다.)[2]

매사추세츠주 대표였던 애덤스는 텍사스 합병을 반대했는데, 연방 정부의 힘이 노예주 쪽으로 기울어진다는 것이 이유의 전부는 아니었다. 물론 그 점도 우려했다. 하지만 애덤스가 합병을 반대한 진짜 이유는 잭슨주의에 대한 경멸이었다. 가장 극단적인 잭슨주의를 상징하는 곳이 텍사스였기 때문이다. 텍사스 공화국의 백인 정착민은 대부분 테네시 등 최남부 출신으로 앤드루 잭슨과 공통점이 많았다. 땅에 투기했고, 노예를 소유했고, 민병대를 이끌었고, 인디언을 죽였다. 애덤스는 미국이 텍사스를 얻을 경우 잭슨으로 대표되는 세계관에 갇힐 것이라 우려했다. 지금도 미국은 아메리카 원주민과 영구적인 전쟁을 치르고 있었다. 잭슨파는 원주민과의 전쟁을 이용해 오직 백인끼리 연대하게 유도했고, 사회 문제를 해결할 능력을 갖춘 더 강한 국가를 거부했다. 원주민을 잔혹하게 내쫓으며 가장 끔찍하고 시대를 역행하는 동맹이 탄생했다. 애덤스는 일기에 이렇게 썼다.

"남부의 노예주들은 서부 영토를 뇌물로 이용해 서부의 협력을 매수했다."[3]

애덤스는 미국이 텍사스를 두고 멕시코와 싸운다면 인종 전쟁을 벌이는 습성만 강해지고 공화국의 의미에 인종 차별과 전쟁밖에 남지 않을 것이라 경고했다.

2

애덤스의 하원 연설은 오늘날 말하는 '역풍'을 놀라울 정도로 정확하게 예고한다. 애덤스는 '반동$_{recoil}$'이라는 단어를 사용하며 잭슨이 국가 정책으로 정착민의 폭력 행위를 용인하며 추방, 팽창, 억압의 순환에서 헤어 나오지 못하게 되었다고 주장했다. 결국 탐욕은 텍사스까지 닿았고, 이 악순환이 텍사스에서 끝날 리도 없었다. 애덤스는 인디언 이주가 '원인의 원인', '이런 사태가 벌어진 이유'라고 말했다.[4]

연방 정부는 '무력 또는 협정'으로 인디언을 추방했다.

모든 인디언 부족은 자신의 영토와 주거지에서 미시시피 너머, 미주리 너머, 아칸소 너머로 쫓겨나 멕시코 접경지대에 이르렀습니다. 우리 정부는 그곳에서 영원한 집을 찾게 될 것이라 속였지요. 절대 끝나지 않을 강탈과 박해에서 벗어나 드디어 편히 쉴 공간이 생긴다는 거짓 희망을 주었습니다. 그곳에서 고분고분 말을 잘 듣는 이들을 이끌고, 주저하는 이들을 몰아붙였습니다. 거짓말 아니면 무력으로요. 조약 아니면 검과 소총을 썼습니다. 남아 있는 세미놀족, 크리크족, 체로키족, 촉토족 등등 전부를 말입니다. 하도 많아서 부족 이름을 일일이 열거하지도 못하겠군요. 이렇게 폭력적이고 무자비한 작전을 진행하는 과정에서 여러분은 이 인디언 부족처럼 무력한 인간이 할 수 있는 최대한의 저항을 보셨을 겁니다.

애덤스는 그런 식의 폭력에 저항이 따르기 마련이라고 말했다. 머리 가죽을 벗기는 행위는 '하늘이 내린 인과응보'일 뿐이고 머리 가죽을 벗기는 칼은 신의 도구라고 했다. 원주민의 보복은 '인간의 마지막 고통'을 표출하는 행위였다. 정착민을 습격하는 인디언은 '절망 속에서 최후의 몸부림'을 치고 있었다. 멕시코도 저항할 것이 분명했다. 애덤스는 미국이 텍사스를 어떤 식으로 합병하든 전쟁이 일어난다고 예상했다. 종국에는 쿠바와 푸에르토리코를 여전히 지배하는 스페인과도 싸워야 할 것이라는 말도 덧붙였다.

애덤스는 연이은 질문으로 반대를 이어 갔고 대답은 암시로만 남겨 두었다. 이미 미국에 밀려 '로키 산맥 기슭까지' 쫓겨난 '미개한 인디언'의 증오가 미국의 다양한 백인 인구를 '화합, 단결, 애국심'으로 결속시킨 접착제인가? 하원의장 제임스 녹스 포크James Knox Polk를 '의자에 앉아 있는 노예주'라며 비난한 애덤스는 포크에게 물었다.

노예를 소유하고 인디언을 말살하는 앵글로색슨인인 의장님은 노예

를 해방하고 노예제도를 폐지하는 멕시코인, 스페인인, 인디언을 진
심으로 증오하십니까?

남부와 남서부 변경은 충분히 넓지 않습니까? … 지금도 광활하고 통
제하기 버겁지 않습니까?

그들의 아버지가 묻혀 있는 땅에서 인디언을 쫓을 만큼 쫓고, 죽일 만
큼 죽이지 않았습니까?

애덤스는 전쟁이 더 많은 전쟁을 부를 것이라 경고했다. 멕시코도
예외는 아니었다. 그는 말했다.

"멕시코와 전쟁을 하게 된다면 자유의 깃발은 멕시코의 깃발이 될
것입니다. 이런 말을 입에 담기도 부끄럽지만 여러분의 깃발은 노예
제도의 깃발이 될 겁니다."

미국은 전에 없던 새로운 국가, 미래로 달려 나가는 국가여야 했
다. 그렇다면 서부로 달려 나가야 한다는 것이 많은 사람의 생각이었
다. 하지만 애덤스는 전쟁이 지속되며 잭슨파가 역사의 원한에 갇혀
버렸다고 말했다. 오래전 상상 속에서 선조와 싸웠던 적 —1066년에
영국을 침략해 자유로운 색슨인을 정복한 노르만족 등— 을 현재의
적으로 바꾸고 있었다.

"남부 사람들과 멕시코를 구성하는 인종 사이에 존재하는 증오만
으로 충분하지 않으냐는 말입니다."

애덤스가 포크에게 물었다.

"굳이 800년 전, 1,000년 전의 지구 반대편으로 거슬러 올라가야 겠습니까? 둘 사이 악감정의 원천을 찾아야겠어요?"

애덤스는 마지막으로 요점을 말했다. 변경 전쟁은 한 번으로 끝 나지 않고, 이내 미국에 부메랑으로 돌아올 것이었다. 전쟁으로 영토 를 넓히는 사이, 자유주와 노예주가 번갈아 연방에 편입되며 미국은 서로 화해할 수 없는 두 개의 구역으로 나뉘었다. (자유주: 오하이오, 인 디애나, 일리노이, 메인, 미시간. 노예주: 루이지애나, 미시시피, 앨라배마, 미주리, 아칸소). 여기에 텍사스가 추가된다면 아슬아슬하게 유지되던 힘의 균 형이 남부로 기울어지고 충돌이 불가피했다.

"이렇게 많은 전쟁을 치를 준비가 되었습니까?"

애덤스는 물었다.

1845년 3월 대통령에 취임한 포크는 곧 텍사스를 합병하면 '변경' 이 확실하게 보호되어 '영구적인 평화'가 찾아올 것이라 약속했다. 3 개월 후, 포크의 주도로 텍사스는 연방에 편입되었다. 애덤스는 일기 에 "그들은 바람을 심었다."라며 '소용돌이'를 거두게 될 것이라 썼다 (되로 주고 말로 받는다'와 비슷한 뜻으로 '바람을 심고 소용돌이를 거둔다'라는 속 담이 있다_옮긴이).* 1846년 초, 포크는 멕시코에 전쟁을 선포했다.[5]

---

*   일러두자면 애덤스는 팽창에 반대하지 않았다. 제임스 먼로 행정부의 국무장관으로 있던 시절 에는 스페인령 플로리다를 난폭하게 기습한 잭슨을 지지한 몇 안 되는 각료 중 하나였다(그 덕분 에 스페인이 플로리다를 미국에 양도하도록 협상을 이끌 수 있었다). 시간이 더 흘러 1840년대에는 오리 건의 연방 편입을 지지하기도 했다(텍사스의 영향력과 균형을 맞추기 위해). '노예 번식업자'라며 잭 슨파를 비난하며 애덤스는 급진적인 정치인이 되고 말았다. 1845년 텍사스 합병 전날, 애덤스 는 이렇게 썼다. "헌법은 걸레 조각이고 연방은 군사 군주제의 늪에 빠지고 있다."

3

얼마 전까지만 해도 미국 역사학계는 멕시코-미국 전쟁을 부득이하게 치른 짧은 전쟁쯤으로 묘사하며 경시했다. 굳이 의미를 부여한다면 미국이 오리건과 캐나다 아래에서 태평양까지 대륙을 차지한 계기로 보는 것이 고작이었다. 하지만 최근 들어 생각을 바꾸고 애덤스가 느꼈던 두려움을 확인해 주는 학자들이 늘어나고 있다. 역사학자 스티븐 한Steven Hahn은 멕시코 전쟁이 '미국 역사상 비용이 많이 들고' '정치적으로 가장 골치 아팠던 사건'이었다고 쓴다. '병력과 경제적 자원의 대대적인 동원'이 필요했고 '멕시코 사람들에게 약탈과 잔혹 행위'를 벌였다.

"주된 원인은 미국 군대에 퍼져 있던 극심한 인종 차별과 반가톨릭주의였다."[6]

미국과 멕시코 모두 인적 피해가 막심했다. 한은 전쟁으로 (애덤스의 예언처럼) 미국이 '노예제도의 깃발' 아래 하나 되었고 "미국 정치와 문화의 공격적인 성향이 최대로 강해졌다."라고 말한다. 멕시코 전쟁을 승리로 이끌었던 율리시스 S. 그랜트Ulyssess S. Grant 장군은 말년에 이렇게 회고했다.

"강대국이 약소국을 상대로 일으킨 가장 부당한 전쟁이었다."

무력 충돌은 미국 파견대가 누에시스강을 건너 멕시코 영토를 점령한 1846년 4월에 시작되었다. 그에 반응한 멕시코군이 파견대를 공격했고, 이를 빌미로 포크는 의회에 전쟁 선포를 요청했다. 몇 주 후 상원 40:2, 하원 174:14로 전쟁이 승인되었다. 전임 대통령 애덤스가 반대 운동을 이끌었지만 영향력이 미미했던 탓에 반대표는 10표가 겨우 넘었다.

포크가 누에시스강 너머로 병력을 보낸 이유는 보통 두 가지로 설명한다. 멕시코를 위협해 협상으로 영토를 얻고자 했다는 의견이 있고, 짧게 전쟁을 벌여 멕시코를 협상 테이블로 빨리 끌어내려 했다는 의견도 있다. 그러나 일단 선포된 전쟁은 미국 정부의 예상보다 훨씬 길게 이어졌다. 멕시코가 강력하게 반발하며 미국 내 원심력과 구심력이 일제히 폭발했다. 영토 확장 전쟁은 노예제도를 둘러싼 갈등에 더욱 불을 붙였고 결국에는 남북전쟁이 일어났다. 하지만 일시적으로 멕시코 전쟁은 남북의 대립을 막아 주는 역할도 했다. 애덤스가 표현한 것처럼 '잡다한 혼종'의 백인 민족들이 인종의 승리를 위해 똘똘 뭉친 덕분이었다.

휘그당을 중심으로 전쟁에 반대하는 목소리가 없지는 않았다. 하지만 일단 전쟁이 시작되자 전국이 협조 태세로 돌아섰다. 특히 뉴욕에서는 전쟁에 찬성하는 여론이 강했다. 멕시코 침공에 자금 지원을 반대한 뉴욕주 하원의원은 단 한 명(뉴욕시티의 에라스투스 컬버Erastus Culver)이었고 뉴욕주 상원의원은 두 명 다 찬성표를 던졌다. 빅스버그와 일리노이에서도 지지세가 강했다. (하원의원 선거에 출마한 에이브러햄 링컨Abraham Lincoln은 발언을 삼가다 당선 후에야 전쟁을 강력히 규탄했다). 서부에도 전쟁에 찬성하는 사람이 더 많았다.

허먼 멜빌도 애덤스처럼 젊은 시절에는 대륙 팽창을 열렬히 지지하던 인물이었다. 하지만 멜빌의 생각도 점차 바뀌었다. 팽창을 하려면 전쟁을 치러야 하는데, 멜빌은 사람들이 전쟁을 겪으며 유혈사태에 감정적으로 둔감해질까 우려했다. 전쟁에서만 경험할 수 있는 느낌에 중독되지는 않을까 하는 걱정도 있었다. 멜빌은 잭슨 지지자인 형에게 쓴 편지에서 포크가 전쟁을 선포하며 계급을 초월하는 '망상'을 만들어 냈다고 말했다. 목테주마 홀Halls of Moctezuma(또는 몬테주마 홀, 멕시코시티의 차풀테펙성을 뜻한다_옮긴이)에서 밤을 보내는 꿈을 꾸며 상류층 신사들과 견습공들이 손을 잡았고 '수많은 이가 전쟁터로' 떠났다.[7] 멜빌은 "맙소사, 그날이 머지않았어."라며 '몬머스 전투Battle of Monmouth가 애들 장난으로 보일 날'이 올 것이라 했다. 전쟁은 다음 전쟁을 부른다는 것이 멜빌의 예상이었다. 훗날 《모비딕Moby-Dick》을 쓰게 되는 멜빌은 "작은 불꽃이 큰불을 일으킨다."라는 격언을 인용하며 물었다.

"이 모든 일이 어떤 결과를 불러올지 누가 알겠어?"*

의회에서 지원병에 지급할 비용을 승인하며 많은 사람이 전쟁으로 일자리를 얻었다. 상류층은 경력도 만들 수 있었다. 하원의원에 도전했다 실패한 제퍼슨 데이비스Jefferson Davis는 다음 선거에 도움이 되지 않겠냐는 심산으로 전쟁에 참여했다. 포크의 후임 대통령 두 명인 재커리 테일러Zachary Taylor와 프랭클린 피어스Franklin Pierce도 참전했고, 피어스 다음으로 대통령이 된 제임스 뷰캐넌James Buchanan은 당시 포크 행정부의 국무장관이었다. 테일러는 잭슨과 비슷했다. 미시시피 면화 농장에서 노예 수십 명을 부렸고, 인디언을 죽이는 것이 대통

---

* 애덤스와 마찬가지로 멜빌도 '반동'이라는 단어를 사용해 서부 팽창이 가져올 역풍을 이야기했다. '서부의 버려진 황무지'는 미국이 '불필요한 것들'을 '배출'하게 도왔다. 즉, 사회 문제를 예방했다. 하지만 서부도 금방 사람들로 가득 찰 터였다. "그때가 되면 반동을 피하지 못한다."

령 자리로 가는 지름길이라 생각했다. 쇼니족, 블랙호크족과 싸우고 쿠바 노예 농장에서 수입한 블러드하운드 떼로 플로리다 세미놀족을 사냥하며 차근차근 군 계급을 올렸다. 멕시코 전쟁은 이후 남북전쟁에서 서로 적이 되어 싸울 장교와 생도의 '훈련장'이었다. 전쟁이 어떻게 미국의 분열을 예방하고 또 재촉했는지 이보다 잘 보여 주는 예시도 없었다. 그랜트, 데이비스, 로버트 E. 리Robert E. Lee, 윌리엄 셔먼William Sherman을 비롯해 수천 명의 사병이 한편에 서서 싸우며 경험을 쌓았다. 전쟁으로 미국은 영토를 확장했지만 그 시점부터 지리적으로는 노예제도를 사이에 두고 둘로 쪼개지기 시작했다.[8]

"미국 고위층은 삶에 안정감과 희망이라고는 없는 시민들로 멕시코의 목을 옥죄었다."

역사학자 폴 푸스Paul Foos의 말처럼 미국 병사들 —자원병인 주 민병대와 정규군으로 구성— 은 약탈을 일삼고 민간인을 살해하고 멕시코 사람들을 공포로 떨게 했다.[9] 일례로 1847년 2월 9일, 아칸소주의 자원병 하나가 코아우일라Coahuila주 아과누에바Agua Nueva의 연대 막사 근처에서 멕시코 여성을 강간하자 멕시코인들이 보복으로 미군 병사 한 명을 죽이는 일이 있었다. 이후 100명이 넘는 아칸소 병사들은 전쟁 난민들을 동굴에 몰아넣었다. 한 목격자에 따르면 자원병들은 '악령'과도 같이 괴성을 지르며 여성과 아이들이 '살려 달라는 비명'을 지르는 가운데 피해자들을 강간하고 살육했다. 학살이 멈췄을 무렵, 응고된 피로 범벅된 동굴 바닥에는 멕시코인 수십 명이 죽어 있거나 죽어 가고 있었다. 시체는 대부분 머리 가죽이 벗겨진 채였다(미국의 자원병 중에는 전쟁 전 변경 지대에서 아파치족의 머리 가죽을 벗기고 현상금을 받아 생계를 꾸리던 이가 많았다. 텍사스에서 악명 높았던 머리 가죽 사냥꾼은 자신이 '이발' 사업을 한다고도 표현했다.)* 이런 학살이 처음은 아니었다. 이전에도 미군 지휘관 윈필드 스콧Winfield Scott 장군이 대통령에게 편지를 보내 자원병의 악행을 하소연한 적이 있었다. 이 자원병 연대를 조직하고 지휘한 이는 훗날 미국 대통령이 되는 재커리 테일러였다. 스콧은 테일러의 부하들이 저지른 범죄가 너무도 극악무도해 '하늘이 울고, 기독교인으로서 도덕심을 가진 모든 미국인이 조국을 부끄러워할 것'이라 말했다.

"리오그란데 전역에서 살인, 강도를 하고 남자인 가족을 묶어 놓은 앞에서 어머니와 딸을 강간하는 일이 부지기수입니다."[10]

"위쪽으로 행진하는 우리 부대를 환영하고 미소 짓던 마을은 이제 시커멓게 타 연기만 자욱한 폐허가 되었다. 정원과 오렌지 숲은 파괴되었고 주민들은 … 산으로 피신했다."

한 정규군은 미국군이 멕시코인을 상대로 저지른 만행을 이렇게 묘사했다.

"아틸라(5세기경 유럽을 공포에 떨게 한 훈족의 왕_옮긴이)의 행군도 이보다 잔인하고 파괴적이지는 않았다."[11]

민병대의 폭주를 보다 못한 스콧은 미국이 점령한 멕시코 영토에 계엄령을 선포하고 전범 재판을 위한 군사재판소를 세웠다. 아칸소 연대의 학살 직후에 나온 스콧의 발표는 엄밀히 말해 멕시코와 미국

---

* 멕시코-미국 전쟁 즈음 머리 가죽 사냥꾼 무리의 이야기를 다룬 코맥 매카시의 소설《핏빛 자오선》은 변경 지대에서 악명 높던 머리 가죽 사냥꾼 일당과 친구로 지낸 새뮤얼 체임벌린(Samuel Chamberlain)의 회고록《나의 고백(My Confession)》을 상당 부분 참고했다.

시민 모두에 적용되었다. 그러나 재판소에서 처리한 범죄 목록 —강간, 교회와 공동묘지 훼손, 종교의식 방해 등— 을 보면 스콧이 징계하려던 대상은 미국군, 특히 멕시코 여성을 위협하고 가톨릭교회를 약탈한 주 민병대의 자원병들이 틀림없었다.*

미국 동부 언론은 멕시코인을 부도덕하고 비굴한 사람들로 묘사해 전쟁 광풍을 일으켰다. 〈뉴욕 헤럴드New York Herald〉는 스페인계, 아프리카계, 아메리카 원주민과 '인종의 융합'을 한 '멕시코 사람들은 지능이 낮아지고 퇴화했다'라며 빠른 승리를 자신했다.[12] 피부색이 검은 사람 수백만 명이 미국에 들어오면 어떡하느냐며 전쟁에 반대하는 주장도 있었다. 〈헤럴드〉의 편집장 제임스 고든 베넷James Gordon Bennett은 걱정하지 않았다.

"아메리카 대륙에서 앵글로색슨인은 늘 인종의 융합을 혐오해왔다."

그러나 원주민의 '야만주의'가 '문명 앞에서 물러났듯이' '저능한' 멕시코인도 '남부의 햇빛을 받은 눈처럼 앵글로색슨인의 에너지와 진취적인 정신 앞에 녹아내릴 것'이다.[13]

아메리카 원주민과 아프리카계 미국인을 자유와 방종의 구분선으로 사용한 역사는 유구하다. 이제는 멕시코인으로도 정신적인 국경을 나누고 있었다.

---

* 스콧의 명령은 미국이 국경 밖에 법 집행 기관을 정식으로 설치한 첫 번째 사례였다. 스콧이 처음 만들었을 때는 미국인이 타국 시민에 잔학 행위를 못 하게 하려는 의도였으나 9/11테러 이후 조지 W. 부시 정부는 '세계적인 테러와의 전쟁'에서 외국인을 심판할 방법을 궁리하며 스콧의 전례를 언급한다. (Congressional Research Report, "Terrorism and the Law of War: Trying Terrorists as War Criminals," December 11, 2001, p. 18 참고).

"멕시코와 미국은 차이가 뚜렷하고 지극히 비균질적인 두 인종으로 이루어져 있다."

인디애나주 상원의원 에드워드 해니건Edward Hannegan이 한 말이다.

"언제가 됐든 우리는 융합할 수 없다."[14]

해니건(잭슨파에서도 멕시코 전체가 미국에 편입되기를 원하는 '전全멕시코' 의원이었다)이 말하는 '멕시코인들'은 합리적 자유의 축복과 통제를 받을 자격이 없었다. 통제된 자유와 통제되지 않은 방종의 차이를 이해하지 못하고 인간의 마음에 있는 사악한 열정에만 귀를 기울이기 때문이었다.[15] 전쟁 중 뉴멕시코 준주의 임시 주지사였던 찰스 벤트Charles Bent는 이렇게 공언했다.

"멕시코인은 멍청하고 고집 세고 무지하고 이중적이고 허영이 심하다는 특징을 보인다."[16]

지금은 이들이 예상과 달리 전력을 다해 저항하고 있지만 본질적으로 무기력하다는 사실은 변하지 않는다고 했다. 한 보병은 아내에게 이런 편지를 썼다.

"멕시코 사람들은 대부분 하는 일 없이 빈둥거리는 것 같아."[17]

전쟁은 쉽게 끝나지 않았다. 포크 대통령은 멕시코의 집념이 미개인의 증거라고 보았다. 포크는 의회에 불평했다.

"멕시코인은 우리 군대에 더없이 야만스러운 짓을 할 기회만 있었다 하면 놓치지 않았다."[18]

어쨌든 1847년 9월, 미국은 멕시코시티를 함락시켰다. 차기 국무장관 윌리엄 수어드William Seward는 국기 게양 장면을 목격한 후 '아즈텍족의 도시 꼭대기에 별이 반짝이고 줄무늬가 끝없이 늘어나는 깃

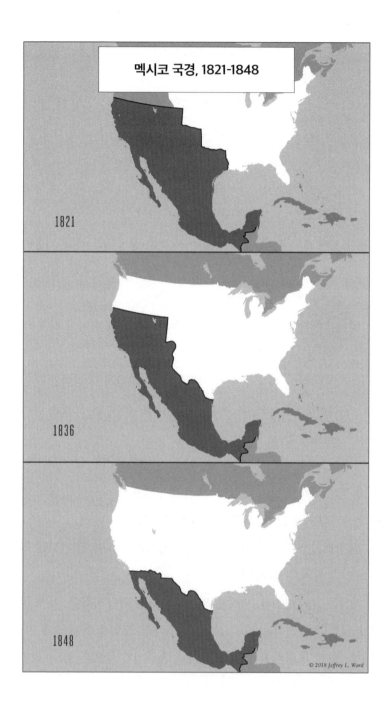

멕시코 국경, 1821-1848

1821

1836

1848

© 2018 Jeffrey L. Ward

발'이 꽂혔다고 묘사했다. 1848년 2월 2일, 멕시코 대표단이 과달루페 이달고 조약Treaty of Guadalupe Hidalgo에 서명했고 이 조약과 이후의 개즈던 매입Gadsden Purchase으로 멕시코 북부 전역 —애리조나, 뉴멕시코, 캘리포니아, 네바다, 콜로라도 서부, 유타, 와이오밍 남서부— 이 미국으로 넘어갔다. 총 50만 제곱마일에 이르는 땅에는 8만 명에서 10만 명 정도가 살고 있었다. 3주 후, 존 퀸시 애덤스가 하원의 책상에서 쓰러져 향년 80세로 숨을 거두었다. 멕시코 전쟁에 참전한 군 지휘관들에 훈장을 수여하자는 결의안에 '반대'표를 던진 직후였다.

전쟁이 끝나며 텍사스주 브라운즈빌에서 캘리포니아주 샌디에이고까지 약 3,200킬로미터에 이르는 미국의 남쪽 국경이 마침내 확정되었다.

4

과달루페 이달고 조약으로 난데없이 미국 영토에 편입된 멕시코 시민들은 다양한 인종으로 구성되어 있었다. 우선 유서 깊은 스페인계 가족이 있었다. 수 세기 전부터 몇 세대에 걸쳐 지금의 땅을 소유한 이들 밑에서는 메스티소(유럽 출신 백인과 원주민 혼혈_옮긴이)와 물라토(백인과 흑인 혼혈_옮긴이) 노동자가 하인과 목장 일꾼 등으로 일했다. 금을 노리고 이주한 사람들도 캘리포니아에 수천 명 있었다. 아파치족, 나바호족, 푸에블로족, 유트족Utes, 야키족, 토호노 오오덤족Tohono O'odham을 비롯한 인디언 민족도 많았다. 이들은 멕시코 헌법에 따라 피부색과 상관없이 거의 다 멕시코 시민으로 인정을 받고 있었다. 그런데 자기가 살던 땅에서 하루아침에 외국인으로 신분이 바뀌고 만 것이다. 땅덩이가 작아진 멕시코로 이주하는 방법도 있었다. 하지만 그 방법을 택할 경우 신분이 어떻게 될지 확실하지 않았기에 대다수가 집에 남는 쪽을 택했다. 대법원에서는 미국의 옛 국경 안으로 들어온 아메리카 원주민의 법적 신분을 아직 결정하지 못했다. '법의 의미 안에 존재하는 사람'으로 여겨야 할지도 미지수였다.[19] 당시에는 선거권을 포함해 시민으로서 누려야 할 보장과 권리가 각 주의 재량에 달려 있었다. 그래서 멕시코 출신이 미국 시민 자격을 얻기는 쉽지 않았고 유색인종이라면 더욱 힘들었다.

어느새 미국은 잔인함에 익숙해지고 있었다. 쉬지 않고 무한히 팽창하자는 약속을 중심으로 정치세력을 조직할 수 있다는 고유한 특권을 당연시했다. 유럽과 비교하면 이해하기 쉬울 것이다. 1848년 존 퀸시 애덤스가 사망한 날, 유럽에서는 노동 계급의 반란이 일어났다. 파리에서 시작된 봉기는 비엔나, 프라하, 함부르크, 리옹, 밀라노, 팔레르모, 암스테르담, 부다페스트, 뮌헨, 베를린, 나폴리 등지로 퍼져 나갔다. 반란군이 자갈로 바리케이드를 쌓고 붉은 깃발을 흔들며 사회는 둘로 나뉘었다. 훗날 알렉시 드 토크빌Alexis de Tocqueville이 표현한 것처럼 전부를 가진 사람들에 맞서 아무것도 가지지 못한 사람들이 결집했다. 반란군은 진압되었지만 그들이 일으킨 혁명을 시작으로 유럽 정치는 사회민주주의로 나아가게 되었다. 조합이 발달했고 노동당이 탄생했다. 또 복지, 교육, 의료, 연금 등의 사회적 권리, 다른 말로 경제적 권리가 확대되었다.

유럽처럼 미국의 도시도 혼잡했고 배곯은 노동자들은 기계적인 일과에 삶이 종속되지 않으려 발버둥 쳤다. 그러나 미국은 위를 향해 —귀족과 소유주를 상대로— 계급 전쟁을 일으키지 않고, 변경에서 외부로 인종 전쟁을 벌였다. 견습 소년들은 바리케이드로 달려가 상류층과 싸우지 않는 대신 상류층과 함께 서쪽으로 가서 인디언과 멕시코인을 공격했다. 1848년 11월 대통령 선거에서는 인디언을 죽인 민주당과 인디언에 멕시코인까지 죽인 휘그당으로 표가 양분되었다.* 첫 번째 후보는 미시간 준주 지사를 지내다 미시시피 계곡에서 아메리카 원주민을 축출할 때 잭슨 행정부의 전쟁장관으로 있었던 루이스 캐스였고, 두 번째 후보는 미시시피에서 노예 농장을 운영했고 '하늘도 울 정도'로 멕시코에 잔혹한 학살을 저지른 군대를 지휘한 재커리 테일러였다. 테일러도 쿠바에서 온 블러드하운드 떼를 몰며 세미놀족을 사냥한 적 있었다.[20] 선거운동 중 나온 정치 풍자만화에서 테일러는 군복을 완벽하게 차려입은 채 해골을 쌓아 만든 피라미드에 앉아 피 묻은 칼을 들고 있었다. 선거에서 승리한 쪽은 테일러였고, 한 평론가의 말처럼 테일러의 '전쟁 패거리'는 미국만큼 세력이 커졌다.[21]

이후 몇 년 동안 잭슨파는 절대 권력이나 다름없는 힘으로 행정부를 지배했다. 특히 노예를 소유한 정치인들은 미국의 외교 정책과 전쟁 준비 기구를 독점하다시피 좌지우지했다. 이 시기에 남부의 면화

---

* 이 무렵 대통령 선거든 의회 선거든 대부분의 전국 선거는 휘그당과 잭슨파의 대결이었다. 역사학자 대니얼 스칼렛(Daniel Scallet)은 제2차 세미놀 전쟁을 다룬 논문에서 대결의 기준은 '누가 더 과시하며 인디언을 죽일 수 있냐에 관한 문제'였다고 썼다.

왕국은 공화국에서 떨어져 나오려 하기보다는 공화국을 이끌었다. 아직 노예제도가 존재하는 나라들(브라질과 쿠바)에서는 노예제도를 옹호했고, 노예제도가 포위 공격을 받는 곳(미국 남부)에서는 노예제도를 수호하려 애썼다. 그리고 가능한 곳에서는 노예제도를 서쪽으로 최대한 멀리까지 퍼뜨리려 했다.[22]

5

잭슨주의 합의의 힘은 강력했다. 인디언의 땅을 훔치고 최소국가를 찬양하며 시장 자본주의를 일으켜 세웠다. 하지만 변경을 앞으로 밀어내려면 정부의 힘이 세질 수밖에 없었다. 에이브러햄 링컨이 대통령에 당선되는 1860년까지, 19세기 초중반 동안 잭슨의 후임 대통령들은 계속해서 자유의 깃발 아래 노예주와 정착민의 결속을 유도했다. 여기서 말하는 자유는 구속에서 벗어날 자유였다. 노예 소유를 금지하는 구속에서, 남의 땅을 빼앗지 못하게 막는 구속에서, 서쪽으로의 이동을 가로막는 구속에서 벗어날 자유를 의미했다. 그러면서 미국의 도덕관념은 외부로 향하는 움직임에 따라 정해졌다. 도덕적인 공익은 곧 팽창이었고, 팽창을 방해하는 모든 요소는 공공의 적이 되었다(나체스 트레이스에서 앤드루 잭슨을 막아 세운 연방 보호관처럼). 옥타비오 파스가 미국에 대해 한 말도 바로 이런 의미였다.

"악은 외부에 있다. 자연 세계의 일부로서 인디언, 강, 산 등처럼 길들이거나 파괴해야 하는 장애물과 같다."

그러나 애덤스가 우려했듯 팽창은 국가가 전쟁에 익숙해지는 악영향을 낳았다. 멕시코-미국 전쟁으로 미국은 세미놀 증후군Seminole Syndrome을 극복할 수 있었다. 멕시코를 침공하기 몇 년 전, 미국은 플로리다에서 세미놀족의 저항 세력과 소모적인 '두 번째 전쟁'을 치렀다. 전쟁이 몇 년이나 지속되는 동안 재커리 테일러의 부하들을 비롯해 미국 병사들은 말 그대로 수렁에 빠져 있었다. 전쟁이 계속되자 장교들 사이에서는 환멸감이 돌았다. 정치인들이 국내 정치에 전쟁을 이용할 대로 이용하면서 승리에 필요한 자원을 뒷받침하지 않는 듯 보였기 때문이다. 미국 시민들조차 자국 군대의 잔혹한 행태에 등을 돌리고 적군을 동정하기 시작했다. 아직 소규모 세력이 버티고 있었지만 결국 미국은 플로리다에서 세미놀족을 쫓아내는 데 성공한다.[23] 미국은 1842년에 승리를 선언했다. 단, 많은 사람의 말처럼 수천 명의 목숨과 수백만 달러를 희생시킨 '부끄러운' 승리였다. 멕시코도 세미놀족처럼 쉽게 꺾이지는 않았다. 하지만 전체적으로 멕시코 전쟁은 상급 장교들에게 전쟁의 낭만적인 이미지를 되살려 주는 계기였다.[24] 전투 방식은 공화주의의 미덕과 연결되었고, 군인 계급은 민주적 국정 운영에 관여하게 되었다. 대표적인 예가 테일러와 그의 '전쟁 패거리'였다.

일반 병사들은 군사 민족주의에 개인적인 투자를 했다. 신분 이동의 장으로 전쟁터만큼 효과적인 곳도 없었다. 멕시코 원정에 참전한 군인들은 대가로 '하사지'를 약속받았다. 그런데 새로운 영토가 갑자기 편입되자 멕시코 전쟁 이전의 전쟁에서 비슷한 약속을 받고도 땅을 얻지 못한 퇴역군인들까지 보상을 요구하고 나섰다. 공화주의적 시민 생활에 군국주의의 색이 더해졌다. 1812년 전쟁을 비롯한 과거 전쟁의 참전 군인들이 압력 단체를 조직하고 워싱턴으로 행군하기 시작했다. 새로운 군국주의가 민심을 지배했고 군인이 특별한 대우를 받아야 한다는 통념이 생겼지만 이의를 제기하는 사람은 별로 없었다. 1850년에서 1855년 사이, 거의 모든 대륙을 배분하는 역할을 떠맡은 의회는 1790년부터 '어느' 전쟁인지 가리지 않고 '모든' 참전 군인에게 땅을 수여하는 법안을 연달아 통과시켰다. 참전 군인 본인 혹은 유가족과 후손 수십만 명이 3,400만 에이커가 넘는 땅에 대한 증권을 받았다(땅이 싫으면 증권을 현금화할 수도 있었다).[25]

그러는 한편, 연이은 전쟁은 연방 정부에도 큰 힘을 실어 주었다. 1847년에 휘그당 편향의 신문은 포크 대통령을 비판했다.

"그 어떤 왕이나 왕자, 술탄도 미국 대통령처럼 법적 구속을 완전히 무시하고 짓밟지 않는다."[26]

전쟁은 대통령의 권한을 키웠고 ─인력을 동원하고 돈을 쓰고 세금을 걷고 계약을 연장하고 직책을 임명하고 땅을 배분할 수 있었다 ─ 동시에 부패를 확산시켰다. 전쟁으로 부당 이득, 뇌물 수수, 관직 제공이 가능해졌지만 비난의 목소리는 없었다. 오히려 부패를 해결하기 위해 전쟁을 더 많이 벌여야 한다는 의견이 늘어났다. 전쟁으로 전 대륙에 자유가 퍼진다면 탐욕을 억제할 초월적인 목적의식이 생길 것이라 했다. 포크의 열성 지지자였던 월트 휘트먼Walt Whitman은 그런 이유로 멕시코를 차지해야 한다고 강력히 주장했다. 1846년에 휘트먼은 '자유가 부족한' 정부는 '탐욕'에 따라 움직인다고 썼다. 반대로 미국은 '진정한 선善, 모든 국민의 이익을 구하기 위해' 전쟁을 했다. 이후 수년간 미국에서는 이전 전쟁이 만들어 낸 악덕을 해결할 방법으로 다음 전쟁이 가져올 미덕을 제시하는 모습이 자주 보였다.

끊임없는 팽창으로 국내 정치와 국외 정치의 경계가 흐려졌고 점점 넓어지는 본토에도 전장에서 단련된 잔혹성이 들어왔다. 전쟁이 끝나고 동부로 돌아간 군인들은 뉴잉글랜드의 공업 도시나 뉴욕의 바워리Bowery 지구에 터를 잡고, 전쟁이 키운 인종적 우월 의식을 내세우며 지역 정치, 노동조합, 자유 토지 운동에 뛰어들었다.[27] 다른 군인들도 캘리포니아부터 북쪽으로는 오리건까지 미국이 새롭게 정복한 서부에 퍼져 나갔다. 연방 정부에서 지급한 소총으로 무장하고 총알을 두둑하게 쌓아 둔 이들은 멕시코인처럼 아메리카 원주민도 처치할 준비가 되어 있었다. 1851년 캘리포니아 최초의 백인 주지사는 이렇게 예측했다.

"인디언이라는 인종이 멸종할 때까지 인종 간의 박멸 전쟁은 계속될 것이다."

멕시코-미국 전쟁 때는 지휘권이 크게 분산되어 장교가 병사들을 제대로 통제하지 못했다. 군인에게는 폭력도 하나의 자유였다. 미국군이 멕시코에서 저지른 잔혹 행위를 소개하며 다음과 같이 쓴 신문 기사가 나올 정도였다.

"살인, 약탈, 강도, 강간 등 악랄하기 짝이 없는 범죄들이 반복되었다."

이들은 전쟁이 끝나고 정착한 후에도 피 묻은 권리를 앞으로 휘둘렀다. '국민 주권' —연방 정부의 통제에서 벗어나고 싶다며 정착민들이 한목소리로 요구한 권리— 은 '다른 인종에 대한 잔혹 행위와 이유 없는 강탈의 동의어'가 되었고, 지역 갈등이라는 위기가 닥치며 곧 남북전쟁이 터진다.[28] 이런 의미에서 전쟁은 안전밸브이자 스로틀 throttle(엔진에 들어가는 공기량을 직접 제어하는 밸브_옮긴이)이었다. 갈등이 발생할 때마다 지난 전쟁으로 발생한 증오를 흘려보냈고, 그러는 동시에 다음 전쟁을 정당화하는 상황을 만들어 주었다.

기독교인, 급진적인 노동자, 작가 등으로 구성된 개혁 세력은 공공의 이익이 작은 정부와 강력한 재산권 수호라는 가치를 초월한다고 정의했다. '군주 2,000만 명'에게 원하는 대로 행동할 자유를 주기보다는 국가적 정체성의 기틀을 새롭게 다지기를 원했다. 허먼 멜빌은 급진적 개인주의를 바탕으로 한 사회를 '백만 가지 마음을 가진 괴물'이라 묘사했다. 지식인으로서 고국을 등지고 유럽에 정착한 마거릿 풀러Margaret Fuller는 '이익을 얻으려는 무한한 욕망'을 비난했다. 이 욕망의 근원에는 미국이 멕시코를 상대로 일으킨 '사악한 전쟁'이 있었다. 그보다 조금 앞서 윌리엄 엘러리 채닝 목사는 "새롭고 불확실한 선에 목이 말랐다."라고 썼다. 하지만 군사 민족주의가 아니라면 그 선은 대체 무엇이란 말인가?

많은 사람에게 노예제도 폐지는 협상의 여지가 없는 중대한 요구였다. 하지만 그것 외에는 배타주의나 지상주의 없이 국가적 정체성을 실질적으로 확립할 선택지가 많지 않았다. 급진파는 여전히 동산노예와 임금노예가 사라지는 사회를 꿈꿨고 일부는 더 유토피아 같은 공동체를 세우기도 했지만 수적으로 열세였다.[29] 다른 노예폐지론자들은 이주 계획 같은 정책으로 해방 노예를 아프리카나 서부 어딘가로 보낼 수 있지 않을까 하는 미련을 버리지 못했다. 언젠가 제퍼슨이 이런 이야기를 한 적이 있다. 자신과 같은 언어를 쓰고 같은 생김새를 지닌 사람들과 '수천 세대의 후손들'로 대륙을 가득 채우자고. 1848년 미국 영토에 공식 편입된 오리건의 정착민들은 노예제도를 원하지 않았다. 그렇다고 흑인을 원한다는 말은 아니었기에 다수의 추방법을 통과시켰다. 모든 유색인종은 오리건에서 나가야 했고, 재산을 소유하거나 법적 계약을 맺을 수 없었다.[30] 이들의 이상향은 하얀색이어야 했다.

그러니 미국의 현실은 달랐다. 졸지에 멕시코 출신 시민이 수만 명 생겼고, 해방을 앞둔 아프리카계 미국인만 400만 명이었다. 이미 자유를 얻은 유색인종 인구는 점점 늘어나고 있었고 아일랜드계 가톨릭 노동자를 비롯한 이주민의 수도 증가하는 중이었으며 신앙도 다양해졌다. 그 말은 1,000세대 후 미국에는 색슨인이 아닌 다른 인종이 살게 될 것이라는 뜻이었다.

진정한 구원

"건강을 해치지 않을 삶"

1

일찍이 1748년에 몽테스키외는 동일 인종과 재산권이 아닌 다른 가치를 중심으로 탄생한 공화국이 어떤 모습일지 예고했다. 몽테스키외는 매디슨 등 건국의 아버지들에 깊은 영향을 끼친 프랑스 정치이론가로, 좋은 정부가 시민에 지켜야 할 '의무'를 목록으로 정리했다. 국가는 시민에게 '생활 수단, 적절한 식량, 간편한 의복, 건강을 해치지 않을 삶'을 보장해야 했다.[1] 이 목록은 훗날 미국의 급진적 노동 단체들의 요구도 반영된다. 그러나 미국이 사회 공화국으로 다시 태어나려면 잭슨주의 연합을 끊고 잭슨주의 연합을 정당화했던 주장의 전제를 부인해야 했다.

마침내 연합이 끊어진 동기는 남북전쟁이었다. 다른 나라에서 미국 남북전쟁처럼 자국민이 국가에 재난을 일으켰을 경우 정부가 적극적으로 개입해야 했다. 예를 들어 1848년 베를린에서 한 프로이센 의사는 반혁명군에 폭행을 당한 혁명군 피해자를 치료한 후 사회상을 반영해 자유주의의 첫 번째 전제 —사람에게는 '살 권리'가 있다—를 '건강하고 의료 서비스를 받을 권리'로 바꾼다.[2] 이후 크림반도, 프랑스, 라인강 등지에서 격변, 전쟁, 기근이 발생하는 동안 많은 의사와 간호사가 사회 의학과 공중 보건의 원칙을 세웠다. 19세기 남아메리카에서는 브라질, 파라과이, 아르헨티나, 우루과이의 전쟁으로 상상조차 힘들 만큼 많은 사람이 죽었고, 높은 사망자 수는 사회에 적극적으로 개입하는 국가의 토대를 마련해 주었다. 20세기 초 멕시코에서 장기간 이어졌던 폭력적인 혁명 —수백만 명이 사망했고, 난민도 수백만 명 생겼다— 은 세계 최초의 사회민주주의 헌법으로 마무리되었다.

전쟁은 외상 치료, 총상 치료, 지혈, 사지 절단, 접골 기술을 빠르게 발전시켰다. 전염병을 막기 위해 공중위생을 개선하는 방법도 고안되었다. 1880년대 초 페루 군인들이 전장에서 천연두에 걸린 채로 리마에 돌아왔을 때 정부가 유행병 예방 차원에서 경제에 개입한 결정 —시장 가판대를 강제로 치우고 육류 판매를 규제했다— 은 애국적이었다는 평을 받았다.[3] 사회학자 칼 폴라니Karl Polanyi의 말처럼 인간이 존재하기 시작한 후로 죽음과 부패는 인간의 일상에서 떼려야 뗄 수 없는 요소였다. 그러나 1700년대 말부터 1800년대를 거치는 동안 자본주의가 급속도로 확대되며 꼭 그렇지만은 않다고 느끼는 사람들이 늘어났다. 세상의 고통에서 벗어날 가능성이 보였다. 그러나 자본주의가 만들어 낸 기술은 사람을 죽이고 불구로 만들 수 있는 기술도 크게 발전시켰다. 부상을 입고 고향으로 돌아오는 군인의 수도 늘었다. 의학이 발전할수록 사지 절단, 감염, 총상을 극복하고 살아 돌아올 확률도 늘었기 때문이었다. 제2차 세계대전이 끝날 무렵, 폴라니는 산업 자본주의가 불러온 충돌 ─가능성이 커진 만큼 파괴 행위의 규모도 커졌다─ 이 '사회의 깨달음'을 불러왔다고 썼다. 사회는 산업의 성장으로 탄생한 자유에 한계가 있다는 사실, 자유방임주의를 억제하지 않으면 자유와 똑같은 범위로 파괴력이 미칠 수 있다는 사실을 깨닫고야 말았다.[4]

사람들이 육체적인 죽음과 절단을 마주하는 동안 ─잘라 낸 팔다리와 썩어 가는 시체를 처분하고, 집 잃은 난민들을 정착시켜 먹여 살리고, 이질을 치료하고, 충격에 빠진 참전 군인을 달래야 했다─ 사회적 의식이 확대되었다. 유럽 대륙에서 프랑스와 치열한 전쟁을 치렀던 프로이센은 최초로 완전한 복지 국가를 이룩했다. 영국은 제2차 세계대전 이후 국민 보건 서비스National Health Service 제도를 확립했다. 드루 길핀 파우스트Drew Gilpin Faust가 《고난의 공화국This Republic of Suffering》에서 썼듯 미국도 남북전쟁으로 전례 없는 유혈사태를 경험한 후 ─중심지가 아닌 변경 지대였다면 대수롭지 않게 여겼을 수 있다─ '연합, 시민권, 자유, 인간의 존엄성'에 문제를 제기할 수밖에 없었다. 정부는 '국가에 몸 바쳐 죽은 이들의 요구'를 해결하라는 등쌀에 시달렸다. 월트 휘트먼은 야전 병원에서 자원 간호사로 환자를 치료했던 경험을 바탕으로 시를 썼다.

"잘린 팔에서, 절단한 손에서/나는 엉긴 보푸라기를 풀고, 각질을 벗기고, 피와 고름을 씻어 낸다."[5]

파우스트는 정부의 이런 의무가 '중요한 수단'으로 작용해 "전쟁 후 변모한 국가의 특징인 연방 권력의 확대를 가져왔다."라고 썼다.

"국립묘지와 남북전쟁 연금제도를 만들어 전사자와 생존자를 모두 살피자 전쟁 전에는 상상도 할 수 없었던 규모와 범위의 계획들이 나왔다. 죽음은 새로운 미국 연합을 탄생시켰다. 국가의 생존을 보장하는 데서 그치지 않고, 국가의 구조와 약속을 유지하게 만들었다."[6]

전장에서 나온 약속은 미국 현대 복지 시스템의 근간이 되었다. 연금과 국립묘지 외에 하사지, 병원 치료도 복지에 포함되었다. 남편이나 아들, 손자를 잃은 가족도 지원을 받았고 장애 보험이 생겼다. 참전용사의 정신건강 문제에 대한 인식도 커졌다.[7]

2
–

파우스트가 따로 언급하지는 않았지만 국가가 전쟁으로 어떻게 국민의 요구를 받아들였는지 보여 주는 예가 하나 있다. 바로 난민, 해방노예, 유휴지 담당국Bureau of Refugees, Freedmen, and Abandoned Lands(이하 '해방노예국')이다. 암살당하기 직전인 1865년에 에이브러햄 링컨은 해방노예국을 전쟁부의 하부 기관으로 법제화하는 법안에 서명했다. 직원 수천 명이 남부로 파견되었고 사무소도 수백 곳 생겼다. 해방노예국은 식량, 의약품, 의복같이 필수적인 기본 물자를 배급했다. 학교, 대학, 병원도 수천 곳 세웠고, 난민(백인과 흑인 모두)의 재정착을 돕고 몰수 재산을 관리했다. 임시법을 만들어 집행하고 노사관계와 최저 임금을 규제했으며 세금을 거두었다. 20세기 초에 활동한 W. E. B. 듀보이스는 해방노예국에 관해 이렇게 썼다.

"미국이 시도했던 가장 훌륭하고 원대한 사회적 향상 기관이다."[8]

엄청난 권한을 가진 해방노예국은 실제로도, 잠재적으로도 잭슨주의의 대척점에 서 있었다. 한 역사학자는 해방노예국의 권한을 완곡하게 묘사하며 "국민 대다수의 복지를 책임져야 한다는 연방 정부의 추측은 당시 헌법적 사고와는 동떨어진 국가권력 개념이었다."라고 했다. 개울에서 느긋하게 돌아가는 물레방아 바퀴처럼 '단순한 기구'라는 정부의 목가적인 이미지는 사라졌다. 이제 국가는 증기를 내뿜으며 레일에 마찰 소리를 내고 앞으로 질주하는 기관차였다. 해방노예국은 '군사적 점령의 상징이자 실체'였다. 한 요원의 말처럼 가난한 이들은 '천박한 백인'이든 '덕망 있는 흑인'이든 모두 해방노예국의 도움을 받았다. 역사학자 낸시 아이젠버그Nancy Isenberg는 해방노예국이 이들을 '극악무도한 적이 아니라 존중해야 할 빈민'으로 대우했다고 쓴다. 앨라배마, 아칸소, 미주리, 테네시 같은 최남부 지방에서 담당국은 흑인뿐만 아니라 백인에게도 두 배로 —때로는 네 배까지— 구호의 손길을 내밀었다.

해방노예국은 보편적 평등을 약속했고 실질적인 지원을 제공했다. 실제 운영 방식은 듀보이스 같은 사회주의자의 바람과 조금 달랐다. 예산과 인력이 부족해 옛 노예주 계급의 사정을 봐주는 일이 많았기 때문이다. 특히 면화 경제를 다시 일으키려면 어쩔 수 없는 일이었다. 자유인을 폭력에서 지켜 주지도 못했다. 하지만 이 기관에 대한 반발이 대단했다는 점을 참고하면 해방노예국의 실제 업무 외에 상징성과 잠재력도 무시하지는 못할 것이다. 듀보이스가 상상한 해방노예국은 미국식 사회주의의 배아 조직이었다. 중앙 정부라는 '크고 집중적인' 기관의 모범이 되어 '남부의 살인과 북부의 강도, 사기에서 우리를 구해야 했고, 이렇게 태어난 국가의 무한한 자원은 국민 대다수, 즉 가난한 노동자의 이익을 위해 개발'되어야 했다.

만약 미국에 사회 공화국이 탄생할 타이밍, 모든 문제를 해결하려면 무조건 앞으로 나아가야 한다고 했던 팽창주의를 끝낼 타이밍이 있었다면 그때였을 것이다. 군대가 남부를 점령했고 농장은 몰수됐으며 농장주 계급은 승자의 묵인으로 간신히 살아남았다. 하지만 미국은 그런 사회 공화국이 될 수 없었다.

3

동산노예는 300년도 넘은 제도로, 듀보이스는 다음과 같이 표현했다.

"법에 응고되어 있었다."

"노예주들은 사랑스럽고 밝은 인간, 자유를 사랑하는 태양의 아이들 수백만 명을 하나의 뻣뻣한 틀에 더없이 잔혹하게 던져 넣었다."

이어 듀보이스는 노예제도가 '잔인성과 고난의 학교'였으며 이 학교의 교수법은 '이유의 실종', 연쇄 강간, '정신적 죽음'이라 말했다.[9] 북군이 노예제도를 무너뜨린 후 그간의 고통을 견디고 생존한 사람은 포토맥에서 리오그란데까지, 플로리다에서 미주리까지 수백만 명 있었다.

1865년 4월, 에이브러햄 링컨이 암살당하고 대통령이 된 앤드루 존슨Andrew Johnson은 이 생존자들이 자기 앞가림을 알아서 해야 한다고 생각했다.

존슨은 "노예는 남의 도움을 받아 자유를 얻었다."라며 '일단 자유를 찾으면 자립할 것이라는' 기대가 있었다고 했다. 그리고 왜 해방노예국의 기간을 연장하는 법안에 거부권을 행사했는지 설명한다. 자유인이 빠르게 '자립 환경을 구축'하지 않는다는 생각을 바탕으로 한 입법 조치는 '그들의 성향과 장래'에 '해로운 영향'을 미칠 것이기 때문이었다.[10] 의회는 존슨의 거부권을 무효화하고 해방노예국의 기간을 7년 더 연장했다.

존슨은 노예 출신들이 힘을 얻지 못하도록 반란군이었던 노예주들을 사면하고 재산을 대부분 돌려주었다. 해방노예국에 대한 존슨의 비난은 진심이었다.[11] 해방노예국이라는 발상 자체를 싫어했다. 하지만 반대 운동에는 전략적인 판단도 들어가 있었다. 민주당 소속인 존슨은 대통령에 취임하자마자 재건Reconstruction을 확대하고자 하는 공화당 의원들과 갈등을 빚었다. 이런 상황에서 해방노예국을 악마화하면 인종주의를 이용해 가난한 백인 중심의 독자적인 정치적 기반을 다질 수 있었다. 그러면서도 버번 민주당원Bourbon Democrat(19세기 말 보수적인 민주당 당원들을 이르는 말로 버번위스키와 프랑스의 부르봉 왕가에서 유래했다_옮긴이) 또는 리디머Redeemer(재건 시대 당시 공화당 급진파에 맞서기 위해 형성된 남부의 정치 연합_옮긴이)라고도 하는 남부 노예주들에게 최선을 다해 권력과 특권을 지켜 주겠다고 암시했다. 오늘날 주제를 하나 던졌을 때(예를 들어 '오바마케어'라고 말한다) 자세한 사항을 일일이 설명하지 않아도 인종차별적 관점이 연상되듯, '해방노예국'이라는 말 자체도 그 안에 담긴 의미를 나타냈다. 존슨의 연설문 일부를 살펴보자. "자, 국민 여러분, 딱 한 가지 사실에 집중해 주시기 바랍니다. 해방노예국 말이죠.[웃음과 야유]"[12]

존슨의 연설을 듣는 북부와 남부 청중은 대부분 앤드루 잭슨이 주장한 '처음의 단순함과 순수함'을 신봉하며 자랐다. 이미 연방 정부를 인종적 개념으로 받아들이고 있었고, 대중을 위한 사회 프로그램은 '외적인 부패 효과'를 가져올 뿐이라고 생각했다. 해방노예국에 대한 반감을 공유하고 이해했기 때문에 웃음과 야유만으로도 그 감정을 표현할 수 있었다. 그 덕에 존슨 대통령은 남북전쟁 이후 미국에 닥친 수많은 문제 —부패, 권력 집중, 낮은 임금, 주택 부족— 의 책임을 아프리카계 미국인과 흑인의 권리를 옹호하는 의회의 '흡혈귀'들에게 돌렸다. 실제로 새디어스 스티븐스Thaddeus Stevens와 웬델 필립스Wendell Phillips 등 공화당의 급진파 의원들은 해방노예국에 자금을 조달하려 애쓰고 있었다.

"국민 여러분."

존슨은 1866년 인디애나폴리스에서 청중을 향해 말했다.

"기계를 작동하는 비용은 여러분 주머니에서 나옵니다."

존슨이 대통령직을 수행한 때는 미국에 부패가 가장 만연했던 시기로, 토지 투기 세력과 철도업계 큰손들이 공공의 여물통을 털고 있었다. 그런데도 존슨은 해방노예국의 소소한 활동을 부패와 관직 제공의 본질로 매도했다. 옥수수를 나눠 주는 '배급일'로 정부에 달라붙어 의존하는 신종 계급이 탄생했다고 묘사했다. 새로운 계급의 구성원은 배급을 담당하는 공무원과 금품 수수자였다. 청중이 말의 핵심을 이해하지 못했을까 걱정했는지 존슨은 해방노예국에 대한 거부권의 의미를 아느냐고 물었다. 군중 속에서 하나의 대답이 날아왔다.

"검둥이들을 막는 겁니다."[13]

존슨 같은 사람들은 해방노예국과 그 밖의 시민 입법이 자연스럽지 않다고 보았다. 국가가 간섭하고, 정치권력을 이용해 경제 활동에 영향을 주고, 정치적 평등을 사회 영역에까지 확대하기 때문이었다. 공화당 소속 미주리주 하원의원인 제임스 블레어James Blair는 "흑인이 사회적으로 평등하다고 강요한다."라고 표현했다. 블레어는 남북전쟁 중 북부의 편에 섰고 공식적인 노예제도에 반대했다. '법 앞에 평등'을 지지한다고 말했다. 하지만 정치적 평등의 이상을 이용하는 입법 행위는 찬성할 수 없었다. 이런 법이 생기면 선술집이나 여인숙 주인이 해방 노예에게 서비스를 제공해야 하고, 목사와 의사는 해방 노예를 보살펴야 했다. 블레어는 교회의 인종 차별을 철폐하려는 노력에 대해 이렇게 말했다.

"이제 에티오피아가 손을 내밀며 백인들도 감히 요구하지 못했던 권리를 요구하고 있다."

그 권리란 '백인의 예배를 통제할' 권리를 의미했다.[14] 블레어는 노예가 해방되며 외국과 국내의 경계가 흐려져 다른 나라가 자유의 중심지인 미국을 위협하기 시작했다고 보았다.

"에티오피아는 백만 유권자를 등에 업고 미국의 자유인에게 가장 성스러운 원칙을 —자유로운 예배를 할 권리를 말한다— 짓밟으라 요구하고 있다."[15]

남북전쟁은 정치권의 잭슨주의 연합을 깨뜨렸지만 그 신화까지 파괴하지는 않았다. 해방노예국에 대한 반발은 옛 잭슨주의 관념 — 최소국가의 미덕, 복지를 제공하는 기관의 인종 분리, 재산권과 개인주의의 신성시, 자유는 구속에서 벗어날 자유라는 정의— 을 전부 재정비하고 추진하는 원동력이 되었다. 존슨 대통령은 해방노예국을 흑인에게 주는 공짜 선물로 묘사했다. 무수한 해방 노예가 죽임을 당하는 와중에 미국 대통령은 '유색인종만이 아닌 백인의 해방'을 희망하고 있었다. 해방노예국은 아프리카계 미국인을 새로운 노예제도로 속박하고, 아프리카계 미국인에게 선별적으로 더 좋은 일자리를 제공한다는 비난을 받았다. 잭슨주의는 연방의 '노예화'에 맞서 싸우는 '자유로운' 사람들로 부활했고 존슨은 해방노예국의 활동으로 "미국 노예 4,000,000명의 소유권이 기존의 주인에서 새로운 감독관에게로 넘어갔다."라고 묘사했다(청중은 이 말에 환호하며 외쳤다. "결사반대!"). 해방노예국은 '검둥이의 게으름을 지켜 주고' '식량을 아낌없이 배급해' 의존적인 문화를 만들어 내는 기관이었다.

인종 차별 전략이 잭슨의 정치적 운명에 도움을 주지는 않았다. 잭슨은 1868년 재선에서 민주당 후보로 지명되지 못한다. 율리시스 S. 그랜트 장군이 대통령 선거에서 승리했고 미국은 공화당에서 진작부터 계획한 급진적 재건 단계로 넘어갔다. 군대는 계속해서 남부를 점령했고 흑인 남성이 원칙적으로, 실제로도 투표권을 행사하고 선거에 출마할 수 있는 법안과 헌법 개정안이 통과되었다. 1867년까지는 선출직에 아프리카계 미국인이 단 한 명도 없었다. 3년 후에는 지역·

주·국가 단위의 선거 당선인 중 흑인 비율이 무려 15퍼센트에 이르렀다.[16] 해방노예국의 활동은 계속되었지만 여전히 자금이 부족했다. 담당국의 기능은 대부분 육군에 소속된 다른 기관들로 넘어갔다.[17]

4

그러다 1872년, 전쟁부는 해방노예국 국장인 올리버 오티스 하워드 Oliver Otis Howard 장군을 애리조나로 보낸다. 새로 내려온 명령에는 복잡한 정치적 사정이 있었다. 하지만 발령 자체가 상징하는 바는 명확했다. 이제 하나로 통일된 국가의 우선순위는 정해져 있었다. 과거에서 등을 돌리고 ―재건이라는 피비린내 나는 의무를 등지고― 세상 위로 떠올라 의무가 아니라 기회가 있는 미래를 향해, 변경을 향해 나아가야 했다.[18]

노예제도를 반대하고 진정한 종교를 신봉하는 기독교 신자였던 하워드는 해방노예국을 '진정한 구원'이라 불렀다. 하워드가 오직 목표만을 바라보며 국장의 권한을 효율적으로 사용하자 잭슨의 악몽은 현실이 되었다. 나체스 트레이스에서 잭슨을 막아선 연방 보호관의 극치가 연방 정부의 형태로 나타난 것이다. 앞서 해방노예국의 기간 연장을 거부했던 존슨은 하워드를 '사람과 재산의 권리를 결정하는' 권한을 휘두르는 '절대 군주'로 묘사했다. 하워드는 자신이 '자유'를 사회적인 의미로 이해하는 일을 하고 있다고 했다. 잭슨, 존슨 같은 사람들이 유색인종을 짓밟는 무기로 사용하는 개인주의적 자유와 달랐다. 하워드는 해방 노예가 규제 없는 노동시장과 '과거의 주인들'에게서 완전히 해방되도록 해방노예국이 "'모든' 형태의 노예제도를 단호히 억제해야 한다."라고 말했다. 그런 식으로 통제하지 않으면 옛 주인들이 부랑자 단속법, 부채 노역, 단체 협약 같은 계략을 이용해 새로운 속박을 하려 들 위험이 있었다. 하워드는 '개인성', 결단력, 자제력의 미덕을 믿었다. 하지만 노예제도의 피해자가 '개인적인 독립'을 실현하려면 해방된 사람들을 폭력 단원의 위협에서 보호하고, 투표할 권리를 보장하고, 식량과 교육을 제공하기 위한 정부의 합의된 권한도 필요했다.[19]

한마디로 하워드는 잭슨주의자가 아니었다. 그러나 하워드가 해방노예국을 운영하는 방식에는 논란의 여지가 많았다. 안 그래도 남부 노예주와 정치인 세력은 해방노예국에 집중포화를 퍼부으며 하워드에게 부패, 무능, 폭정 같은 혐의를 씌우고 있었다. 해방노예국은 관리해야 하는 지리적 범위에 비해 직원 수가 모자랐고 예산도 턱없이 부족했다. 하워드 입장에서는 비판을 만회하고 싶어도 효율적으로 분명한 성과를 내기가 불가능했다. 해방노예국은 노예주의 권력을 통제하고 기본적인 복지를 제공해야 했다. 학교와 병원을 설립하고 면화 경제를 부활시키는 임무도 안고 있었다. 이런 목표를 이루려다 보면 권한을 일관적으로 사용할 수 없었고 모순점도 많이 보였다. 갈등이 터지지 않을 수 없는 조건이었다. 임금 경제 체제를 세우려 했지만 면화 농장의 낮은 임금으로는 생계를 꾸리기 힘들었다. 결국 '이름만 다른 노예제도'가 나타났고 부채 노역과 소작 제도가 확대되었다.

좌우간 하워드는 해방노예국에서 하던 일을 마무리하지 못한 채

상부의 명령에 따라 서부로 떠났고 그곳에서 독자적인 눈물의 길을 개척해야 했다.

처음에는 애리조나 준주로 가서 아파치족과 평화 협정을 맺었다. 이후에는 태평양 북서부로 발령이 나 추장 조셉Chief Joseph을 상대했다. 연방 정부가 왈로와 계곡에서 네즈퍼스족Nez Perce을 쫓고 그곳을 백인 정착민의 거주지로 만들려는 중이었지만 추장 조셉은 꿋꿋이 저항했다. 해방노예국을 열정적으로 운영했다는 비난은 여전히 꼬리표처럼 하워드를 따라다녔다. 남부 노예주들뿐만 아니라 전국 언론과 군대 상부 등 하워드의 권력 남용 혐의를 밝히려는 적들이 넘쳐났다. 왈로와의 백인 정착민들은 남북전쟁과 재건 시대에 대한 정보가 밝아 하워드의 명성을 익히 알았다. 비록 남부에서 멀리 쫓겨났지만 연방 정부의 권한을 반대하는 잭슨 정신은 그대로 남아 있었다. 이들은 남부 백인들처럼 하워드를 상대할 준비가 되어 있었다. 하워드의 전기를 쓴 작가는 하워드가 이런 느낌을 받았다고 썼다. 하워드는 '조셉을 봐주고 조셉을 위한 정책을 펼친다면', 그러니까 왈로와에서도 해방노예국에서 했던 일을 반복한다면 ―'누구도 지지하지 않는 목표를 위해 법을 한계까지 시험하는 일'― 전처럼 계속 비난을 받고, 이러다가는 군인으로서 경력이 위태로워지겠다고 생각했다.[20]

그래서 하워드는 추장 조셉에 강경하게 나가기로 했다. 살던 곳에서 떠나라는 최후통첩을 보냈지만 네즈퍼스족은 거부했다. 저항하던 조셉은 후퇴를 결정하고 2,400킬로미터에 이르는 험난한 길을 걷기 시작한다. 하워드는 로키산맥을 넘고 몬태나의 평원을 가로질러 4개월 가까이 네즈퍼스족을 추적했다. 하워드의 군대에 수십 명이 목숨을 잃었고 행군을 시작할 때 800명이었던 원주민의 수는 절반으로 줄었다. 생존자들은 유개 화차에 실려 오클라호마로 수송되었다.

한편 하워드가 서부에 머무는 동안 전쟁부 내에서 해방노예국을 반대했던 세력은 기어코 해방노예국을 폐지한다. 1870년대 중반에 아프리카계 미국인을 노린 백인 자경단의 위세가 얼마나 대단했던지 율리시스 S. 그랜트 대통령이 해방 노예의 거주지로 도미니카 공화국을 점령해야 하나 고민할 정도였다. 1873년 부활절에 루이지애나주 콜팩스에서는 아프리카계 미국인 62명에서 150명가량이 백인 폭도의 손에 목숨을 잃었다. 도미니카 공화국 합병을 시도하기로 결심한 후의 일이었지만 1876년 마지막 의회 연설 당시 그랜트는 분명 그날의 참사를 염두에 두고 있었다. 그랜트는 도미니카 공화국을 갖고자 하는 이유를 이렇게 설명했다.

"지난 11년 동안 많은 곳에서 극심한 탄압과 잔혹한 폭력이 있었습니다. 그런 일을 대비해 공동체 전체가 산토도밍고로 피신하는 겁니다. 해당 인종 모두에게 떠나라는 말이 아닙니다. 떠나기를 원한다는 말도 아닙니다. 현재 그들의 노동력은 귀합니다. 없어서는 안 될 지경에 이르렀죠. 그러나 우리가 이 영토를 손에 넣는다면 흑인도 '상황의 주체'가 됩니다. 다른 곳에서 권리를 찾을 각오를 하고 태어난 곳에서 권리를 요구할 수 있을 테니까요."[21]

다시 말해 그랜트는 도미니카 공화국이 해방노예국을 대신해 정부 기관의 목표를 전부 이뤄 주는 계획을 구상하고 있었다. 구체적으로 말하자면 아프리카계 미국인을 보호하고 노동에 적절한 대가를 받도록 해 주는 목표를 이룰 수 있었다. 그랜트의 계획은 계획으로 끝났다. 하지만 그랜트는 해방 노예가 상황의 주체가 될 공간을 제안함으로써 문제의 심각성을 인지하고 ―남북전쟁 이후 인종 테러와 남부 농장의 짜디짠 임금은 최악의 조합이었다― 기존의 정치·경제 제도로는 문제를 해결할 수 없다는 사실을 인정한 것이나 다름없었다.

5

서부 팽창을 위한 국가 시스템 ―농무부, 모릴 토지공여법Morrill Land-Grant Act, 태평양 철도법Pacific Railroad Act, 홈스테드법Homestead Act― 은 남북전쟁이 끝나기도 전에 등장했다. 역사학자 보이드 코스란Boyd Cothran과 아리 칼멘Ari Kalmen은 북군이 거래를 했기 때문에 승리할 수 있었다고 말한다.

"사람들은 링컨과 자유를 위해 싸우려 입대했고 조국에 희생한 대가로 고등 교육을 받고 철로와 시장이 연결된 서부의 땅을 손에 넣었다. 자유와 제국은 보폭을 맞춰 함께 앞으로 나아갈 수 있는 듯 보였다."[22]

홈스테드법은 제국주의적 자유를 구현한 법이자 자유 토지 운동의 결실이었다. 연방 정부는 땅을 일구겠다는 정착민에게 넓은 땅을 약속했고 3억 에이커가 조금 못 되는 공유지를 약 40만 가구에 나눠주었다. 그러나 그 땅은 개인 사업가들이 매입한 면적에 비하면 반도 되지 않았다. 법안이 통과되고 10년도 되지 않아 가장 비옥하고 관개 시스템이 잘되어 있고 철로와 가까운 공공 '자유 토지'는 대규모 투기 세력과 자본가의 차지가 되었다. 존슨 정부를 대표하는 부패와 사기는 1870년대와 1880년대까지 계속되었고 규모는 더욱 커졌다. 연방 정부는 계속해서 땅을 나눠 주고 지원을 제공하고 계약을 수주했다. 지지 세력에게는 관세와 보조금 같은 혜택도 뿌려 주었다.[23] 역사학자 버넌 패링턴Vernon Parrington은 남북전쟁 이후의 서부 점령을 '호화로운 바비큐 파티'라 묘사했다. 가장 큰 몫은 권력층의 사업이나 대기업에 돌아가고 있었다.

"떠들썩한 잔치가 벌어졌다."

모든 사람이 초대장을 받았다. 민주주의는 모두가 잔치 음식을 먹을 수 있다고 약속했다.

"커다란 뼈만 남을 때까지 먹고 마셨다. 그러다 마지막에 계산할 시간이 왔다. 계산서를 받은 미국인들은 자본가 계급이 칠면조 살코기를 즐길 동안 내장밖에 먹지 못했다는 사실을 깨달았다."[24]

이 무렵, 모든 활동에 연료를 공급하는 에너지는 그 자체로 하나의 경제 부문이 되었다. 전력 수요가 증가하며 땅에 상처를 남겼다. 자본이 석탄 산업을 차지했고 석유를 찾아 애팔래치아계곡으로 몰려든 세력은 소규모 자작농의 땅을 빼앗고 언덕과 계곡을 깎았다. 세기말에 한 목격자는 다가올 미래를 이렇게 상상했다.

"숲을 벗긴 계곡은 코크 오븐과 용광로로 불을 밝혔다. 초목은 그을음과 가스로 그슬려 검게 변했다. 유정탑은 개울가에 뼈대처럼 솟아오르고 … 입을 떡 벌린 광산과 쌓여 있는 가루탄은 한때 보기 좋았던 풍경을 볼품없게 만들고 있었다. 그 시절의 이상향에 파괴의 마수가 미치지 않았더라면 얼마나 좋았을까. 그러나 이 민족은 만족할 줄 몰랐고 지치지도 않았다. 에너지를 공급받아야 했다. 자연이 지구의 비밀 공간에 남겨 둔 저장품을 모조리 꺼내 늘 굶주려 있는 세계 무역의 배를 채워야 했다."[25]

1870년대에 심각한 불황이 찾아오며 무력 파업의 물결이 일었고 "두 번째 내전이 임박했다."라는 걱정이 퍼져 나갔다. 내전이 또 벌어진다면 이번에는 계급 전쟁이 될 터였다. 연방 정부가 서부를 정복하는 마지막 군사 작전에 집중하는 사이, 방패막이를 잃은 해방 노예들은 더 거세진 위협에 시달렸다. 몇 년간 침체 상태였던 경기는 1870년대 말을 기점으로 빠르게 회복되었다. 불황 끝에 큰 호황이 이어지는 패턴이 반복되며 팽창에 대한 미국의 집착은 더욱 강해졌다. 불황기에는 팽창을 해결책으로 제시했고, 마침내 호황이 왔을 때는 팽창 덕분이었다고 결론 내렸다. 답은 전진이었다.

해외시장이 열리며 이익이 치솟자 수출 중심의 대규모 농업은 기술과 기계화에 재투자해 경쟁력을 높였고, 농업에서 정상을 찍은 이들은 정치권력을 더욱 강화했다. 제조업에서도 같은 현상이 발생했다. 1881년 아이오와주 하원의원 존 카슨John Kasson은 물었다.

"우리의 생산량은 빠르게 증가해 넘쳐나고 있다. 이를 위한 새로운 시장을 개척하자는 요구를 언제까지 못 들은 척할 텐가?"

카슨의 질문은 남북전쟁 이후 해외시장으로 영역을 넓혀야 한다는 팽창주의자들의 주장을 반영하고 있었다. 영역을 확장하고 국내에 쌓여 가는 농업·제조업 수출품에 새로운 판로를 뚫는다면 주기적인 경제 위기를 피할 수 있었다. 경제가 힘들어질 때마다 나타나는 대중의 불만도 무마할 수 있었다. 국내에는 평화가 찾아올 것이다.

"우리는 전 대륙을 빠르게 활용하고 있다."

카슨은 말했다.

"해외로 눈을 돌려야 한다. 그렇게 하지 않으면 불만을 내부에서 찾는다."[26]

전쟁은 죽음을 낳고 부패를 드러냈다. 죽음과 부패는 공공 정책에 대한 요구로 이어졌다. 그러나 공공 정책이 사회주의의 싹이 될 것이라는 두려움이 있었다. 사회주의까지는 아니어도 정부의 권한이 커진다면 하워드 장군이 해방노예국의 업무로 일컬은 '모든 사회생활'이 흔들릴지도 모른다. 대안은 하나였다. 남북전쟁의 피비린내 나는 전장에서 등을 돌리고, 현대 미국의 연합을 형성한 죽음과 부패를 기억에서 지울 기회가 딱 한 가지 있었다.

"우리의 역사를 똑바로 읽으면 그리 어렵지 않다고 느낄 것이다."

1895년에 우드로 윌슨이 쓴 말이다. 바깥세상으로 나가는 '영웅적인 임무'를 다시 꺼내 들며 윌슨은 "미국이 젊음을 되찾고 부패하지 않을 나이를 지켜야 한다."라고 말했다.[27]

비슷한 시기에 프레더릭 잭슨은 변경에 관해 이렇게 말했다.

"미국이 계속해서 몸을 담그고 젊음을 회복하는 마법의 분수였다."[28]

End of the Myth

The Outer Edge

바깥 가장자리

"한때 험하고 고요했던
이 거대한 대륙."

———→)))///←———

1

1890년대에 역사학자 프레더릭 잭슨 터너는 '변경'이라는 개념에 자유를 찾아 주었다. 이제 변경은 일반적이고 세속적인 의미 ―국경 또는 군사 전선을 나타내는 용어― 에서 벗어나 추상적인 의미로서 자유롭게 부유했다. 후대 역사학자들이 수도승의 신경처럼 줄줄 읊는 한 문장이 터너 혁명의 핵심을 완벽하게 담는다.

"자유 토지라는 영역이 존재하고 그 영역이 계속해서 밀려나며 아메리카 정착민이 서쪽으로 전진했다는 사실이 미국의 발전을 설명한다."

터너는 위스콘신 대학교의 무명 조교수 시절이었던 1893년에 처음으로 '프런티어 사관'을 발표했다. 발표 장소인 세계 역사학자 및 역사학도 학회World's Congress of Historians and Historical Students는 에릭 라슨 Erik Larson의 《화이트 시티The Devil in the White City》로 유명해진 연쇄살인범이 활보했던 시카고 세계박람회 기간 중 개최된 행사였다. 버팔로 빌 Bufallo Bill의 와일드 웨스트 쇼Wild West Show(19세기 말에서 20세기 초 성행한 서부 버라이어티 쇼_옮긴이)와 모형 아메리카 원주민 마을이 있는 시끄러운 박람회장에서 어느 정도 떨어진 거리의 시카고 미술관에 전문 역사 작가와 저명한 대학 교수 서른두 명이 모였다. 그날 오후 마지막 패널이었던 터너는 〈미국사에서 변경이 가진 의의The Significance of the Frontier in American History〉라는 논문을 읽었다. 몇 명 없는 관객은 피곤했는지 아무도 질문을 하지 않았다. 전기작가의 말에 따르면 터너는 '무거운 패배 의식에 사로잡혀' 숙소로 돌아왔다.[1] 하지만 얼마 후부터 터너의 주장은 많은 호평을 받게 된다.

시카고 학회에 참석한 대다수 학자는 역사 논문이라면 사실, 날짜, 이름의 요약쯤으로 생각했다. 반면 신세대 터너는 과거에 관해 새로운 주장을 펼치고 과거의 주장을 수정하기 시작했다. 본인 말처럼 경제, 이민, 사상, 과학, 문화, 정치의 관계를 '설명'하려 하고 있었다. 물론 터너 사관 이전에도 영향력 있는 역사적 주장이 하나 있기는 했다. 참고로 뉴잉글랜드 개신교 역사학자들 사이에서 인기가 높았던 '배아설germ theory'은 실제 박테리아나 세균 감염과는 일말의 관계도 없었다.

배아설은 미국 제도의 장점과 강점이 유럽에서 싹텄다고 주장하는 이론이었다. 봉건 영주의 지배를 받기 전 '자유인'으로 가득했던 고대 색슨족과 튜턴족Teutonic 마을을 출발점으로 본다. 독일과 영국에 적용했을 때 이 이론은 한때 자유로웠던 사람들이 역사, 관료 정치, 기독교 박해, 귀족 계급이라는 퇴적물에 짓눌려 쇠락하는 낭만적인 이야기다. '구속받지 않는 자유를 누렸던' '원시의 아리아인'은 '한때 세계의 소유였지만 이제는 세계가 소유하지 않는 것'을 상징하게 되었다.[2] 북아메리카에서 배아설은 과거로 거슬러 올라가는 이론이었다. 색슨족의 자유는 중세 잉글랜드로 먼저 퍼져 나갔다가 뉴잉글랜드에 당도했다. 배아설은 '옛 앵글로색슨족'이 '신세계의 황무지에 자유로운 제도의 배아를 심고 … 넓은 대륙으로 퍼져 나갈 운명'이라는 내용으로 요약할 수 있다.[3]

배아설은 지극히 인종적인 이론이다. 가장 유명한 주창자인 허버트 백스터 애덤스Herbert Baxter Adams가 말한 '혈액 유전자', 즉 '위대한 튜턴족'을 찬양하고 영국과 북아메리카의 색슨족 혈통(존, 새뮤얼, 존 퀸시부터 허버트 본인에 이르는 애덤스 가문도 한 예다)의 지속성과 우월성을 확실하게 인정한다. 만약 역사 연구가 곧 변화의 연구라면 미국의 초창기 역사학자들은 역사를 연구했다고 할 수 없었다. 그들이 연구한 배아는 물리학의 빅뱅처럼 갑자기 나타난 새로운 대상이었다. 터너 이전에 미국에서 가장 유명했던 역사학자인 조지 밴크로프트George Bancroft는 청교도가 도착했을 때 "그들의 제도는 이미 완벽했다."라고 썼다.[4] 존스 홉킨스에서 터너와 함께 애덤스의 가르침을 받았던 우드로 윌슨은 1899년에 초창기 기독교 정착민이 "발명한 것은 없다."라고 주장했다. 윌슨은 독립선언과 헌법의 기원이 되는 아이디어는 신세계에 도착했을 때부터 완벽한 형태를 갖추고 있었고 유럽에서 발전한 "인종적 습성과 본성을 자유롭게 흐르도록 두었을 뿐이다."라고 썼다.[5] 또 다른 역사학자는 미국 서부의 독립 정신이 "독일의 숲에서 출발했다."라며 미국의 변경 개척민은 색슨인, 튜턴인, 아리아인의 복제품에 불과하다고 했다.[6]

하지만 터너는 관점을 뒤집었다. 미국의 장점은 미국에서 만들어졌다고 했다. 정착민들은 변경의 황무지를 '자유 토지'로 바꾸었고 "적합한 사람들이 풍부한 천연자원에 접근하며 미국에 민주적 사회가 탄생했다."라고 썼다. 터너의 주장에 따르면 미국만의 민주적 개인주의는 '미국의 새로운 산물'이었다.

"미국식 민주주의는 미국의 숲에서 나왔고 새로운 변경에 닿을 때마다 강력해졌다."[7]

미국이 성장하며 '변경'이라는 단어도 진화했다. 앞에서 이야기한 것처럼 1700년대 말만 해도 변경은 경계, 국경, 군사 전선이라는 의미에 국한되어 있었지만, 터너가 시카고 학회에서 논문을 발표할 무렵에는 의미가 훨씬 넓어졌다. 변경의 정확한 의미는 논란의 대상이었다. 변경이 존재한 이래로 미국 행정 구역의 경계는 앨러게니산맥 꼭대기에서 미시시피강으로, 사빈강으로, 레드강으로 꾸준하게 전진하다 마침내 멕시코와 태평양에 현재의 국경이 정해졌다. 그러나 백인 정착민의 경계와 정착민을 보호하는 군대의 경계는 때때로 행정 구역의 동쪽에서, 때때로 서쪽에서 지그재그로 움직였다. 앵글로 사회는 아메리카 원주민에 대항하는 하나의 전선으로 전진하지 않았다. 그보다는 인디언 부족과 공동체를 분리하는 틈새에 흘러 들어가듯 더 유연하게 움직였다. 그러면서 '변경'이라는 단어의 뜻은 어느 정도 고정된 선을 의미하는 '국경'에서 갈라져 나왔다. '변경'의 의미는 흐릿해졌다. 어떤 문화권, 문명 갈등, 생활 방식을 암시하는 말이 되었다. 정착지가 팽창하며 나타난 공포와 유혈사태는 의미론적 변화를 이끌어 냈다.

터너는 영리하게도 변경의 불안정한 개념을 끌어안고 '변경'을 한 가지 의미로 고정하려 하지 않았다. "이 용어의 개념은 유동적이다." 라면서 "우리에게 명확한 정의가 필요하지는 않다."라고 썼다. 그러다 1893년 논문에서는 '변경'을 최소 13가지 방식으로 정의했다. 대표적인 정의로는 '영역이 아닌 하나의 사회 형태', '원시적 상태로 되돌아가는 과정', '기회의 장', '파도의 바깥 가장자리—야만과 문명이 만나는 지점', '자유 토지의 안쪽 가장자리'가 있었다. 유럽 이민자(특히 1880년대부터 유럽 중부와 남부에서 점점 더 많은 사람이 오고 있었다)에게는 '가장 빠르고 효과적인 미국화Americanization의 선'이었고, '인간에게 너무도 가혹한' 듯한 '환경', '과거의 속박에서 벗어날 출구'라고도 할 수 있었다. '상업의 변경', '목축업의 변경', '광업의 변경', '농업의 변경'이라는 정의도 있었다.

이렇게 많은 변경은 기능도 제각각이었다. 그래서 과학이나 논리를 기준으로 반박하거나 증명할 수 없다는 것이 터너 사관, 터너 이론의 강점이었다. 변경을 무수한 의미로 받아들이고 여러 가지 결과의 원인으로 추정할 수도 있었다. 변경은 '황무지의 자유에 대한 사랑'을 키웠고, '미국인의 복합적인 국민성 형성'에 이바지했다. 그래서 '미국 정치 제도의 진화'와 '민주주의의 발달'을 이끌었고, '거칠고 강인한 성질'을 '예리하고 호기심 많은 성질'과 결합해 미국인만이 가지고 있는 전형적인 성격을 탄생시켰다. 미국인은 '실용적'이고 '독창적'이며 빠르게 '수단을 구하고' '예술적 감각은 떨어지지만 최대의 효과를 발휘하는 힘을 갖고 물질적 도구에 대한 완벽한 이해'를 드러낸다.

얼마나 기능이 많고 복잡한가! 이때부터 변경은 정신 상태, 문화권, 비교의 사회학적 용어, 사회 유형, 형용사, 명사, 국가 신화, 훈련 메커니즘, 추상적 개념, 그리고 염원으로 통했다. 하지만 그러는 동시에 간단한 설명도 내놓았다.

"자유 토지라는 영역이 존재하고 그 영역이 계속해서 밀려나며 아메리카 정착민이 서쪽으로 전진한다는 사실이 미국의 발전을 '설명'한다."

논문을 처음 발표한 1893년에서 약 10년이 지나자 터너를 통하지 않고는 미국 역사의 핵심 주제를 이해하기가 거의 불가능해졌다. 1922년 미국 역사에 관해 유명한 조사를 진행한 아서 슐레진저 시니어Arthur Schlesinger, Sr.는 터너의 주장을 적용한 책이 너무도 많다고 썼다. 그 책들을 전부 나열하기는 불가능했고, 터너의 프런티어 사관을 요약할 필요도 없다고 했다. "너무 잘 알려져 있다."라는 이유 때문이었다.[8] 역사학자뿐만 아니라 경제학자, 사회학자, 철학자, 문학과 교수, 정신분석가, 정치인도 터너의 사상을 받아들였다. 통속 소설과 작품성 있는 소설에도 터너의 정신이 반영되었다. 서부에서 터너와 함께 활동한 역사학자 시어도어 루스벨트Theodore Roosevelt와 우드로 윌슨은 대통령이 되었다. 위스콘신 대학교 사학과에서 하버드로 자리를 옮긴 터너는 미국의 지배계층, 지식인, 정치인, 사업가, 직업 외교관을 가르쳤다. 제자 중에는 프랭클린 델러노 루스벨트Franklin Delano Roosevelt도 있었다.

2

중서부 출신인 터너는 역사학을 뉴잉글랜드 상류층으로부터, 애덤스와 뱅크로프트 가문으로부터 빼앗아 왔다. 매디슨 헌법의 기원을 기억도 흐릿한 태고의 독일로 보고 그곳에서 색슨인의 싹이 들어왔다고 하는 동화의 마법을 풀었다. 그 대신 터너는 '과정의 근원'을 강조했다. 그 물질적이고 이념적인 힘 —무역, 입법, 기술과 과학, 법, 개인과 국가의 관계와 관련해 새롭게 떠오르는 관념— 은 위대한 사건과 위대한 민족의 거품 아래에서 소용돌이치고 있었다.

터너가 1893년 에세이와 후속 작품들에서 제기한 핵심 주장은 간단명료하다. 미국의 광활하고 개방된 서부가 정치적 평등이라는 이상을 전에 없이 퍼뜨릴 환경을 만들어 주었다는 것이다. 이 이상은 변경이 영원히 지속된다는 관념에 바탕을 두었다.

"황무지는 끝이 없는 듯 보였다."[9]

자원이 무한하다는 미래상만을 바라보는 개척자들은 자연을 탈바꿈하고 독립성, 개인 주도성, 그리고 개인주의라는 민주적 가치의 뿌리를 깊이 내린다. 그뿐만 아니라 공정성, 정직성, 신뢰, 일종의 변경 상호주의도 공고히 한다. 국가가 나타나기 전에 개척자들은 거친 땅에서 자립과 협동 사이에서 균형을 찾고 상업과 법규범의 관계를 확대해야 했다. 그러다 정부가 탄생하고 지역 시장이 국가 경제로 진화하자 변경의 가치는 전국으로 퍼져 나갔고 미국의 제도를 형성했다. 터너는 변경 개인주의가 변경에만 존재하지 않는다고 말했다. 도시, 마을, 항구까지 전국 어디서든 찾아볼 수 있었다. 왜냐하면 '변경이 존재하기 때문'이었다. 즉, 개인주의가 변경에서 탄생했기 때문에, 부의 재분배 요구처럼 개인주의에 비해 건전하지 않은 성향을 변경이 억제했기 때문이었다. 그것이 터너의 요점이다. 하지만 터너가 일으킨 혁명을 이해하려면 무엇이 터너의 주장과 다른지도 알아야 한다.

우선 터너는 엘리트주의를 주장하지 않았다. 당시 다른 역사학자들은 서부 개발의 공을 버지니아주 해안 지방의 '신사들'에게 돌렸을지도 모른다. 땅을 비운 것은 오지의 기개가 아니라 막대한 자본이었다는 얘기였다(서부 정착지에 관해 한 영국 기사는 '비천한 사람들'이 '훌륭한 이들이 드리워 준 보호의 그늘' 아래에 '와서 앉았다'라고 썼다). 현대가 되어 '밑에서 시작하는 역사'를 기록해야 한다는 정서가 생겼지만 터너는 이미 수십 년 전부터 서부 개척의 공을 사냥꾼, 상인, 가족 단위 소작농에 돌리고 있었다. 이렇게 보면 재산이 아닌 땅을 가진 일반 시민을 추앙하고 그에게 힘을 실어 주는 잭슨주의 정서가 바탕에 깔려 있었던 셈이다.

그러나 잭슨주의에서 추앙하고 권한을 부여하는 일반 시민은 철저히 백인이었다. 터너는 인종차별주의자가 아니었다. 속마음은 어땠을지 몰라도 표면상으로는 그랬다. 위대한 미국의 기원을 색슨인의 '배아'에서 찾으려 했던 다른 학자들과 달리, 터너는 역사가 인종적 순수성에서 시작되었다는 인식에 관심이 없었다. 터너의 스승인 허버트 하우 밴크로프트Hubert Howe Bancroft는 '수 세기 동안 이어진 위대한 아리아인의 행진', '어머니의 인종', '앵글로색슨인의 피'를 통해 미국의 우수한 점이 전해졌다고 주장했다.[10] 터너가 시카고 학회에서 논문을 발표한 직후 상원의원 앨버트 J. 베버리지Albert J. Beveridge는 미국이 바깥세상으로 나아가게 밀어 주는 힘은 '인종'이라고 말했다. 게다가 그 힘은 신성했다. 베버리지 의원은 "신이 영어를 쓰는 사람과 튜턴인을 천 년간 준비했다."라고 말을 이었다.

"하나님께서는 우리를 혼돈이 가득한 이 세상에 시스템을 구축하는 달인으로 만드셨다."

또 베버리지는 말했다.

"이것이 미국의 신성한 임무이다."[11]

반대로 터너는 종교에 관해 많은 이야기를 하지 않았다. 문명의 성공과 실패를 가르는 원인이 신교의 역동성이나 가톨릭교의 타락이라고 단정하지도 않았다.

게다가 아메리카 원주민의 이주나 미국의 멕시코 침공과 뗄 수 없는 정복욕을 높이 평가하는 글도 쓰지 않았다. 멕시코가 지구상에서 사라져야 한다는 생각은 없었다. 1889년에 시어도어 루스벨트가 했던 냉혹한 말을 터너의 글에서는 찾아보기 힘들었다. 시어도어 루스벨트는 문명의 행진을 이유로 아메리카 원주민의 제거를 묵인했다.

"정의는 밑바닥에 있는 정착민과 개척자의 편이다. 이 위대한 대륙을 불결한 야만인들의 사냥터로만 남겨 둘 수는 없다."[12]

터너는 미국의 팽창을 정당화하는 이유로 대량학살을 부르는 증오를 고려하지 않았다. 정착민이 자행한 폭력의 이유를 '깊고 만연한 인종차별'로 지목한 역사학자 버나드 베일린과는 생각이 달랐다. 터너가 쓴 변경 이야기에 충격 전략으로 강간을 썼다는 내용은 없다. 하지만 그것은 분명 정착민과 군인이 사용한 전략이었다. 마을에 불을 질러 원주민을 쫓아냈다는 이야기, 불을 피해 달아가는 아이들을 무참히 죽였다는 이야기, 복수심으로 살인을 했다는 이야기도 없다. 앤드루 잭슨이 "복수를 갈망하라."라며 부하들의 사기를 진작시키고 '파괴의 무기'가 되어 크리크족을 학살하고 시신을 훼손하게 했다는 이야기도 존재하지 않는다. 강제 노역이 미국의 부에 미친 영향을 가볍게 여기며 터너는 이렇게 썼다.

"미국의 역사를 올바르게 보면 노예 문제는 하나의 사건으로 보일 것이다."

터너가 시카고 학회에서 논문을 발표하기 불과 3년 전, 제7기병연대는 노스다코타주 운디드니Wounded Knee에서 남녀노소를 가리지 않고 250명에 달하는 수족Sioux을 죽였다. 터너는 1893년 논문에서 변경을 여러 가지로 정의했지만 군사 전선이라는 정의만큼은 넣지 않았다. 성공적이었던 각각의 변경 —앨러게니산맥의 폭포선, 미시시피강, 미주리강, 서경 99도(습한 대초원이 건조한 평원으로 바뀌는 경도)— 을 "연이은 인디언 전쟁으로 획득했다."라고 간단히 언급하기는 했다. 하지만 인디언 전쟁의 잔혹함에 대해서는 계속해서 진실을 감췄다. 이번에도 시어도어 루스벨트를 예시로 들 수 있다. 루스벨트가 1880년대에 여러 권으로 출간한 《서부의 승리The Winning of the West》는 배아설을 주장하는 전형적인 문장으로 막을 연다. 이 책에서 루스벨트는 앤드루 잭슨이 크리크족을 꺾은 전투가 색슨인의 '영국 정복'을 시작한 전쟁의 일부였고 '세계의 낭비된 공간'을 정복하는 더 큰 규모의 운동으로 발전했다고 썼다.[13] 루스벨트의 역사를 읽고 있으면 발견주의에 대한 한 편의 서사시처럼 느껴진다. 루스벨트는 아메리카 원주민의 몰살에 우려를 표하기 시작하는 사람들에게 잔혹한 답을 제시했다.

"감상주의자들이 뭐라고 떠들든 땅을 활용하는 사람에게는 그러지 않는 사람에게서 땅을 빼앗을 권리가 있다. 그렇게 하지 않으면 세계의 발전이 멈추고 만다."[14]

루스벨트도 터너처럼 변경에서 미국 고유의 정치 문화가 탄생했다고 믿었다. 하지만 첫 번째 단계가 격렬한 공포와 가혹한 처벌이라는 의견은 터너와 달랐다.

최소 18세기 말부터 《서부의 승리》의 출간 시기를 훌쩍 지나서까지 변경의 자경 활동은 유색인종을 억압하는 수단이었다. 루스벨트는 그러한 자경 활동을 찬양했다. 위협을 받았을 때 '선인들'은 단속자로서 힘을 합치고 인정사정없이 악인들을 엄중하게 짓밟고, 린치법에 따라 가장 악랄한 범죄자를 즉석에서 총살형과 교수형에 처한다. 고문도 종종 있었다고 인정했지만 그런 가혹한 처벌이 대체로 '공동체에 유익'하고 언젠가는 국가에서 담당하는 더 합리적인 법체계로 발전할 것이라고 썼다.* 변경에서는 무리가 아닌 개인도 스스로가 곧 법이었고 자신의 도덕성에 따라 행동할 '완벽한 자유' 속에서 살고 있었다. 개척자는 '잔혹한 정신을 지닌 무법자'로 자연과 원주민을 평정

---

* 이후 대통령이 된 시어도어 루스벨트는 세계 최초로 다국 간의 법적 조약에 서명을 할 때 미국을 국제법 아래에 두려 했다. 그러나 정작 국내에서는 과거에 찬양했던 변경의 사법 질서도 지배하지 못했다. 《서부의 승리》에서 루스벨트는 자경주의가 법으로 변모할 것이라 말했다. 하지만 그렇게 되지 않았다. 린치가 '유행'하는 문제에서 루스벨트 대통령은 피해자를 탓했다. 1906년 그의 발언을 보자. "린치가 존재하는 가장 큰 이유는 대개 흑인 남성이 저지르는 끔찍한 강간 범죄다." 그는 린치를 하지 않을 수 없었던 백인들이 '범죄자와 동급'으로 전락해 품격이 떨어지고 혼돈이 퍼지는 문제를 더 심각하게 보았다. 루스벨트는 말했다. "무법 상태는 먹이가 있어야 확산한다. 폭도가 강간을 이유로 린치를 하기 시작하면 활동의 범위를 빠르게 넓히고 다른 범죄에도 린치를 가한다."

하며 종국에는 자신의 잔혹성도 억눌러 문명을 일으켰다.

"그리하여 변경의 주민들은 영원한 숲을 개척한 땅에서 살았다. 냉혹하고 엄격하며 강하고 또 단순한 사람들, 선과 악 앞에 강인한 이들은 폭풍우같이 불어닥치는 열정에 흔들렸다. 그들의 마음 한가운데에는 자유를 향한 사랑이 뿌리를 내리고 있었다."[15]

터너는 이런 서사를 부여하지 않았다. 미국 역사를 묘사하며 루스벨트가 쓴 표현인 '거칠고 반은 야만적인 로맨스' 따위는 없었다. 이 로맨스에서 변경민은 아메리카 원주민과 자연, 자신의 본능에 맞서 잔혹하고 무자비한 전쟁을 벌이며 문명을 탄생시켰다. 터너가 말하는 문명도 피할 수 없기는 마찬가지였지만 온화했다는 점은 달랐다. 터너의 글이 개인주의에 바치는 찬사였다고 해도 터너의 개인주의는 절제된 개인주의였다. 존 웨인John Wayne보다는 제임스 스튜어트James Stewart 쪽이었다고 할 수 있다(군 복무를 피하고 전쟁 영화에만 출연한 웨인과 실제 전쟁에 참전해 애국한 스튜어트를 비교하는 경우가 많다_옮긴이). 싸움이 벌어졌지만 인종이나 계급 싸움은 아니었다. 터너에 따르면 변경을 앞으로 나아가게 한 요인은 법, 재판, 상업이었다.[16] 루스벨트 같은 사람이나 변경을 늑대에 비유했다. 터너의 차분한 산문체는 변경을 '파도'로 묘사할 때 가장 크게 들썩였다. 그러나 터너는 해변에 바닷물이 잔잔하게 찰싹거리는 듯 분석을 이어 갔다. 터너는 미국의 활력에 관해 부드럽게 노래를 부르지만 영웅주의는 부정한다. '사냥꾼'이나 '농부' 같은 이름 없는 '유형'을 찬양한다.

"앨러게니산맥을 뛰어넘고 그레이트플레인스와 로키 산맥을 건너뛴 것은 인간이 아닌 변경이었다."

터너가 미국의 열정을 차분하게 가라앉힌 배경에는 흥미로운 이야기가 있다. 어린 시절 위스콘신주 포티지에서 성장한 터너는 위네바고족이나 메노미니족Menominee 틈에서 카누를 타거나 하이킹을 하곤 했다. 훗날 터너는 동료에게 목가적이었다고 유년 시절을 회고했다.

"위스콘신을 여행했던 때가 기억나네. 근처 워소Wausau에서 인디언이 미는 통나무배를 타고 뱃사공과 원주민 여자의 듀엣 같은 대화를 들으며 인디언 마을 지났어. 남자는 저음이었고, 여자는 듣기 좋은 고음으로 낭랑하게 웃었지. 강이 굽은 곳에 발삼나무 숲이 있었는데 그 속에서 뿔 달린 사슴 한 마리가 강가에서 물을 마셨던 기억도 나. 소리 없이 카누를 타면서 녀석 코앞까지 갔었지."[17]

그러나 인디언은 곧 연방군에 쫓겨나게 된다. 정부에서 제공한 기차에 오른 이들은 종적을 감추었다. 인디언을 쫓아 달라고 연방군을 부른 포티지 지도자들 중에는 앤드루 잭슨과 이름이 같은 터너의 아버지도 있었다.

앤드루 잭슨 터너Andrew Jackson Turner는 당시에 강직하며 인품과 책임감이 있는 마을 지도자로 인정받고 있었다. 한편으로는 위네바고족과 메노미네족의 마을을 파괴하기를 바라는 인물이었다. 직접 편집해 발간한 〈위스콘신 스테이트 레지스터Wisconsin State Register〉에서 인디언을 '가치 없는 야만인'이라고 묘사했고 군대가 사회에서 인디언을 쫓아 줘야 한다고 요구했다. 인디언은 '대단히 혐오스럽고, 얼마나 지저분한지 모든 사람이 치를 떨고, 무시무시한 외모로 소심한 여성들에게 겁을 주기 때문'이었다. 군대는 요구를 따랐다. 터너의 전기작가는 그때를 이렇게 설명한다.

"1873년 초 네브래스카 보호구역에서 인디언을 몰아낼 파견대가 도착했다."[18]

"인디언은 저항했지만 군대의 힘을 이기지 못해 그해 여름 내내 서쪽으로 이동했고 일부는 총검에 밀리다시피 했다."

위스콘신 숲으로 탈출한 이들도 있었지만 연방군에 포위를 당했고 일렬로 포티지를 통과해 그들을 서부로 나를 객차에 올라탔다. 열세 살 소년 프레더릭이 목격한 장면들은 —아버지의 행동도, 〈레지스터〉 사설에서만큼 가족의 대화에도 자주 올랐을 '혐오'도— 터너의 학문에 전혀 반영되지 않았다.[19]

3

터너가 묘사한 국경지대는 개인주의가 대초원의 잡초처럼 싹 트는 공간이었고, 정부와 대기업은 나중에야 등장했다. 터너는 이렇게 썼다.

"복잡한 사회를 촉발하는 것은 황야다."

우드로 윌슨도 변경 정착민을 가리켜 비슷한 글을 썼다.

"그들은 끊임없이, 어쩌면 침착하게 한때 험하고 고요했던 이 위대한 대륙을 확장했다."[20]

그러나 우리가 생각하는 서부는 처음부터 자본이 풍부한 투기 세력, 기업, 철도업, 농업, 광업 등 대규모 권력의 지배를 받고 있었다. "정착지는 국내 및 해외 시장과 연결되는 통로를 개척하기보다는 뒤따르는 경향이 있었다."라고 서부의 역사학자 리처드 화이트Richard

White는 주장한다. 시장은 연방 정부의 조치로 생겨났고 그런 조치에는 무력도 포함되어 있었다.[21] 서부 이동을 뒷받침하려면 국가가 강해야 했다. 미국군은 아메리카 원주민과 멕시코인을 제거했다. 정부 지원으로 발행된 채권은 루이지애나 매입의 자금이 되었다. 정부 소속 측량사가 변경 정착민보다 먼저 기준선과 자오선을 정했고, 정부 소속 기술자들은 철로를 놓았다. 육군 공병대는 거의 모든 공익사업을 수행하며 서부의 메마른 땅에 물을 대고 플로리다의 습지에서 물을 뺐다. 전쟁부는 정착민들에게 소총과 탄약을 나눠 주었다.

인디언 이주의 대혼란 속에서 자란 터너는 국가가 가진 힘을 완벽하게 파악했다. 정부군이 위스콘신 고향 마을 주변에서 아메리카 원주민을 모아 서부로 몰아내는 모습을 두 눈으로 목격한 그였다. 국가가 변경에 '우선'한다는 사실도 잘 알았다. 1887년 에세이의 주석에서 터너는 '과장된' 자유와 정부를 향한 '비정상적인' 반감이 변경 사회에 생겨난 여러 가지 사례를 상세히 설명했다. 그러면서 강력하게 의견을 덧붙였다.

"우리 시대의 서부는 중앙정부에 의존한다. 정부가 '정착민보다 먼저 도착'해 땅을 주고 교통수단과 체제 등등을 마련했기 때문이다."[22]

그러나 터너는 사례 연구를 할 때뿐만 아니라 범위를 넓혀 일반화를 할 때도 순서를 바꾼다. 보통 이런 식이다. 우선 자연이 존재했다. 이때 자연은 사람의 손이 닿지 않은 상태일 수 있고, 인디언의 길이 난 상태일 수도 있다. 이후 자연에 정착해 살기 시작한 정착민들은 노동력을 이용해 숲속에 빈터를 내고 들판과 초원을 만들었다. 그 과정에서 여러 가정이 한곳에 모여 법과 질서를 지키는 자경단 같은 자발적 단체(루스벨트처럼 터너도 이런 단체를 찬양했지만 온건하고 건전한 형태를 선호했다)와 공동체를 형성했다. 여기저기 흩어진 공동체는 원래 있던 낡은 길이나 계곡을 따라 '서로 손을 잡고' 정치학에서 말하는 시민사회를 이룩했다. 경제적 관계를 발전시키고 진취력, 낙관주의, 신뢰, 협력, 개인주의 등 변경의 가치를 길렀다. 변경의 가치에는 폭압을 용납하지 않을 권리도 포함되어 있었다. 상거래가 활발해지고 지역·국가 규모의 시장이 커졌으며 광업과 제조업이 '마법처럼' 튀어나왔다. 국가가 도착한 시기는 그다음이었다.[23]

터너의 순서 ―자연, 정착, 노동, 사회, 방위, 거래, 신뢰, 거래가 늘어나 더 강력한 방위와 신뢰가 필요해지면 정부가 등장― 는 경제, 권리, 주권의 관계에 대한 미국 고유의 이상을 구체화한다는 데 큰 의미가 있다. 노동과 자연이 결합하면 재산이 탄생한다. 재산은 덕목을 만든다. 사유재산을 기반으로 한 덕목이 국가보다 먼저 존재한다. 국가의 기능은 덕목의 보호가 전부이다. 국가는 덕목을 창조하지 않는다. 터너가 주석에서 "정부가 먼저 등장한다."라고 한 순서는 교묘한 눈속임이다. 그러나 강력한 한 수였고, 그 점은 지금도 변함이 없다. 터너는 자유라는 미덕이 국가와 상관없이 존재한다는 전제를 깔고 국가의 역할을 미덕의 보호에 한정했다. 그 전제 덕분에 미국은 사회권 또는 경제권의 정당성을 계속 거부할 수 있었다. 자연에서 비롯된 개개인의 고유한 권리 ―듣고, 걷고, 이동하고, 모이고, 믿고, 소유할 권리― 와 그 권리를 보호하는 국가는 법적으로 문제가 없었다. 하지만 국가가 개입해야 가능한 사회권 ―보건, 교육, 복지 서비스를

받을 권리— 은 부당한 것이었다.²⁴

4

변경에 관한 에세이 이후 터너는 저술 활동보다 강연에 매진했다. 대중을 상대로 한 연설은 대체로 낙관적인 분위기였으나 어두운 면도 없지는 않았다. 1890년 미국 통계국은 '변경'을 기술적 범주에서 빼겠다고 선언했다. 서부에 사람이 너무 많아 "변경선이 있다고 말할 수 없다."라는 이유였다. 인구 밀도보다 중요한 요인은 따로 있었다. 터너는 자본의 힘 —혹은 앤드루 잭슨의 표현을 빌려 '돈의 힘'— 이 그나마 남아 있는 변경을 능가한다는 사실을 알았다. 그가 생각하기에 안전밸브로서 서부의 효용성은 점점 약해지고 있었다.²⁵

"저렴한 땅, 저렴한 옥수수와 밀, 저렴한 소의 시대는 영원히 끝났다."

터너가 1914년에 쓴 말이다.

"자유 토지는 사라졌고 대륙의 끝까지 도달했다. 모든 노력과 에너지는 불안의 통로로 변하고 있다."²⁶

20세기 초가 되자 자신이 서부 이상의 진정한 후예라며 주장하고 나서는 '산업의 대가들' —'석탄왕, 철강왕, 석유왕, 축우왕, 철도왕, 고도 금융의 주인, 신뢰의 군주'— 이 점점 늘어났다. 그들은 '개척자'로서 '새로운 행동과 권력의 길'을 장악하고 "국가 활동의 지평을 넓히고 국가의 지배 범위를 넓혔다."라고 했다.²⁷ 터너는 끝없는 경제 성장을 약속하며 사회 저항을 달래기 위해 변경 메타포를 자본 그 자체에 적용하려는 자본가들의 시도를 받아들이지 않았다. 그 대신 변경 메타포를 정부 활동에 반복적으로 사용했다. 터너는 '황무지의 옛 변경 대신' 공공 정책에 '새로운 변경'이 있다고 썼다.

"더 우수한 사회적 영역은 아직 개척되지 않았다."[28]

그러나 문제의 규모에 비하면 정치적 해결책은 하찮았다. 터너는 독점이 '국가의 산업 활동에 통일된 지배권을' 행사하게 되었다고 말했다. '막대한 개인의 재산'은 유해했다.[29] 터너가 칼 마르크스Karl Marx 만큼 비판적으로 말한다고 볼 수도 있다.

"자본은 그 어느 때보다 큰 덩어리로 통합되기 시작했다."

변경 자본주의가 범위를 개방할 단계에 등장한 주도권과 자주권을 가진 개인은 '시스템과 통제'에 종속되고 있었다. 공장에서는 반복 동작과 일괄 작업의 지배를, 땅에서는 기계화된 농업과 산업화된 공업의 지배를 받았다. 일상에서는 부채에 잠식되었다. 터너는 지금이 '현실이 아닌 피상'이라고 말했다.[30]

사회 병폐는 그 밖에도 많았다. 아직 동화되지 않은 이민자로 가득 차고 있는 '혼잡한 공동주택', '긴 근무시간', '사망률' 장티푸스 같은 빈민가의 질병. 이렇게 많은 사회악은 미국의 '산업 에너지와 광대한 자본'을 '사회적 비극'으로 만들겠다고 위협했다.[31] 임차는 증가하고, 소유는 줄어들었다. 임금은 바닥을 쳤다.

"전부 사라지고, 전부 끝나고, 전부 망했다."

또 다른 변경 작가인 소설가 오언 위스터Owen Wister도 비슷한 비관론을 주장했다. 1902년만 해도 위스터는 《버지니아인The Viginian》에서 서부를 '선명하게 반짝이는 세계, 끝이 없는 땅, 노아와 아담이 창세기에서 곧바로 내려왔을지 모를 공간'으로 묘사했다. 그러나 불과 몇 년 후 출간한 소설에서는 변경이 닫혔다기보다는 부호와 은행가가 빼앗아 장악했다고 그린다.

"스탠더드오일과 불만 외에는 주들이 연합할 거리가 없었다. 이제 우리는 원대한 사상을 위해 죽고 살던 소시민이 아니다. 돈을 위해 죽고 사는 큰 사람이 되었다."

터너는 1925년에 말했다.

"지금까지 이 세상에 사람의 경제 활동을 이토록 철저하게 통제하는 거대 자본은 없었다 … 이 정도로 자본이 통합되고 경제 과정이 완전히 체계화된 적이 없었다."[32]

터너는 '자본의 거대한 집합'이 만들어 낸 문제의 해결책으로 규모 축소를 주장하지 않았다.[33] 어차피 20세기 사회는 커다란 한 덩어리로 이루어진 산업 회사가 될 수밖에 없었다. 그래도 터너는 미국이 19세기에 광활한 서부에서 쌓은 경험을 바탕으로 '엄청난 규모의 문제에 대처하는 법'을 배우기를 바랐다.[34] 기업의 금권정치와 사회주의 사이의 중간 지대를 찾기는 어려웠다. 하지만 중간 지대만 찾는다면 서부의 변경에서 공공 정책의 변경으로 전환해 미국을 다음 단계인 '정신의 영역, 이상과 법제의 영역'으로 이끌 수 있었다.[35]

다른 선택지도 있었다. 변경을 멈춰야 할 선이 아니라 넘어야 할 선으로 정의하는 방법이다. 변경 이론가인 시어도어 루스벨트와 우드로 윌슨이 자주 주장했던 것처럼 변경을 국내의 진보적 개혁과 국외의 전쟁을 연결하는 선으로 만들어야 했다.

미국은 1898년에 해외로 진격했다. 하와이를 합병한 미국 정부는 스페인에 전쟁을 선포했고 이후 푸에르토리코, 괌, 마닐라를 점령하고 쿠바에 보호령을 세웠다. 파나마에서는 두 대양을 연결하는 운하를 건설해 파나마와 콜롬비아를 분리했다. 니카라과, 아이티, 도미니카 공화국을 침공하고 점령한 후 반란군과 싸웠다. 한편 필리핀에서 미국군은 장기적인 평정 작전을 벌이고 있었다.* 시어도어 루스벨트는 점령군을 해외에 배치한 것을 두고 '정의를 위한 전쟁'이라 표현했다. 이제 변경이 닫힌 미국이 현재에 익숙해져 아시아처럼 나태에 빠지지 않으려면 꼭 필요한 조치였다.

"우리는 그러라 해도 중국의 역할을 맡아 우리 국경 안에서 불명예스럽게 편한 삶을 살며 조금씩 썩어 가는 데 만족할 수 없다."

루스벨트는 스페인을 '중세의 전제정치'라 묘사하며 스페인과 싸우면 국내에서 기업 부패와 독점의 형태로 나타날 현대의 전제정치와 맞설 정치 지도자들을 단련할 수 있다고 했다. 루스벨트처럼 진보적 개혁으로 주목받는 대통령 우드로 윌슨은 미국이 1898년 이후 태평양과 카리브해에서 벌인 전쟁도 끝나지 않을 변경의 혁명에 포함된다고 밝혔다. 윌슨은 '우리 삶에서 일어난 위대한 혁명'이라고 표현했다.

"새로운 혁명으로서 … 스페인 전쟁만큼 우리를 크게 변화시킨 전

---

* 필리핀 전쟁은 멀리 떨어져 있다는 의미로 '변경'을 계승할 단어를 영어권에 선사했다. 기습하는 적군과 실체 없는 싸움을 하던 미군 병사들은 필리핀의 공용어인 타갈로그어로 '멀고 사람이 살지 않는 장소'를 뜻하는 'boondocks(벽지, 오지라는 뜻_옮긴이)'를 쓰기 시작했다. 제2차 세계대전까지 두루 사용되던 이 단어는 베트남에서 'boonies'로 축약되었다.

쟁도 없다."[36]

푸에르토리코, 필리핀, 괌을 점령하고 쿠바를 비공식적인 식민지로 만든 군사 작전이 변화를 가져왔다고 한다면, 틀렸다. 그것은 '변화'의 '완결'이었다(윌슨이 한 말은 아니지만 미국은 한때 터너가 1898년 이후의 미국을 묘사한 대로 '제국 공화국'이 되었다). 윌슨은 말했다.[37]

"우리는 바다 너머에 우리의 새로운 변경을 만들었다."

윌슨은 대통령이 된 후 멕시코에 두 번이나 병력을 배치하고 1915년에는 바다를 점령하라 명령했다. 20여 년 동안 아이티인 1만 5,000명이 목숨을 잃었고 더 많은 사람이 고문을 당했다. 그리고 흑인 공화국에는 공공사업으로 노동을 강요하는 제도 등 짐 크로법과 유사한 법규가 확대되었다.

전쟁은 또 다른 격동의 전쟁을 낳았고 미국의 군사적·법적 국경은 태평양으로 1만 1,000킬로미터 이상 전진해 남쪽으로는 최소한 파나마에 닿았다. 대부분 유색인종이고 스페인어와 타갈로그어를 쓰는 사람 수천만 명이 미국의 관할권 안으로 들어오며 헌법과 관련한 문제로 시끄러워졌다.[38] 그럼에도 터너는 동시대를 살았던 루스벨트나 윌슨과 달리 그때를 무심하게 묘사한다. 1910년에는 이렇게 썼다.

"극서 지역을 식민지화하고 국내 자원을 지배한 미국은 19세기의 끝과 20세기의 시작에 극동 지역으로 눈을 돌리고 태평양의 세계 정치에 관여했다. 최근 전쟁에서는 성공적인 결과를 얻어내 오래전부터 옛 스페인 제국의 영토로 팽창하고자 했던 시도를 논리적으로 끝냈고 이제는 필리핀의 주인이 되었으며 하와이섬들도 차지하게 되었다. 멕시코만에도 지배적인 영향력을 행사하고 있다."[39]

'주인이 되었으며' '차지하게 되었다.' 마치 꿈같이 떠다니는 말들을 보면 미국에 덤벼든 제국이 있었던 것만 같다.[40]

터너는 변경의 재생력을 제국 팽창에까지 결부하는 주장을 구태여 강화할 마음은 없었다. 하지만 그 흐름을 따랐다. 윌슨이 제1차 세계대전에 개입하지 않겠다고 처음 말했을 때는 윌슨의 정책을 지지했다. 그러다 윌슨이 말을 바꾸자 터너도 입장을 바꾸었다.[41] 모종母種의 첫 저장고였던 독일은 악의 씨앗이 되었다. 만약 실제로 개개인을 보호하는 방향으로 국내의 사회적 환경을 개혁할 수 없다면, 적과 싸워 개인주의의 이상이라도 명확하게 만들어야 했다. 개인주의의 이상을 해치는 적은 바로 독일의 군국주의였다. 터너는 1918년에 연이은 연설로 윌슨의 전쟁을 옹호하고 과거의 주장을 과장된 톤으로 다시 내뱉었다. 심지어 독일의 군국주의가 미국의 개인주의에 완전히 반대되는 개념이라 규정하며 평소답지 않게 인종차별 의식을 노골적으로 드러냈다.

"프로이센의 규율은 전쟁의 신 토르의 규율로, 백白그리스도의 규율에 어긋난다."[42]

5

터너는 잭슨식 정착 식민주의의 원동력이었던 인종차별의 열기를 식힐 수밖에 없었다. 1898년에 미국은 세계 권력의 문턱 앞에 서 있었다. 루이지애나나 멕시코 할양지처럼 대하기에는 세계에 너무도 다양한 사람이 존재했다. 현실을 따라잡고 확고한 색슨 정신을 버릴 법적·정치적 체계가 금방 마련될 리 없었다. 1909년 텍사스주 하원의원인 제임스 슬레이든James Slayden은 "우리는 거의 다 앵글로색슨인이다."라고 하면서 "푸에르토리코인은 복합적으로 이루어진 … 잡종이 대다수다."라고 했다.[43] 그러나 무역이든 정치든 군사든 20세기 초반의 미국은 튜턴 기사단의 새로운 형태이자 '혈액 유전자'의 마지막 승리라고 팽창을 정당화해야 했다. 언젠가 터너는 변경에서 미국인으로 변한 유럽인이 자신을 잃었기에 자신을 발견했다고 말했다. 어떤 의미에서 미국의 '명백한 운명'도 같은 처지였다(명백한 운명은 1845년에 처음 만들어진 표현으로, 앵글로색슨인이 대륙을 가로질러 텍사스와 캘리포니아를 차지하고 대서양에서 태평양까지 지배권을 확립하는 것이 신의 섭리라는 믿음이다). 미국은 인종과 종교 배타주의를 잃으며 보편주의를 찾을 수 있었다.

백인 우월주의는 계속 앞으로 나아갔다. 짐 크로법, 린치, 인종 간 결혼금지법, 배척법 '2등 시민'법 같은 법은 물론 지배계급의 인종차별도 여전했다. 우드로 윌슨 대통령은 계속해서 '건강한 피'의 노래를 부르고 있었다.[44] 그러나 바깥세상으로 진출하는 국가의 공식적인 국가는 터너의 부드러운 행렬 성가가 되었다. 미국은 숲속의 게르만족 같은 정복 민족이 아니었다. 미국에는 인간애라는 명목이 있었다.

터너는 계급 갈등이 심해지고 있을 때 미국의 보편주의를 그 나름의 방식으로 내세우기도 했다. 부의 재분배를 요구하는 세력은 점점 공격적으로 변하고 있었다. 극단적인 호황과 불황이 번갈아 나타났고, 사회주의 전통이 강한 국가에서 온 이민 노동자들 덕분에 파업 횟 수도 늘어만 갔다. 사실 터너가 프런티어 사관을 처음 발표한 1893년 세계박람회는 하나의 거대한 노동 운동이라 해도 무방했다. 미장공, 가스 기술자, 목수, 벽돌공, 정비공 조합들은 일이 몰리자 임금 인상과 노동 시간 단축을 요구했다.[45] 그해 금융 붕괴가 일어나며 도미노처럼 공장이 문을 닫고 노사 갈등이 깊어졌다. 사회주의자인 유진 데브스Eugene Debs와 미국철도노조American Railway Union가 주최한 파업에서 풀먼 컴퍼니Pullman Company의 철도 노동자들은 변경으로 가는 길을 사실상 차단하고 디트로이트 서쪽으로 화물 열차나 여객 열차의 운행을 막았다. 그로버 클리블랜드Grover Cleveland 대통령은 서부에 있던 병력 수만 명을 보내 파업을 중단하고 열차 운행을 재개하게 했다. 데브의 노조는 해산했고 노동자 수십 명이 목숨을 잃었다.

몇 년 후, 진보 정치인인 우드로 윌슨은 연방 정부의 자원을 대거 동원해 급진적인 노동조합과 좌파 정당에 유례없이 폭력적인 탄압을 가했다. 이러한 탄압은 미국이 제1차 세계대전에 뛰어든 후로 더욱 강력해졌다. 애덤 호크실드Adam Hochschild가 쓴 것처럼 전쟁과 그 이후는 '사상 초유의 검열, 투옥, 반이민 테러의 시기'였다.[46] 세계산업노동자연맹Industrial Workers of the World과 사회당은 무너졌다. 윌슨의 1917년 방첩법Espionage Act(터너는 '모든 곳의 자유'를 파괴하려는 독일에 맞서려면 '개인적 자유의 일시적인 희생'이 필요하다며 이 법을 지지했다)은 운동가 수천 명을 표적으로 삼았다.[47] A. 필립 랜돌프A. Philip Randolph와 유진 데브스는 전쟁에 반대했다고 감옥에 갇혔다. 뜨거운 애국의 열기에 힘을 얻은 자경단들은 뭐가 됐든 미국주의를 전복하는 행위로 보이면 사냥에 나섰다. 앨리스 폴Alice Paul을 비롯해 백악관 앞에서 반전 시위를 벌인 전국여성당National Woman's Party 당원들은 윌슨의 지지자들에게 공격을 당했다. 아칸소주 일레인에서는 백인 자경단이 미국 군대의 도움을 받아 노조를 조직하려는 소작인 237명을 학살했다. 이 외에도 재건 시대 이후 아프리카계 미국인을 향한 인종 테러는 끊이지 않았고 린치 사건만 4,000건이 넘었다.[48]

세계산업노동자연맹IWW에는 급진파 카우보이들도 가입되어 있어 서부와 국경에 있는 주의 광산 노동자, 벌목꾼, 목장 일꾼의 지지를 끌어냈다. 데브스는 여러 차례 사회주의적 시각으로 자신만의 프런티어 사관을 제시하려 했다.[*] 그러나 거친 개인주의의 신화는 사회주의자와 반전 운동가에 '반대'하는 근거로 더 효과적이었다. 미국주의와 반미주의 사이에 선명한 금을 그어 주었기 때문이다.[49] 시어도어 루스벨트는 다코타에 있는 자신의 목장 일꾼들과 시카고 헤이마켓Haymarket의 무정부주의 노동자들을 비교했다.

"여기 다코타에 있는 제 사람들은 근면하고 성실한 노동자들입니다. 파업자들보다 돈을 많이 받지 않는데도 오랫동안 묵묵히 일하죠. 그렇지만 뼛속까지 미국인들입니다."

루스벨트는 말을 이었다.

---

* 1902년에 데브스는 말했다. "서부에서 계급의식이 강한 노동조합주의가 부상한 현상은 우연이나 개인의 계획에서 비롯된 결과가 아니다. 험난하고 인적이 드문 로키 산맥 인근 주들의 프롤레타리아 계급의 거센 혁명 정신에 순응했을 뿐이다. 미국의 모든 주를 통틀어 그곳의 개척자들만큼 모험심이 넘치고 용맹하며 자유를 사랑하는 사람은 없다." 1924년에는 이렇게 말했다. "대담하고 자신만만한 정신을 가진 개척자—과거에 '자유'를 누렸던 미국인은 부와 권력이 집중되고 임금노예 문제가 심각해진 지금 세대에서 생존할 수 없다. 첩보 시스템과 블랙리스트는 하나의 사업에 주력하는 마을 —벌목, 석탄, 석유, 돈 뭐가 되었든— 에서 특히 효과적으로 한때 미국의 찬란한 영광이었던 자유정신을 파괴한다."

"폭도 한 명을 소총으로 쏠 기회를 준다면 더없이 기뻐할 겁니다."[50]

서부 작가 오언 위스터도 동의하며 '인디언과 싸우고 막 돌아온 미국 군대'를 시카고 파업 집회 해산에 동원한 결정을 높이 평가했다. 위스터는 급진파 —'우리 사회에 득실거리는 쥐새끼들'— 에 군대를 보내며 두 가지 목적을 이뤘다고 보았다. 급진파를 진압하는 것은 당연하고 싸울 인디언이 사라진 군대도 에너지를 집중할 대상이 생겨 이 나라의 '데브스들'이 주장하는 급진적인 사상에 빠질 기회가 원천 차단되었다. 위스터는 데브스가 서쪽으로 운행하는 열차를 막은 사건에 특히 격분했다. 대륙횡단 철도가 문명의 가장 위대한 성과라고 생각했던 위스터는 이렇게 썼다.

"자경 활동은 국외만이 아니라 국내의 적들로부터 자유롭기 위해 치러야 할 대가이다."[51]

변경 미국주의는 루스벨트식 인종주의(미국 정착민이 겪은 현실에서 기원)와 데브스식 사회민주주의(미국이 약속한 평등에서 기원)를 사회의 비주류로 몰아내고 그 둘을 자유 보편주의의 극치인 강렬하고 진보적인 이상과 조화시켰다. 터너는 미국이 서부로 팽창하며 지역에 한정되었던 충성심과 인종 간의 적대감을 극복했고 그 경험을 바탕으로 미국 시민의 포용력이 높아졌다고 보았다. 미국인은 실용적이고 진보적이며 신뢰할 수 있는 정책으로 대량 산업 사회의 문제를 바로잡을 수 있었다. 또한 터너는 서부의 여러 주가 자원과 무역으로 협력했던 경험이 우드로 윌슨의 국제 연맹League of Nations에 모범이 되어 줄 것으로 생각했다. 터너의 중도적인 개척 진보주의는 대중문화에서도 찾아볼 수 있다. 미국이 사랑하는 서부 엔터테이너 진 오트리Gene Autry 가 만든 '카우보이 코드Cowboy Code'가 그 예다. 로데오 스타이자 라디 오와 영화에서도 활약한 오트리는 카우보이 계명을 통해 카우보이가 '급진적이거나 종교적으로 용인되지 않는 사상을 지지하거나 주장하 지' 말아야 한다고 했다.[52] 또 카우보이는 '성실한 노동자', '애국자'가 되어야 했다.

끊임없는 팽창에서 태어난 터너의 변경 보편주의와 그것이 상상 하는 극단주의의 억압은 끊임없는 팽창으로만 유지할 수 있었다.

1898년의 약속

"백인 사이의 평화"

버락 오바마Barack Obama 대통령의 임기 중에 남부연합기와 남부연합을 상징하는 동상들을 인종차별의 상징으로 퇴출해야 하느냐, 아니면 국가 유산으로 남겨 둬야 하느냐 하는 논쟁이 터졌을 때, 여러 공개 토론의 중심에는 국내 역사가 있었다. 해방노예국이 폐지되고 남부에서 재건군이 철수한 후 몇십 년이 흐르자 잃어버린 대의Lost Cause의 기념물은 대부분 부활했다. KKK단이 활동했고 흑인이 목 매달린 나무는 땅에 상처를 입혔다. 기록에 따르면 남부연합기는 제2차 세계대전 이후 시민권 운동Civil Rights Movement에 대한 반발에서 다시 나왔다고 한다. 칼럼니스트 유진 로빈슨Eugene Robinson은 시사 토론 프로그램인 〈미트 더 프레스Meet the Press〉에 출연해 사우스캐롤라이나가 '인종차별 폐지에 대한 대대적인 저항'의 하나로 1961년에 주 의회에 남부연합기를 게양했다고 말했다.

전부 사실이다. 그러나 미국 백인 우월주의 권리의 역사를 둘러싼 담론이 다 그렇듯 이 이야기도 국외 팽창의 역할을 간과하고 있다. 특히 미국이 해외에서 벌인 수많은 전쟁은 남부연합의 상징물에 생명 유지 장치를 달아 주었다. 레드넥(남부의 가난하고 보수적인 사람들을 비하하는 단어_옮긴이)의 아이콘이 되기 한참 전인 1898년경부터 반세기 동안 남부연합기는 양극화가 아닌 국가적 통합을 상징했다. 계속 영토를 확장해 가는 아메리카 제국의 자랑스러운 깃발이었다. 남북전쟁 이후 세계에 진출한 군대는 다시 하나가 될 수 있었다. 남부연합군과 자손들은 새로운 전쟁을 계기로 다시 미국의 품으로 들어왔다. 그러나 화해의 당사자는 북부의 푸른색 군복과 남부의 회색 군복을 입었던 군인들만이 아니었다. 북부의 법률 ―관료주의적 규범, 지휘 및 통제의 위계질서, 공업력과 기술― 도 필연적인 힘에 이끌려 용기, 의무, 명예 등 '군인의 높은 이상과 미덕'을 나타내는 남부 정신과 재결합했다.[1]

1

역사학자 보이드 코스란과 아리 칼멘은 남북전쟁 이후 북부와 남부가 '흔치 않은 공통점'을 발견했다고 썼다. 양쪽 모두 더 많은 땅을 획득해야 한다고 느꼈다. 다른 문제에서는 절대 합의점을 찾지 못하는데도 "군대가 서부의 부족들을 진압해야 한다."라는 생각에는 동감했다. 전쟁에서 진 남부 전체를 군대가 점령했던 재건 시대라면 치를 떠

는 남부의 백인들도 '명백한 운명이라는 문제'에서는 북부 사람들과 손을 잡았다.[2]

남북전쟁이 끝나고 무장을 해제하며 남아도는 자원은 국경 보호에 사용할 수 있었다. 1877년에 재건 시대가 끝나자 군대는 남아 있는 아메리카 원주민을 완전히 평정하는 일에 집중했다. 북부와 남부의 군인 수천 명이 서부로 파견되었고 1865년에서 1891년까지 대륙을 차지하는 기나긴 전쟁의 마지막 전투를 벌였다. 13차례의 군사 작전으로 미국은 샤이엔족Cheyenne, 라코타족Lakota, 나바호족, 아라파호족Arapaho, 수족, 유트족, 바녹족Bannock, 모독족Modoc 등의 부족과 천 번 이상 전투를 벌였다.

남부연합군의 장군, 대령, 대위들을 아직 연방군에 받아들일 수는 없었다. 그래서 유능한 북부 장교들 ―조지 암스트롱 커스터George Armstrong Custer와 필립 셰리든Philip Sheridan 등― 이 군대를 지휘했고 이들은 원주민을 상대로 상상도 못 할 잔혹 행위를 저질렀다. 남북전쟁이 끝나기도 전에 링컨은 다코타주의 수족을 제압하라고 존 포프John Pope 장군을 보냈다. 제2차 불런 전투Second Battle of Bull Run에서 남군의 로버트 E. 리에 패했던 포프는 '미국 역사상 가장 큰 규모의 사형 집행'을 지휘했다.

"1862년 크리스마스 다음 날, 다코타인 38명이 교수형에 처해졌다."[3]

멕시코-미국 전쟁에 참전했던 또 다른 북군 영웅이자 전설적인 개척자인 키트 카슨Kit Carson은 애리조나에서 뉴멕시코에 이르는 480킬로미터 거리의 '롱 워크Long Work'에서 남성, 여성, 아이를 가리지 않고 나바호족을 몰아냈고, 그들은 수년이나 '수모와 고통에 시달리며 목숨을 잃고 굶어 죽을 위기'에 처했다. 이와 같은 '눈물의 길'은 남북전쟁 동안, 또 이후에도 무수히 존재했다. 인디언 이주는 영영 끝나지 않았기 때문이다.[4]

그러나 남부를 위해 싸웠던 군인과 아들들은 서부와 그 너머의 평정기를 재활 프로그램으로 이용했다. 남군 대위의 아들이자 웨스트포인트West Point(미국의 육군사관학교_옮긴이)에 재입학한 남부인 1기생 중 한 명인 루서 헤어Luther Hare의 군 경력만 봐도 잘 알 수 있다. 1874년에 사관학교를 졸업하고 서부 변경으로 파견된 헤어는 커스터가 지휘하는 군대에 합류해 수족과 싸웠다. 재건 시대에 금지품으로 지정된 남부연합군의 깃발을 아직 휘두를 때는 아니었다. 그래도 텍사스인답게 함성을 내지를 수는 있었다. 리틀빅혼Little Big Horn 전투에 앞선 소규모 접전에서 궁지에 몰린 헤어는 이렇게 했다고 한다. "사격을 개시하고 우렁차게 외쳤다. '죽어야 한다면 남자답게 죽자! 이 몸은 텍사스에서 온 싸움꾼이시다!'" 헤어는 전투에서 살아남았고 이후로도 몬태나, 텍사스, 태평양 북서부, 애리조나에서 아메리카 원주민을 상대했다. 올리버 오티스 하워드와 손을 잡고 네즈퍼스족을 진압했고 수족과 싸웠으며 그의 표현을 빌려 '배신자 아파치족의 잔당'을 처리한 후 대령으로서 필리핀에 파견되었다.[5] 그곳에서는 스페인군에 맞서 텍사스 의용기병대를 이끌었다.

재건 시대가 끝나고 남부의 모든 주에서 짐 크로법으로 인종 분리가 시행되는 동안 미국 정부는 필리핀, 쿠바, 푸에르토리코, 괌을 스페인으로부터 빼앗아 오기 위해 수만 명의 병력을 내보냈다. 이 1898

년 전쟁이 바로 남부연합 재통합의 터닝포인트였다. 노예제도가 폐지되기 전 남부 사람들은 쿠바를 스페인에서 떼어 내 노예주로 바꾸고 싶어 했다(1820년대에 나머지 스페인어권 아메리카 국가들이 독립한 후에도 쿠바와 푸에르토리코는 스페인의 지배를 받고 있었다). 하지만, 이제는 다른 목적으로 쿠바를 정복하기를 원했다. 쿠바는 남부가 애국심을 증명하고 북부와 화해할 기회였다.

쿠바를 사이에 둔 스페인과의 전쟁은 수십 년 전부터 예견되어 있었다. 노예 출신과 유색인종 자유인의 주도로 스페인의 지배에 반대하는 반란은 1868년을 시작으로 거세졌다 가라앉기를 반복하며 쿠바는 혼란에 빠졌고, 이런 상황이 미국의 개입을 정당화했다. 이미 노예제도 폐지라는 목표를 이뤄 낸 반란군은 이제 독립을 요구하고 있었다. 그에 대응해 스페인은 반란을 진압하기 위한 군대를 파견했다. 1896년에는 양측의 충돌이 미국 무역에 위협이 된다는 이유로 그로버 클리블랜드 대통령이 개입할 뻔한 적도 있었다. 클리블랜드는 미국이 '미국과 미국 시민들의 이익을 보호'할 필요가 있다고 말했다.

"그것은 일반적인 인간과 문명의 이익과 일치한다."[6]

그러다 1898년 2월 15일, 미국의 전함인 메인호Maine가 하바나 항구에서 폭발해 해군 병사 수백 명이 목숨을 잃었다. 클리블랜드의 후임 대통령인 윌리엄 매킨리William McKinley는 폭발의 책임을 스페인에 돌리며 전쟁의 빌미로 사용했다. 그렇게 북부와 남부는 하나가 되었다.

폭발사고 이틀 후 버지니아주 린치버그의 지역 신문 〈뉴스〉는 다 지난 일이고 남북전쟁은 영원히 기억에 남을 것이라 말했다. 그러나 "남부 주민 수천 명은 이제 인정할 준비가 되었다."라고 했다. 남부가

노예제도로 연방에서 탈퇴하려 했던 시도는 '실수'였다.[7]

2

—

국가가 불렀다. 그러자 모든 구역에서 응답했다. 〈애틀랜타 컨스티튜션Atlanta Constitution〉에는 이런 시가 실렸다.

"예, 비록 스톤월과 싸우고 리와 전투를 벌인 몸이지만, 연방이 전쟁을 한다면 제게도 총을 한 자루 주십시오."

이 시에 〈미니애폴리스 저널Minneapolis Journal〉도 답했다.

"두 자루로 하지, 옛 전우여. 예전처럼 그때 그 깃발 아래에서 자네와 다시 한번 서고 싶네. 우리 아버지들이 땅과 바다에서 함께 치열한 전투를 벌인 덕분에 우리는 자유 국가가 되었지 않나."[8]

조지아 주지사는 직접 참전해 조지아주 민병대를 이끌겠다고 말했다. 뉴욕 니커보커 극장Knickerbocker Theatre에서 존 필립 수자John Philip Sousa가 코미디 오페라《신부 선출The Bride-Elect》로 새로운 행진곡 '전쟁의 개들을 풀자Unchain the Dogs of War'를 선보이자 '관객석이 애국심으로 열광'했다. 한 신문 기사를 보면 오페라가 전국 순회공연을 하는 동안 그 노래는 "몇 번이고 앙코르를 받았다."라고 한다.

뉴올리언스, 찰스턴, 탬파 같은 남부 항구 도시들은 쿠바와 푸에르토리코에 쳐들어가기 위한 집합지로 사용되었다. 뉴올리언스를 지나는 북부 군인들은 '머리가 희끗희끗한 늙은 남군들'이 그들을 향해 환호하고 미국 국기에 경례하는 모습을 보고 흐뭇해했다. 남부 전역의 신문과 동남부에서 가장 규모가 큰 남부연합 재향군인회는 옛 남부연합 장군들의 공적을 한껏 자랑했다. 매킨리 대통령은 '이후로 우리가 하나의 깃발을 가진 하나의 국가였다는 징표'로서 로버트 E. 리의 조카 피처 리Fitzhugh Lee와 앨라배마의 조셉 휠러Joseph Wheeler를 군대에 받아들였다.[9]

기병대장으로 남북전쟁에 참전했던 휠러는 1877년 재건 시대가 끝난 후 하원의원으로 선출되었다. 그는 쿠바 침공에 대해 이렇게 말했다.

"우리 국기가 계속해서 더 높이 휘날리고 이 위대한 공화국의 위세로 지구의 변두리까지 영원히 세력을 확장할 방법은 이것뿐이다."[10]

그렇다고 연방주의 정신을 쉽게 받아들이지는 않았다. 남부인의 기개로 기병사단을 지휘한 61세의 휠러는 북부 출신 상관의 명령을 어기고 앞장서서 스페인 요새를 공격했다. 적군이 뿔뿔이 흩어지자 전설에 따르면 휠러는 이렇게 외쳤다고 한다.

"제군들이여, 가자! 망할 양키들이 또 도망친다!"[11]

전국 모든 지역의 하원의원이 전쟁에 자금을 지원하는 데 찬성표를 던졌지만 그중에서도 남부 의원들이 —관세가 없는 해외 시장을 노리는 목화 농장 유권자들도— 더 열렬한 지지를 보냈다. 클리블랜드 대통령의 말처럼 미국의 이익은 곧 인류의 이익이었다. 텍사스주 하원의원 리즈 드 그라펜리드Reese De Graffenreid는 말했다.

"푸른색을 입은 군인과 회색을 입은 군인은 진정한 형제애와 사랑이라는 위대하고 거대한 유대감으로 다시 하나가 되었다. 똑같은 마음으로 나란히 서서 손을 잡고 하나의 목적, 하나의 의도, 하나의 외침을 향해 행진해 나갈 것이다. 그 나라, 그 민족은 돌이킬 수 없는 화를 당할 것이고, 그들과 싸웠던 형제 미국의 희생자들이 땅에서 우리에게 소리칠 것이다."

남부연합군 출신인 미시시피주 상원의원으로 이름도 특이한 혜르난도 드 소토 머니Hernando De Soto Money는 전쟁이 남부의 용맹스러운 성질을 기르고 한물간 부르주아 문화를 강화할 기회라고 생각했다. '썩어서 이 나라 남성의 중심과 가슴을 좀먹는 평화'보다는 전쟁이 낫다고 말했다. 전쟁이야 원래 헌신, 자제력, 용기를 가르치고 국가가 '하찮음, 무가치, 이기심을 초월하도록' 등을 떠밀어 주는 수단이지만 그중에서도 '인류의 자유와 인류의 삶'을 위한 전쟁은 특히 '건강'하다고 했다. 심지어 '이 나라에 속죄 효과도 가져다줄 것'이라는 표현도 사용했다. 머니는 미국이 "재에서 부활하는 불사조처럼 영예를 안고 새로 태어날 것이다."라고 내다보았다.[12]

1898년 6월, 미국군이 쿠바에 발을 디디고 몇 주도 되지 않아 화물 열차 두 대를 꽉 채운 남부연합기가 애틀랜타에 도착했다. 남북전쟁 재향군인 행사가 얼마 남지 않았기 때문이었다. 연방군의 윌리엄 T. 셔먼 장군이 잿더미로 만들었던 도시에 남군의 깃발이 휘날렸다. 축하 행사가 열리는 장소 한가운데에는 높이 10미터에 달하는 남부연합기가 우뚝 섰고 쿠바 국기와 미국 국기가 양옆을 장식했다.

'숭고한' 전쟁을 극찬하는 연설이 이어졌다. 남북전쟁만이 아니라 19세기 내내 계속되었던 멕시코, 아메리카 원주민과의 전쟁, 지금 진행 중인 스페인과의 전쟁도 찬양의 대상이었다. 한 남부 참전용사는 말했다.

"여러분의 아들은 용감하고 영웅적인 행동으로 산티아고의 대학살 속에서 오만한 스페인에 우리 국기를 예우하고 존중하는 법을 가르쳐 주었습니다. 우리 국기는 '깨뜨릴 수 없는 주들의 깨지지 않을 연합'으로 영원히 휘날릴 것입니다."

남부연합 재향군인회를 이끄는 존 고든 장군은 행사 개최사에서 말했다.[13]

"'우리 아들들'이 스페인과 전쟁을 치르며 다시 한번 미국 국기로 몸을 감쌌습니다. 이들의 영웅적 행동으로 지역 간의 불신이 완전히 깨끗하게 사라졌고 미국은 늦었지만 이제라도 형제애로 단결했습니다."[14]

1년 후 내슈빌에서는 지역 단체인 남부연합의 딸들Daughters of the Confederacy이 남부연합 재향군인 행사를 개최한 때와 거의 맞물려 필리핀에서 한 연대가 돌아왔다. 군인들은 '과거의 전투로 찢어졌던, 별과 줄무늬가 얽힌 반란기가 휘날리는 가운데' 행진하고 있었다.[15]

1898년 전쟁은 연금술을 부렸다. 남부연합의 '잃어버린 대의' ― 노예제도 수호 ― 는 세계 자유를 위한 인류의 대의로 바뀌었다.

"이제 곧 스페인의 속박이 풀린다."

테네시 출신 작가 에벌린 스콧Evelyn Scott은 어렸을 때 느꼈던 짜릿한 흥분을 기억한다.

"그것도 남부 사람들의 손에!"[16]

고든 장군은 남부가 '억압을 받는 태평양과 대서양의 섬들에 미국 문명의 빛과 공화주의적 자유의 은혜'를 안겨 주고 있다고 말했다.[17]

휠러 장군은 쿠바로 가는 배에 오르기 전 하원 본회의장에서 연설했다. 그는 남부가 노예제도를 지키기 위해 일으킨 전쟁을 오래전부터 미국이 자유를 위해 치르고 있는 전쟁에 포함시켰다.

휠러는 "한번 뒤를 돌아보십시오."라며 '생각'해 보라고 했다. 미국의 역사는 하나의 긴 전쟁이었다. 처음에는 '황야의 짐승과 미개한 인디언'으로부터 변경을 지켜야 했다. 그러다 미국 독립 전쟁이 있었고, 1812년 전쟁과 멕시코 전쟁이 뒤따랐다. 휠러는 이런 흐름에 남북전쟁을 슬그머니 집어넣고 '용기 있는 자 100만 명'이 '전장'으로 뛰어들었다고 했다. 남과 북은 서로 적이 되어 싸우지 않고 자유에 대한 이해를 두고 싸웠다.[18] 이 과정의 다음 단계가 쿠바의 해방이었다.

이후에 스페인전쟁 재향군인회 회의에서도 1898년 전쟁이 분열된 국가를 통합했다는 주제가 나왔다. 아서 사이크스Arthur Sykes 목사는 말했다.

"북부와 남부의 재통합을 아주 잘 보여 주는 사실이 있습니다."

그는 전쟁에서 가장 먼저 목숨을 잃은 두 사람이 북군 병사의 아들과 남군 소령의 아들이었다는 이야기를 하고 있었다. 사이크스는 "북부의 피와 남부의 피가 뒤섞였죠."라며 "미국의 남부와 북부는 영원히 하나일 겁니다."라고 말했다.[19]

스페인을 꺾은 후 승리를 기념해 남부를 찾은 매킨리 대통령은 옷깃에 남부연합 배지를 달고 '쿠바, 푸에르토리코, 필리핀에서 … 지난 3년간 남부의 군인과 북부의 군인이 보여 준 용맹하고 영웅적인 행동'을 치하했다. 대통령은 북부의 산업과 남부의 정신이 다시 결합해 "우리 모두 한편일 때 아무도 우리를 꺾지 못할 것입니다."라고 말했다. 이 무렵, 시간이 조금 걸리긴 했지만 의회에서도 남북전쟁 중 연방군이 압수한 남부연합기를 남부연합 재향군인회에 반환해도 좋다는 허가가 떨어졌다.

3

진정한 화해, 진정한 초월은 없었다. 적어도 미국이라는 국가의 바탕에 있는 역설은 그대로였다. 미국은 정치적 자유를 약속하지만 현실에서는 인종주의의 지배를 받고 있었다. 전쟁의 연금술은 찌꺼기만 남은 기사도를 보편적인 인본주의로 바꿔 주지 못했다. 오히려 남부가 미국의 해외 군사 작전을 주도하면서 전쟁으로 생겨난 공포, 분노, 증오는 남부 출신 작가 W. J. 캐시W. J. Cash가 1941년에 발표한 고전 작품《남부의 정신The Mind of the South》에 쓴 것처럼 "남부 그 자체의 틀 안에 다시 쏟아져 들어왔다."

외국의 변경 ─쿠바, 도미니카 공화국, 필리핀, 니카라과, 아이티에서 일어난 전쟁─ 은 프리즘처럼 색깔의 광선을 다시 미국으로 굴절시켜 보냈다. 군대가 각지를 점령하고 저항전이 길어지며 남부 사람들은 남부연합의 모순을 몇 번이고 재현했다. 그들은 고결한 이상 ─자유, 용맹, 희생, 동지애─ 의 미명에 숨어 유색인종을 짓밟았다. 카리브해와 태평양에서 수많은 목숨이 희생되었다. 미군은 1915년에서 1935년 사이 벌어진 전투에서 아이티인을 1만 5,000명 가까이 죽였다. 1916년에서 1924년까지 도미니카 공화국에서는 수만 명이 목숨을 잃었다. 니카라과에서는 1912년에서 1933년까지 5만 명이, 필리핀에서는 1898년부터 1946년까지 수천, 수만 명이 사망했다. 이들 나라에서 질병, 기근, 저체온증으로 죽은 사람도 수십만 명이 넘었다.

스페인에 맞선 싸움이 이제 막 시작되던 1898년 봄, 쿠바·푸에르토리코·필리핀 사람들의 피부색은 언론에 별로 언급되지는 않았다. 미국이 스페인에 짓밟힌 사람들을 해방시키고 있다는 기사만으로 충분했다. 그러다 전쟁에서 진 스페인이 물러나기 시작했다. 집중해야 할 적군이 사라지자 언론과 군인들은 미국이 자유를 준 사람들의 피부색을 언급하기 시작했다. 1898년 전쟁을 시작으로 니카라과, 아이티, 도미니카 공화국에서 군인들이 보낸 편지 내용은 대부분 비슷했다. '검둥이'를 총으로 쐈다, '검둥이'를 목매달아 죽였다, '검둥이'를 늪에 빠뜨려 죽였다, '검둥이'에게 물고문을 했다, '검둥이를 과녁으로' 사용했다며 대수롭지 않은 말투로 가족과 친구들에게 경험담을 들려주고 있었다.[20]

W. J. 캐시의 말처럼 전부 국내로 쏟아져 들어와 뒤섞였다. 외국의 적을 검둥이라 부르듯 국내의 적 —노동자, 농부, 시민권 운동가라면 유색인종이든 백인 조력자든 상관없었다— 도 불온한 반미주의자라 부를 수 있었다. 1865년에 남군 출신 퇴역군인들이 만들었던 쿠 클럭스 클랜Ku Klux Klan(KKK)은 수십 년째 활동을 중단하고 있었다. 그러다 1898년 전쟁에 참전한 이들의 주도로 1915년에 '2차 쿠 클럭스 클랜'이 탄생했다. 새로운 조직을 만든 윌리엄 조지프 시먼스William Joseph Simmons는 의회 증언에서 군 복무 사실을 몇 번이나 강조했다.

"저는 스페인-미국 전쟁에 참전했던 군인입니다. 저는 스페인-미국 전쟁 재향군인회 지부의 지휘관이었습니다. 저는 스페인-미국 전쟁 재향군인회의 전국 부관이었고, 또한 임시 사단장이었습니다. 한때 저는 다섯 개 연대를 지휘하는 대령이었습니다."[21]

시먼스에 우호적인 한 의원은 시먼스가 '스페인-미국 전쟁에 참전했던 영웅'이라고 묘사했다(하지만 역사학자 린다 고든Linda Gordon은 시먼스가 전쟁이 끝난 후 쿠바에 도착했다고 한다). 심지어 시먼스는 증언 중에 에이브러햄 링컨의 말을 바꾸어 표현했다.

"저는 모든 사람을 사랑하고 아무에게도 악의를 품지 않는 선한 싸움을 했습니다. 하나님께서 제게 정의의 비전을 내려 주신다면 정의를 좇을 것입니다."

링컨에게서 빌린 이 말은 1898년 전쟁의 두 가지 역할을 제대로 포착한다. 이 전쟁으로 남부연합은 다시 인정을 받았고, 부활한 인종 우월주의자들은 이제 하나가 된 미국 역사의 고귀한 이상으로 자신을 포장했다. 다 애국이라고 했다. 시먼스는 새로운 KKK단이 남부연합의 영웅들을 포함한 미국의 위대한 전쟁 영웅들을 '기념'하기 위해 형제애로 뭉친 훌륭한 조직이라고 보았다. '인간의 마음에서 메이슨 딕슨 선Mason and Dixon line(노예주와 자유주를 나누는 선_옮긴이)을 파괴'하고 그 대신 '위대한 미국의 연대와 미국만의 국민 의식'을 확립할 경의의 표시라고 했다.[22] 1898년에 〈플로리다 타임스 유니언Florida Times-Union〉은 옛날 노래 '딕시Dixie'에 가사를 새롭게 붙였다.

"저길 봐, 저길 봐, 저길 봐, 자유가 부른다."
"이제 우리는 모두 양키라네. 양키 리, 양키 그랜트다."
결국 남부연합 재향군인회와 스페인전쟁 재향군인회는 하나의 단체로 통합된 것이나 다름없었다. 형제여!

1898년 초, 미 육군에 입대한 아프리카계 미국인 수천 명의 사정은 달랐다. 아프리카계 미국인이 전쟁을 보는 시각은 대체로 미국을 보는 시각만큼 양면적이었다. 많은 이는 대부분 노예 출신이고 검은 피부의 농장 노동자로 이루어진 쿠바의 저항군과 자신을 동일시했다. 한편 전쟁을 미국이라는 국가에 들어갈 입장권으로 보는 사람도 있었다. 해외의 형제자매들을 위해 자유의 전쟁에서 승리하고 국내에서는 '시민권의 모든 특혜를 누릴 자격'을 얻기 위해 싸울 기회라고 보았다.* 매킨리는 남부의 환심을 사려고 애쓰는 와중에도 아프리카계 미국인의 입대 절차를 간소화했다. 많은 이가 자원해 플로리다에 있는 아프리카계 미국인 정규군의 부대에 합류했다(대부분 서부에서 아파치족, 코만치족Comanche, 수족, 유트족과 싸웠던 버팔로 솔저buffalo soldier였다). 플로리다에 도착한 후에는 대개 탬파와 키웨스트에서 쿠바와 푸에르토리코 침공 명령을 기다렸다. 짐 크로법이 강화되며 수십 년간 남부 전역의 아프리카계 미국인들은 린치, 재산 몰수, 선거권 박탈이라는 피해를 입었다. '소총 클럽rifle club' 같은 백인 테러리스트 조직의 공격을 받았고, 임의로 기소를 당했으며, 사슬로 묶여 강제 노역을 하기도 했다. 1877년 재건 시대가 끝나며 공공장소는 인종 지배의 장이 되었다.

---

* 일부 시민·종교 지도자는 아프리카계 미국인에 괜한 기대를 걸지 말라고 충고했다. 충성심을 증명하고 용기를 보여 주면 완전한 미국 시민으로 인정을 받을 것이라는 기대가 있었기 때문이다. 애틀랜타에 있는 아프리카 감리교 감독교회(African Methodist Episcopal Church)의 감독으로 과거 해방노예국에서 일했던 헨리 M. 터너(Henry M. Turner)는 '자기 권리와 사람들밖에 모르는 나라의 목숨을 건 싸움'에 참견하지 말라 조언했다. 헨리 터너는 "미국에 불충하지 않는 흑인은 린치를 당해도 싸다."라는 말도 했다.

다시 말해, 총을 든 백인 수천 명과 총을 든 흑인 수천 명을 탬파에 몰아넣었으니 좋은 일이 생길 리 없었다.

반발이 뒤따랐다. 아프리카계 미국인 군인들이 공공장소에 나타나자 백인 군인과 거주민들은 폭동을 일으켰다. 한번은 술에 취한 백인 군인들이 아프리카계 미국인 어머니 품에서 두 살짜리 아기를 빼앗아 사격 연습용 과녁으로 사용하는 사건도 있었다(이후 백인 군인들은 아이티에서도 비슷한 '게임'을 반복한다). 옛 남부연합 신문들은 백인 병사들의 용기를 찬양하면서 처음에는 기사단이 유색인종과 한편이 되어 유럽인과 싸우고 있다는 사실을 언급하지 않았다. 그러나 전쟁이 진행되며 미국과 '적으로' 싸우는 상대가 유럽의 백인이고 미국이 싸움을 '도와주는' 저항군이 흑인이라는 사실을 깨닫게 되었다. 스페인군 포로들이 플로리다로 이송되자 〈사바나 트리뷴Savannah Tribune〉은 '백인'이 '검둥이 보초병의 감시를 받는 수모'를 겪어야 한다는 데 '분개'했다.[23] 〈애틀랜타 컨스티튜션〉은 '쿠바의 백인을 공격'하기 위해 아프리카계 미국인을 쿠바로 보내면 안 된다고 정부에 촉구했다.[24] 그들은 눈에 띄지 않는 서부로 돌아가 인디언과 싸워야 했다.

전쟁으로 남부와 북부가 화해하고 미국 국기와 남부연합기가 어우러지는 가운데 아프리카계 미국인들은 영광을 함께 누릴 수 없었다. 시어도어 루스벨트의 러프 라이더스Rough Riders(1898년 전쟁 당시 루스벨트가 이끌었던 제1의용기병대의 별칭_옮긴이) 같은 백인 병사들은 용맹함을 칭송받았다. 흑인 병사들의 용감한 행위는 '자기 분수'를 모른다는 증거였다. 여전히 아프리카계 미국인은 국내와 국외의 위협을 상징했다. 남북전쟁 이후 시민의 평등권을 반대하는 이들은 에티오피아가 미국의 자유를 파괴하기 위해 검은 손을 "뻗고 있다."라며 걱정했다. 20세기 초에 접어든 지금, 흑인들은 다른 형태의 체제 전복을 실현하려는 구실 취급을 받았다. 계급과 인종을 넘는 반反제국주의가 미국의 쿠바·필리핀·니카라과·아이티·도미니카 공화국 점령을 반대하는 세력의 원동력이라고 했다(얼마 후 남부 출신인 우드로 윌슨은 제1차 세계대전에 참전한 아프리카계 미국인에 관해 주치의에게 속마음을 털어놓는다. "외국에서 돌아온 미국 검둥이가 누구보다 먼저 미국에 볼셰비키 사상 Bolshevism을 들여올 겁니다.").[25]

수년 전 프레더릭 더글러스는 이런 질문을 던졌다.

"백인 사이의 전쟁이 흑인에게 평화와 자유를 가져다준다고 하면 백인 사이의 평화는 무엇을 가져다줄 것인가?"[26]

1898년 노퍽 지역 신문 〈레코더Recorder〉의 흑인 기자가 답했다.

"이번 전쟁으로 북부와 남부가 가까워질수록 [아프리카계 미국인은] 설 자리를 얻기 위해 더 치열하게 싸워야 할 것이다."*

---

*   예일대 사회학자 윌리엄 그레이엄 섬너(William Graham Sumner)는 인종 우월주의자이자 반제국
    주의자로 아프리카계 미국인에 별 관심이 없었지만 1898년 강연에서 상황을 명쾌하게 짚었다.
    그는 미국이 푸에르토리코와 필리핀을 점령하며 아프리카계 미국인의 등 뒤에서 민족의 화합
    을 이뤘다고 했다. "30여 년 동안은 검둥이가 유행의 중심에 있었습니다. 정치적 가치가 있어
    특별히 관심을 줘야 했죠." 하지만 섬너는 스페인과 전쟁을 치르며 상황이 달라졌다고 말한다.
    북부와 남부는 "모두 하나가 되었어요. 검둥이의 시대는 끝났습니다. 유행이 지난 거예요." 전쟁
    이전 수십 년 동안 해방 노예가 '유행'이었다는 말에는 어폐가 있지만 섬너는 중요한 사실을 지
    적했다. 1898년 전쟁의 승리는 짐 크로법의 인종차별적 논리를 확인해 주었다. 인종이 극명히
    다른 사람들을 정복하고 시민이 아닌 피지배자로 분류하며 아프리카계 미국인에게도 그렇게
    하고 싶은 백인 우월주의자들의 주장에는 강력한 근거가 생겼다. 북부의 팽창주의자들은 "지난
    30년 동안 남부 사람들의 주장이 옳았다는 사실을 증명하는 주장을 펼쳤다." 푸에르토리코와
    필리핀 사람들이 아직 시민권을 얻을 준비가 되지 않았다는 이유로 투표권을 주지 말아야 한다
    면 아프리카계 미국인도 그래야 마땅했다.

노스캐롤라이나주 윌밍턴에서도 백인 수천 명이 질문에 대답했다. 스페인이 미국에 항복한 직후인 1898년 11월, 이들은 윌밍턴을 통치하는 선출 연합이 다인종으로 구성되었다는 이유로 쿠데타를 일으켰다. 전쟁을 마치고 막 쿠바에서 돌아온 군인이 대다수인 백인 폭도 무리는 아프리카계 미국인을 60~300명 죽이고, 아프리카계 미국인이 운영하는 회사를 약탈하고, 아프리카계 미국인이 사는 집에 불을 질렀다.

미국은 전쟁에서 승리했고 북부와 남부는 화해했다. 윌밍턴의 백인들은 남부에 마지막으로 남은 재건 시대의 잔재에서 해방되었다.

4

전쟁이 계속될수록 더 많은 행운이 따랐다. 적어도 남부의 백인들에게는 그랬다. 남부연합기를 떳떳하게 펼치는 일이 늘어났다. 1916년 6월에 우드로 윌슨은 의회를 압박해 미국을 군국화하고 육군 방위군Army and National Guard을 확대하는 법안을 통과시켰다. 또 군수품 생산을 위한 질산 공장을 짓고, 군사 연구 및 개발에 자금을 지원하고, 방첩법을 강화했다. 역시 6월에는 남군 퇴역군인들이 워싱턴 D. C.를 방문해 임박한 유럽과의 전쟁에 지지를 표했다.

〈브루클린 이글Brooklyn Eagle〉은 남부연합군 출신이 미국의 수도에 처음으로 초대를 받았다고 보도했지만 사실은 그렇지 않았다. 그로버 클리블랜드가 두 차례 취임식 모두에 피처 리와 부하들을 의장대로 불러들인 적이 있었기 때문이다. 하지만 남군이 대규모로 방문한 것은 이번이 처음이었다. 기사에 따르면 '수만 명이 회색 군복을 입고' 있었다. 그 옆에서는 '푸른색 군복을 입은 수천 명'도 함께 펜실베이니아 애비뉴를 행진해 윌슨의 사열을 받았다. 〈이글〉은 그 장면을 이렇게 묘사했다.

"현재 정규군으로 있는 수많은 청년이 줄을 서 있었다. 남군을 위해 싸운 이들과 연방군을 위해 싸운 이들의 손자들이었다. 행렬 앞에는 남부연합의 성건기The Stars and Bars가 자랑스럽게 서 있었다 … 긴 행렬이 사열대를 통과하는 동안 회색 군복을 입은 노인들이 현재의 전쟁에 몸 바치겠다고 다짐했다."[27]

"각하께서 원하신다면 프랑스든 어디든 가겠습니다!"

나이 지긋한 퇴역군인이 윌슨에게 외쳤다.

"젊은이들이 할 수 없다고 하면 저희에게 맡겨 주십시오!"

그해 말, 윌슨은 '그는 우리를 전쟁에서 지켜 냈다He kept us out of war'라는 슬로건을 내걸고 재선에 성공했다. 그러나 취임 후에는 전쟁을 반대하는 지지자들의 뒤통수를 쳤다. 떠오르는 정치 연합(전쟁의 패배를 새로운 전쟁으로 만회하려는 이들로 구성)이 뒤에서 받쳐 주고 있었기 때문이다. 수십 년 후 리처드 닉슨 대통령이 재선을 위해 딕시크랫Dixiecrat(남부의 보수적인 민주당 탈당파_옮긴이)의 표를 얻으려 했던 것처럼 윌슨도 그만의 남부 전략을 펼쳤다. 윌슨은 미국을 전쟁으로 이끌고 가면서도 재분리 정책을 시행했다. 연방 정부에서 아프리카계 미국인의 자리를 없애고 KKK단을 합법화했다(그전에는 KKK 단원들을 일반인으로 사는 삶에 지루함을 느껴 '재미를 보는 전우들'이라 묘사했다).

알링턴 국립묘지에 남부연합 전쟁 기념비Confederate War Memorial를 봉헌한 것도 윌슨이었다. 1916년, 군인 수천 명을 아이티에 보낸 직후(남부 사람도 대거 포함되었다) 윌슨은 기념 의식을 전쟁 지지 집회로 탈바꿈했다. 운집한 남군 퇴역군인들을 향해 "미국은 깨어났습니다." 라고 말하며 윌슨은 남부의 '잃어버린 대의'를 새로운 보편주의로 거두었다.

"지난 세대에 존재하지 않았던 자의식을 깨우쳤습니다."

윌슨은 말했다.

"바로 이 정신으로 정복하고 또 정복할 것이며, 신의 섭리대로 새로운 빛이 미국에서 솟아올라 모든 바다를 건너 저 멀리까지 자유와 정의의 빛을 뿜을지도 모릅니다. 이 빛은 지금 어둠에 빠져 빛을 보지 않으려 하는 땅에도 닿을 것입니다."[28]

1년 후 같은 행사에서 윌슨은 본인이 두 달 전 개시한 전쟁이 '우리의 주장을 입증할' 기회라고 말했다. 미국이 '인류를 섬기기 위해 태어났음을 세상에 보여 줄' 기회였다.[29]

이어질 변경 전쟁 —아이티, 도미니카 공화국, 니카라과의 점령과 반란 진압부터 계속되는 필리핀 평정 작전까지— 으로 남부의 상류층 장교 계급은 1898년의 약속을 이었다. 다시 하나가 된 조국에 자신의 가치를 증명할 수 있었다. 한편으로는 전쟁으로 조상의 복수를 할 수 있다고도 보았다. 보수적인 타이드워터 노예주의 자손을 포함해 많은 버지니아인이 카리브해에서 반란 진압 작전을 이끌었다. 대표적으로 리틀턴 W. T. 월러Littleton W. T. Waller 대령은 쿠바, 도미니카 공화국, 필리핀에서 군대를 지휘하며 '무자비'하다는 명성을 얻었다. 피드몬트 농장주의 아들로 태어난 월러는 1831년 버지니아에서 일어난 냇 터너Nat Turner 노예 반란(아이티 혁명에서 영감을 얻었다) 때 조상이 살해당했다.

"나는 검둥이를 어떻게 다루는지 아는 사람이다."

월러는 말했다.

"이곳뿐만 아니라 산토도밍고에서도 이런 자질이 필요할 것이다."[30]

대부분 남부 사람으로 이루어진 부대는 월러의 지휘에 따라 곳곳에서 고문을 하고 잔혹 행위를 저질렀다. 외국의 '검둥이들'을 죽여도 연방 정부와 군대의 처벌을 받을 일은 없었다. 오히려 고국에서는 화려한 축하 행사와 퍼레이드가 기다리고 있었다.

전쟁은 인종주의만 강화하지 않았다. 전장에서는 병명을 알 수 없는 트라우마와 가슴에 맺힌 죄책감도 함께 돌아왔다. 1920년대 말에 버지니아주 콴티코에서 니카라과로 배를 타고 떠났던 에밀 토머스Emil Thomas 일병은 빨리 '검둥이 몇 마리'를 죽이고 싶다고 약혼녀에게 편지를 썼다. 그리고 '검둥이의 발톱'과 '머리 가죽'을 트로피로 가져가겠다고 했다.[31] 토머스가 고향에 보낸 편지에는 순수한 증오가 묻어 나온다.

"코, 목, 머리, 다리, 전부 다 딱 부러뜨리고 싶어."

1년여 동안 토머스가 죽인 사람만 10명 이상으로 추정되고 토머스가 집으로 보낸 편지에는 잔혹한 전쟁 범죄에 가담했다는 암시도 담겨 있었다. 보통은 의기양양하게 경험담을 전했지만 편지 분위기가 어두워지는 날도 많았다.

"여기 니카라과에서 본 광경과 내가 한 행동을 과연 잊을 날이 올지 모르겠어. 그럴 수 있을까? 어떤 날은 종일 누워 있어도 아무렇지 않은데 어떤 날은 머릿속에서 생각이 떠나지를 않아. 머리가 완전히 돌아버릴 것 같고 괴로워서 나 자신과 같은 침대에 누울 수조차 없어."

토머스 같은 군인들이 홀로 악몽을 꾸는 동안, 미국 역사는 전쟁이 더 많은 전쟁을 부르는 끝없는 퍼레이드를 하고 있었다. 전쟁을 통해 국내 지역들이 화해하며 거의 모든 곳에 '정복의 깃발'이 휘날렸고 뭐라 하는 사람도 많지 않았다.[32] 깃발은 1898년 이후 모든 전쟁에 내걸렸다. '모든 사단'이 군복에 '연방군 대신 남군의 깃발 모양'을 꿰매 붙였다. 제2차 세계대전 당시 80일이 넘는 전투 끝에 오키나와를 점령했을 때 일본군 사령부에 가장 먼저 게양한 깃발도 해군 대령이 사우스캐롤라이나에서 가져온 남부연합기였다. 미국의 오키나와 침공을 지휘한 이는 켄터키 출신의 사이먼 볼리버 버크너 주니어Simon Bolivar Buckner Jr. 중장으로, 멕시코-미국 전쟁과 미국 남북전쟁에 참전한 사이먼 볼리버 버크너 장군의 아들이었다.*

전미유색인종지위향상협회NAACP의 기관지 〈더 크라이시스The Crisis〉는 한국전쟁이 발발하며 1949년에 4만 개였던 남부연합기의 판

---

* 오키나와 이전에는 알래스카에서 방어 임무를 맡고 있었는데, 그곳에서 버크너 주니어는 아프리카계 미국인의 발령을 반대하며 상사들에게 전쟁 후에도 이곳에 머물까 걱정이라는 편지를 보냈다. "놈들이 인디언이나 에스키모와 교배해 불쾌하기 짝이 없는 잡종을 만들어 내는 것은 당연한 결과로 장차 골칫거리가 될 것입니다." 오키나와에 남부연합기가 걸렸을 때 현장에 있던 해군 대다수가 환호했고 깃발을 게양한 이는 우렁차게 외쳤다. "입-핍-피이이!(남북전쟁 당시 남군이 외쳤다는 환호성을 강하게 발음한 것_옮긴이)" 깃발은 버크너의 허가로 며칠이나 펄럭였다고 한다. 버크너는 말했다. "우리 아버지께서 저 깃발 아래 싸우셨다."

매량이 1950년에는 1600만 개로 껑충 뛰었다고 보도했다. 구매한 사람은 대부분 독일과 한국 등 해외로 나간 군인들이었다. 〈더 크라이시스〉는 상황을 낙관적으로 보며 깃발의 인기가 높아지는 현상이 '반동적인 딕시크랫주의'와 아무 연관성이 없다고 썼다.[33]

기사는 이렇게 희망했다.

"자동차에 여우 꼬리를 다는 것과 같은 유행일 뿐이다."[34]

5

1898년 전쟁은 모든 연설가, 기자, 시인이 열렬히 부르짖었듯이 하나의 약속이었다. 이 계약으로 남부 사람들은 미국에 소란을 일으켰던 과거에 대해 속죄할 수 있었다. 비록 그 소란에 사용한 깃발을 '지구 반대편 끝까지' 들고 갔지만 말이다.

1898년 전쟁과 뒤이은 전쟁으로 잭슨주의 합의는 20세기에 맞춰 수정되었다. 지금 이 세계에서 아프리카계 미국인은 이름뿐인 자유 시민이었고, 이제는 아메리카 원주민에게 빼앗아 백인 노동자에게 줄 땅도 없었다. 하지만 외국의 전쟁에는 국가를 통합하는 효과가 있었다. 이번에는 일부 지역이 아니라 전국이 하나로 뭉쳤다.

군대는 전쟁의 도구로서 국외 변경을 넓혔다. 그러나 효율적인 관료 조직으로서 자체적인 변경 역할도 했다. '자유 토지'에 대한 약속이 흐릿해진 상황에서 군대의 다양한 지부는 사회 계층 이동이 가능한 주요 수단으로 작용했다. 1898년 이후에는 백인뿐만 아니라 흑인도 자본주의 시장의 보호를 받을 수 있었다. 교육, 의료 서비스, 적절한 임금도 받을 수 있었다. 이전에 인종·계급 갈등을 외부로 돌리려는 시도를 전부 거부했던 W. E. B. 듀보이스조차도 조심스럽게 윌슨의 전쟁을 지지했다. 군국주의를 통해 통합을 이루는 약속에 한번 기회를 줘야겠다고 생각했기 때문이었다. 듀보이스는 이렇게 썼다.

"전쟁이 지속될 동안, 우리만의 불만은 잊고 함께 민주주의를 위해 싸우는 백인 시민, 동맹국과 어깨를 나란히 하고 단결하자."[35]

1898년의 약속은 두 가지로 이루어져 있었다. 첫째, 잃어버린 대의가 인류를 위한 대의에 흡수되었지만 남부 사람들은 우월성을 나타내는 상징물과 관례를 지킬 수 있었다. 둘째, 아프리카계 미국인은 기꺼이 국가를 위해 싸우며 미국에서 자신의 자리를 주장할 수 있었다. 그러나 약속이 유효하려면 유색인종의 종속적인 역할에 이의를 제기하지 말아야 했다. 그렇게 했다가는 —1898년 탬파에서 아프리카계 미국인 병사들이 미리 경험했던 것처럼— 남부 사람들에게 '대의'가 국가의 대의가 아니고 정말 잃어버린 대의였다는 사실을 일깨워 줄 위험이 있었다. 그 끝에 있는 한국은 남부연합기를 화해의 깃발로 펼칠 수 있는 마지막 장소였다. 시민권 운동이 진화하고 흑인권력 운동Black Power Movement이 생겨나고 한국이 베트남에 자리를 내주며 남부연합기는 원래의 의미를 되찾았다. 그것은 분개하는 백인 우월주의의 깃발이었다. 훗날 남부연합은 베트남 다낭에서 본모습을 찾는다.

변경의 요새

"모든 것은 국경에서 시작되었고
오늘도 여전히 그 자리에 있다."

사람들은 국경을 연구하고 조사하기를 원한다. 사진을 찍고 노래를 부르고 시를 쓰고 이야기를 만들어 내고 싶어 한다. 국경에 대해 농담을 한다. 국경이 구체적인 사물을 추상적인 의미에 강제로 맞춰 넣으려는 인간의 어리석은 노력을 상징하기 때문이다. 시카고 출신 시인 알프레드 아르테아가Alfred Arteaga는 국경을 '반은 물이고 반은 금속인 선'이라 했다. 장벽이 있든 없든 국경은 지배와 착취를 나타낸다. 하지만 국경은 지배 권력의 공황 상태를 알리는 장치이기도 하다. 정치 국가를 압도하는 이 공황은 개인이 정신을 혼자 힘으로 통제하지 못한다는 사실, 정신이 타인에 대한 반응으로 형성된다는 사실을 깨달을 때 느끼는 두려움과 비슷하다. 프레더릭 잭슨 터너가 프런티어 사관을 제기했을 무렵, 지그문트 프로이트Sigmund Freud는 "공포증은 마치 변경의 요새와도 같이 불안 앞에 던져져 있다."라고 썼다. 이 작품에서 프로이트가 반복해 사용하는 이미지 —변경에 있는 요새— 는 요새가 방어하는 사회가 개인의 자아만큼 불안정하다는 사실을 암시한다. 함락될 위험이 항상 도사리고 있고, 국경 경비는 핵심과 동떨어진 지엽적인 문제였다. 프로이트는 근본적인 원인을 해결하지 않고 외적 공포증을 치료하는 것만으로는 부족하다고 쓴다.

멕시코와 맞닿은 미국 국경도 다르지 않다. 외부 방어에 대한 집착은 내부에 존재하는 문제의 징후이다.

"담장wall을 좋아하지 않는 무언가가 있다."

로버트 프로스트Robert Frost가 쓴 시의 한 구절이다. 그러나 사람들은 실제로 벽을 허물려는 시도를 즐긴다. 국경을 상징하는 벽일수록 즐거움은 더 크다. 잠시뿐일지라도 상관없다. 오늘날 멕시코 소노라주 나코와 미국 애리조나주 나코의 주민들은 매년 철책을 사이에 두고 배구 경기를 치른다. 한데 모여 수다를 떨기도 하고, 슬레이트를 사이에 두고 결혼식을 올리는 커플도 있다. 사람들이 국경을 넘을 방법들 —터널, 경사로, 투석기, 수제 대포(반대편으로 마리화나 뭉치를 던지는 용도)— 을 자꾸 고안하지 않는다면 미국도 국경을 요새화할 새로운 방법을 찾지 않았을 것이다. 전 애리조나 주지사이자 버락 오바마 행정부의 국토안보부 장관이었던 재닛 나폴리타노Janet Napolitano가 "50피트 높이의 장벽을 내놓으면 51피트 높이의 사다리를 내놓겠다."라고 말했을 때, 나폴리타노는 기술과 저항의 의존적인 관계를 인정하는 역사 이론을 제시한 것이나 다름없었다.

나폴리타노의 말처럼 국경이 역사의 변화를 막을 수는 없다. 하지만 분명 국경은 역사의 방향이 바뀌는 순간을 강조한다. 미국-멕시코 전쟁이 끝나며 최소한 남쪽으로는 미국의 움직임이 멈췄다. 하나라고 생각했던 것이 둘로 나뉘었을 때도 그랬다. 20세기에 접어들자 국경이 제자리에 멈췄을지언정 변경이라는 개념은 계속해서 앞으로 나아갔다.

1

국경선은 미국과 멕시코가 전쟁을 끝내며 체결한 과달루페 이달고 조약으로 처음 확정되었다. 멕시코만에서 출발한 국경은 앞뒤로 소용돌이치는 강을 따라 서쪽으로 뻗어 나간다. 마을, 목장, 광산은 물론이고 (1960년대 이후) 부쩍 많아진 공장에 물을 대며 강기슭이 변하고 강의 물줄기도 이동했다. 그러다 건조한 사막, 메스키트 나무(미국과 멕시코 일부에서 자라는 콩과科 관목_옮긴이), 크레오소트 선인장을 지나면 마침내 해안의 잡목 숲과 태평양 해변에 닿는다. 국경은 앞으로 나아가며 토호노 오오덤족, 야키족, 아파치족 등 여러 원주민 공동체 사이에도 경계선을 긋는다. 작은 농장과 큰 농장도, 소 떼와 홀로 다니는 사슴과 회색 늑대 무리도 떨어뜨려 놓았다. 고고학 유적, 묘지, 새와 나비 보호구역, 마을, 개울, 운하, 협곡, 도로, 오솔길, 묘지, 도시의 거리도 반으로 가른다. 멕시코 도시 노갈레스Nogales는 미국 애리조나주 노갤러스와 멕시코의 노갈레스로 나뉘었다. 라레도Laredo는 미국 러레이도와 멕시코 누에보라레도가 되었다.

국경은 길고 동쪽의 브라운즈빌에서 서쪽의 티후아나까지 지역

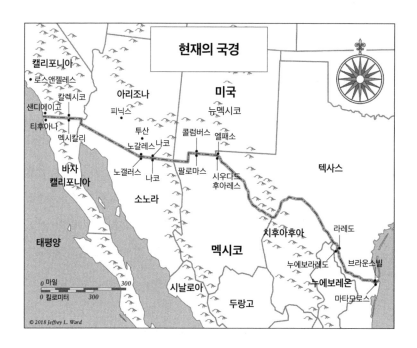

마다 방어 시설의 특징도 다르다. 그러나 일반적인 패턴은 명확하다. 처음에는 철책이 없었다. 1950년도에 미국-멕시코 합동 경계 위원회는 국경을 확정한 후 표석 몇 개를 가져다 놓았다. 수 세기 동안 그래 왔듯이 사람, 동물, 물, 상품이 오가며 통합된 생태계를 만들었다. 대개 험난하고 낭만과 거리가 멀었지만 사람들 —멕시코인, 멕시코계 미국인, 아메리카 원주민— 은 루스벨트, 터너, 윌슨을 비롯한 변경 시인들이 앵글로 정착민에게만 있다고 한 불굴의 용기로 살아남았다. 경계 위원회는 지역 주민들을 무시하고 지리에만 집중해 선을 그었다. 미국 측 측량사는 말했다.

"이곳 땅은 버려진 불모지가 대부분이다. 두 이웃 국가를 구분하는 자연적인 경계선이나 장벽 기능 외에는 아무 쓸모도 없다."[1] 무시무시한 아파치족의 위협에서 피마족Pima 등 접경지 사람들이 피난처를 제공해 주지 않았더라면 경계 위원회는 이 사람들의 존재조차 몰랐을 것이다.

멕시코와 국경을 정한 시기에도 미국은 여전히 서쪽으로 진출하고 있었다. 카리브해, 중앙아메리카, 태평양, 동남아시아 전역에 전쟁으로 새로운 변경이 형성되었다. 그러나 미국 남쪽에 있는 선 하나는 영구히 변하지 않았고, 그 사실을 인정하지 않으려는 사람들이 있었다. 멕시코-미국 전쟁이 한창이던 1848년 2월, 전 텍사스 공화국 대통령 샘 휴스턴Sam Houston은 전 멕시코 운동All-Mexico Movement 대표로 뉴욕시에서 집회를 열었다. 휴스턴은 멕시코 전체가 앵글로색슨인의 '타고난 권리'라고 말했다. 〈뉴욕 헤럴드〉는 이렇게 썼다.

"차지하라."

'사비니 처녀들'이 그러했듯 멕시코인도 '자신을 범한 자들을 사랑하게 될 것'이라 했다(로마를 건국했다는 로물루스가 인구를 늘리기 위해 이웃 사비니족의 여인들을 약탈한 이야기에서 유래_옮긴이).[2] 잭슨 행정부의 전쟁장관으로 인디언 이주를 주도했고 당시 미시간주 상원의원으로 있던 루이스 캐스는 '미국 사람들'이 멕시코 전체를 합병하지 못하게 막는 것은 '나이아가라 폭포에서 흐르는 물을 먹으려는 것'과 같다고 썼다.[3] 앞서 텍사스에 앵글로 식민지를 건설한 스티븐 오스틴도 똑같은 비유를 사용해 서부로 이주하는 행렬을 막는 것은 '짚으로 만든 댐으로 미시시피강을 막으려는 것'과 같다고 이야기한 바 있다.

그러나 궁극적으로 전 멕시코 운동은 주장을 관철할 수 없었다.

멕시코 전체를 차지하고 스페인어를 쓰는 사람 수백만 명을 지배해야 한다는 데 부담감을 느낀 의회가 충분한 지지를 보내지 않았기 때문이다. 그래도 일부는 뜻을 굽히지 않았다. 멕시코로 넘어가 소노라에 농장과 광산을 세운 정착민들은 자기 땅을 병합하라고 미국 정부에 끈질기게 요구했다. 인위적이고 자의적인 국경이 양국이 공유하는 수출 지향적 경제를 반으로 가르고 있다는 것이 그들의 주장이었다. 양국은 공동으로 도로와 항구를 사용하고 재산권을 통일하고 군대의 보호를 받아야 한다고 했다.⁴ 1854년에는 윌리엄 워커William Walker라는 용병이 멕시코의 태평양 연안에 상륙해 로워 캘리포니아 공화국Republic of Lower California을 건설하고 엔세나다를 수도로 정했다. 이 나라는 잠깐 있다 사라졌지만 워커를 비롯한 용병들은 계속해서 변경을 앞으로 밀어내려 했다. 하지만 경계선은 그 자리에서 꿈쩍도 하지 않았다. 1857년에 처음 측량했을 당시 한 측량사가 '적합'하다고 평가한 그 선은 파나마까지 전부 차지하고자 했던 백인 '제도와 사람들'의 '필연적인 팽창력'을 마침내 막아 냈다.⁵

하지만 백인의 자본에는 그런 한계가 없었다.

2

사실 멕시코가 19세기까지 버텼다는 사실부터가 기적이다. 스페인 식민지 시절 테하노Tajano 북부에 앵글로 정착민이 도착하기 전부터 미국에는 멕시코 영토를 호시탐탐 노리는 사람들이 있었다. 알렉산더 해밀턴과의 결투에서 승리한 직후인 1806년에 에런 버Aaron Burr는 "앨러게니산맥 서쪽에 제국을 세우고 자신은 국왕이 되어 뉴올리언스를 중심으로 멕시코를 침공해 혁명을 일으키려 한다."라는 혐의를 받았다.[6] 그때 버는 건국 초기에 —앤드루 잭슨이 취임하기 전까지— 연방 정부가 노예와 부동산 사업을 충분히 지원하지 않는다고 느끼던 농장주들을 대변하고 있었다(잭슨도 음모에 가담했다는 의심을 받았다). 버의 모의는 실패로 돌아갔다. 하지만 1820년대 초에 스페인에서 해방된 멕시코는 연이은 궁정 쿠데타와 내전을 비롯한 사건들로 잠잠할 새가 없었다. 독립 이후 잠깐 멕시코에 속해 있던 중앙아메리카도 멕시코에서 떨어져 나갔다. 1836년에는 텍사스도 잃었다. 마야 소작농이 대대적으로 봉기를 일으킨 1847년에는 유카탄도 빼앗길 위기에 처했다. 1년 후에는 미국이 북부 영토를 가져갔고, 그 직후인 1862년에는 채무불이행을 빌미로 프랑스의 나폴레옹 3세가 멕시코를 침공했다. 멕시코시티를 점령한 나폴레옹은 보수적인 가톨릭 엘리트 계층의 지지를 받아 오스트리아 대공 페르디난트 막시밀리안Ferdinand Maximilian과 그의 아내 카를로타Carlota를 황제와 황비로 세웠다. 멕시코인들은 저항했다. 이전에 미국은 이기지 못했지만 멕시코의 자유주의 세력인 저항군은 5년간 게릴라전을 벌여 프랑스를 몰아내고 막시밀리안을 처형했다.

막시밀리안이 통치한 짧은 기간 동안 멕시코는 미국의 노예 및 제국 정치와 희한하게 상반된 방식으로 돌아갔다. 일단 프랑스 점령군과의 전쟁은 신세계의 종속 상태를 타파하는 더 큰 전투의 남쪽 전선이었다. 막시밀리안에 맞선 자유주의 세력은 링컨의 북부와 동반자 관계로 반동 세력에 맞서 같은 싸움을 하고 있다고 생각했다. 막시밀리안 정부는 남부의 면화를 사들이고 남군에 물자를 보냈다. 남부연합의 난민들을 멕시코 군대에 받아들이기까지 했다.* 자유주의 반란군이 막시밀리안 정부에 압박을 가하지 않았더라면 황제는 남부연합을 더욱 적극적으로 도왔을지도 모른다.

그러나 미국 남북전쟁이 끝나 가고 북부의 승리가 확실해졌을 무렵, 양측 정부는 일시적인 휴전을 제안한다. 휴전의 목적은 북군과 남군이 함께 멕시코를 침공하는 것이었다. 1865년 2월, 남부연합의 부통령 알렉산더 스티븐스Alexander Stephens는 노예제도 문제를 배제하고 (당시 남부는 패배가 임박했음을 인정했다) 함께 힘을 합쳐 '이 대륙'에서 '모든 시민의 자치권'을 보호하자고 에이브러햄 링컨에게 직접 제안했다. 링컨은 반대했다. 외국과의 전쟁으로 국내 갈등을 '평화롭고 조화롭게' 해결하자는 스티븐스의 발상은 시기상조였다(북부와 남부는 1898년에야 손을 잡고 고결한 전쟁으로 신세계에서 군주제를 축출한다).[7]

북부도 자체적으로 멕시코의 자유주의 세력을 지원했다. 뉴욕, 보스턴, 필라델피아 은행들은 소총, 대포 등 필요한 무기를 사도록 대출

---

*　1865년에 남북전쟁이 종반에 달하며 남군 병사들과 남부의 농장주들은 진격하는 북군보다 먼저 멕시코로 몸을 피했다. 멕시코시티에 들어온 사람이 얼마나 많았던지 고급 호텔 이투르비데(Hotel Iturbide)가 남부연합의 임시 정부로 바뀌었을 정도였다. 미국이 멕시코를 차지한 1847년에 점령군으로 멕시코에 먼저 와 봤던 사람도 몇 명 있었다. 하지만 이제는 재건 시대와 해방노예국의 통치를 피해 다니는 신세였다. 이들을 안쓰럽게 여긴 막시밀리안은 베라크루스 근처에 땅 50만 에이커를 제공해 식민지를 건립하게 했다. 멕시코의 노예제도는 폐지된 상태였지만, 남부 사람 일부는 과거 테하노에 정착한 사람들처럼 노예를 데리고 멕시코에 도착했다. 그러나 한 남군이 불평했듯 "도착하자마자 검둥이들이 다 떠나 버렸다." 1867년에 막시밀리안이 처형된 후 식민지도 무너졌다.

기한을 연장해 주었고, 뉴잉글랜드의 무기 제조회사들은 프랑스와 싸우는 반군에 외상으로 총기를 팔았다. 그러다 프랑스가 패배하자 미국의 채권자들은 채무 상환을 요구하기 시작했다. 무수한 전쟁으로 파산한 멕시코에게는 그럴 능력이 없었다. 남북전쟁 이후 미국 경제는 빠르게 성장하고 있었는데, 거의 모든 부문의 기업체가 멕시코에 돈을 갚으라고 재촉하는 상황이 몇 년이나 이어졌다. 금융사는 대출금을 회수했고, 무기상은 외상값을 독촉했다. 접경지의 목장주들은 멕시코 정부가 가축 도둑을 제대로 막아 주지 않는다고 불평했다. 상인들은 수송 과정에서 상품이 사라졌다고 주장했다. 해운업자들은 전쟁 중에 입은 피해를 신고했다. 부동산과 광산 회사들은 막시밀리안 황제가 무상으로 내려 준 토지의 소유권을 멕시코에서 인정해야 한다고 고집했다.[8] 바하칼리포르니아에 부동산 투기를 한 케일럽 쿠싱은 특별히 조직된 미국-멕시코 일반청구위원회에서 무수한 고소인을 변호했다.[9]

프랑스를 물리친 후 정부를 이끈 멕시코의 자유주의자들은 대부분의 요구를 거절했고 그동안 발생한 부채와 막시밀리안이 내려 준 특권을 인정하지 않기로 했다. 하지만 율리시스 S. 그랜트 행정부의 국무장관 해밀턴 피시Hamilton Fish는 멕시코를 봐주지 않았다. 부채 상환을 요구하는 목소리가 커졌고, 멕시코를 '장악'하고 '보호국'을 세우라는 요구가 미국 정부에 쏟아졌다. 아니면 아예 멕시코를 점령하고 '한층 수준 높은 문명'으로 이끌자는 의견도 나왔다.[10]

하지만 결론은 합병이나 전쟁이 아니었다. 부채로 미국의 영향력이 커진 데다가 미국이 철도를 건설하라며 더 많은 대출과 투자를 약속하자 멕시코도 굴복하고 말았다. 달리 선택지가 없었던 멕시코 지도자들은 국가 경제를 외국 투자자들에게 갖다 바쳤다. 미국 기업 역사의 전설들 —J. P. 모건J. P. Morgan, 존 록펠러John Rockefeller, 스탠더드오일, 에드워드 해리먼Edward Harriman, 애스터Astor 가문, 구겐하임Guggenheim 가문, 조지프 헤들리 덜레스Joseph Headley Dulles(존 포스터 덜레스John Foster Dulles의 증조부), 윌리엄 랜돌프 허스트William Randoph Hearst, 펠프스 도지Phelps Dodge, 유니언 패시픽Union Pacific, 카길Cargill— 의 주도로 미국 자본은 멕시코를 근본적으로 변화시켰다. '대변혁'은 이 시기 미국 언론에 유행하는 표현이 되었다(오늘날 '중단'이라는 말이 낡은 생산방식을 없애고 새로운 시장을 만드는 변화를 나타내는 것과 같다). 1899년에 한 기사는 미국의 농업 회사들이 '멕시코의 국경을 넘어' 이동해 "이 나라의 농법에 혁명을 일으키고 있고 혁명은 앞으로도 계속될 것이다."라고 썼다.[11] 이후 50년도 되지 않아 석유 생산, 철도, 공공사업, 축산업, 농업, 항구가 거의 다 미국 기업의 지배를 받게 된다. 멕시코의 수출품 —밀, 소고기, 용설란, 광물, 석유— 은 대부분 미국으로 들어갔고, 미국 공산품의 상당수는 멕시코로 향했다. 의수·의족, 수술 도구, 페인트, 피아노, 저장 식품, 금고, 난로, 하수관, 중장비, 산성 물질, 기름은 물론이고 사이사이 온갖 완제품까지도 남쪽으로 수출되었다.[12]

투자가 들어오자 국경지대는 극적으로 달라졌다. 그곳에 오래 거주한 사람들이 약 1870년부터 기업과 개인에 빼앗긴 땅의 규모는 어마어마했다. 국경의 북쪽인 캘리포니아·애리조나·뉴멕시코·텍사스의 광부, 목장주, 철도회사는 '소송, 거짓말, 강도, 사기, 협박'을 이용해 원주민과 전前 멕시코 시민(1848년 과달루페 이달고 조약 이전에 본인 또는 가족이 멕시코 국경 안에 살았다는 의미)에게서 수백만 에이커의 땅을 강탈했다.[13] 미국 정부가 '호화로운 바비큐 파티' —남북전쟁 이후 공공자원을 무상으로 제공하는 정책에 버넌 패링턴Vernon Parrington이 사용한 표현— 를 벌이는 동안 의회는 새로운 '자영 농지homestead' 법들을 연달아 통과시켜 토지 증서가 없거나 토지를 공동으로 소유한 멕시코인과 아메리카 원주민의 땅의 소유권을 이전시켰다. 재산을 빼앗긴 이들은 미국 법원에 항고했다. 그러나 승소하는 경우는 거의 없었다. 법원은 소유권 이전의 정당성을 인정하며 수십 년 전 잭슨의 이주 정책으로 나온 판례를 인용했다. 그중에는 발견의 원칙을 옹호하는 판결도 포함되어 있었다.

"정복자는 재판소에서 부장할 수 없는 권리를 획득한다."[14]

국경 아래쪽에서 농산물 수출 규모가 급속도로 커지며 멕시코는 수백만 에이커를 더 빼앗겼다. 잭슨의 이민 정책과 견줄 만큼 잔혹한 추방 조치로 소노라에 살던 야키족 수만 명이 남쪽의 유카탄과 오악사카Oaxaca로 떠났다. 그곳에서는 설탕, 담배, 헤네켄 농장에 들어가 일해야 했다(멕시코는 오래전에 동산노예 제도를 폐지했지만 미국 남북전쟁 이후 수출 주도형 자본주의가 퍼지며 부채 노역이나 부랑자법 등 다양한 강제 노동 수단이 생겨났다). 맞아 죽은 사람도 수만 명이었다. 여성과 아이들은 노예 취급을 받았다. 야키족에게서 몰수한 소노라 토지는 허스트, 펠프스 도지, 카길 등의 대기업의 차지가 되었고, 수출 공장이 들어서며 소노라는 멕시코에서 두 번째로 투자 수익률이 높은 주가 되었다(첫 번째는 석유를 보유한 베라크루스).[15]

수십 년 전, 잭슨파는 정착민의 주권이라는 미명으로 인디언 이주를 정당화했다.[16] 그러나 이제 정착민은 얼마 남지 않았고 거대 자본만이 앞으로 나아가고 있었다.

3

1910년, 미국이 멕시코에서 50년 이상 추진했던 경제 개발 모델은 힘을 잃었다. 그동안 멕시코는 완전한 '대변혁'을 거쳤다. 다만 미국 금융계와 기업들이 사용한 표현과 의미는 달랐다. 소작농, 학생, 중산층, 민족 자본주의 세력은 여러 전선에서 거칠고 폭력적인 반란을 일으켰다. 농장 일꾼은 농장주를 상대로, 세속주의자는 가톨릭교회를 상대로, 노동자는 사용자를 상대로 집결했다. 밭은 불탔고 공장은 약탈당했다. 광산은 물에 잠겼고 철로는 뜯어졌다. 석유 시추 시설과 농장은 국유화되었다. 무수한 단계를 거치며 몇 년간 불타올랐던 멕시코 혁명은 역사학자 존 메이슨 하트John Mason Hart의 말처럼 '미국의 경제적·문화적·정치적 팽창에 맞선 제3세계 최초의 위대한 봉기'였다.

혁명이 일어나기 50여 년 전부터 남서부에서는 셀 수 없이 많은 멕시코인과 멕시코계 미국인이 백인 자경단에게 린치를 당했다. 그 수는 최소 수천 명으로 추정된다.[17] 미국의 사법제도도 집단 폭행에 가세했다. 이 시기 남서부 판사의 명령으로 집행관과 보안관의 손에 사형을 당한 멕시코인과 멕시코계 미국인은 200명이 넘었다. 마운티드 라이플스Mounted Rifles, 화이트 아울스White Owls, 울프 헌터스Wolf Hunters 같은 야간 폭력 단체들이 접경지대를 짓밟았다. 멕시코계 미국인들은 종속적인 지위로 떨어져 투표권을 박탈당하고 집 안에서도 공포로 떨어야 했고 파업도 중단되었다. 노동 시장은 더욱 철저히 분리되어 임금 체계가 백인, 멕시코인, 이주자 세 등급으로 나뉘었다.[18]

그러나 혁명으로 폭력은 더욱 심각해졌다. 난민들이 북쪽으로 올라오며 —국경도시인 후아레스에서 국경을 넘어 엘파소에 들어온 사람은 최대 4만 명으로 백인 인구의 2배에 달했다— 소문이 돌기 시작했다. 체제를 전복하려는 세력이 '인종과 국민 해방군Liberating Army of Races and People'을 조직해 미국 남서부를 재정복하고 '사회 공화국'을 수립하려 한다는 것이었다.[19] 1902년에 공식적으로 텍사스주 법집행기관의 하위 지부가 된 텍사스 레인저스Texas Rangers가 소문에 대응했고 비상근 보안관들은 '대대적인 처형'을 집행했다. 많은 멕시코인과 멕시코계 미국인이 린치를 당했고, 터전에서 쫓겨난 사람은 더욱 많았다. 최근 트리니다드 O. 곤잘레스Trinidad O. Gonzales, 존 모란 곤잘레스John Morán González, 소니아 에르난데스Sonia Hernández, 벤저민 존슨Benjamin Johnson, 모니카 무뇨스 마르티네스Monica Muñoz Martinez 같은 학자들은 '잊기를 거부하다Rufusing to Forget'라는 충격적인 반反기억 프로젝트를 통해 당시 멕시코계 미국인들이 견디고 살았던 공포 정치를 기록한다.

오래 거주한 사람, 최근 도착해 정착한 사람 할 것 없이 남녀노소 모두 목숨을 잃었다. 낯선 사람, 이웃, 자경단에게, 그리고 지역 경찰이나 텍사스 레인저스의 손에 죽임을 당했다. 포로로 잡히자마자 즉결 처형된 사람도 있고, 탈출을 시도한다는 불분명한 구실로 총살된 사람도 있다. 시신은 썩게 방치하는가 하면 태우거나 목을 베어 훼손했다. 맥주병을 입에 쑤셔 넣는 방법으로 고문을 하기도 했다.[20]

멕시코인과 멕시코계 미국인의 시체가 쌓였고, 프로젝트에 따르면 이러한 연쇄 살인은 "환영을 받았다."라고 한다.

"사회 고위층과 정부는 부추기기까지 했다."

예전에 인디언 이주를 지지할 때처럼 한 텍사스 신문은 "제거해야 할 인구가 심각하게 넘쳐난다."라고 묘사했다. 《잊기를 거부하다》 저자들은 고위급 정치인들에 관해 이렇게 썼다.

"멕시코계를 전부 '강제 수용소'에 집어넣고 거부하면 무조건 죽이는 방안을 제안했다. 약 10년 동안 사람들은 텍사스 남부의 잡목림에서 두개골 뒤쪽에 처형을 당한 듯 총알구멍이 난 뼈를 발견하곤 했다."

제1차 세계대전에 참가하기에 앞서 군대 동원도 문제를 악화시켰다. 우드로 윌슨은 국가 안보라는 명목으로 국경의 엄중 단속을 권장했고 엘파소 같은 도시에 기병대를 보냈다. 독일과 전쟁을 벌이며 미국 정치인과 지식인 사이에서는 미국의 적이 한패라는 생각이 퍼지기 시작했다. 적은 저쪽의 독일 라인 지방과 이쪽의 국경에 있었다(프레더릭 잭슨 터너는 윌슨이 군대를 파견했어도 독일이 멕시코에 미치는 영향력을 심각하게 생각하지 않았다고 느꼈다). 뉴멕시코 주지사는 전략상 미국에 필수적인 석탄과 구리를 얻지 못할 수 있다고 경고하고 남쪽 철도 운영을 주로 이주자에 맡기는 현실을 우려했다.

"국경에서 미국으로 가는 철도 800마일을 옛 멕시코의 멕시코인

이 완전히 장악하고 있다."며 "이곳의 멕시코인은 대부분 노상강도 출신이다."라고 말했다.[21]

이제 전시 핵심 엘리트 군인으로 이루어진 '로열티 레인저스Loyalty Rangers'가 이끄는 텍사스 레인저스는 반전 운동을 감시했고, 엘파소의 카운티방위위원회County Council of Defense와 본토방위연맹Home Defense League 같은 민간 자경단도 똑같은 활동을 했다. 레인저단은 임무를 자의적으로 해석해 노조 결성부터 투표 행위 같은 활동도 '반전 운동'이라고 정의했다. 《잊기를 거부하다》에 따르면 레인저단의 활동으로 1918년 텍사스 남부의 멕시코계 미국인 유권자 수가 급격히 줄어들었다고 한다. 자경단은 멕시코계 미국인 정치인을 조롱하고 힘을 빼앗으며 가족에게도 위협을 가했다.

"더 잔인해진 백인 민주주의가 국경에 당도했다."

이런 백인 우월주의에 대안을 제시한 세계산업노동자연맹IWW과 연관된 급진파는 공격 대상이 되었다. 국경에서 노사 갈등은 흔히 발생했지만 광산과 목장 소유주는 동맹 관계인 자경단과 법집행기관에 개입을 부탁할 수 있었다. 수천 명에 달하는 파업 노동자들은 추방을 당했고, 매리코파군의 보안관 등 법 집행자는 국경과 인접한 주의 IWW 사무실을 전부 수색했다.

4

위에서 설명한 자경 활동과 별개로 국경 치안 유지 활동도 점차 늘어났고, 전쟁이나 경제 위기가 터졌을 때는 활동량이 폭발적으로 증가했다. 미국은 19세기부터 국경 이주를 규제해 세관을 늘리고 검문소를 설치했다. 주된 목적은 멕시코에서 넘어오는 중국인 노동자 — 1882년 이후로 여러 배척법이 중국인을 겨냥했다 — 를 막는 것이었다. 그러다 1907년에는 국경선에서 관목마저 깨끗하게 베어 냈다. 밀수를 막으려면 폭 18미터 길을 내야 한다는 시어도어 루스벨트 대통령의 명령이 있었기 때문이다.

제1차 세계대전 전만 해도 국경은 비교적 자유로웠다. 역사학자 메이 나이Mae Ngai는 전쟁 전까지 중국 이주자를 특정해 배척하는 법을 제외하면 미국이 "사실상 국경을 개방했다."라고 지적했다.

"여권은 필요 없었다."

나이는 말한다.

"비자도 필요하지 않았다. 영주권 같은 것은 존재하지도 않았다. 엘리스섬에 온 사람이 절뚝거리지 않고 잘 걷고 수중에 돈이 있고 모국어로 아주 간단한 [IQ] 테스트를 치러 통과하면 입국이 허가되었다."

다른 나라도 마찬가지였다. 그러다 갑자기 '숨 쉴 공간이 사라질 정도로 변경이 닫히는 듯'했다. 찰스 아이셔우드Charles Isherwood의 소설에서 한 인물은 세계대전으로 유럽 내 이동이 막히자 그렇게 묘사한다. 미국이 전쟁에 뛰어든 1917년 4월, 윌슨은 이민을 전면 제한하는 법안들에 서명했다. 이로써 읽기·쓰기 시험, 입장세entrance tax, 쿼터 제한 등의 제도가 생겨났다.

법이 적용되는 대상은 주로 유럽인과 아시아인이었다. 미국 남서부와 서부의 밭과 광산에서 노동을 해야 했던 멕시코 이주자들은 쿼터에 포함되지 않았다(역사학자 켈리 라이틀 에르난데스Kelly Lytle Hernández는 "서부의 농장들은 멕시코의 노동력에 전적으로 의지하고 있었다."라고 쓴다). 그러나 멕시코인은 상설 검문소에서 건강검진을 받고 머릿니를 제거해야 했다.* 반은 강제적이고, 반은 그렇지 않은 묘한 시스템이었다. 반은 물, 반은 금속이라고 하지 않았던가. 매일 멕시코인 수천 명이 새로운 절차를 밟으며 국경 마을은 대기실로 변했다.[22] 이민 기록에 따르면 1920년에서 1928년 사이 합법적으로 미국에 들어온 멕시코인은 50만 명에 달했다.[23] 그러나 아무도 지키지 않는 티후아나 수풀을 소리 없이 지나거나 배를 타고 리오그란데강을 건너 들어온 인원도 비슷했을 것이다. 용광로, 밭, 광산, 가정집에서 일하는 이들은 매일 미국과 멕시코를 오갔다. 그보다 오래 머무르는 사람들은 엘파소에서 록아일랜드선을 타고 북쪽의 시카고로 향했다.

제1차 세계대전 이후 경기는 호황과 불황을 오갔고, 미국은 노동력 부족과 노동력 과잉 문제에 시달렸다. 1920년대에 백인 사회 내에서는 멕시코인의 이주와 관련해 뚜렷하게 구분되지만 서로 의존적인

---

* 1917년 1월 28일, 카르멜리타 토레스(Carmelita Torres)라는 하인의 주도로 이주 노동자 무리가 엘파소 교차점에서 이를 제거하기 위해 옷을 다 벗고 크리올라이트 용액에 목욕하는 것을 거부해 3일 동안 저항했다. 1년 전 엘파소 교도소에서도 비슷한 '목욕' 때문에 불이 붙어 멕시코인 다수가 사망한 사건이 있었다. 역사학자 데이비드(David Dorado Romo)는 1920년대에 "산타페 브리지에서 미국 공무원들이 미국으로 건너오는 멕시코인에게 목욕을 시키고 옷에 치클론 B(Zyklon B)를 분사했다."라고 썼다. 치클론 B는 이전에 나치 수용소 처형실에서 사용하던 것으로, 이 절차를 진행하는 공간은 미국 공무원들 사이에서 '가스실'로 불렸다. 또한 로모는 1938년에 나온 독일 과학잡지 기사를 인용하며 "엘파소에서 치클론 B로 멕시코 이민자를 소독하는 방법을 극찬했다."라고 한다.

두 가지 선택지가 나타났다. 당시 정치·경제 분야의 엘리트라면 엘파소와 러레이도 같은 국경도시의 사업가들, 남서부와 캘리포니아의 농장주들, 북동부의 기업가들을 꼽을 수 있다. 이들은 지금처럼 멕시코인이 입국 규제 대상에서 제외되기를 원했다. 그러나《잊기를 거부하다》의 저자들은 같은 시기에 심각한 인종차별이 증가했다고 기록했다. 백인의 임금이 오르지 않는다는 이유로 멕시코인은 증오의 대상이 되었다. 하지만 더 나은 조건을 위해 함께 싸워야 할 연대가 파괴되며 증오는 오히려 임금이 더 오르지 못하게 막는 역할을 했다.

1920년대 초에는 반反멕시코 테러가 급증했고 부활한 쿠 클럭스 클랜KKK이 이민을 둘러싼 국가적 논쟁에 영향을 끼치기 시작했다. 1920년대 초에 단원을 100만 명 이상 —텍사스에만 20만 명이었다— 거느린 KKK는 아칸소에서 캘리포니아까지 주 공무원 선출에 개입했다. 민주당에 KKK단이 미치는 영향력이 얼마나 대단했던지 한 신문은 1924년 전당대회를 '클랜베이크Klanbake'라 비꼬기도 했다.[24] KKK단 지도부가 자신의 단체를 일컬었던 표현인 '보이지 않는 제국'은 제1차 세계대전 이후 유럽에 부상한 파시즘과 비슷하다. 지극히 미국적인 정서가 더해졌을 뿐이다.[25]

KKK단은 변경의 파시즘이었다. 30년 전 프레더릭 잭슨 터너가 억누르려 했던 정착 식민주의의 중심에 있는 인종주의가 되돌아왔다고 할 수 있었다. 1921년에 설립된 엘파소 지부는 프런티어 클랜 넘버 100Frontier Klan Number 100이라는 이름으로 불렸다. 1920년대에 KKK단의 제국의 마법사Imperial Wizard 하이럼 웨슬리 에반스Hiram Wesley Evans는 '우리 땅의 선구자들은 모두 신교도'이고 '북방 인종Nordic'이었다고 말했다.[26] 조지아 지부의 지도자는 또 이렇게 말했다.

"우리 사람들은 모두 농부이다."

터너는 서부를 이상으로 여겼다. KKK단도 마찬가지였다. 조지아 산간벽지, 중서부, 뉴욕 북부, 남서부, 서부 등 출신과 상관없이 KKK단은 대개 우애 단체franternal society에도 속해 있었다. 그중에는 세계나무꾼협회Woodmen of the World, 미국삼림감독관협회Foresters of America, 레드맨향상결사단의 11개 부족Eleven Tribes of the Improved Order of Red Men 같은 가짜 변경 협회들도 포함되어 있었다. 오클라호마의 한 지지자는 '서부 변경에 밧줄로 범죄를 저지하는 자경단을 만들어야 했던 이유'와 같은 이유로 새로운 KKK단이 탄생했다고 말했다. 이 오클라호마 지지자는 오늘날 법과 질서를 부르짖는 인종차별주의자들처럼 세금에 반대했고, 공공 지출을 추가할 필요 없이 '한계치까지 세금을 떠안은' 시민들이 KKK단으로 스스로 보호할 수 있다고 말했다.[27]

KKK단은 재즈, 부도덕성, 유대인, 높은 세금, 아프리카계 미국인처럼 광란의 20년대Roaring Twenties에 미국이 직면한 여러 가지 위협에 초점을 맞췄다. 그러면서 국경에 대한 집착도 늘어나 오리건에서까지 이주자들을 괴롭혔다.[28] 에반스는 말했다.

"대부분 공산주의자인 멕시코인 수천 명이 리오그란데강을 건너 남서부의 노동 시장을 독차지할 기회를 노리고 있다."

금주법이 시행되며 많은 국경도시는 멕시코에서 넘어온 술, 마리화나, 마약이 있는 환락가로 변했다. 한 침례교 목사는 도시의 무도장, 주류 밀매점, 사창가를 '엘파소의 시궁창'이라 묘사했다. 개신교도들은 가톨릭교를 믿는 멕시코인과 멕시코계 미국인 때문에 이렇게 됐다고 비난했다.²⁹ 엘파소의 프런티어 클랜 넘버 100은 "백인 민주주의를 영원한 보존하기 위해 노력하겠다."라고 맹세했다. 국경의 KKK단은 우애 단체와 개신교 교회에 침투해 학교 이사회를 장악하고 금세 지역 경찰과 주 방위군에 한 자리를 차지했다. 그런 후 멕시코계 미국인의 투표권을 억압해 소수 백인의 통치를 강화했다.³⁰

1922년 무렵, 국경의 폭력 사태가 심각해지자 보통 외교 정책을 담당하는 국무부도 개입의 필요성을 느꼈다. 국무장관 찰스 에반스 휴스Charles Evans Huges는 텍사스 주지사에게 편지를 써, 주지사가 마치 불법 점령을 하려는 불량 정부의 외국 군주인 양 이렇게 부탁했다.

"간절히 청합니다. 멕시코 시민들이 철저한 보호를 받을 수 있도록 즉각 적절한 조치를 취해 주십시오."

휴스는 신흥 석유 도시 브레켄리지Breckenridge에서 일어난 사건을 염려하고 있었다. 11월에 화이트 아울스라는 폭도 조직이 멕시코 이주자 한 명을 린치하고 마을을 행진하며 모든 유색인종을 위협한 일이 있었다. 이렇게 백인의 힘을 본 멕시코인, 멕시코계 미국인, 아프리카계 미국인은 '갑작스러운 탈출'을 택했다. 이 사건에 대해 〈뉴욕 타임스〉는 '경찰이 지키지 않는 리오그란데강 주변 지역에서 멕시코인 사냥을 허용하는 시기'가 있다고 해도 '과언'이 아니라고 썼다(하지만 경찰이 총을 쏘는 경우도 많았다). 미국에 있는 멕시코 특사는 자경 활동으로 피해를 입은 사람들의 명단을 수집하기 시작했다. 1922년에만 잔인하게 살해당한 '멕시코인이 50명에서 60명'이나 되었다.

〈타임스〉는 이렇게 썼다.

"이유 없이 멕시코인을 죽이는 일은 일상이어서 큰 관심도 끌지 못했다."[31]

5

2년 후, 1924년의 종합 이민법에 따라 공식 설립된 미국 국경경비대 United States Border Patrol는 J. 에드거 후버J. Edgar Hoover의 연방수사국FBI 을 뛰어넘어 가장 정치적인 법집행기관이 되었다. 이민법이 통과되기 전까지 논쟁은 뜨거웠다. 자국민 보호주의자들은 국경 개방 정책으로 미국이 '인종 자살'을 저지르고 있다며 '잡종화'의 위험을 경고했다. KKK 단원 4,000명이 워싱턴으로 행진해 입국 규제를 요구했다. 1924년 법은 미국 역사의 근원에 있는 외국인 혐오xenophobia를 이민 정책에 성문화했다. 아시아인 이민은 거의 0건으로 떨어졌고, 유럽 중부와 남부에서 온 사람의 수도 크게 줄어들었다. 이제는 거의 모든 나라가 쿼터제의 대상이 되었는데, 서유럽 국가가 가장 많은 쿼터를 받았다.

그래도 멕시코는 포함되지 않았다. 규제를 찬성하는 세력보다는 사업 이익이 우선이었기 때문이었다. 텍사스주 상공회의소는 "텍사스에 멕시코 이민자가 필요하다."라고 했다.[32] 1924년 법까지는 어떻게 통과되었지만 미국 정치 제도와 법 제도에서 앵글로색슨주의의 지배력이 약해지고 있다는 징후는 더 있었다. 대법원은 푸에르토리코인이 미국 시민이라 선언했고, 1924년 6월 의회는 미국에서 태어난 아메리카 원주민에 미국 시민 자격을 부여했다. 인종주의자인 윌슨도 이민 규제는 반대했다. 후임 대통령인 워런 하딩Warren Harding과 캘빈 쿨리지Calvin Coolidge는 규제를 적극 찬성했지만 하딩(아프리카계 미국인 혼혈이면서 KKK 단원이라는 소문이 있었다)은 시민의 평등권을 주제로 연설한 최초의 20세기 대통령이었다. 1921년 앨라배마주 버밍햄에서 하딩은 아프리카계 미국인들에게 '완전한 시민권'을 달라 청했다. 하딩의 요구는 폭발적인 결과를 불러왔다. 버밍햄 경찰은 '시기적으로 부적절하고 신중하지 못한 발언'이었다고 대통령을 비난했고, 미시시피주 상원의원은 '대통령의 이론은 흑인이 미국 대통령에 도전할 수 있다는 뜻으로 결론이 날' 가능성이 있다고 말했다.[33] 백인 민주주의는 무너지고 있었다.

백인 우월주의자들은 멕시코인의 이민을 제한하는 문제를 둘러싼 국가적 논쟁에서 패배했다. 이후에는 앵글로색슨주의를 수호하는 더 큰 싸움에서 지고 있다는 두려움을 느끼고 신설된 미국 국경경비대를 장악해 유색인종을 감시하는 기관으로 바꿔 놓았다. 경비대에 처음으로 뽑힌 이들은 부모 혹은 조부모 대에 농경 생활을 접은 백인 남성들로, 군대에 있었거나 경찰, 레인저로 활동한 경험이 많았다. 넓은 접경지대의 농장주와 목장주는 값싼 노동력을 원했지만 국경경비대의 정치관은 반대였다.[34] 상공회의소와 달리, 텍사스에 ―애리조나, 뉴멕시코, 캘리포니아에도― 멕시코 이민자가 필요하다고 생각하지 않았다. 1800년대 중반에 멕시코-미국 전쟁이 발발했을 때 멕시코인을 겨냥한 광범위하고 일반적인 인종차별은 미국 전역으로 퍼졌다. 1924년 이후 멕시코인 차별은 엑기스만 남아 국경선에 점점 집중되었다. 국가 차원의 이민법에 어떤 조항이 있든, 멕시코의 합법적인 입국을 결정하는 사람은 국경경비대 대원과 세관 검사관이었다. 그들은 매일 정기적으로 국경을 넘는 일과도 폭행 의식으로 탈바꿈할 권한을 갖고 있었다. 위생 점검은 범위가 넓어지고 더욱 모욕적으로 변했다. 이주 노동자는 머리카락을 밀어야 했고, 갈수록 모호해지는 요구 조건에 순응하고 순찰대의 재량적인 판단에 따라야 했다. 읽기·쓰기 시험을 치르거나 입장료를 내야 하는 경우도 있었다.

멕시코 후아레스와 미국 엘파소를 연결하는 다리는 일종의 무대가 되었다. 집중포화를 견뎌야 할 공간이기도 했다. 다리를 건너는 멕시코인을 향해 미국 연방 공무원들은 침과 인종차별적 욕설을 쏟아냈다. 국경경비대 대원들은 주기적으로 이주자를 때리고, 총으로 쏘고, 목매달아 죽였다. 처음에는 경비대가 대형 기관이 아니었기 때문에 경비 범위도 3,200킬로미터 길이의 경계선에 한정되어 있었다. 그러나 점점 대원 수가 늘어나며 소문은 잔혹해졌다. 이주자에게는 권리가 없었으므로 경비대가 처벌을 받는 일은 없었다. 텍사스 레인저스 출신인 요원 두 명은 이주자들의 발을 묶고 강으로 끌고 가 불법으로 미국에 들어왔다는 자백을 받을 때까지 강물에 넣었다 뺐다는 혐의를 받았다. 부활한 KKK단에 소속되어 텍사스에서 캘리포니아까지 국경도시에서 활동하는 요원들도 있었다. 한 육군 장교가 회상하기를 엘파소 방위군은 '사실상 전원'이 '클랜 단원'이었고, 대부분 KKK단이 생긴 때 경비대에 합류했다고 한다.[35]

주식 시장이 붕괴하고 대공황이 시작되기 전인 1929년, 허버트 후버Herbert Hoover 대통령은 역사학자 켈리 라이틀 에르난데스의 표현을 빌려 '비공식적인 국경 횡단의 범죄화'를 앞당기는 법안에 서명했다.

의회에 법안을 상정한 상원의원은 사우스캐롤라이나주의 백인우월주의자 콜먼 블리스Coleman Blease였다. 주지사 시절 아프리카계 미국인의 린치를 '꼭 해야 할 선행'이라고 공공연히 장려한 인물이었다. 에르난데스는 블리스가 고용자와 규제 지지자 사이에서 협상을 중개하고 있었다고 말한다. 새로운 법안은 멕시코 이주자가 국가 쿼터에 포함되지 않는다는 사실을 인정하며 공식적인 입국 항구가 아닌 곳을 통해 미국으로 들어오는 행위를 범죄로 규정했다.[36]

그러다 월스트리트가 무너지고 실업자가 늘어나자 후버는 1932년 대선에서 반멕시코 자국민 보호주의를 정치적으로 이용했지만 재선에 실패했다. 이때 후버는 경비대원을 더 많이 고용하고 느슨했던 기존의 이민법 조항을 강화해 멕시코 사회에 압력을 가했다. 같은 시기에 캘리포니아주와 텍사스주는 이주자와 멕시코계 미국인을 엄중 단속했고, 미국을 이끄는 지식인 일부는 멕시코인을 위험, 질병, 위협과 연결했다(주류 언론인 〈노스 아메리칸 리뷰〉에서 한 저명한 동물학 교수는 '인종 교체racial replacement'를 우려했다).[37] 연방 정부는 기관들이 노동력을 제한해 실업 문제를 해결하라고 장려했다. 후버가 만든 실업 구제 기관의 로스앤젤레스 지부장 찰스 비셀Charles Visel은 미국에 '추방 가능한 외국인 체류자 4,000명'이 있다고 당국에 전보를 쳤다. 비셀은 이렇게 말했다.

"그들의 일자리가 필요합니다."

비셀은 경찰과 보안관이 '최대한 언론에 노출하고 사진을 찍으며' 대대적인 불시 단속을 해야 한다고 제안했다. '심리적인 제스처'는 '추방 가능한 외국인 체류자 수천 명에게 겁을 줘' 미국을 떠나게 할 수 있었다. 백악관은 제안을 승인했다.[38] 일자리가 줄어들고 농산물 가격이 폭락하며 실제로 많은 이주자와 멕시코계 미국인이 미국을 떠났다. 추방을 당하거나 위협을 느끼고 떠나거나 둘 중 하나였다. 그수는 최소 30만 명에서 최대 200만 명으로 추정된다.[39]

1931년에 〈뉴 리퍼블릭New Republic〉은 이렇게 평했다.

"전반적으로 현 정부는 가장 광적인 쿠 클럭스 클랜을 기쁘게 하는 방향으로 외국인 체류자 정책을 추진하고 있다."

1924년 이민법의 위력은 대단했다. 일단 미국에 들어오는 유럽·아시아 이주자 수를 제한하자 팽창하는 미국 경제에 값싼 노동력을 제공하는 멕시코가 더욱 중요해졌다. 반면, 이 법으로 탄생한 기관 ─ 미국 국경경비대─ 은 지독한 자국민 보호주의를 제도화했고, 이들의 적대감을 한 몸에 받아 내야 했던 대상은 멕시코 이주자였다.

미국의 현재 위기를 이해하려면 ─특히 이주에 반대하는 자국민 보호주의가 현재 트럼프주의의 매개체로 작용했다는 점을 이해하려면─ 오랜 역사에 걸쳐 국경이 변경의 반대 개념이 되었다는 사실을 알아야 한다. 멕시코와 미국을 나누는 긴 국경은 인종차별과 잔혹 행위의 저장소 역할을 했다. 그래서 변경 이론가들은 변경이 그 두 가지를 과거에 남기고 미래로 전진하는 공간이라고 말했다. 변경이 극단주의를 "변방으로 밀어냈다."라는 말은 그저 메타포나 표현 방식이 아니다. 실제로 앵글로색슨주의는 텍사스와 캘리포니아 남부를 잇는 3,200킬로미터의 국경선 변방으로 밀려났다. 물론 그 밖의 극단적인 인종차별은 미국 전역에서 린치, 짐 크로법, 북부의 인종 분리 정책 등의 형태로 나타났다.[40] 미국이 연이어 전쟁을 벌이며 우월주의도 점점 뚜렷해졌다. 그러나 오늘날 자국민 보호주의의 부활을 가져온 중요한 흐름의 시작은 국경이다.

특히 한 가지 사례를 보면 국경의 잔혹성이 전국으로 퍼졌다거나 전국 정치가 국경처럼 변했다고 말할 수 있다. 1931년, 러레이도 국경경비대 요원의 아들이었던 할런 카터Harlon Carter는 말대꾸를 했다는 이유로 열다섯 살짜리 멕시코계 미국인 소년 라몬 카시아노Ramón Casiano를 총으로 쏴서 죽였다. 이후 카터는 아버지의 뒤를 이어 경비대에 들어갔고 가장 잔혹한 감독자로 이름을 날렸다. 1950년대에 웻백 작전Operation Wetback(사상 최대 규모의 추방 작전, 웻백은 멕시코 이주자가 강을 건널 때 등이 젖었다 하여 붙은 이름이다_옮긴이)을 지휘한 카터는 〈로스앤젤레스 타임스〉 기사 내용처럼 경비대를 '군대'로 만들고 '멕시코 웻백 수만 명을 다시 멕시코로 던져 버리는 전면전'을 치렀다.[41] 카터는 카시아노를 살해했을 때부터 이미 전미총기협회National Rifle Association(NRA) 회원이었고 국경경비대 활동을 하는 동안 협회 고위직에 있었다. 그러다 1977년 경비대에서 은퇴한 카터는 평론가들의 말을 빌리자면 (비교적) 온건한 NRA 지도부에 과격한 쿠데타를 일으켜 NRA를 뉴라이트New Right의 핵심 기관, 개인의 절대적인 권리를 지키는 요새로 바꿔 놓았다. 이 경우 개인의 절대적인 권리란 무기를 소지할 권리를 의미했다. 2015년 대통령 선거 출마를 발표한 트럼프는 며칠 후 한 국경경비대 대원의 초대를 받아 러레이도를 방문하고 통관항을 둘러보았다.

"전부 국경에서 시작되었지. 지금도 그 자리에 있어."

드라이브바이 트러커스Drive-By Truckers가 2016년에 발표한 곡 〈라몬 카시아노〉 가사의 첫 구절이다. 노래는 이렇게 끝난다.

"라몬은 여전히 눈을 완전히 감지 못하고 있네."

심리적 왜곡

"사회의 황무지를 정복하기 위해."

1

원래 프레더릭 잭슨 터너는 프런티어 사관을 광대함에 관한 사회학으로 구성했다. 무한해 보이는 자유 토지가 어떻게 독특하고 강렬한 정치적 평등을 이루어 냈는지 설명하려 했다. 그러다 정치인들이 프런티어 사관을 무한함에 관한 이데올로기로 수정하며 변경은 저 멀리 필리핀에서도 벌어지고 있는 전쟁을 정당화하는 역할로 변했다. 그러나 1910년대 무렵부터 비평가들은 프런티어 사관을 반대로 뒤집기 시작했다. 터너와 제자들은 '변경'이 있었기에 미국이 독재주의, 군국주의, 전체주의, 계급 갈등, 종속 등의 나쁜 것을 피할 수 있었다고 보았다. 그런데 이제는 같은 대답 —'변경'— 으로 다른 질문에 답을 하는 사람들이 나타났다. 미국은 왜 사회 권익같이 좋은 것들을 갖지 못할까? 사회 문제에 대응할 능력이 있는 정부, 감상적이지 않은 문화를 왜 가질 수 없는 것인가?

터너는 국가적 미덕으로 개인주의를 특히 중요하게 여겼다. 그러나 터너의 이론을 뒤집은 이들은 극단적인 형태에 국한했지만 어쨌든 개인주의가 미국의 수많은 병폐를 불러왔다고 했다. 터너 사관을 주도적으로 비판한 〈뉴 리퍼블릭〉의 편집장 월터 웨일Walter Weyl은 1912년에 이렇게 썼다.

> 개척자는 서쪽으로 행진하며 미국인에게 심리적 왜곡을 안겨 주고 사회민주주의의 발달을 막았다. 열려 있는 대륙은 미국인을 중독시켰다. 자아가 비대해졌다. 공동체 정신은 쪼그라들었다. 미국인의 마음은 하나의 작은 독립국이 되어 어디에 충성하지도 않고 별다른 의무감도 지지 않는다. 개인주의, 자신감, 근시안적 사고, 무법 상태가 탄생했고 결국에는 스스로 무너질 운명이다. 탄생의 근원이었던 끝없는 기회주의가 드디어 한계에 도달했기 때문이다.[1]

웨일은 터너의 전제를 받아들였다. '거칠고 조잡한' 변경 민주주의는 강력한 힘으로 미국을 부유하게 해 주었다. 그러나 그에 수반되는 반정부 정서에는 '악마'가 도사리고 있어 금권정치, 인종 차별("우리나라에 있는 흑인 천만 명은 전체적으로 봤을 때 사회에서 가장 착취를 많이 당하는 집단이다."), 계급 지배, 부패 같은 수많은 문제에 적절한 해결책을 제시할 수 없었다. 변경의 낭만주의자들이 변경에는 자원이 무한하고 끝없는 경치가 펼쳐져 있다고 한 반면, 웨일은 '새로운 선취자new preëmptor'를 조심하라 경고했다. 미국의 원자재를 고갈하는 경제적 독점을 가리키는 표현이었다.

"선취자는 개척자와 비슷하지만 훨씬 더 큰 스케일로 낭비하고 유린하고 불을 질렀다."

웨일은 다음과 같이 썼다.

"기계가 광활한 숲을 빠르게 파괴했다."

자본주의가 부의 '사회적 과잉'을 촉발하니 국가는 교육, 의료 등의 경제적 보장으로 남아도는 부를 몰수해 분배해야 한다고 했다. 또한 자연 세계를 지키기 위해 시골 지역을 전과 달리 분별 있게 보존해야 한다고도 주장했다. 도시 '빈민가slum' —터너의 '변경'에 맞먹을 만큼 웨일은 이 표현을 자주 사용했다— 에서는 빈곤과 질병에 시달리는 주민을 구제할 정책을 펼치라고 했다.

제1차 세계대전 이전에 활동한 웨일은 변경의 땅이 닫히면 '극단적 개인주의'의 '걷잡을 수 없는 과잉'도 끝날 것이라 믿는 낙관주의자였다. 이제 시민들은 현대의 위기를 바로잡을 도구를 개발해야 했다. 웨일은 스스로 사회주의자라 칭했다. 그러나 웨일의 사회주의는 경제보다 심리와 가까운 상태였다. 한계를 감정적으로 인식하고 무한한 이드id를 억제하는 생각은 한계 없는 변경을 그리워하는 갈망으로 자주 표출되었다. 터너는 미국인이 숲에서 길을 잃었다고 말했다. 웨일은 태평양에서 막다른 길과 부딪힌 미국인이 제 발에 "뒤로 넘어졌다."라고 말했다. 다른 사람들 위로 넘어진 이들은 자신이 결국에는 사회적 존재였음을 깨달았다.

"새로운 민주주의의 영혼은 양도 불가능한 권리가 아니다. 부정적이고 개인주의적으로 해석하지 않고 똑같은 '생명, 자유, 행복 추구'의 권리를 확대해 사회적 해석을 부여했다."

터너의 이론을 뒤집은 비평가 중에는 루이스 멈퍼드Lewis Mumford 도 있다. 멈퍼드는 숲에 행복이란 없다고 말했다. 숲은 아무런 가치 도 내어 주지 않았다. 1926년 〈황금시대The Golden Day〉라는 장문의 에 세이에서 멈퍼드는 "개척자는 벌거벗은 채로 부족한 삶을 살았다."라 고 썼다.

"그는 자연을 마주하지 않았다. 사회를 회피했을 뿐이다."

인간은 사회적 동물이고, 아무리 건강한 방식이라 해도 변경 생 활의 '거친 야만성'과 전쟁, 학살, '원주민에 대한 만행'을 견뎌 낼 개 인·문화·국가는 없었다. 에로스를 폭력적인 트라우마로 승화시킨 '개척자의 거친 성생활'은 끊임없는 '자연과의 전쟁'에 반영되어 '숲 의 나무를 베고 그곳에 사는 생명체를 살육'했다. 그때의 '눈먼 분노' 는 감상적인 애수로 기억에 남았다. 개척자가 인디언의 머리 가죽 을 벗길 때 손때 묻은 롱펠로의 '하이아와사의 노래Song of Hiawatha(인디 언 영웅 신화를 이야기하는 서사시_옮긴이)'가 주머니에서 스르르 빠져나 온다. 멈퍼드는 "'여자'가 이 로맨스에 훼방을 놓는 개척자의 주적이 었다."라고 썼다. 여성은 이 세상이 남자와 자연과 인디언으로만 이 루어지지 않았다는 사실, 이 세상에는 사회와 책임도 있다는 사실을 일깨워 주었다.[2]

웨일은 미국이 이제 곧 계급의 관계를 명료하게 이해해 합리적인 사회민주주의 정치 문화를 일구기를 바랐다. 멈퍼드는 생각이 달랐 다. '언젠가 기나긴 여정이 끝나고' 숲에서 나온 개척자는 '은근히 병적인 방법'으로 사회 문제에 대응할 수밖에 없었다. 담배, 알코올을 금지하고 심지어는 '호텔 침대 시트의 길이'도 규제하는 현실은 발작적이고 감정적인 공포를 불러왔다.

웨일과 멈퍼드를 보면 프런티어 사관에 현대인이 얼마큼 반발했는지 알 수 있다. 하지만 한편으로는 프런티어 사관은 논쟁의 용어를 어느 정도 결정했다. 황무지를 통한 서부 팽창은 독특한 형태의 개인주의를 만들고 미국 고유의 민주주의를 체계화했다. 변경이 일종의 안전밸브로 작용해 욕망을 가라앉히고 계급 갈등을 해소했다는 점에는 많은 사람이 동의했다. 인구 밀도가 임계점에 도달하고 분배할 '자유 토지'가 고갈된 19세기 말에 변경이 닫혔다는 사실에도 다들 동감했다. 그러나 변경의 의미는 개개인의 정치에 달려 있었다. 터너와 제자들은 변경 개인주의를 찬양할 존재라고 믿었다. 웨일 같은 사회주의자에게는 가당치 않은 말이었다.

"유토피아는 40년 전 문을 닫았다."

프랭클린 델러노 루스벨트의 '정책 고문단brain trust'에 속해 있던 경제학자 스튜어트 체이스Stuart Chase는 그렇게 썼다. 체이스가 글을 쓰던 시점은 1929년 주식시장이 붕괴되고 대공황이 시작된 이후였다. 체이스의 저서 《뉴딜A New Deal》은 1932년 대선 후보였던 루스벨트가 개혁 의제를 설명할 때 사용할 용어를 제시했다. 체이스는 "미래가 무한하다는 깨달음은 현재 우리의 급소를 찌를 뿐이다."라고 했다.

"탈출구는 없다. 경제 전쟁은 우리 집 안에서 치러야 한다."

그러면서 이렇게 썼다.

"자유방임주의가 서부의 포장마차에서는 잘 굴러갔을지 몰라도 컨베이어 벨트와 시멘트 도로 위에서는 사정이 다르다. 북아메리카 대륙의 광대한 범위는 우리 아버지들에게 미래가 무한하다는 생각을 심어 주었다."

그러나 '변경은 무너졌고' 끊임없이 앞으로 날아가며 심리적 모순을 피할 수 있었던 미국의 '영구 기관(한 번 동력을 받으면 영원히 알아서 작동하는 가상의 기관_옮긴이)'은 '톱니바퀴를 떼어 버렸다.'[3]

2

프랭클린 델러노 루스벨트FDR는 1904년 하버드에서 프레더릭 잭슨 터너와 같은 수업을 들었다. 하지만 카리브해에서 배를 타느라 학기 중반에 수강을 포기했던 것 같다. 그래도 '테드 아저씨(12촌 관계인 시어도어 루스벨트를 뜻한다_옮긴이)'의 서재에 있던 터너의 에세이집은 읽었다.[4] 또 미국 팽창의 의미를 설명하는 그 밖의 여러 가지 주요 문헌의 영향을 받았다(존 퀸시 애덤스의 손자 브룩스 애덤스Brooks Adams의 《문명과 쇠퇴의 법칙The Law of Cilvilization and Decay》과 《새로운 제국The New Empire》 등). 그러나 루스벨트를 비롯한 수많은 개혁가는 위기를 이해하고 위기의 원인을 학문적으로 분석한 추상적 내용을 더 쉬운 언어로 번역할 때 프런티어 사관을 활용했다.

FDR은 대선 선거운동이 한창이던 1932년 9월 샌프란시스코 코먼웰스클럽Commonwealth Club에서 연설을 하며 터너에게 어떤 영향을 받았는지 이야기했다.[5] 루스벨트의 연설 첫머리 —자유 토지, 개인주의, 기회까지 전부 망라해 변경의 기도문을 완벽하게 읊었다— 는 몇 달 전 세상을 떠난 터너의 정신과 이어져 있었다. 루스벨트는 그때만 해도 불황이 왔다가 사라진다고 말했다. 하지만 인간은 하루 중에서 일부만 임금을 받고 일하기 때문에 만약 임금이 낮아지거나 아예 바닥이 난다면 언제든 농장으로 되돌아갈 수 있었다. 미국 역사에서 그 시기는 '길고도 화려'했다. 굶주림과 혼란은 '사실상 불가능'했다.

> 최악의 상황이 닥쳐도 포장마차에 기어올라 서쪽으로 이동할 가능성
> 이 언제든 열려 있습니다. 동부에서는 설 자리가 없었던 사람에게 경
> 작되지 않은 그곳의 대초원이 안식처가 되어 줍니다 … 전통적으로
> 불황이 찾아오면 서부에 새로운 땅이 열렸고, 일시적인 불행조차도
> 우리에게는 명백한 운명 역할을 했습니다.

그러다 산업화가 찾아오고 통신·교통·농기구가 빠르게 발전했다. 그 결과 자본주의가 개척자를 추월하기 시작했고 정치권력과 경제 권력이 합쳐졌다. 루스벨트는 한동안 이런 생산방식으로 얻는 이익이 막대했다고 말했다. 전에 본 적 없던 부가 탄생했다. 미국은 세계 정상으로 부상했고 미국인도 마찬가지였다. 루스벨트는 "기계시대의 엄청난 이점들이 드러났습니다."라고 말했다.

"미국은 한편으로는 두려움, 한편으로는 즐거움을 안고 당연하게 고난을 행복과 함께 받아들였죠."

그러나 20세기에 접어들며 전세는 역전되었다. 미국은 '마지막 변경'에 부딪혔다. 자유 토지가 바닥나자 정치권력의 균형은 '기업 연합'

으로 넘어갔다. 루스벨트는 말했다.

"동부의 산업 기계로 일자리에서 쫓겨난 사람이 가서 새 출발을 할 수 있는 서부의 대초원이라는 안전밸브는 이제 없습니다."

루스벨트는 일관성 있는 대안 경제 정책을 내놓기 위해 이런 주장(변경의 안전밸브를 잠그며 미국의 자유방임주의가 위기에 취약해졌다는 주장)을 이용하지 않았다. 그러기에는 너무 즉흥적인 정치인이었고, 그의 전기에도 나와 있듯 과도한 임기응변으로 대응하는 정책 입안자였다.

이런 주장을 펼친 이유는 개인과 정부의 관계에 대한 새로운 사고 방식을 제시하기 위해서였다. 한 작가는 FDR이 코먼웰스클럽에서처럼 프런티어 사관의 '간략한 스케치'로 "역사적으로 규제를 삼간 민주 정부가 규제를 많이 한 정부를 이기지 못했음을 설명했다."라고 평했다.[6] 1936년 아칸소주 리틀록에서도 프런티어 사관의 스케치를 활용했다. 미시시피 계곡을 개방한 앤드루 잭슨을 한참 동안 찬양한 후 그는 모든 내용을 두 문장으로 일축했다.

"지금 그때의 삶은 없습니다. 단순함은 사라졌고 원하든 원하지 않든 우리는 모두 갈수록 복잡해지는 사회 문명의 일부입니다."[7]

다른 곳에서는 "사실을 이해해야 합니다."라며 사회 보장을 주장했다.

"경제 법칙은 자연이 만든 게 아니죠. 그것은 인간이 만들었습니다."[8]

루스벨트는 '인간이 만든 우리 세계'라며 사회 연대라는 새로운 윤리를 전하고 있었다.[9]

대공황은 경제만큼이나 생태계에도 큰 위기였고, 뉴딜 연합은 프런티어 사관을 통해 둘 사이의 관계를 이해했다.* 1935년 농무부 차관 렉스퍼드 터그웰Rexford Tugwell은 '변경의 끝No More Frontiers'이라는 인상적인 에세이에서 수 세기 동안 미국이 아메리카 대륙으로 무작정 영역을 넓힌 결과가 '방종한 농업'이라고 했다.[10]

"거주지를 옮기고 앞으로 나아가는 국민 서사시는 더없이 낭만적이었다."

그러나 미국 농부들은 지속 불가능한 기법에 익숙해졌고 광범위한 토양 침식을 낳았다. 19세기에 홈스테드법은 권력자에게 양질의 땅을 분배했다. 목재 거물들은 땅에서 나무를 뽑아냈고, 가난한 사람은 바위투성이 변두리 땅을 받았다. 이 법은 토양에게 '사형 집행 영장'이었고, 농부들이 땅에 농사를 지을 대로 지은 후 다른 땅을 찾아 떠나는 관행을 가속화했다. 미국이 제1차 세계대전에 참가하며 상황은 더 심각해졌다. 이전까지 시어도어 루스벨트는 공유지를 어느 정도 보존할 수 있었다. 그러나 터그웰은 이제 농부들이 "전쟁에서 승리하기 위해 밀을 재배하라."라는 명령을 받는다고 썼다. 전쟁 중 급증한 수요에 맞춰 늘어난 생산량은 루스벨트가 지킨 땅의 대부분을 할퀴고 지나갔다.

터그웰은 위기의 원인으로 변경의 전통을 들었다. 변경에는 지속 가능한 '집약적 농업'이 가능하다는 무지한 기법이 자리를 잡았다. 미국인들은 땅이 무한하다고 가정하고 농사를 짓기보다는 땅을 파고

---

* "25년 전, 우리는 세상의 모든 땅을 소유했습니다." 루스벨트는 1936년 콜로라도의 가뭄을 살피며 정부 개입이 필요하지 않다고 열차의 뒤쪽 플랫폼에서 즉흥적인 연설을 했다. "옛 변경 시대의 무한한 땅은 이제 없어요." 수해 방지를 위해 땅을 합리적으로 사용해야 한다는 이야기였다.

광물을 캐냈다. 한계를 무시하던 이들은 결국 대공황으로 마지막 한계에 부딪혔다. 트랙터와 탈곡기 같은 기술의 도입은 더 넓은 영역에 소모적인 관행을 퍼뜨릴 뿐이었다. "빽빽하고 위압적인 숲의 드넓은 장막을 베고 불태웠다."라는 터너의 글처럼 기술은 남부의 숲을 없애고 그레이트플레인스를 더 빠른 속도로 파괴하는 한편, 소작농의 노동을 불필요하게 만들었다.[11] 1920년이 되자 모래 폭풍은 지표면의 흙을 거대한 구름처럼 동쪽으로 날려 도시에 어둠을 드리우고 '전국에 진흙으로 된' 비를 뿌렸다.

"목초는 시들고 하천은 말라붙었으며 굶주린 소를 구해야 했다."

그리고 '경제 난민 수백만 명'이 식량을 찾아 저편의 땅을 향해 필사적으로 이동했다. 뉴딜은 이런 생태계 위기에 훌륭히 대응했고 제2차 세계대전이 터지기 전까지는 해방노예국 이후로 집단의 공공 이익을 가장 광범위하게 증대하는 비전을 제시했다. 정부는 가족이 다시 자리 잡도록 돕고 사람들에게 일자리를 주었다. 나무를 심고 양질의 토양을 복구하고 땅에 새로 씨를 뿌렸다. 국립공원을 확대하고 아메리카 원주민에 목초지를 돌려주고 먼지를 털었다.

프런티어 사관을 이용해 새로운 사회 윤리를 주장한 다른 개혁자들도 있었다.[12] FDR 행정부의 노동장관이었던 프랜시스 퍼킨스 Frances Perkins는 광범위한 변경 팽창으로 땅이 아니라 인간의 가치에 침식 작용이 일어났다고 주장했다. '인간의 삶은 평가 절하'되고 '수축'되었다. 무수한 사람이 땅에서 일하다 일찍 죽음을 맞고 자녀들도 똑같은 과정을 밟았다. 퍼킨스는 미국의 번영이 변경에서 이루어졌다는 데는 동의했다. 하지만 '자유 토지'의 분배가 가치를 창출했기 때문은 아니었다. 퍼킨스는 1934년에 《일하는 사람들People at Work》이라는 책에서 프런티어 사관의 기반이 한쪽 성에 치우쳤다고 주장했다. 부는 가정 생산이 제공하는 '공짜 노동력(돈을 받지 않는다는 의미)'으로 만들어졌다. 여성과 아이들의 대가 없는 노역은 '국부國富의 순수한 이익'을 낳았다. 다시 말해 변경인의 '자유'는 끝없는 변경에 출구가 있든 없든 가족의 노동력을 통제하는 능력에 달렸다는 뜻이었다.[13] 퍼킨스는 최소한 적절한 보상, 노동자를 존중하는 노동 조건, 아동 노역의 규제를 바탕으로 한 새로운 '깨어난 양심awakened conscience'을 주장했다. 그것이 1938년 공정근로기준법Fair Labor Standards Act의 목표였다.

위기를 이해할 때 '변경'은 대공황이 생산 과잉으로 일어났다는 주장처럼 상식적인 용어로 경제이론을 설명할 수 있다는 점에서 유용했다. 변경의 땅이 닫히며 경제에 부조화가 생겼고 공급이 수요를 크게 웃돌았다는 믿음이 있었다. 터그웰, 퍼킨스 같은 사람들도 변경을 참고하면 과거를 이용해 과거를 뛰어넘을 수 있다고 생각했다. 터그웰은 '미래가 과거의 기능을 강탈'해야 한다고 말했다. 언젠가는 비평가와 정치인이 인간의 열망을 묘사하는 데 '변경'이라는 단어를 사용하지 않기를 바랐다.

하지만 변경은 단순히 수사 장치가 아니었다. 뉴딜 연합에 변경은 생생한 기억으로 남아 있었다. FDR의 참모진 대다수와 지지자 수백명은 변경이 닫혔다는 1890년대 이전에 태어난 사람들이었다(FDR의 경제 수석 앨빈 한센Alvin Hansen은 변경에서 태어났다). 그들은 변경과 위기의 관계를 직접 목격했다.[14] 1907년의 오클라호마처럼 최근에야 연방에 들어온 '변경주'도 있었다. FDR의 국가부흥청National Recovery Administration

을 이끌었던 휴 존슨Hugh Johnson은 국가부흥청이 '불황을 막는 안전 밸브' 역할을 하는 '위대한 미국 변경'"의 계승자라고 말했다. 존슨은 1890년대에 오클라호마 준주에서 자란 인물이었다. 그러니 오클라호마주가 경제 위기에서 벗어나려는 난민들에게 역사 깊은 안식처였다는 말이 그냥 하는 말은 아니었다.

"이제는 오클라호마 같은 곳이 없다."

존슨은 말했다.

"변경은 끝났다."(알래스카는 예외였다. FDR 정부는 알래스카를 '최후의 변경'이라 부르며 연방 정부 차원의 공공사업으로 도로와 공원을 건설했다.)[15]

미국의 사회화를 원했던 뉴딜 연합은 옛 터너 이론에 '사회social'나 '사회화socialized' 같은 말을 붙였다. 진보 교육자들은 〈소셜 프런티어 The Social Frontier〉라는 잡지를 창간했다. 한 사회학자는 "'비사회적 개인주의'가 우리의 발전을 저해한다. 따라서 비사회적 개인주의는 사회적 개인주의에 자리를 양보해야 한다."라고 썼다. 후에 루스벨트 행정부의 부통령이 되는 농무장관 헨리 월리스Henry Wallace는 1934년에 이렇게 말했다.

"새로운 사회 조직을 발명하고 건설하고 작동해야 한다."

물론 '사회 잉여물'은 '사회 보장' 같은 프로그램을 통해 '사회 임금'으로서 '사회 공화국'에 분배해야 했다.[16] 아무래도 이 비평가들에게 수식어를 붙여 줘야 할 것 같다. 그들은 반터너주의자라기보다는 '사회적 터너주의자'였다. FDR은 리틀록의 청중을 향해 '원하든 원하지 않든 우리는 모두 사회 문명의 일부'라고 말했다.

월리스는 '사회의 황무지를 정복하기 위해' 필요한 것은 "새로운 대륙이 아니라 새로운 마음가짐이다."라고 했다.

3

뉴딜 연합이 프런티어 사관을 사회화하며 개혁 세력은 인종 차별과 백인 우월주의에 논리적으로 반박할 수 있었다. 자국민 보호 운동의 지도자들은 앵글로계, 색슨계, 북유럽계 농부가 변경에서 전진하며 위대해지는 상상을 했다. 그러나 뉴딜 연합은 변경을 신화보다는 병리학으로 해석했다. 변경은 국가가 고유성을 고집해 나타난 사회적 장애였다. 이런 해석은 새로운 관용과 개방성을 끌어냈다. 허드슨밸리의 네덜란드계 신사였던 루스벨트는 미국에서 신성시하는 색슨인의 후손이 확실했다(한번은 아일랜드 이민자의 아들인 경제 고문에게 이런 말을 했다. "이곳은 개신교 국가라네. 가톨릭 신자와 유대인은 눈 감고 봐주고 있지."). 전쟁 중에 일본계 미국인의 억류를 명령하고 남부 데모크랫의 지지를 얻기 위해 수많은 뉴딜 개혁에서 아프리카계 미국인을 제외한 결정은 FDR에게 씻지 못할 불명예를 남겼다.

그러나 FDR의 참모진은 미국에 모든 이를 위한 자리가 있다는 문화다원주의cultural pluralism 비슷한 주장을 처음으로 제기한 사람들이었다.[17] 렉스퍼드 터그웰은 1935년 뉴멕시코 대학교 졸업반에게—몬토야Montoya, 산체스Sánchez, 차베스Chávez, 코보스Cobos, 레인워터Rainwater 같은 성씨를 가진 학생들이 있었다— '여러분 세대는 미국인으로서 완전한 위상을 누릴 것'이라고 말했다. 미국은 '완전한 정착을 보장할 뿐만 아니라 여러분 환경의 태양, 공기, 물, 흙을 여러분의 이익 범위로' 인정할 것이라 했다. 터그웰은 "여러분은 이 나라의 일부이고, 이 나라는 여러분의 일부입니다."라며 연방 정부가 '파괴적인 반동 세력으로부터 보호'해 줄 것이라 약속했다. 연방 정부가 원주민 사회를 집단 농경으로 돌아가게 할 용의가 있다는 뜻을 비치며, 터그웰은 아메리카 원주민이 '그들만의 방식에 따라 다시 본모습으로' 돌아갈 수 있다고 말했다. 앵글로색슨주의를 강요하기 위한 법은 '궤변의 안개'였다. 프랜시스 퍼킨스는 노동장관이 되기도 전에 국경경비대의 잔혹성을 이미 비판한 적 있었다. 장관 취임 후, 그녀는 이민국 요원들의 만행을 최대한 막기 위해 영장 없는 체포를 규제하고 구금된 이주자에게 전화 통화를 허용했다(미국 국경경비대는 노동부 산하기관이었다가 1940년에 법무부 관할로 넘어갔다). 퍼킨스는 가혹한 이주 노동 계약을 더욱 공정하게 만드는 노력도 했다.[18]

프런티어 사관의 사회화는 미국 역사에서 예외성을 버리는 과정, 또는 미국 역사를 상대적으로 생각하는 과정이기도 했다. 터너는 미국이 적당한 '자유 토지'와 개인, 자본, 정부 사이의 알맞은 균형을 바탕으로 유일무이한 발전을 이루었다고 생각했다. 국제주의자로서 윌슨의 국제연맹을 지지했다. 그러나 터너가 생각하는 새로운 세계 질서는 다른 국가가 미국 고유의 역사를 모방할 방법을 알아내야 비로소 실현될 수 있었다. 반대로 뉴딜 연합은 모든 국가가 억압과 정치적 갈등의 역사를 공유한다는 공통성을 강조했다. 루버트 밴스Rupert Vance의 《나머지 반의 주거How the Other Half Is Housed》와 아서 레이퍼Arthur Raper의 《소작농의 서문Preface to Peasantry》같이 연방 정부의 농업 정책에 영향을 미친 새로운 농촌 사회학은 미국이 특히 한 나라와 공통점이 있다고 했다. 그 나라는 바로 멕시코였다. 멕시코의 인종 지배, 부채 노역, 지저분한 주택, 농장주의 권력은 미국, 그중에서도 남부와 남서부의 역사를 거울처럼 보여 주었다.

루스벨트가 대통령에 당선될 무렵, 억압의 역사를 극복하기 위해 멕시코 혁명을 이룬 다양한 분파는 하나의 안정적인 정부로 통합되어 1917년 세계 최초로 사회민주주의 헌법을 제정해 시민들에게 교육, 의료, 적절한 임금을 받을 권리, 노조를 결성할 권리를 보장했다. 라사로 카르데나스Lázaro Cárdenas는 1934년에 멕시코 대통령에 당선된 후 토지 개혁을 포함하는 경제 개혁 프로그램에 박차를 가했다. 1940년에 퇴임했을 무렵, 카르데나스는 약 4,500만 에이커(대부분 미국 기업이 소유한 땅을 수용했다)를 81만 가구에 분배했다. 토지 재분배에는 야키족의 자치 구역 대부분을 하나의 고유한 에히도ejido(토지를 공동으로 소유하고 경작하는 제도_옮긴이)로 복원하는 작업도 포함되어 있었다. 이로써 분배받은 땅을 여럿이 공동으로 소유하고 일구고 관리할 수 있었다(카르데나스의 조치는 FDR이 체로키족에게 원래의 조지아 땅을 되돌려주거나 크리크족에게 테네시 서부를 반환한 조치와 비슷하다). 또 멕시코는 스탠더드오일의 땅을 포함해 미국이 소유한 토지의 상당 부분을 국유화했다.[19]

앞서 윌슨 정부 때부터 국무부와 기업들은 멕시코 헌법이 개인의 권리, 특히 재산권의 이상을 왜곡한다고 비난했다.[20] 그러나 FDR 정부 각료들은 멕시코로 순례를 떠났다. 멕시코의 토지 개혁을 미국에서 시도해 볼 수 있겠다 생각하고 멕시코의 헌법을 읽으며 미국 헌법에도 비슷한 사회권을 넣을 수 있을지 궁금해했다.[21] 터그웰과 월리스는 ―사회주의 단체인 남부소작농조합Southern Tenant Farmers Union 지도자들처럼 뉴딜 연합에서도 좌파에 속하는 이들과 함께― 미국에 적용 가능한 가르침을 얻기 위해 멕시코를 방문하기 시작했다. 루스벨트의 농업안정국Farm Security Administration 국장은 미국이 멕시코의 공동 경작 시스템에서 '많은 교훈'을 얻을 수 있다고 말했다.[22] 이 무렵 지역에 국한된 터너의 비전을 뛰어넘으려 하던 역사학자는 멕시코 '사회 개혁'의 목표가 '보통 사람을 위한 권리'라고 썼다. 그는 이 슬로건이 이제부터 '앵글로 미국인들에게 익숙해지기를' 바랐다.[23]

상대를 우러러보기는 멕시코도 마찬가지였다. 멕시코 혁명가들은 '부채 노역'이라는 '사회적 암'에서 '북아메리카 농민'을 해방하려는 루스벨트의 노력과 멕시코의 농업 정책 사이에 비슷한 점이 많다고 보았다. 카르데나스의 동지 한 명은 양국의 개혁 세력이 "인간의 향상을 위한 공통의 사회적 이상을 위해 노력하고 있다."라고 말했다.[24]

4

뉴딜 연합이 프런티어 사관을 뒤집으며 뉴딜에 가장 열정을 쏟은 관료들은 자유방임적인 개인주의를 비판하는 방법으로 사회적 병폐에 제법 종합적인 진단을 제시할 수 있었다. 그러면서 복잡한 산업 사회에서 자유를 누리려면 정부가 개입해야 한다고 주장했다. 또 FDR이 몇 번이고 반복할 표현인 "빈곤한 사람은 자유인이 아니다."라는 새로운 상식 윤리를 제시했다.

뉴딜의 실제 경제 정책은 그만큼 일관적이지 않았다. 미국이 제2차 세계대전에 뛰어들기 전, FDR은 8년간 시행착오를 경험했다. 그의 뉴딜은 앞으로 급하게 달려 나가다가 왼쪽으로 기울다 오른쪽으로, 다시 왼쪽으로 기울었다. 한 가지 프로그램(은행 규제)을 준비하다 다른 프로그램(공공사업)으로 방향을 틀었다. 대법원이 헌법에 합치하지 않는다고 말하면(전국산업부흥법National Recovery Act) 다른 것을 시도했다(사회 보장과 농업안정국). 많은 정책은 노동자와 농민의 부담을 크게 덜어 주었고 농촌의 가족농 경제를 실질적으로 복원했다. 그러나 그런 정책 ―긴급 원조 제공, 노조의 정치적 권력 강화, 소규모 농가에 대한 기술·금융 지원― 은 더 규모가 크고 수출 지향적인 산업과 농업을 창조하는 일보다 순위가 뒤로 밀렸다.

1941년에는 국가의 모든 에너지가 진주만에 집중되었다. 연방 정부는 세금을 올리고 식량을 배급하고 병력을 징집하고 물가를 통제했다. 또 디트로이트와 디어본에 있는 거의 모든 산업 공장에 필요한 군수품을 생산하도록 요구했다. 전쟁을 앞두고 '변경'이라는 단어는 점점 처음의 의미로 돌아가 방어선, 저지선을 가리키게 되었다. 미국이 라틴아메리카 국가와의 상호방위조약을 준비하는 기구를 조직하자 분석가들은 미국의 '변경'을 서반구 전체의 경계선으로 인식하기 시작했다. 미국 군대가 '캐나다의 북쪽 불모지부터 티에라델푸에고Tierra del Fuego까지 전 대륙'을 보호하겠다는 책임을 맡으며 '반구 전체는 이론상으로 미국의 방어 변경에 통합'되었다.[25] 그보다 앞서 독일이 프랑스에 맞서 움직이기 시작하자 공화당 상원의원은 루스벨트가 상원 외교위원회 회의에서 "미국의 변경은 라인강입니다."라는 말을 했다고 언론에 흘렸다. 하지만 루스벨트는 그런 말을 한 적 없다고 부정했다. 민심이 유럽에서의 전쟁을 지지할 준비가 되어 있지 않았기 때문이다. 그러나 미국의 방어선은 전에 없이 앞으로 나아가고 있었다(그에 대응해 이탈리아는 파나마 운하로 변경을 옮겼다고 말했다).

루스벨트는 라인강을 미국의 변경으로 생각했을 수도 있고, 아닐 수도 있다. 그러나 새롭고 안정적인 정치 연합을 성공적으로 형성하려면 결국 전진해야 했다(경제적인 의미였지만 점점 커지는 일본의 영향력에 맞서 외교 및 군사적 힘을 아시아에 보여 준다는 의미도 있었다). 뉴딜이 오래 가려면 두 가지 기둥이 받쳐 줘야 했다. 우선 루스벨트 정부는 수단과 방법을 가리지 않고 해외 시장을 개방해 자본화된 산업에서도 가장 강력한 경제 부문들을 통합했다. 대개 이런 산업 —은행은 물론 화학, 석유, 제약, 전기, 디트로이트의 자동차 회사들도 포함되었다— 은 향후 30여 년 동안 뉴딜 연합의 두 가지 목표를 뒷받침했다. 첫째는 해외에 자본주의를 퍼뜨리는 것이었고, 둘째는 국내에 시민권을 포함한 정치 자유주의를 점차 확대해 나가는 것이었다.[26]

미국의 농업 부문과 관련이 있는 두 번째 기둥은 낮은 인건비를 유지하며 농산물을 수출할 외국 시장을 개방해야 똑바로 설 수 있었다.[27] 일반적으로 농업 부문은 남부의 면화와 설탕 농장주, 중서부의 농부, 남서부의 목장주, 캘리포니아의 재배자로 구성되어 있었는데, 이들은 완곡하게 표현하자면 뉴딜 개혁을 지지하지 않았다. 1870년 대에 재건 부대가 철수하며 권력을 회복한 남부의 농장주들은 토그웰이나 퍼킨스 같은 사람의 행동을 통합의 구실 정도로 치부했다. 혁명을 일으키려는 구실이라면 더 심각한 문제가 되었다. 멕시코 정부가 막대한 사유재산을 몰수하고 아메리카 원주민 같은 공동체에 나눠 주고 있다는 소식이 들리자 해방노예국의 기억을 잊지 못한 사람들에게는 최소한의 농업 개혁 정책도 비난의 대상이었다. 전미면화협회National Cotton Council 회장 오스카 존슨Oscar Johnson은 소작농이 땅을 살 수 있게 도와주는 등의 계획을 실행하는 농업안정국을 '국유지 사회주의라는 철학을 추진하는 거대 관료 집단'이라 묘사했다.[28]

해방노예국 때처럼 반대 여론은 뉴딜 기관이 실제로 한 일보다는 상징하는 의미로 달아올랐다. 연방 정부의 권한이 미치는 범위는 한정되어 있었다. 특히 남부에서는 농장주들이 민주당을 통제했다.[29] 백악관이 딕시크랫의 비위를 맞추기 위해 프로그램 다수의 관리 기관을 분산한 바람에 사실상 지역의 백인 우월주의자가 기관을 운영할 수 있었다. 그 결과 아프리카계 미국인은 정부가 제공하는 여러 가지 혜택을 누리지 못했다. 뉴딜로 통과된 가장 중요한 법안 중 하나로, 노동자가 노조를 결성하고 집단으로 협상할 수 있게 노동자의 힘을 키워 주는 전국노동관계법National Labor Relations Act의 보호 조치에서 대부분 아프리카계 미국인인 시골 노동자는 제외되었다. 이 또한 남부 농장주들의 여론을 잠재우기 위해서였다.

"참으로 유감입니다."

1937년 터그웰은 FDR에게 보낸 편지에서 연방 정부가 농부들을 통 크게 도와주지 않는다고 불평했다.

"통과된 소작인법은 공동 활동과 조합 활동을 전혀 허용하지 않으니 말입니다."

터그웰은 "실현된 목표를 제 눈으로 직접 보려면 멕시코로 가야겠습니다."라고 말했다.

"사유지 몰수에 반대하는 거대 농장주들에게 카르데나스가 어떻게 하는지 보셨습니까?"[30]

FDR은 카르데나스처럼 농장주의 사유지를 몰수해 그들의 정치권력을 무너뜨릴 마음이 없었다. 어쨌든 양국의 개혁 운동에서 가장 역동적이고 실험적이었던 단계는 얼마 후부터 속도를 잃기 시작한다. 카르데나스의 후임 대통령은 보수 성향이었고, 1940년대 초 전쟁에 집중하던 루스벨트는 농업계가 지금처럼 저임금 농장 노동자를 꾸준히 공급받을 수 있는 조치를 취한다.

브라세로 프로그램Bracero Program은 1942년 말 세계대전이 한창일 때 시작되었다. 독일군은 스탈린그라드Stalingrad를 포위했고, 미국은 일본을 다시 태평양으로 밀어내기 시작했지만 D-데이(1944년 노르망디 상륙 작전을 가리킨다_옮긴이)는 1년 넘게 남아 있었다. 이후 20년 동안 500만 명에 달하는 멕시코 노동자가 여행 허가증을 받고 합법적으로 미국으로 들어왔다. 꾸준히 들어오는 저임금 노동력은 미국 농장주들, 특히 캘리포니아, 플로리다, 남서부, 태평양 북서부에 있는 농장주들에게 꿈과도 같았다. 그중 한 명은 이렇게 표현했다.

"값싸고 조합에 속해 있지도 않은 노동자 부대를 정부가 끝도 없이 문 앞에 배달해 주는 것 같았다."[31]

프로그램 밖에서도 미등록 노동자는 수백 명 더 들어왔다.

그렇게 보면 브라세로는 콜먼 블리스Coleman Blease의 1929년 국경법을 업데이트해 멕시코 이주자의 이동 방향을 두 갈래로 더욱 뚜렷하게 분리한 프로그램이라고 할 수 있었다. 한쪽은 브라세로 프로그램 밖에 있는 사람들이었다. 그들은 계속해서 범죄자 취급을 받으며 수감되고 기소되었다. 국경경비대는 국경을 따라 더 많은 수용소를 짓고 전면에 작전 기지를 이곳저곳 배치해 이주자를 잡아내고 더 빨리 추방했다. 체포 건수는 고공행진했고 1952년 무렵 연간 추방 건수는 100만에 가까웠다.[32] 다른 한쪽에서 온 브라세로 노동자들은 합법이었지만 대개 노동법의 보호를 받지 못했다. 대부분 열악한 환경에서 생활했고 과로에 시달렸으며 여러 가지 기본적인 시민의 권리도 보장받지 못했다. 뉴딜이 강화한 노동자 보호 조치는 말할 것도 없다.

"우리는 노예를 부리던 사람들입니다."

브라세로 프로그램의 노동자를 포함한 농장 노동자들의 학대를 폭로한 방송에서 한 플로리다 설탕 공장 주인은 말했다.

"이제는 빌려 쓰는 게 고작이죠."[33]

5

미국에는 노예가 없어야 했다. 1944년, 미국은 막강한 권력의 문턱에서 있었다. 흔히 말하는 자유의 변경에서 새로운 전체주의 세력에 맞서 싸우는 전쟁을 이길 날이 얼마 남지 않았다. FDR은 1944년 연두교서에서 그것이 '인간의 종속에 대한 세계 최대 전쟁'이라고 말했다. 어쩌면 뉴딜이 초반의 급진주의에서 벗어나 대기업의 이익을 대변하는 정책을 펼쳤을지도 모른다. 그럼에도 넓게 보면 사회민주주의적인 시민권 개념에 다가갔다고 할 수 있다. 많은 사람은 파시즘과의 전쟁이 구속에서 벗어날 자유라는 이상을 회복하는 데 그쳐서는 안 된다고 생각했다.

"진정한 개인의 자유는 경제적 안보와 독립 없이 존재할 수 없다는 사실을 분명히 깨달아야 합니다."

루스벨트는 1944년 연설에서 말했다.

"빈곤한 사람은 자유인이 아닙니다."

그는 애용하는 표현을 여기서도 다시 한번 반복했다.

다른 나라들도 동의했다. 캘리포니아로 망명한 독일 소설가 토마스 만Thomas Mann은 1945년 4월 '사회주의와 민주주의 사이의 균형'인 '진정한 사회민주주의'가 세상이 필요로 하는 것이라 말했다.[34] 7개월 후 〈보스턴 글로브Boston Globe〉에는 이런 헤드라인이 실렸다.

"독일은 끝났다, 공산주의는 신뢰를 잃었고, 다수가 사회주의를 원한다."

현지 기자는 '대다수'라고 표현했다.[35] 구세계는 결집한 파시즘과 간섭하지 않는 자유방임주의에 파괴되어 무너졌다.

"폐허에서 일반 사람이 정치권력을 장악했다. 그들은 그 권력을 이용해 경제적 권력과 사회적 권력도 손에 넣을 생각이었다."

영국, 프랑스, 스칸디나비아 사람들은 사회민주주의에 투표했다. 〈글로브〉 기사는 "네덜란드와 벨기에도 곧 그렇게 될 것이다."라고 했다.

"이탈리아도 받아들일 것이다."

프랑코 정권이 끝나면 스페인도 마찬가지였다. 1948년 12월, UN은 엘리너 루스벨트Eleanor Roosevelt의 주도로 정치적 권리와 사회적 권리를 통합하고 모든 형태의 인종 차별의 중단을 요구하는 세계인권선언Universal Declaration of Human Rights를 채택했다. 라틴아메리카에서는 모든 국가가 멕시코의 선례를 따라 사회권이 포함된 헌법을 비준했다.[36]

각자의 의견이 어떠했든 미국이 새로운 차원의 정치적·경제적 권력으로 우뚝 서게 이끌었던 사람들은 같은 사실을 이해했다. 분명 세계인권선언이 제시한 약속은 소련에 대항하고 공산주의에 이념적 대안을 제시하는 데 쓸모가 있었다. 일본에서도 연합군 최고사령관 더글러스 맥아더Douglas MacArthur는 일본 총리에게 노조 결성을 장려하라 '교육'했고, 기초위원회는 일본의 새로운 헌법에 일할 권리, 노조를 결성할 권리, 단체로 협상할 권리를 비롯한 사회권을 도입했다(한 평론가는 일본이 미국보다 '20년 먼저' 그런 보장을 넣었다고 평했다).[37] 해리 트루먼의 특별대사였던 존 포스터 덜레스는 미국 정부가 일본과 맺은 다국적 평화 조약에 서명국이 '세계인권선언의 목표 실현을 위해 노력'한다는 약속을 추가했다. 또한 덜레스는 '인종, 성, 언어, 지역'과 관계없이 UN이 약속한 권리를 존중하라는 약속도 포함시켰다.

그러나 미국에서 '인권' —인종 분리를 끝내는 시민권으로 이해하든, 경제민주주의를 더욱 발전시키는 사회권으로 보든— 은 강력한 반대에 부딪혔다. 루스벨트는 1944년 연설에서 두 번째 '권리장전' 채택을 제안했다. 이 '경제적 권리 선언'에는 의료, 교육, 최저 임금, 적절한 주거 환경, 사회 보장의 권리처럼 멕시코가 1917년 이래로 자국민들에게 보장한 모든 권리가 들어 있었다.[38] FDR이 사망하기까지 아직 1년이 남았지만 독감에서 막 회복한 그는 직접 의회에 나가 연설할 상태가 아니었다. 그 대신 라디오를 통해 연설문 일부를 낭독했

다. 촬영 영상을 보면 대통령은 다 죽은 사람처럼 보인다. 1944년 4선
에 성공하지만 FDR은 1년도 채우지 못하고 세상을 뜬다. 두 번째 권
리장전을 채택하자는 제안도 얼마 후 생명을 잃었다.

End of the Myth

A Golden Harvest

금빛 수확

"새로운 도덕 수준으로
서부 경제의 변경을 다시 여는 것."

제2차 세계대전이 끝날 무렵, '변경'은 그 단어에 붙어 있던 부정적인 의미를 전부 떨쳐 버리기 시작했다. 미국은 전쟁으로 유례없는 경제력을 얻었고 자신감을 회복했다. 그러면서 변경은 그 앞에서 멈춰 서야 할 선이 아니라 넘어야 할 선, 도전이자 기회로 돌아왔다.

이후 수십 년 사이, 변경이라는 개념은 경제학, 농업과학, 정치학, 사회학, 심지어 심리학까지 거의 모든 학문에 편입되었다. '변경'을 이용해 참된 자아가 형성되는 영역을 확인했다. 변경은 억제되지 않는 이드id가 자유롭게 돌아다니는 장이기도 했다. 메타포로서는 문학, 영화, 정치 연설에 엄청난 영향을 주었다. 사망하기 전 루스벨트도 변경을 이제는 존재하지 않는 과거가 아니라 미국이 이룰 수 있는 미래를 나타내는 말로 사용하기 시작했다. 마지막 대통령 선거 직후 루스벨트는 이렇게 말했다.

"우리 앞에는 새로운 정신의 변경이 있습니다."[1]

1941년에 한 물리학자는 '새로운 변경'에 '집중적인 공격'을 가능하게 할 연구를 설명하며 원자핵의 분열이 머지않았다고 했다. 4년이 지나 미국이 히로시마와 나가사키에 원자폭탄을 투하하기 한 달 전인 1945년 7월, 폭탄 제조자 한 명이 해리 트루먼에게 보고서를 제출했다.《과학, 끝없는 프런티어Science, the Endless Frontier》는 원자폭탄의 연구·개발을 '개척자가 아직 탐험하지 않은 내륙'으로 묘사했다.

50년 전 프레더릭 잭슨 터너가 썼듯 —다만 터너는 변경이 있어 개인이 복잡성에 굴하지 않아도 된다는 의도였다— '사회는 원자'가 되었다.[2]

1

파시즘과 싸워서 이긴 후 공산주의와 냉전Cold War을 벌이게 될 지도자들은 새로운 팽창 정치에 변경이라는 개념을 간단히 연결했다. 1951년 '서부인과 미국의 생각Western Man and the American Idea'이라는 긴 에세이에서 잡지 〈라이프〉의 편집장 존 녹스 제섭John Knox Jessup은 현재 미국의 변경이 서유럽과 동유럽을 가르는 엘베강에 있다고 썼다. 제섭은 잡지 〈타임〉, 〈라이프〉, 〈포춘〉을 창간하고 1941년에 '미국의 세기American Century'라는 표현을 만들어 낸 유력 언론인 헨리 루스Henry Luce의 중요한 조언자였다. 제2차 세계대전이 한창일 때도 루스는 제섭에게 전후 세계를 묘사하라는 연속 기사를 의뢰한 적 있었다. 제섭이 장문의 논문을 쓴 이유도 그 프로젝트의 바탕에 있는 핵심 철학을 요약하기 위해서였다.

제섭은 변경을 방어선으로 보지 않았다. 그보다는 자유와 지배를 구분하는 문명 구역으로 이해했다. 전후 미국은 소련의 지배에서 벗어나는 도전을 임무로 확인했다. 제섭은 전쟁 중 미국이 다음과 같은 사실을 인정했다고 말했다.

"미국은 과거의 어머니와 아버지를 위해 부모님이 물려주신 땅의 운명에 책임을 져야 했다."[3]

"이 의무는 의심할 여지가 없었다."

"전 세계에서 자유가 새롭게 태어날 때까지 악마에 맞서 역사의 문을 열고 있어야 하는 끔찍한 책임은 전적으로 미국의 몫이었다."

터너 이론을 대부분 받아들인 제섭은 미국이 변경에서의 오랜 경험을 통해 새로운 인류를 만들었다고 말했다. 변경에서는 진정한 국제주의의 '형제애'를 퍼뜨릴 수 있는 '수평적인 사람'이 탄생했다. 유럽의 '수직적인 사람'은 독트린을 설명하고 신조를 달달 읊고 파리의 카페에서 실존주의에 관한 논쟁을 하며 교착 상태에 빠졌다. 반면 미국인은 추상적인 개념을 버리고 평원을 가로지르고 산을 오른다. '가다 멈춰 서서 지식의 종합'을 하지 않는다. 과거에 터너가 쓴 것처럼 '미국의 민주주의는 이론가의 꿈에서 탄생하지 않았다.'[4]

미국의 안보 변경은 엘베강에서 끝나지 않는다. 1950년대 말, 변경은 북태평양의 알래스카에서 시작해 일본, 남한, 대만, 동남아시아를 거치고(인도네시아는 1964년 CIA의 지원을 받은 쿠데타가 성공하며 뒤늦게 들어왔다) 다시 호주, 뉴질랜드, 라틴 아메리카, 남아프리카로 내려와 이란과 사우디아라비아가 중심인 페르시아만으로 올라온다. 터키와 파키스탄으로 와서는 엘베강을 넘어 스칸디나비아로 갔다가 다시 캐나다에 이른다. 이렇듯 큰 범위를 지키는 비용은 만만치 않았다. FDR과 트루먼이 다양한 국가와 상호방위조약을 맺으며 미국 정부가 지켜 주겠다고 약속했기 때문이었다. 하지만 다른 한편으로는 미국 자본이 침투할 범위가 넓어졌고 제2차 세계대전 이후 몇십 년 동안 미국은 투자 수익을 신나게 회수했다.

루스의 의뢰로 전쟁 후를 예상한 조사 하나를 보면 미국 정부에 "인간의 자유가 미치는 실질적인 영역을 확대하라."라고 요구한다. 저자들은 잭슨파가 미 대륙의 무한한 잠재력을 전하기 위해 애용한 표현을 빌리고 있었다. 분명하게 해석하자면 여기서의 자유는 투자하고 뽑아 먹을 자유를 뜻한다. "여전히 부의 진정한 근원인 개인 사업가의 영역을 크게 넓혀야 한다."라고 했다.[5] 이전에 FDR은 세계가 네 가지 자유를 수호하기 위해 나치주의와 싸우고 있다고 했다. 네 가지 자유란 결핍으로부터의 자유, 공포로부터의 자유, 연설의 자유, 신앙의 자유였다. 이제 루스의 팀은 다섯 번째 자유, '개인 사업'의 자유를 제안하고 있었다. 세계의 이미지를 미국의 서부와 같이 보는지 트루먼 행정부는 미국의 영향력 안에 있는 제3세계에서 세계 시장을 위한 광물을 캐고 석유를 추출하는 일을 내무부 —인디언 사무국을 관리하고 국내 공유지 자원 추출을 담당하는 기관— 에 맡겼다.[6]

1950년대 초, 미국을 이끄는 세력은 민주당과 공화당으로 양분되지 않는 다수 연합으로서 뉴딜 질서의 국내외 안건을 수용했다. 핵심 안건은 여덟 가지로 요약할 수 있다.

1. 강력한 연방 정부. 대규모 산업과 농업 생산을 중심으로 한 경제를 감독한다.
2. 공공복지. 동맹국의 사회권과 사회민주주의도 수용한다.
3. 국내에서는 제도와 법의 인종차별적 구조를 (천천히) 폐지하겠다고 약속한다.
4. 국외에서는 식민지를 해방하고 유럽의 제국주의를 끝낸다.
5. 소련 견제. 핵 무장 경쟁에서 우위를 유지하고 제3세계 사회주의와 동맹 관계인(혹은 동맹 가능성이 있는) 국수주의 정부를 평정한다.
6. 국제연합과 NATO를 포함한 지역 간·국가 간 조약의 보호 아래 포괄적인(비경제적인) 외교를 실시한다.
7. 유럽과 일본의 산업을 전쟁 이전의 수준으로 회복시킨다.
8. 더 가난한 나라에 금융·기술·군사 지원 제공. 경제 발전을 촉진하고 정치적 안정을 보장하는 것이 목표이다.

이와 같은 새로운 국제질서는 여러 가지 이름을 얻지만 주로 자유적 다자주의로 불리게 된다.[7]

2

루스나 제섭 같은 이들은 소위 '완전한 자유 무역' ―즉, 관세를 낮추고 동맹국에 미국의 투자를 제한하는 장애물을 제거하는 것― 과 뉴딜의 코포라티즘corporatism 사이의 모순을 알아차리지 못했다. 힘 있는 정부가 여러 대기업과 긴밀히 협조하고 국내 개혁에 공격적인 의제를 제시하며 국외에서도 공격적인 외교 정책을 펼친다면 전쟁 이후 풍요의 세계가 도래할 것이라 했다. 그들은 해외 주재 관료제를 확대해 세계 변경을 넓히고, 군사적 관료제를 확대해 소련을 견제하는 미래를 상상했다. 시민권 관료제를 확대해 인종적 정의를 세우고, 규제 관료제를 확대해 기업 활동을 합리적으로 개선하는 그림을 그렸다.

그러나 같은 시기에 변경 메타포를 이용해 그와 같은 '끝없이 펼쳐지는 정부 관료제'에 반대하는 자유주의 작가들이 나오기 시작했다. 그중에는 로라 잉걸스 라이더Laura Ingalls Wilder의 딸 로즈 와일더 레인Rose Wilder Lane도 있었다. 레인은 1943년 자유의지론 매니페스토인 《자유의 발견The Discovery of Freedom》(프리드리히 폰 하이에크Friedrich von Hayek의 《노예의 길The Road to Serfdom》보다 1년 앞서 출간했다)에서 '변경인'이 먼저 "그들의 에너지를 제한한 경제적 '통제'에서 벗어났다."라고 썼다. 《자유의 발견》은 뉴딜 국가에서 탈출하기를 희망하는 현대인에게 영감을 줄 자기해방 사례를 소개한다. 레인은 "사회 보장은 국가 사회주의다."라고 말했다.[8] 같은 해인 1943년에 역시 자유의지론 매니페스토인 《기계의 신The God of the Machine》이 출간되었다. 저자 이사벨 패터슨Isabel Paterson은 의도적으로 인종 폭력과 최소정부에 대한 집착 사이에 종속적인 관계가 있다고 암시하지는 않았을 것이다. 어쨌든 이 책은 잭슨주의 세계관을 제대로 포착한다.

"변경인의 생각에 착한 인디언은 죽은 인디언밖에 없다. 그러나 변경인은 정부에도 과도한 애착을 보이지 않는다."

자유지상주의libertarianism라고 불리게 되는 이 원칙은 딱히 새롭지 않고, 잭슨 시대까지도 거슬러 올라갈 수 있다. 앤드루 잭슨이 연방 정부의 정의를 '처음의 단순함'으로 축소했을 때, 아니면 매디슨이 '다양성'을 부와 미덕의 원천으로 믿었던 때에도 존재하던 원칙이다.[9] 현대의 자유지상론자들은 과거의 이상을 업데이트했다. 트루먼이 군대를 통합하고, 대법원이 학교 분리가 법에 어긋난다는 판결을 내리자 연방 정부의 권력을 막을 수 없는 것 아니냐며 걱정하는 사람들이 있었다. 그래서 자유지상론자들은 그 흐름을 끊기 위해 시장의 형벌적인 힘을 이용하고자 했다. 이번에도 변경이라는 개념이 유용하게 쓰였다. 1950년대부터 활동을 시작했고 개인의 선택에 대한 이론으로 노벨상을 타게 될 경제학자 제임스 M. 뷰캐넌James M. Buchanan은 집단 정체성을 깬 변경의 역할을 높게 평가했다.[10]

"변경은 왜 중요했나?"

뷰캐넌은《고전적 자유주의의 영혼The Soul of Classical Liberalism》이라는 에세이에서 그렇게 질문했다. 뷰캐넌이 제시한 답은 '퇴장이라는 선택지의 보장'이었다.

"그렇게 되면 개인이 타인에게 착취를 당할 가능성이 크게 제한된다."

만약 시장이 정부 개입에서 자유롭게 기능할 수 있었다면 '변경과 정확히 같은 방식으로' 작동할 것이다. 즉, 강압적인 관계에서 '탈출이라는 선택권'을 주고 '유모 국가'의 힘을 약화해야 했다. 변경은 자유의 영혼 그 자체였다.

의회에도, 법조계에도 외교 국제주의를 의심하고 국내 개혁을 완고하게 반대하는 사람이 소수 있었다. 특히 인종 평등과 사회민주주의가 위협의 쌍두마차였다. 남부의 딕시크랫과 개인권 절대론자들의 주도로 일부 의원들은 인종 차별 폐지나 경제적 권리를 가져올 법안이나 조약을 저지하기 위해 경계를 늦추지 않았다. 소수파는 특히 트루먼 행정부가 국제 협약과 다자 동맹을 이용해 의회를 거치지 않을 상황을 두려워했다. 보수 세력은 조약이 국내 사회에 연방 정부의 개입을 정당화해 정부가 인종·경제 민주주의를 이루려 할까 봐 전전긍긍했다. 국제주의는 '공립학교와 교구학교를 포함해 모든 교육을 통제하고 규제할' 근거를 준다고 했다. '시민권, 결혼, 이혼에 영향을 주는 모든 문제'에 개입할 뿐만 아니라 경제 분야에서도 '노동과 고용조건'을 규제할 위험이 있었다.[11]

1948년 12월 UN이 세계인권선언 —회원국들은 국민의 정치권·사회권·시민권을 보장하도록 약속했다— 채택에 찬성표를 던졌을 때 보수 세력은 출동했다. 미국변호사협회American Bar Association 대변인은 세계인권선언이 '사회주의의 청사진'이라고 했다.[12] 전후 뉴딜 국제주의에 대한 반발을 살펴보면 인종과 계급 사이의 대립 —즉, 반발하는 세력의 동기가 인종적 증오인지, 경제계급 수호에 대한 바람인지— 은 드러나지 않는다. 더 큰 평등을 구실로 국제주의를 두려워한 이들은 인종 차별 철폐의 위협과 사회권의 위협을 크게 구분하지 않았다.

대통령이 국제법을 인용해 국내 개혁을 추진할 권한을 제한하도록 헌법을 수정하려는 노력은 브리커 헌법수정안Bricker Amendment 운동으로 발전한다. 그렇게 불린 이유는 주 후원자가 오하이오주 상원의원 존 브리커John Bricker였기 때문이다. 미국변호사협회는 헌법수정안을 강력히 지지했다. 대변인 한 명은 의회에 나가 사회권이 '우리 자유 기업 제도의 필수적인 부분을 여러 모로 파괴할 것'이라 말했다.[13] 다른 브리커 헌법수정안 지지자들은 인종 평등에 집중했다. 그중 한 명은 의회에서 "인종 차별 폐지를 통과시키지 못한 '트루먼의 시민권 위원회'가 '조약으로, 다시 말해 부정적인 방법으로 목표를 달성할 것이다."라며 조바심을 드러냈다. 바로 이 지점에서 과거 해방노예국을 향했던 두려움 —초超관료제가 '검둥이들을 사회 평등으로' 강요할 것이라는 발상— 이 전면으로 나와 영역을 넓히고 자유적 다자주의 제도로 모습을 바꾸었다.*

보수파는 특히 국무부 같은 기관에 적대적이었다. 수장이 강력한 반공주의자 존 포스터 덜레스John Foster Dulles 같은 사람이었어도 상관없었다. 브리커 헌법수정안 연합은 트루먼이 일본과 최종적으로 평화 조약을 맺으려는 것을 엎으려 했다. 조약은 미국이 태평양을 계속해서 지키도록 허락할 뿐만 아니라 서명국이 '세계인권선언이라는 목표를 실현하도록 노력할 것'을 약속했다. 상원에서 아직 UN 선언

---

*   브리커 헌법수정안의 지지자들은 특히 외국과 맺은 조약 —이 경우는 철새 보호를 위한 캐나다와 미국의 협약— 이 주의 권리에 우선하고 헌법에 명시되어 있지 않은 권한을 연방 정부에 부여한다고 했던 1919년 대법원 판결을 우려했다. 일부가 헌법을 보수적으로 해석한 것처럼 "철새를 통제하는 권한은 주 정부만이 보유한다."라는 바보 같은 주장은 '주의 권리'에 대한 법적 추론이 얼마나 허술뿐인지 보여 주었고 연방 권력의 팽창적인 해석을 가능하게 했다.
    최소한 이미지만 놓고 보면 새로운 다자주의 제도를 만들려 하는 뉴딜 연합과 잭슨주의에서 말하는 주권의 신성함을 소중히 여기는 보수 세력 사이의 갈등이 철새에서 촉발되었다고 생각하니 어쩐지 잘 어울린다. 현대 경제에 필수적인 두 가지 요소인 이주 노동자(migrant에 철새라는 뜻도 있다.옮긴이)와 자본처럼 새도 국경으로 가둘 수 없다. 또한 경제적으로 매우 중요해 통제를 각각의 주에 맡길 수도 없다. 멕시코를 이민 쿼터에서 제외해야 하느냐는 1920년대의 논쟁에서 양측은 멕시코 노동자를 '지나가는 철새'에 비유했다. 쿼터 반대론자들은 이주 노동자들이 새처럼 흔적도 없이 왔다가 사라진다고 주장했다. '가난에 시달리는' 이주자들을 계속 쿼터에서 빼고 싶었던 이들은 이렇게 말했다. "당신네 멕시코인과 철새를 들어오지 못하게 하라."

을 승인하지 않아(미국은 UN에서만 찬성표를 던졌다) 보수파는 일본과의 조약이 헌법에 대한 '기습 공격'이라 비난했다. 〈시카고 트리뷴Chicago Tribune〉은 미국이 사회권, 인종 차별 철폐를 비롯한 반인종주의 원칙에 '우회적인 방법'으로 서명하려 한다고 표현했다. 〈트리뷴〉 기사는 이렇게 이어졌다.

"다시 말해, 일단 U. N. '권리'가 미국의 문 안에 발을 들이민다면 헌법과 권리장전은 트루먼파 정치인들의 입맛에 맞게 수정될 수 있다."[14]

의회 보수파는 전투에서 패배했다. 일본과의 조약은 비준되었고 헌법을 수정하려 했던 운동도 실패로 돌아갔다. 그러나 어떻게 보면 그들은 더 큰 전쟁에서 무승부를 기록했다. 이후 미국의 인종 차별 정책들은 자유주의 세력이 국내 개혁을 밀어붙이기 위해 자유의 변경에서 전쟁(대개 냉전)을 벌이는 압력을 이용할 때마다 간간이 폐지되었다. 그러나 사회권은 단 한 번도 합법화되지 않았다.

3

▬

푸에르토리코는 사회민주주의가 '뒷문'을 통해 우회적인 들어오는 방법으로도 미국에서 법적 기반을 다지지 못했음을 특히 잘 보여 주는 사례이다. 물론 푸에르토리코 점령은 1898년에 스페인과 전쟁을 했을 때 끝내지 못한 팽창 사업을 상징했다. 1950년 무렵, 푸에르토리코 사람들은 시민권을 취득했지만 섬 자체의 지위는 분명하지 않았다. 일부 주민 —공격적인 민족 운동 세력도— 은 독립을 원했지만, 일부는 미국과 지속적으로 관계를 이어 가고자 했다. 특히 준정부 연방국의 형태가 되거나 하나의 주로서 연방에 편입되기를 원했다.

독립이냐, 연방국이냐, 주냐 하는 문제를 어떻게 생각하든 푸에르토리코인은 대부분 사회민주주의를 원했다. 1952년에 푸에르토리코 유권자들은 새로운 헌법에 압도적인 찬성을 보냈다. 새 헌법은 '모든 사람이 일자리를 얻을 권리'와 '실업, 질병, 고령, 장애의 경우에 사회의 보호를 받을' 권리를 인정했다. 그러나 푸에르토리코는 식민지, 혹은 보호국이었기에 미국에서 헌법의 승인을 받아야 했다.

헌장 초안을 본 공화당원과 남부 민주당원 —브리커 헌법수정안을 추진한 사람들— 은 주저했다.

"이건 우리의 권리장전과 하늘과 땅 차이로 다릅니다."

인디애나주 대표 찰스 할렉Charles Halleck이 말했다. 그는 '보호국'의 헌법을 그런 언어를 허용한다면 미국도 그 약속에 구속될 수 있다고 우려했다. 다른 하원의원은 "사악한 법이고 개인이 부여받은 그 밖의 보호 조치도 무효로 만들 겁니다."라고 말했다.

"만약 우리가 이것을 승인한다면 인간의 자유에 사상 초유의 공격을 하는 겁니다. 시민이 정부의 피보호자가 된다는 뜻 아닙니까."

청문회에서 의원들은 푸에르토리코 헌법의 초안을 작성한 이들에게 사회권 —의료, 고용, 교육, 의식주— 으로 '미국이 혜택을 제공해야 할 의무가' 생길 가능성을 믿느냐고 따져 물었다. 심문자들이 '사회권'이라는 개념에 격하게 반응하자 놀란 초안 작성자들은 얼렁뚱땅 얼버무렸다. 그들은 자유 사회에서 누구도 굶주리거나 직장을 잃거나 의료 서비스를 받지 못해 죽는 일이 없어야 한다는 문화적 기대를 만들려 했다고 대답했다. 그러나 미국 의원들은 절대 그런 '기대'를 만들고 싶지 않은 사람들이었다. 네바다주 상원의원 조지 말론George Malone은 '그 권리라는 것'이 '우리 헌법에 나와 있는 법적 권리가 아니라 위험의 여지가 있는 사회적·경제적 목표'라고 불평했다.[15]

할렉은 푸에르토리코 헌장이 사회민주주의를 합법화할 새로운 '우회적 방법'이라 보고 의회 내 다수파를 모으는 데 그럭저럭 성공했다. 그 안에는 보수주의자도, 자유주의자도 포함되었다. 이들은 사회권에 대한 언급을 모두 없애고 푸에르토리코의 새 헌법을 승인했다. 국내의 인종 차별 폐지를 위해 국제법을 인용하고 국제적 압박을 이용해 싸울 의지가 있던 자유주의 세력은 사회권을 법적으로 인정하는 결과만 피할 수 있다면 보수 세력과도 손을 잡을 수 있었다.[16] 이후 '가장 위대한 세대(1900-1924년에 태어난 미국인_옮긴이)' 수백만 명에게 정부 보조 교육, 주택, 의료 서비스 등의 혜택을 제공하는 법은 FDR의 제2권리장전이 아닌 제대군인권리법G. I. Bill of Rights이었다. 이런 혜택은 사회권이라 불리지 않는다. 시민의 권리가 아니라 참전 군인의 병역에 대한 대가였다.

4

미국이 활동 범위를 계속해서 넓힐 수 있도록 전후 세계 시스템을 만들어야 한다는 사람들도 있었다. 그러나 인종 차별이 없는 보편주의로 그 시스템을 치장해야 한다고 생각하지는 않았다. 실제로 헨리 루스의 아내인 클레어 부스 루스Clare Boothe Luce는 1940년대 초에 남편에게 보낸 편지에서 그녀가 원하는 '미국의 세기'를 또렷하게 설명한다. 클레어는 미국 정부가 체면을 차리지 말고 인종이 분리된 세계 질서를 확립해야 한다고 주장했다. 세계의 석유·고무·철·주석·면화·광물·설탕 등의 자원 공급을 확실히 지배해야 하는 인종은 앵글로색슨인이었다. 훗날 아이젠하워 정부 때 브라질과 이탈리아 대사를 역임한 루스는 닫힌 변경과 자신의 현실주의를 명쾌하게 연결했다. 1942년에는 평화롭게 협조하며 세계의 무한한 부를 모든 사람이 공유할 수 있다는 남편의 한없이 낙천적인 믿음을 비난하며 전 지구의 "분배가 끝났다."라고 썼다. 세계에는 한계가 있고 인류는 '마지막 부스러기, 마지막 땅, 개울, 산까지 전부' 찾아 소유했다고 말했다. '남극의 폐기물'까지 전부 차지했다. 루스는 "미국이 한 국가로 생존할 것이다."라면서도 그러려면 '피부색이 갈색·검은색·노란색 사람들의 이민을 막는 엄격한 장애물'을 세워 미국의 '인종적·문화적 동질성'을 지켜야 한다고 말했다. 또한 '남유럽, 레반트 동부, 아시아 쪽 러시아의 쓰레기'도 치우기를 바랐다.[17] 앵글로색슨인은 세계의 어두운 부분에서 계속해서 값싼 노동력과 자원을 이용할 세계 질서를 세워야 했다.

미국의 세기에 대해 헨리 루스는 '반만 백인인' 세계에 '백인의 평화'를 내릴 수는 없다고 썼다. '백인 제국주의의 남은 줄'을 끊고 모든 사람과 국가가 동등한 대우를 받아야 했다.[18] 그러나 아내 클레어는 생각이 달랐다. '백인의 평화'는 '반만 백인인' 세계에 강행할 수 있는 유일한 평화였다. 클레어는 헨리가 주장하는 미국의 세기를 이기지 못했다. 헨리는 최소한 피부색을 가리지 않는 보편적인 근거로 가능성의 변경이 아직 열려 있다고 확신했다. 하지만 다른 이들은 클레어처럼 다른 믿음을 품었다. 외교관 조지 케넌George Kennan은 더 명확한 앵글로색슨계가 중심이 되어 전후 질서를 세워야 한다고 생각했다. 특히 미국의 기중기, 불도저, 굴착기, 수확기가 계속해서 세계의 가난한 지역에 접근하려면 그래야 했다.

"우리는 세계 부의 약 50퍼센트를 차지했지만 인구는 6.3퍼센트밖에 되지 않는다."

케넌은 1948년 정책 관련 메모에 그렇게 썼다.

"향후 우리의 진정한 임무는 국가 안보에 확실한 손상을 입히지 않으면서 이렇게 차이 나는 지위를 유지할 관계의 패턴을 고안하는 것이다. 그러려면 감상과 몽상을 전부 버려야 한다."[19]

보편적 다자주의를 열렬히 주장하는 사람들에게도 걱정거리가 있었다. 전후의 정책 입안자들은 대공황의 공포를 아직 떨치지 못해 내핍의 시대로 돌아갈지 모른다는 두려움에 시달렸다. FDR 행정부의 전쟁장관 헨리 스팀슨Henry Stimson은 1867년 출생으로 수많은 호황과 불황을 겪으며 살았다. 그는 1947년에 널리 퍼져 있던 낙관론을 받아들이고 미국이 해외에서 번영을 일으키며 국내에도 번영이 깃들 것이라 말했다. 그러나 쉽게 성공하지는 못한다는 우려를 드러냈다.

"우리 모두 게으름, 두려움, 무책임의 함정을 피해야 한다."

그는 '우리가 반드시' —여기서 '반드시'는 기저에 있는 불안을 암시한다— '평화기 생산량을 새로운 경지'로 끌어올려야 한다고 말했다.[20]

"20년대 말부터의 10년과 같은 10년을 또 보낼 수는 없습니다."

홋날 트럼프의 대외 정책 수립에 도움을 주지만 당시에는 FDR 행정부의 국무부 차관이었던 딘 애치슨Dean Acheson이 1944년 의회의 전후계획위원회를 향해 한 말이다. '해외 시장' 개방 외에도 혼돈의 재발을 막을 효과적으로 방법은 몇 가지 더 있었다. 애치슨은 "여러분은 아마 해결할 수 있을 겁니다."라고 말했다. 그것은 미국 내에서 '생산하는 모든 상품'을 미국 내에서 '소비하게' 하는 방법이었다. 그러나 애치슨은 미국주의의 기본 전제를 들어 날카롭게 설명했다. 이런 시스템이 작동하려면 정부의 지나친 개입이 필요하기 때문에 '헌법, 재산과의 관계, 인간의 자유와의 관계, 법의 개념 자체를 완전히 바꿔야' 한다.[21] 다른 이들은 그보다 덜 명확한 말로 불안감을 전했다. 미국이 전 세계의 자원을 계속해서 이용하기 위해 설립한 원료정책위원회Materials Policy Commission에서 발간한 보고서를 보면 저자들은 "우리는 성장의 원칙에 대한 미국인의 믿음을 공유한다."라고 쓰여 있다.[22] 그러나 위원회는 '이렇게 믿는 절대적인 이유'를 설명할 수는 없다고 고백했다. "우리 서양인의 생각에, 성장이 우리에게 정체와 부패의 느낌을 주는 반대 대상보다 바람직하게 보이는 듯하다."라고만 언급할 뿐이었다.

그 반대가 어떤 모습인지는 부다페스트에서 태어나고 베를린에서 수학한 정신분석가 프란츠 알렉산더Franz Alexander가 묘사했다. 1942년 저서 《불합리의 시대Our Age of Unreason》에서 알렉산더는 갈수록 인기가 높아지고 있는 사회과학을 간략히 살펴보았다. 이 이론은 내면성이 지나쳐 불안정한 성격을 낳는 현대 생활을 비판한다. 얼마 후

데이비드 리스먼David Riesman은《고독한 군중The Lonely Crowd》을 통해 "대량 소비와 오락 문화에 압도된 개인은 국내 어디에나 있지만 아무 데도 없다."라고 설명한다. 이전에 일부 뉴딜 지지자는 변경의 종말이 더 건강한 사회를 이룰 것이라 생각했다. 그러나 시카고 정신분석 연구소의 소장이었던 알렉산더는 변경이 닫히며 새로운 노예제도가 탄생했다고 말했다. 과거 영웅적인 자본주의가 자유주의적 이상의 중심에 개인을 낳았지만 지금은 주변을 둘러봐도 목적이나 목표 없이 제자리걸음을 하는 썩어 가는 정신밖에 없다고 했다. 그것도 고립되어 외따로 존재했다.

"이제는 전부 끝날 것이다."

하지만 그러려면 사람들의 마음에 있는 '보이지 않는 노예 감시인이 휘두르는 보이지 않는 채찍'의 강요가 있어야 했다.

"경제 부문은 거의 포화 단계에 이르렀고 창조적인 야망의 배출구의 기능이 망가졌기 때문에 파괴적인 경쟁의 장이 된다."

알렉산더는 그렇게 쓰며 질문을 던졌다.

"위대한 국가의 개인주의적이고 생산적인 힘을 발휘할 가치가 있는 개방된 영역, 새로운 변경이 있는가?"

루스벨트와 트루먼의 라틴아메리카 특사였던 넬슨 록펠러Nelson Rockefeller는 그렇게 믿고 싶었다. 1951년 하원 외교위원회에서 록펠러는 말했다.

"우리의 변경은 닫혔지만 세계에 다른 변경이 아직 존재한다는 희망이 있습니다."[23]

그가 만난 청년들은 '좌절감'을 느낀다고 했다. 청년들 사이에는 예전과 같이 개인이 주도권을 행사하지 못한다는 두려움이 있었다.

이 젊은이들은 새로운 기회, 밖으로 나가 세계의 다른 곳으로 가 볼 기회를 찾고 있습니다. 우리는 새로운 기회를 찾고자 하는 뜨거운 욕구를 가진 사람들이 세운 나라입니다. 오랫동안 나라 안에서 그 기회를 찾았죠. 이제 그 기회는 세계의 다른 곳에 있는 듯합니다 … 이 나라 젊은이들은 태어날 때부터 우리가 세계에 없어서는 안 될 한 부분이라고 생각합니다. 그리고 그 세계로 긍정적인 정체성을 인정받기를 원합니다. 제 생각이지만 이들은 우리가 한 국가로서 우리만의 이익이 아니라 전 세계 사람들의 이익에 이익을 더하기 위해 노력한다는 느낌을 원하는 것 같습니다. 심리적으로 굉장히 중요한 요소라고 생각해요. 저도 같은 느낌이고요.

록펠러는 의회에 전후 국제주의 —미국이 주도하는 세계 경제의 개방— 가 새로운 변경이 될 수 있다고 말했다. 그렇게 되면 다음 세대는 야망을 품고 자신을 선한 존재라고 믿을 수 있다. 자신의 이익을 추구하는 것이 곧 더 나은 세계를 추구하는 길임을 이해할 수 있다.

반대, 의심, 절망은 뒤로 밀어 두고 전후 기술은 눈부시게 발전했다. 특히 농업 생산 기술의 발전이 두드러졌다. 옛 뉴딜 연합은 '성장'에 대한 약속이 사회 연대의 윤리를 확립하려는 노력에 반대 효과를 가져오리라고는 상상도 하지 못했다. FDR 행정부의 부통령이었던 헨리 월리스 —훗날 전후에 반공 노선으로 돌아선 민주당과 작별하고 제3당을 차려 대선에 도전한다— 는 1940년대 초에 넥슨 록펠러와 함께 일하며 멕시코에서 농업 연구 프로그램을 만든 적이 있었다. 그 프로그램은 멕시코의 옥수수와 밀 수확량을 극적으로 끌어올렸고 녹색 혁명Green Revolution으로 발전해 아시아의 곡물 생산량을 3배 증가시켰다.[24] 월트 휘트먼이 오래전 '미국이 세계를 먹여 살릴 것'이라 했던 예언은 현실이 되는 듯했다. 그것도 재산 관계에 계급 전쟁을 벌이지 않고 혁신·기술·시행착오로 생산량을 증가해 이루어 낸 결과였다. 1964년에 역사학자 아놀드 토인비Arnold Toynbee는 '우리의 임무는 새로운 도덕 수준에서 서부의 경제 변경을 다시 여는 것'이라 말했다. 미국은 '일찍 발전한 기술'을 이용해 전 세계가 '금빛 수확'을 거두도록 도와야 했다.[25]

해리 트루먼은 매카시즘 반동분자들과 싸울 때 미국 변경의 역사를 자주 언급하곤 했다. 냉전으로 군비 확충 프로그램에 아낌없이 돈을 쓰면서도 뉴딜의 사회 프로그램에 계속 자금을 지원할 수 있다는 주장을 하기 위해서였다.[26] 트루먼은 외국에서 억압과 싸우고 국내에서 발전을 이루는 두 가지 과제가 변경의 전통이라고 말했다. 미국은 그럴 준비가 되어 있었다. 1948년 대통령에 당선된 직후 트루먼은 이렇게 말했다.

"언제나 그랬던 것처럼 지금도 미국에는 뒤에 남은 시간과 장소를 돌아보는 사람보다 앞의 넓은 수평선을 바라보는 사람이 더 많기 때문이다."

트루먼은 미국이 새로운 자오선을 넘었고 그곳에서 '거대하고 복잡한 경제의 힘을 스스로 다스리게 둘 수는 없다는 교훈'을 배웠다고 말했다. 그 교훈을 머리에 새기는 한, 미국은 발전이 끊이지 않는 전후 세계를 만들 수 있었다. '꾸준한 생활수준 상승'과 '계속 확대되는 경제'는 주기적인 위기를 극복할 것이다. 의견이 다른 보수 평론가들은 과거에 살고 있었다. 영원한 혁신과 끝없는 성장은 새로운 길을 뚫고 있었고 오늘날의 변경은 100년 전 우리의 지리학적 변경에 도전한 이들이 보였던 개척 정신, 지략, 용기를 부른다.

미국이 이끌었던 국제주의는 틀림없이 황금기에 크게 왜곡되었다. 정치 —혹은 선전— 논쟁의 승리자는 헨리 루스였다. 그러나 오늘날 세계 자원이 실제 분배된 방식은 클레어 루스식 지정학적 백인 우월주의를 부르는 말인 '인종 현실주의'에 더 가까웠다. 한 분석에 따르면 '세계 인구의 5퍼센트도 되지 않는' 미국은 '전 세계 종이 3분의 1, 전 세계 석유 4분의 1, 석탄 23퍼센트, 알루미늄 27퍼센트, 구리 19퍼센트'를 소비했다.[27] 1990년부터 냉전이 끝날 때까지 미국 내 자원 소비는 '17배 증가'했다. 이는 '개발도상국에 사는 사람들의 소비를' 크게 웃도는 수치였다. 이런 수치를 유지하려면 동남아시아, 아프리카, 중동, 라틴아메리카에서 쿠데타를 계획하는 등 상당한 폭력이 필요했고, '보편주의'나 '다자주의' 방식을 요구하는 구실은 끝없는 경제 성장의 약속을 지킨다는 믿음이 깨지지 않을 경우에만 유지될 수 있었다.

"우리의 좌우명은 '유지'가 아닙니다."

트루먼은 말했다.

"우리의 좌우명은 '성장', '팽창', '진보'입니다 … 아직 변경의 시대는 살아 있습니다."

제2차 세계대전이 끝날 무렵, 먼지 폭풍을 날리며 부상한 미국은 차원이 다른 세계 강국이라고 주장했다. 많은 사람의 눈에는 미국이 자유방임주의에 대한 집착을 극복하고 현대의 시민권 개념을 받아들인 것처럼 보였다. 분명 사회권이나 사회민주주의는 아니었지만 뉴딜의 개혁 정신과 비슷한 무언가가 있었다. 해외에서 전후 재건 사업으로 미국은 잠재적인 상업 경쟁국(영국과 프랑스)의 경제를 살리기 위해 기꺼이 피를 흘리고 적국(독일과 일본)의 경제 재건에 보물도 아끼지 않을 각오가 되어 있음을 증명했다. 유럽 경제를 되살리기 위해 수십억 달러를 베푼 마셜 플랜Marshall Plan은 이기심과 이타심을 확실하게 융합해 스스로 정당화하는 대외 정책의 상징이 되었다. 임기 말에 트루먼은 이렇게 말했다.

"인류는 역사상 최초로 지구상에서 빈곤과 무지와 인간의 절망을 깨끗이 씻어 낼 수 있게 되었다."[28]

전후 논쟁의 승리자는 헨리 루스와 헨리 트루먼이었다. 변경이라는 개념은 부활했고 미국은 개방된 세계를 만들고 장벽을 무너뜨리기 위해 노력하기로 했다. 하지만 전쟁이 끝난 1945년, 멕시코 국경을 따라 의미심장한 물리적 장애물이 세워졌다. 캘리포니아주 칼렉시코 근처에 '1.4킬로미터 직선으로 뻗은 철조망 울타리'는 3미터 높이로 '6호 철사로 엮여' 있었다.[29] 울타리의 기둥과 철망은 제2차 세계대전 당시 일본계 미국인들을 가뒀던 캘리포니아의 크리스털시티 포로수용소Crystal City Internment Camp에서 재활용한 것이었다.

12

End of the Myth
Some Demonic Suction Tube

악령의 흡입관

"일반적인 방법으로는
파멸의 날을 알아맞힐 수 없다."

그러다 베트남 전쟁이 터졌다. 지지하는 쪽도, 비판하는 쪽도 이 전쟁을 새로운 변경 전쟁이라 표현했다. 존 F. 케네디John F. Kennedy(JFK)는 변경 메타포를 반복적으로 사용해 예방적이고 공격적인 외교 정책을 이야기했고, 특히 제3세계에서의 반란 진압 작전을 홍보했다. 미국은 베트남을 손에 넣어야 했다. 중국이 '변경 위로 높이' 고개를 들이밀고 있었기 때문이다. 전쟁이 점차 확대되며 전장에 나가 있는 군대는 공중전과 지상전에 '샘 휴스턴(텍사스 혁명의 지도자_옮긴이)', '대니얼 분Daniel Boone(미국의 영웅적인 서부 개척자_옮긴이)', '성난 말Crazy Horse(인디언 영웅 타슈카 위트코의 별명_옮긴이)' 같은 이름을 붙이고 죽은 베트남인의 귀를 잘라 트로피로 보관했다. 누군가는 이렇게 말했다.

"왜 있잖아요, 인디언 머리 가죽처럼."[1]

역사학자 리처드 드리넌Richard Drinnon은 "미국 침략군이 아는 놀이라고는 카우보이와 인디언 놀이뿐인 듯했다."라고 했다.[2] 마이클 허Michael Herr는 베트남을 주제로 한 르포 형식의 책《특파원 보고 Dispatches》에서 어느 대장이 이런 말로 함께 순찰하자고 청했다 쓴다.

"그러지 말고, 카우보이랑 인디언 놀이 시켜 줄게."

허는 전쟁이 시작된 정확한 시점이 궁금했다.

"일반적인 방법으로는 파멸의 날을 알아맞힐 수 없다. 베트남은 처음부터 눈물의 길의 끝에 있었다고 해도 무방하다. 그곳의 반환점을 찍고 돌아오면 에워싸는 경계선이 만들어진다."

1

미국이 베트남에 본격적으로 개입하기 전부터 마틴 루터 킹 주니어는 변경의 이상이 미국의 고질병을 악화시키고 있다고 비판해 왔다. 변경 신화는 군국주의, 남성의 폭력성, 경제 불평등을 정당화했다. 당시는 입법과 관련해 시민권 운동의 가장 위대한 성과가 막 이루어지려는 시점이었다. 그러나 킹은 법으로 해결할 수 없는 문제를 포착했다. 킹에 따르면 미국은 자신의 신화에 갇히고 말았다.

"변경의 전통을 숭배하는 나라이고, 폭력적인 보복으로 정의를 위해 싸우는 투사를 영웅으로 대접한다."

보복은 '미국의 남성성을 측정하는 가장 고귀한 척도'로 우러러봤다.[3]

킹이 '변경'을 메타포로 사용하기 시작한 때는 1960년대 초로, JFK

가 계속해서 내세우는 변경의 이미지에 대응하기 위해서였다.⁴ 그때도 킹은 자신을 사회주의자로 인식하고 있었다.

"현재 미국의 자본주의는 무언가 잘못되었다."

그렇게 경고한 킹은 '거친 개인주의'가 국가 정체성의 잘못된 근간이라고 말했다. 그것 때문에 지난 세월, 정부가 실제로 부를 재분배하고 있다는 사실은 눈에 들어오지 않았다. 재분배의 방향은 위쪽이었다.

"이 나라에는 부자를 위한 사회주의가 있다."

그러면서 킹은 '가난한 이를 위한 개인주의'가 있다고 말했다. 한 계층에 '보조금'으로 아낌없이 나눠 주는 돈이 다른 계층으로 가면 '복지'라고 손가락질을 받았다. 이런 개인주의는 변덕스럽고 자극하기도 쉽다. 결국 삶은 끝없이 이어지는 카우보이와 인디언 게임이라는 환상을 낳았다. 소외, 사회적 고립이 나타났고 공격성은 걷잡을 수 없이 퍼져 나갔다. 킹은 이렇게 말했다.

"개인을 파괴하는 개인주의가 있다."⁵

킹은 자본주의가 사람들의 정신을 지배한다는 비판론을 세우고, 변경이라는 개념을 이용해 구조는 동등하지만 다른 모습을 가진 미국 역사와 도덕성을 제시했다. 킹은 아프리카계 미국인이 이런 현실에 직면했다고 말했다.

"길들이지 않은 변경에서 개척자가 마주한 현실만큼 가혹하고 부당하다."⁶

그런 가혹한 현실 속에서 성격이 구축되고 가벼움은 사라졌다. '지식과 규율 … 용기와 자기희생'을 갈고닦았다. 1962년 아프리카

계 미국인 최초로 미시시피 대학교에 입학한 제임스 메러디스James
Meredith가 전형적인 예다. 메러디스는 '고결한 목적의식'을 안고 조롱
하는 무리를 피하지 않았고 '개척자의 삶을 특징짓는 고통스러운 고
독'을 느꼈다.[7] 당시 킹에게 비폭력주의nonviolent resistance는 단순한 전
략이 아니었다. '사회적 변경'에서 싸우고, '차별이라는 황무지'에 길
을 내며 당연한 분노에, 펄펄 끓는 격노에 굴복하지 않는 능력은 대체
사회의 배아를 품고 있었다. 그것이야말로 미국이 과거에서 벗어나,
문화에 달라붙은 변경의 폭력성을 극복하고 사랑이 넘치는 사회 공
동체를 만들 길이었다.[8]

 킹은 1960년대 초부터 핵 무장 경쟁 논리에 의문을 제기했고, 킹
의 아내 코레타 스콧 킹Coretta Scott King은 평화 운동과 관계가 깊었다(안
티오크 칼리지 시절 코레타는 1948년 대선에서 냉전에 반대하는 제3당 후보 헨리
월리스를 지지했다). 킹은 JFK와 민주당의 손을 잡았고, 케네디가 1962
년에 동남아시아로 특전사 수백 명을 보낸 후에도 미국이 전쟁을 피
했으면 한다는 소망을 버리지 않았다. 막대한 전쟁 비용은 특히 아프
리카계 미국인에게 더 큰 부담으로 다가올 것이 분명했다. 킹은 "흑인
에게는 세계의 긴장 완화가 '필요'하다."라고 말했다.[9] 공격적인 외교
정책은 사회에 인종 차별 같은 끔찍한 정서를 불러일으키는 한편, 진
보적인 사회 입법에 들어갈 비용을 가로챌 수 있었다. 열전이든 냉전
이든 전쟁은 의회에서 남부 분리주의자들의 힘을 강화한다. 그들은
국방비 승인을 볼모로 잡으면 시민권법을 거부할 수 있다는 사실을
잘 알았다.

 1964년 8월, 케네디가 암살되고 통킹만Gulf of Tonkin 사건 ―북베트

남이 미 해군 함정을 공격했다고 미국 정부가 오판한 사건— 이 터지자 의회는 린든 베인스 존슨Lyndon Baines Johnson에게 베트남에서 군사 작전을 확대할 권한을 주었다. 다음 해, 시민권 운동 지도자들이 앨라배마주 셀마에서 몽고메리까지 행진하겠다는 계획을 발표한 후에도 존슨은 동남아시아에 매일 폭탄을 투하하는 롤링 썬더Rolling Thunder 작전을 명령하고 있었다. 1965년 3월 7일, 존 루이스John Lewis와 호세아 윌리엄스Hosea Williams는 셀마에서 시위대를 이끌고 에드먼드 페터스 브리지로 향했고, 그곳에서 보안관 짐 클라크Jim Clark의 명령을 받은 경찰들에게 잔혹한 폭행을 당했다(이 사건을 계기로 전국에서 분노가 끓어 1965년 선거권법Voting Rights Act이 통과된다). 다음 날 해군 3,500명이 다낭에 상륙했다. 로스앤젤레스 와츠 폭동으로 34명이 사망한 8월, 킹은 북베트남 폭격을 중단하라고 LBJ에 압박을 가한다. 이 시점에서 킹은 인종 차별을 끝낼 싸움과 경제적으로 더 정의로운 사회를 이루려는 싸움을 어떻게 합칠지 고민하고 있었다. 베트남은 두 가지 싸움 모두에 위협적인 존재였다.[10]

그럼에도 킹은 외교 정책에 대한 비판을 삼갔다. 연대 관계인 민주당의 눈치를 볼 수밖에 없는 처지였기 때문이다. 1966년에 학생비폭력조정위원회Student Nonviolent Coordinating Committee가 베트남 전쟁을 비판하자 아프리카계 미국인을 위한 신문인 〈애틀랜타 데일리 월드 Atlanta Daily World〉는 이렇게 꾸짖었다.

"흑인들은 미국에 계속 충성을 다해야 한다. 법적으로 완전한 평등을 얻을 날을 코앞에 둔 지금은 그 점을 더욱 유념해야 한다."[11]

그러나 1967년 초, 미군 병사와 무기로 '살이 찢어지고 뼈가 쪼개진'

베트남 아이들의 처참한 사진이 공개되었다. 네이팜과 백인탄에 '작은 얼굴과 몸이 그을리고 불탄' 모습에 킹도 더는 침묵할 수 없었다.[12]

2
—

1967년 4월 4일, 마틴 루터 킹 주니어는 맨해튼 리버사이드 교회에 수천 명이 운집한 가운데 '베트남을 넘어서Beyond Vietnam'라는 연설을 했다.[13] 킹은 이제 '제 침묵의 배신을 깨야 할' 때가 왔다고 말했다. 미국이 동남아시아에서 벌이는 전쟁만을 비난한 연설은 아니었다. 기나긴 팽창의 역사, '인종주의, 물질주의, 군국주의라는 거대한 세쌍둥이', '사람보다 이윤 추구 동기와 재산권이 더 중요한' 정치 문화까지 전부 다 비난의 대상이었다.

어떻게 보면 이 연설로 킹은 1836년 존 퀸시 애덤스가 잭슨파 동료 의원들에게 했던 규탄에 답을 하며 역사를 뛰어넘는 요구와 반응을 하고 있었다. 미국의 변경 전쟁에 비용을 대는 것은 누구인가? 애덤스는 물었다. 킹은 가난한 사람들이라 답했다. 전쟁이 미국 인구를 구성하는 '잡다한 혼종'을 하나로 묶는 사회적 접착제 역할을 할까? 애덤스의 물음에 킹은 그렇다고 답했다. 이 '잔혹한 연대'는 살인이 계속되는 동안에만 지속된다. 애덤스는 물었다.

"아직도 증오가 남아 있단 말입니까?"

'인디언을 충분히' 말살하지 않았단 말인가? 킹의 답은 다음과 같았다. 미국은 세계에서 '가장 거대한 폭력 조직이고 … 인간을 네이팜으로 불태우는 사업'은 '뿌리 깊은 병폐의 증상', 미국의 중심에 있는 질병이라고.

애덤스는 잭슨파가 변경 전쟁을 계속 이용하는 목적이 (일기에 쓴 것처럼) 자신의 '진보적이고 무한한 내부 발전을 부르는' 정책을 뒤집기 위해서라고 보았다. 킹도 베트남이 정의를 위한 투쟁의 탈선을 유도하고 있다고 생각했다.

"언뜻 보면 빈곤 대책은 흑인이든 백인이든 가난한 자에게 진정한 희망을 약속하는 듯했습니다. 시험, 희망, 새로운 시작이 있었습니다. 그러다 베트남이 터졌죠."

킹은 빈곤 대책이 '전쟁에 미쳐 버린 사회의 쓸모없는 정치적 장난감인 양 부서지고 터진' 모습을 보았다.

다른 곳에서는 이런 발언을 했다.

"우리는 자신의 야만성으로 배를 가득 채우고 세계 앞에 서 있습니다."

베트남 전쟁을 반대하며 킹은 해외의 반공 활동을 뒷받침하는 조건으로 국내 시민권 운동을 지지했던 냉전 시대 자유주의 세력의 합의와 단절했다. 하지만 그보다 더 유구하고 일차적인 전제도 반박하고 있었다. 미국은 사회 발전을 이루고 보호하려면 팽창이 필요하다는 관념을 바탕으로 탄생한 국가였다. 그 관념은 수 세기 동안 전쟁을 반복하며 실현되었다. 백인 노동 계급에 투표권을 부여한 결정은 인디언 이주 정책과 한 세트였다. 북군은 남군을 물리치며 노예제도를 폐지했을 뿐만 아니라 서부의 마지막 평정 작업의 시작을 알렸고, 정복당한 변경은 계속해서 백인 민주주의의 중요한 근간이 되었다. 수백만 에이커는 참전 군인의 몫으로 돌아갔다. 그러다 입대하는 아프리카계 미국인의 수가 눈에 띄게 늘었을 즈음, 1898년 전쟁 이후로는 군인에게 나눠 줄 변경의 땅이 남아나지 않았다. 그러나 군 복무는 여전히 아프리카계 미국인을 비롯한 일반 노동 계급에 가장 효과적인 계층 이동 수단이었다. 제대군인권리법은 퇴역군인에게 교육, 의료, 주택을 제공하고 있었다.

그러므로 킹의 반대는 미국 정치에 이름만큼 대단한 분열을 상징했다. '베트남을 넘으려면' 동남아시아에서 나오라는 요구로 뉴딜 연합에서 떨어져 나온다고 끝이 아니었다. 듀보이스조차도 혹했던 악마와의 거래를 끊어야 했다. 미국에는 해외에서 세력을 확장하고 군국주의를 지원해야만 대가로 사회 발전을 얻을 수 있다는 생각이 있었다. 킹은 전쟁이 발전을 부르지만 미국 역사를 관통하는 반발, 보복주의, 인종차별을 조장해 발전을 위협한다는 사실도 알았다. 1898년 전쟁은 더 많은 아프리카계 미국인을 군대로 받아들이고 미국에 한 자리를 주장할 수 있는 수단을 안겨 주었다. 하지만 같은 해 노스캐롤라이나주 윌밍턴에서는 귀국한 백인 병사들이 아프리카계 미국인들을 잔인하게 죽이고 관청에서 쫓아냈다. 전쟁은 개혁을 거래로 바꿔 합의를 이끌었고(일부 여성 참정권론자들은 우드로 윌슨이 여성의 참정권을 지지하면 전쟁을 지지하겠다는 거래를 했다) 안전밸브 역할을 했다(극단주의의 방향을 외부로 전환). 하지만 한편으로는 킹이 비난한 것처럼 공격적이고 안보와 질서에 집착하는 정치 문화를 만들어 냈다.[14]

킹은 반대 의사를 표현한 대가를 톡톡히 치렀다. 백인(해외 전쟁을 지지하면 국내 발전이 가능해질 것이라는 자유주의 합의를 대표했다)과 흑인(그

합의에 희망을 걸었다) 동지들이 그를 비난하고 나섰다. 그중에는 재키 로빈슨Jackie Robinson, 로이 윌킨스Roy Wilkins, 베이어드 러스틴Bayard Rustin 도 있었다. 전국 신문은 이들의 비난에 거의 만장일치로 동조했다. 〈워싱턴 포스트〉는 킹에게 앞으로 당신의 도움 따위 없어도 된다고 통보했다. 기자들은 "자신의 사용 가치를 떨어뜨렸다."라며 킹의 발언이 '순전히 날조된 근거 없는 환상'이라고 했다. 〈로스앤젤레스 타임스〉는 '킹 박사의 실수'라는 교리문답식 헤드라인을 단 기사에서 '어렵고 복잡한 문제들을 연결하는 방법'은 "해결책을 찾기는커녕 혼란만 가중할 뿐이다."라고 설교했다.*

킹은 전쟁에 대한 비판을 이어 갔다. 베트남이 자원, 책임, 관심을 국외로 빨아들이는 '파괴적인 악령의 흡입관'으로 국내 양극화를 심화한다고 묘사했다. 해외에서 황인종을 죽이는 인종주의자의 인종차별은 더욱 심해지고, 인종 차별에 반대하는 사람은 살인에 반응해 더욱 공격적으로 변한다고 했다. 1967년 내내 도심에서 폭동이 일어나며 킹은 전쟁에 투입한 비용으로 국내의 빈곤을 해소할 수 있었다고 지적했다. 더 정의로운 국가를 세울 정치적 에너지는 이번에도 '세상을 구하는 신성한 전쟁'에 허비되었다. 전쟁으로 강해진 파괴 열망은 전쟁을 통해 바깥으로 향했다. 흑인과 백인 병사들은 잔혹한 연대로 하나가 되어 외국인들을 죽였다. 그러나 킹은 미국이 자기 심판을

---

* 최근 인기를 얻은 영화 《셀마(Selma)》도 외국의 전쟁과 국내의 사회 정의 문제를 분리해야 한다는 주장을 받아들인다. 그렇게 하지 않으면 문제가 혼동될 위험이 있었다. 영화는 선거권을 둘러싼 킹과 LBJ의 협상을 가까이서 재연하는데, 전쟁이 킹의 계획에서 어떻게 '골자를 제거'했는지 전혀 언급하거나 암시하지 않는다.

피하지 못할 때가 빠르게 다가오고 있다고 말했다. 그때가 되면 가장 파괴적인 인종 증오도 전처럼 바깥으로 돌리지는 못할 것이다. 킹은 이렇게 말했다.

"우리는 현재 두 개의 전쟁을 한꺼번에 치르는 중입니다. 베트남 전쟁과 빈곤과의 전쟁이고, 둘 다 지고 있습니다."

"때가 너무 늦었다는 말이 있죠."

리버사이드 교회 연설에서 킹은 미국이 방향을 바꾸려 해도 자멸의 길에서 운전대를 돌리지 못할 수도 있다고 경고했다.

"백골과 무수한 문명의 잔해 위에 '너무 늦었다'라는 애처로운 말이 쓰여 있습니다."

이 무렵 비슷한 주장을 하는 사람들이 나타났다. 전쟁이 국내 인종 차별을 심화하면서 인종 차별의 악랄함을 해외로 돌리고 있다고 했다. 1950년대에 역사학자 윌리엄 애플맨 윌리엄스는 미국 외교 정책을 지나치게 물질주의적으로 해석했다는 비판을 받았다. 윌리엄스는 미국 팽창이 새로운 시장을 찾아야 한다는 욕구에서 출발했다고 했다. 하지만 베트남 전쟁은 그를 열성 프로이트주의자로 만들었다.

"미국인은 열등하다고 규정한 이들에게 폭력성을 투영함으로써 자신의 폭력성을 부정하고 승화시켰다."

3

남부연합기를 비롯해 KKK단의 후드와 십자가 소각 같은 백인 우월주의의 상징은 킹의 반대 연설 이전에 이미 베트남에 전시되었다. 1965년 크리스마스, 비엔호아Bien Hoa 공군기지에서 보수 코미디언 밥 호프Bob Hope가 위문 공연을 할 때 관객석 앞에서 백인 군인 몇 명은 남부연합기를 들었고 장교들은 깃발 옆에서 포즈를 취하고 사진을 찍었다.[15] 킹의 1967년 연설 이후에는 더 보란 듯이 깃발을 들었다. 1968년 2월, 베트남에 있었던 33세 아프리카계 미국인 에디 키친Eddie Kitchen 중위는 시카고에 사는 어머니에게 편지를 보내며 '아직 남북전쟁에서 못 나온 사람들'에 대한 불만을 토로했다. 그는 "처음부터 아무도 지지하지 않은 전쟁에서 싸우고 죽어 가고 있어요."라고 말했다.[16] 1955년에 입대한 키친은 남부연합기가 빠르게 늘어나고 있다고 전했다. 깃발은 지프차에 꽂히거나 기지 위에서 펄럭이곤 했다. 2주후, 키친은 사망했고 공식적으로는 '전사자'로 명단에 올랐다. 키친의 어머니는 깃발에 불만을 표한 보복으로 백인 병사에게 죽임을 당했다고 믿었다.

키친같이 불평하는 사람은 한둘이 아니었다. 아프리카계 미국인을 위한 신문 〈시카고 디펜더Chicago Defender〉는 남부 백인들이 베트남인을 '인종 차별로 물들이고' 있다고 보도했다. '사이공 길모퉁이의 깃발 판매대'로 판단했을 때 '남부연합기는 베트남에서 다른 나라 국기보다도 인기가 높은 듯'하다. 그런 딕시주의에 맞선 흑인 병사들은 백인 장교에게 보복을 당했다. 일부는 영창에 들어가야 했다.[17] 대니 프레이저Danny Frazier 일병이 막사에서 '빌어먹을 깃발'을 흔드는 앨라배마 병사들에 대해 불평했을 때, 상부는 프레이저를 강등하고 모욕적인 노동을 시켰다.

'베트남을 넘어서' 연설 1주년에 킹은 테네시주 멤피스에서 암살당했다. 미국 도시에 시위와 폭동이 확산하는 동안, 베트남의 백인 군인들은 축하의 의미로 남부연합기를 게양했다. 지휘관들은 깃발을 며칠이나 휘날리게 두었다. 캄란만Cam Ranh Bay 해군기지에서는 한 무리가 흰색 가운을 입고 KKK단 집회를 열었다. 다낭 등지에서는 십자가를 불태웠다. 이런 일이 이어지자 국방부에서는 군사 기지와 전장에서 남부연합기를 금지하려 했다. 그러나 딕시크랫 정치인들이 거부했고, 린든 존슨 대통령은 전쟁 비용을 대려면 이들의 표가 꼭 필요했다. 국방부는 말을 바꿔 금지 명령을 철회했다.[18]

전투기가 펄럭이고 십자가가 불탔으며 미국이 동남아시아에서 일으킨 전쟁은 종류만 다른 인종 전쟁이 되었다. 적은 베트남만이 아니었다. 군대 내에서도 전쟁이 일어났다. 1898년에 플로리다에서 목격된 폭력이 더 큰 규모로 반복되었다. 한 기지에서는 매일 밤 술에 취해 남부연합의 노래를 부르는 일이 반복되자 아프리카계 미국인 병사가 보복으로 장교 회관에 폭탄을 터뜨렸다고 한다.

남부의 노동 계급이 미국의 전쟁에 참여한 숫자를 보면 백인과 흑인 사이에 큰 차이가 있었다. 그래서 남부의 인종 차별을 둘러싼 싸움이 고조되며 1898년 협약은 완전히 끝을 맞이한 듯했다. 북부와 남부의 국민적 화해를 가져온 협약은 두 가지 요소에 기초했다.

첫째, 1898년 전쟁과 그에 이은 전쟁들은 남부가 백인 우월주의를 포기하지 않고도 미국에 다시 들어갈 수 있게 했다. 그런데 미국의 전쟁터에서 휘날리는 백인 우월주의의 상징인 남부연합기는 점점 늘어나고 있었다. 그 깃발이 인종 지배나 노예제도가 아니라 영예와 기개,

민주주의의 진보를 뒷받침하는 투지를 나타낸다는 생각도 생겨났다.

둘째, 1898년 전쟁부터는 아프리카계 미국인도 국가를 위해 싸울 용의가 있으면 시민권을 주장할 수 있었다. 군대는 미국 내에서 계급과 인종이 가장 효과적으로 이동하는 장이 되었고, 교육과 복지 같은 사회 서비스도 제공했다. 1898년 협약은 인종 갈등을 억제하거나 초월했다기보다는 계속되는 전쟁으로 인종 갈등을 유보했다. 그러나 베트남에서 패배하며 더는 유보할 길이 없었다.

베트남 전쟁이 국내에 미친 영향은 킹이 상상했던 것보다 더 컸다. 인종 차별로 시민권 운동에 반대하는 주장에 반전 운동을 향한 적대감이 더해지며 남부연합기가 전국적으로 퍼졌다. 깃발은 극단적인 KKK단이나 존 버치 소사이어티John Birch Society의 모임뿐만 아니라 디트로이트, 시카고, 캘리포니아, 펜실베이니아, 코네티컷 등 옛 남부 외의 지역에서 일어난 '애국' 집회에서도 점점 눈에 띄었다. 미국 국기 제정 기념일인 1970년 6월 14일, 전쟁을 지지하는 시위대가 거대한 남부연합기를 들고 피츠버그의 리버티 애비뉴를 행진하며 이렇게 요구했다.

"미국 정부는 … 가서 승리하라."**19**

여전히 남부 전투기에는 평등한 권리와 통합을 이루려는 연방 정부의 노력을 저해하는 인종 차별의 상징이라는 인식이 박혀 있었다. 그런데도 깃발의 의미는 미국 사회에 넓게 스며들었다. 인종, 군국주의, 계급 갈등은 더 광범위한 '문화 전쟁'으로 통합되었고, 부상하는 뉴라이트 세력 일부는 남부와 남베트남 모두에 복수하기 위해 성 안드레아 십자가St. Andrew's Cross를 중심으로 집결했다. 이제 남부연합기는 미국주의를 해외로 퍼뜨리기 위해 남부의 군사적 정통이 북부의 제도 권력 안으로 들어가는 화해의 깃발이 아니었다. 이제는 북부의 제도가 '뒤에서 칼을 꽂고' 남부의 전통을 희생시켰다는 사람들의 깃발이 되었다. 전투기는 특정한 잃어버린 대의가 아니라 모든 백인 우월주의의 잃어버린 대의를 상징하는 깃발이었다.

대표적인 인물이 플로리다의 노동자 계급이었던 윌리엄 캘리 William Calley 중위였다. 그는 1968년 3월 밀라이 학살에 가담해 유죄 판결을 받은 유일한 군인이자 이 분노의 깃발을 상징하는 기수였다. 캘리는 남부를 중심으로 전국적인 유명 인사가 되었다. 지지자들은 남부연합기 아래 모였고 리처드 닉슨은 재선 선거운동 중에 캘리를 껴안는 쇼를 했다. 그 결과, 500명이 넘는 베트남인을 학살한 사건은 전쟁 범죄가 아닌 문화적 갈등 문제로 변했다. 남부의 불만을 전국으로 퍼뜨렸고 전쟁 중에 험악해지는 정서는 선거에서 승리하기 위한 무기로 이용당했다.[20] 닉슨은 캘리가 밀라이에서 한 행동에 대해 이렇게 말했다.

"그가 사람들을 죽였든 아니든 대부분 신경 쓰지 않습니다."

루이지애나주 상원의원 앨런 엘렌더Allen Ellender도 동의했다.

"그 마을 사람들은 당해도 쌌죠."[21]

베트남에서 패배하며 전쟁으로 한참 억제되었던 인종·이념 갈등은 심각해졌다. 킹이 말한 악령의 흡입관에 스위치가 켜졌다. 이제 바람은 국내로 불어닥쳐 반발의 불꽃에 부채질했다. 킹은 전쟁이 국내 문제라고 말했다. 1969년에 백악관을 떠난 LBJ도 동의하며 미국이 지고 남베트남이 무너진다면 "국내에 심각한 역풍이 불 수 있다."라

고 말했다.[22]

남부연합기는 계속해서 페르시아만을 비롯한 전쟁터로 들어갔다. 하지만 이제는 인종 차별을 상징하는 경쟁 상대가 너무 많아졌다 보니 의미가 약해졌다. 베트남, 이라크, 아프가니스탄, 시리아, 리비아 등 미국이 실패한 모든 군사 개입이 서로 뒤섞이며 남부연합기는 자유롭게 떠다니는 분노로서 남에게 고통을 안길 권리를 주고 있었다.[23] 아프가니스탄의 악명 높은 바그람 지구 수용소Bagram Theater Internment Facility에서 나온 한 보고서에 따르면 억류자 고문 사건에 연루된 소대인 일명 '테스토스테론 갱Testosterone Gang' —'열렬한 보디빌더들'이었고 시설 내에서 가장 잔인한 심문자로 유명했다— 은 텐트에 남부연합기를 걸어 두었다고 한다.[24]

4

오랫동안 이어졌던 전후의 합의가 어떻게 깨졌는지는 잘 알려져 있다. 동남아시아에서의 패배, 인종 갈등과 도시 폭동으로 얼룩진 10년, 워터게이트, 에너지 가격 상승. 냉전 시대에 미국은 '자유의 영역을 확대'하지 않았다. 자유를 기업이 지배력을 추출·투자·확대할 권리라고 정의한다 해도 결과는 달라지지 않는다. 제2차 세계대전 이후 20년 동안, 미국 정부는 1953년 이란부터 1964년 인도네시아, 1973년 칠레까지 제3세계 여러 나라를 미국 자본에 개방하기 위해 반공 쿠데타를 지원했다. 의도와 달리 그 어느 때보다 강력한 경제 보호주의의 물결이 일었고 —멕시코 혁명은 전 세계에 대서특필 되었다— 각국은 산업 국유화와 높은 관세로 미국의 투자를 차단했다.

대니얼 벨Daniel Bell은 1975년에 이렇게 썼다.

"오늘날 미국의 예외주의에 대한 믿음은 제국의 멸망, 권력의 약화, 국가의 미래에 대한 신뢰 상실과 함께 사라졌다."[25]

15년 전, 벨은 그 유명한 《이데올로기의 종언The End of Ideology》에서 미국이 이데올로기를 초월했고 제2차 세계대전 이후 뉴딜 급진주의 대신 기술관료제(과학 지식과 기술을 겸비한 기술관료가 중심이 되는 체제_옮긴이)의 발전에 대한 믿음이 나타났다고 주장했다. 자유주의 국가인 미국에서 지혜는 민주적 구조에 제도화되었다. 점진적 발전의 요인은 사회 갈등도, 이데올로기도 아닌 정책이었다. 하지만 진보적인 기술관료들의 광기는 이성의 한계를 벗어난 전쟁으로 미국을 이끌고 가고 있었다. 그 모습에 충격을 받은 벨은 일종의 수정안을 제시했다. 벨은 이런 의문을 품었다. 과거의 짐을 지지 않는다고 오랫동안 믿어 온 국가가 어찌하여 계속 과거를 재현하고 있단 말인가. 그것도 '변경의 폭력'이라는 트라우마를? 미국이 할 줄 아는 놀이가 지금도 카우보이와 인디언뿐인 이유가 대체 무엇인가?

벨은 답을 찾으려 했다. 그는 미국의 정체성이 무중력 상태였다고 말했다. 미국은 역사의 의무에서 자유로운 국가이고 죽음을 피할 수 있다는 의식이 있었다. 언젠가 죽음을 맞을 운명이라는 장애물조차 미국의 성장을 막지 못했다. 기독교의 정의는 국외에서 '미국의 임무'를 신성화했고 미국이라는 국가에 '미국만의 형이상학 운명'을 부여했다. 그러나 동남아시아에서 패배하며 미국은 다시 지구로 내려왔다. 벨은 "명백한 운명이나 임무는 남아 있지 않다."라고 썼다. 전쟁과 전쟁을 정당화하고 실행한 거짓말은 현실을 보여 주었다.

"우리도 권력의 부패에서 안전하지 않았다. 우리는 예외가 아니었다 … 이제는 죽음이 우리 앞에 놓여 있다. 미국은 역사의 굴레에 갇혀 버렸다."

무한의 신화는 미국만의 딜레마를 만들어 냈다. 위에서 이야기한 것처럼 미국은 세계에 진출할 수 있기 때문에 사회의 안정을 찾았다. 복잡한 사회를 관리하려면 강력한 규제를 하는 국가가 필요하다며 변경이 닫혔다고 주장했던 뉴딜조차도 해외 시장의 개방에 의존했다. 해외 시장은 자본 집약적인 첨단 기술 부문을 통합해 국내 개혁안을 뒷받침했다. 반면, 무한에 대한 맹목적인 믿음은 사회를 불안정하게 하고 미국을 경계 밖으로 밀어냈다(1970년에 옥타비오 파스는 미국을 '갈수록 좁아지는 선 위를 걷고 있는 거인'이라 묘사했다). 그러다 베트남에서 한계에 부딪히고 말았다. 베트남 전쟁은 사회 전체에 깊은 불신을 퍼뜨리고 국내 인종·계급 갈등을 악화시켰으며 결국 통치 정당성을 무너뜨렸다.[26]

벨은 미국이 예외주의의 종말을 계기로 현재의 문제들을 더 솔직하게 마주할 수도 있다고 썼다. 더 자의식이 강하고, 유럽의 사회민주주의와 비슷한 정책을 포함해 정책 선택이 '훨씬 다양한' 사회적 국가를 만들 수 있을지도 모른다. 그러나 벨은 전쟁이 만든 불안정이 계속되리라 생각했다. 베트남이 표면으로 끌어낸 온갖 '쟁점 정치', 요즘 말로 표현하면 문화적 '쐐기 이슈wedge issue(논쟁의 여지가 많아 사회에 분열을 일으키는 이슈_옮긴이)' ─인종, 전쟁, 마약, 섹스, 가스 및 석유 가격— 는 '양극단 선동'의 문을 열 것이다.

물론 벨이 생각한 정치인 유형에는 리처드 닉슨이 있었다. 닉슨의 '남부 전략'은 인종차별주의자들의 분노를 이용한 것으로 유명했다. 그러나 닉슨에게는 더 남쪽에 있는 지역에 대한 전략, '국경 전략'도 있었다.[27] 역사학자 패트릭 티몬스Patrick Timmons가 쓴 것처럼, 닉슨은 1968년 대선에 출마했을 때 '마리화나 문제'를 언급하며 멕시코에서 오는 불법 마약에 강경하게 나가겠다고 약속했다. 대통령에 당선된 직후에는 '인터셉트 작전Operation Intercept'을 시행했다. 오래가지 못했지만 마치 군대처럼 국경을 엄중 단속하는 작전이었다. 작전을 지휘한 이는 우파 인사인 G. 고든 리디G. Gordon Liddy와 조 알페이오Joe Arpaio로, 벨이 미리 경고했던 대로 선동 정치와 닉슨 사이의 연관성이 미국 정치의 기본이 된다는 사실을 보여 준다. 리디는 이후 워터게이트 호텔에 불법 침입한 '플러머스Plumbers'라는 공작팀을 이끌어 닉슨의 몰락을 초래한다. 애리조나주 매니코파군의 인종주의자 보안관이었던 알페이오는 아무 근거도 없이 주로 라틴계인 구금자들을 모욕적이고 잔혹한 환경에 가두었는데 그곳에서 사람이 죽어 나가는 일도 있었다. 훗날 알페이오는 일찍부터 트럼프를 지지하고 나섰다.

벨은 닉슨이 국경에서 벌인 쇼가 미국에 갈수록 더 퍼지리라 예상했다. 보수적인 선동 정치가는 쐐기 이슈를 이용하기 가장 좋은 위치에 있었다. 그러나 '제국의 종말'로 어쩔 수 없이 안으로 밀려들어온 이들은 이점을 활용하지 못할 수 있다. 즉, 이제는 '중대한 재편성'을 위해 외교 정책을 이용하지 못한다. 국가의 조직 방식에 관해 대통령 임기보다 오래 지속되는 새로운 도덕 이념이 필요했다. 벨은 보수 세력이 승리를 위해 양극화를 이용할 것이고 더욱 심해진 양극화는 사회를 영구적인 불균형 상태를 만들 것이라 했다.

반은 맞고 반은 틀린 이야기였다. 벨은 로널드 레이건의 등장을 예상하지 못했다.

13

더, 더, 더

"무엇이든 가능합니다."

로널드 레이건만큼 미국식 자유와 무한함의 권리를 더 간단하고 상식적으로 설명한 정치인이 또 있을까? 사이공 함락으로부터 5년이 지난 1980년 초, 레이건은 오하이오강 인근의 철강 도시에서 선거운동을 하는 중이었다. 이란인이 미국 시민을 인질로 잡고 있고, 니카라과 혁명은 서반구에서 미국의 영향력을 위협하던 시기였다. 불과 몇 달 전, 지미 카터Jimmy Carter는 불필요한 휴가를 가지 말고 가스를 아끼라 촉구했다.

"몇 년 전만 해도 혁명이나 전쟁을 벌이는 세계에 어쩌다 휩쓸린 미국인은 옷깃에 작은 성조기 핀을 꽂으면 될 뿐이었습니다. 전쟁이나 혁명 한가운데를 지나도 아무도 그에게 손가락질하지 않았습니다. 머리카락 한 올도 다치지 않았죠. 세계가 미국을 받들었고 미국 시민 한 명이라도 우리가 지구 끝까지 가서 지킬 것을 알았기 때문입니다."[1]

여기서 레이건은 헨리 데이비드 소로Henry David Thoreau가 1851년에 '절대적 자유'로 목적 없이 자연을 거니는 즐거움을 이야기한 작품인 '산책Walking'을 냉전 우화寓話로 다시 쓰고 있는 듯하다. 미국은 베트남에서 전쟁을 확대하고 니카라과와 이란 사회를 급진적으로 만들었다 (불안감을 조장하는 경제 정책과 개혁 세력을 억누르는 안보 정책을 통해). 하지만 레이건의 이야기는 미국이 국경 너머에서 일으킨 혼란에 책임을 진다거나 속박되지 말아야 한다는 교훈을 전달한다. 그러면서 더 큰 혼란을 위협할 권리를 주장하고 있다. 레이건의 방랑자는 옷깃에 작은 깃발 핀을 달고 포화 속에서 침착하게 산책을 즐긴다.

1

로널드 레이건은 정부 청사의 온도를 낮추라는 지미 카터 대통령의 명령이 마치 앨러게니산맥 서쪽에 백인의 정착을 금지한 영국 국왕 포고령인 것처럼 거부감을 드러냈다. 선거운동 초기에 펜실베이니아주 앨러게니군 코라오폴리스에서는 철강 노동자들을 향해 카터가 우리의 '절망'을 원한다고 말했다. 1981년 대통령에 취임하자마자 레이건은 카터의 온도 명령을 폐기하고 ―레이건은 '과도한 규제 부담'이라 했다― 백악관 옥상에서 카터의 태양광 전지판을 뗐다.

"더, 더, 더."

레이건의 인수위원회에서 에너지 팀을 이끈 휴스턴의 석유·가스

사업가는 앞으로 일어날 일들을 그렇게 묘사했다.[2]

이전 정치 연합인 뉴딜은 한계를 이야기하며 전국 무대에 올랐고 프랭클린 루스벨트는 닫힌 변경의 이미지를 이용해 새로운 정치적 상식을 제시했다. 40년 후, 똑같은 연합은 다시 한계를 이야기하며 무대에서 퇴장했다. 카터는 1979년 대통령 별장인 캠프데이비드에서 그 유명한 '불안감malaise' 연설을 하며 이렇게 말했다.

"우리는 미국의 자원이 무한하다고 믿었습니다."

어떻게 보면 카터가 하는 말은 과거 웨일, 체이스, 터그웰, 퍼킨스, 월리스가 했던 말과 같았다. 프랭클린 루스벨트의 말과도 다를 바가 없었다. 한계가 없다던 과거의 사고방식은 특정한 심리적 성향을 낳았다(카터는 '자유가 곧 남보다 유리한 고지를 차지할 권리라는 잘못된 생각'이라고 표현했다). 한계에 봉착한 지금, 미국은 사회적 의존성을 인정하고 그에 맞게 자유의 새로운 개념을 만들어야 했다. 뉴딜 연합은 원인(변경의 폐쇄)과 영향(대공황의 수많은 병폐)과 조치(다양한 형태의 정부 개입)를 잇는 명확한 선을 그릴 수 있었다. 만약 한 가지 방법으로 개입해서 소용이 없으면 다음 방법을 시도해도 충분했다.

반대로 카터는 포위 상태였다. 베트남전의 패배와 치솟는 에너지 비용이 악영향을 가져오며 선택지가 몇 가지 없었다. 캠프데이비드 연설은 세계가 '풍요의 종말'을 맞았고 자본주의가 —인구 증가 아니면 재생 불가 자원의 과소비로 인해— '성장의 한계'에 부딪혔다는 대중의 인식을 반영했다.[3] 그러나 카터의 발언은 뒤죽박죽이었다. 석유 파동, 인플레이션, 베트남, 워터게이트, '특수한 이해관계', MLK, JFK, RFK의 암살, '마비와 정체와 표류', '방종과 소비' 문화에서 무엇이 문제이고, 무엇이 문제의 영향인지 제대로 구별하지 못했다. 그리고 카터는 문제의 방향을 바깥으로 돌릴 수도 없었다. 동남아시아에서는 전쟁에 패배했고 니카라과와 이란에서는 혁명이 일어났다. 경제 민족주의가 부상하며 제3세계 —냉전 시대 절정기에 미국 정부가 지켜야 하는 범위 안에 있던 지역— 의 문이 닫혔고 투자를 포함해 미국이 개입할 여지가 없어졌다.[4]

비록 혼란스러운 분석이지만 카터의 솔직한 연설은 기억과 달리 많은 사람에게 먹혀들었다. 많은 사람에게 통했다. 카터의 지지율은 올라갔다.[5] 그러나 카터에게 명확한 정책 철학을 제시할 능력은 없었다. 수십 년 전 루스벨트가 그랬던 것처럼 더 나은 사회를 이루려면 한계부터 인정해야 한다는 사실을 설명하지 못했다. 기회는 레이건에게 갔다. 한 공화당 여론조사원의 표현처럼 그날의 연설은 '대조점'을 찍어 주었다. 더, 더, 더.[6]

2

레이건은 인종적 분노와 베트남전 패배가 불러온 반발을 선거운동에 이용해 전임 대통령인 닉슨만큼 지저분한 정치를 할 수 있었다. 레이건은 미시시피주 시골 마을인 네쇼바군에서 매년 열리는 박람회에서 1980년 선거운동을 개시했다. 16년 전에 시민권 운동가 세 명이 살해당한 곳 근처에서 그는 '주의 권리'를 지지한다고 선언했다. 사실상 인종 분리를 유지하려는 남부의 노력에 공감한다는 신호를 은밀하지 않게 보내고 있었다. 레이건은 "저는 주의 권리를 믿습니다."라면서 교육을 지역의 품에 돌려주겠다고도 했다. 복지 시스템의 '거대한 관료 조직'에 대해 불평할 때는 해방노예국을 비판하던 앤드루 존슨과도 같았다.[7] 다른 유세 지역에서는 이렇게 말했다.

"나머지 세상에 그들이 우리를 좋아하든 싫어하든 중요하지 않다고 말할 때가 됐습니다. 우리를 존중하라는 겁니다."

그리고 대니얼 벨이 우파의 포퓰리즘에 힘을 실어 줬다고 말한 '쟁점 정치'를 이어 갔다. 낙태, 총기 규제, 복지, 단속, 석유 시추에 대한 환경 규제를 반대하고, 범죄에 강경하게 대처하며 가족의 대체를 저지하겠다고 약속했다.

"가족 단위가 약해지고 무너지고 있습니다."

1980년 초 〈로스앤젤레스 타임스〉는 '전국 정치 무대에서' 앨라배마의 인종주의자 조지 윌리스가 떠나고 남은 '공간'을 레이건이 채웠다고 썼다. 해석하자면 이런 얘기였다. 레이건은 백인 우월주의에 호소했다.[8]

이런 의미에서 레이건의 뉴라이트 혁명은 선동 정치가가 뉴딜 질서의 붕괴를 기회로 삼을 것이라 했던 벨의 예측을 실현했다고 할 수 있다. 그러나 급격한 재편성이 불가능하다고 했던 생각은 틀렸다. 벨은 분열을 초래하고 인종을 암시하고 레이건에게 권력을 안겨 준 '쟁점 정치'의 특성으로는 네거티브 정치와 불만의 동원만이 가능할 것이라 했다. 실제로 뉴라이트는 근본적으로 부정적인 성격을 띠고 거부주의를 중심으로 조직되었다. 연방 정부의 공유지 규제도, 세금도, 노조의 힘도 거부했다. 인종·젠더·성 평등을 이루기 위한 정부의 조치와 총기 규제에도 반발했다. 환경을 위해 제한을 하자는 발상, 제3세계의 민족주의, 학교에서의 성교육도 반대했다. 하지만 무한함에 대한 약속 ―더, 더, 더― 은 부정적인 이미지를 긍정적인 이미지로 바꿔 놓았다. 이념의 재편성으로 미국이 자랑하는 무중력, 무한대, 불멸의 가치는 부활했다. 언젠가 레이건은 미래 지향적인 미국주의가 좌우와 관련이 없다고 말했다. 미국주의는 '개인의 자유를 최대로 보장하는' 위를 향해 있었다.

자유의 이상은 다시 구속에서 벗어날 자유로 돌아갔다. 이는 효과적인 선동 전략이었고 ―미시시피에서는 연방 정부의 감시에서 자유롭게 하겠다고 약속했다― 대의에 도덕적으로 호소하는 방법이기도 했다. 무한한 수평선, 변경을 중심으로 한계가 없고 드넓은 미국주의를 불러낼 방법이었다.

"성장에는 한계가 없습니다."

레이건은 그렇게 말했다.

"무엇이든 가능합니다."

8년의 임기 동안 레이건은 '우리를 미래로 이끌고' '멀리 있는 변경으로 등을 밀어 주는' 개척자의 이미지를 자주 입에 올렸다. 그렇게 해서 자신의 모순적인 정치 연합을 초월하고 예외적인 역사에서 미국이 통합을 이루는 상상을 했다.⁹ 니카라과, 엘살바도르, 앙골라 같은 '자유 변경' 국가에서는 가혹한 정책을 펼치기도 했다. 하지만 국내에서는 햇살 같은 보안관 역할을 했다. 그러면서도 브레히트(현실을 통렬하게 풍자한 것으로 유명한 독일의 극작가_옮긴이)식 아이러니를 가미해 전반적으로 "인생은 그렇게 단순하지 않다."라고, '신화'와 '현실'은 다르다고 인정했다. 오래전 한 작가가 썼던 것처럼 '변경에 자의식이 생겼다.'[10] 그래도 상관없었다. 레이건은 진보적인 역사학자 헨리 스틸 코메이저Henry Steele Commager의 말을 이용해 이렇게 표현했다.

"미국인은 서부에 관해 진실보다는 진실이었으면 하는 생각을 믿었다."[11]

3

레이건이 첫 번째 임기를 시작한 이후 뉴라이트의 주도로 시장과 도덕주의는 눈에 띄게 되살아났다. 베트남 전쟁 이후 영원히 정당성을 잃었다고 생각한 임무는 다시 정당성을 찾았다. 뉴라이트가 재정당화에 가장 힘을 쏟은 분야는 대외 정책과 외교였다. 행동으로 세계에 미국의 권위를 재확립할 수 있었고 그 행동을 정당화하는 이론을 실습할 수 있었다. 보수 지식인층은 일찍부터 정부에 들어가 베트남 이후 널리 퍼진 생각을 바로잡으려 했다. 미국의 권력이 부도덕하다는 생각은 밀라이My Lai와 켄트 주립대에서 일어난 학살 사건, 캄보디아에서 일어난 불법 전쟁 등 다양한 출처에서 확인되었다. 미국은 전 세계 곳곳에서 진행된 비밀 작전과 이란·과테말라·칠레의 쿠데타를 수사했고, 콩고 지도자 파트리스 루뭄바Patrice Lumumba 암살의 배후에 있었고, 마틴 루터 킹을 비롯한 미국 시민에 심리전을 이용하고 가정을 감시했다.

회의주의와 냉소주의가 퍼지며 조직적인 반대보다 더 위협적인 무언가가 나타났다. 깊은 불신의 문화는 분노와 비뚤어진 무관심을 오가며 미국의 가장 끔찍한 얼굴을 믿으려 했다. 미국 정부가 실제로 한 일이든 ―수년 동안 비밀리에 캄보디아에 폭력을 가하고, 라틴아메리카 등지에서 민주적으로 선출된 지도자를 쫓아내려 했다― 미국 정부가 했다고 의심을 받는 일이든 정치 음모론이 확산되었다.

1981년 레이건 행정부의 국무부 차관 윌리엄 클라크William Clark의 말처럼 미국은 '소련에 군사적 대응'이 필요할 수 있었다. 1981년에 클라크가 쓴 쪽지는 각료들 사이에 유포되어 정책에 큰 영향력을 끼쳤다. 하지만 클라크는 '이념적인 대응'도 필요하다고 말했다.

"우리가 싸우는 목적은 정치적 자유다."[12]

카터는 임기 중에 '인권'을 강조하는 정책을 추진하며 이런 정책이 이념적 프로젝트에 도움이 될 것이라 생각했다. 전쟁 직후, 보수파는 미국에서 사회권이 합법화되지 않도록 막아 냈다(푸에르토리코를 통해 식민지의 뒷문으로 들어오는 '우회적인' 길도 차단했다). 그러나 나머지 세계에서는 '인권'이 곧 사회권이었다. 그래서 뉴라이트 지식인들은 인권의 정의를 재정립하려 했다. '개인의 권리'로 의미를 축소하고 더 순수한 '미국적' 뜻을 되찾기를 희망했다. 레이건의 국가안보보좌관 리처드 앨런Richard Allen도 "경제권과 사회권이라는 개념은 인권의 기본 의미에 대한 희석이고 왜곡이다."라고 말하며 동의를 표했다.[13] 앨런은 진정한 인권으로 고려해야 할 요소들을 나열했다.

"생명, 자유, 재산."

그러나 클라크는 궁극적으로 '인권'이라는 말을 구제할 수 없다고 생각했다. 그는 국무부에 인권이라는 말을 아예 '치우고' '개인권', '정치권', '시민 자유'로 대체하자고 권했다. 클라크를 비롯한 이들은 앤드루 잭슨이 생각한 '인권'을 원했다. 인디언 이주기에 잭슨은 개인의 권리를 최대한으로 수호해야 하는 것이 정부 권력이라며 정부 권력을 최소로 정의했다("거의 느낌도 없을 정도로."). 이때 개인의 권리에는 이주 이후 인디언의 재산을 빼앗을 권리도 포함되었다. '자유'와 마찬가지로 '개인의 권리'는 보편적인 호소로 사용될 수 있고 —독재에 짓밟힌 사람들을 대변해*— 인종 차별을 부르는 호루라기로도 사용될 수 있다. '개인의 권리' —무기를 소유하고 사용할 권리, 그러한 권리를 보호하기 위해 주의 권한을 요청할 권리— 에서 그 권리를 떠오르게 한 피비린내 나는 역사를 배제하기는 불가능하다. 개인의 권리는 대륙으로 이동하며 정착민과 노예주가 유색인종에게서 빼앗은 권리와 떨어뜨릴 수 없었다. 1984년에 트렌트 로트Trent Lott은 이렇게 인정했다.

"개인의 권리는 제퍼슨 데이비스와 그 사람들이 가졌던 믿음이다."[14]

이렇게 개인적 권리의 이상을 다시 주장하는 행위는 기업과 보수 재단, 자유지상주의 기부자가 벌이는 더 광범위한 이념 운동과도 들

---

* 자유의지론자 목장주 출신인 클라크는 레이건에게 소련에 이념적으로 더 거세게 공격하라 강요했다. 1981년, 사회권의 원칙을 인정하지 않으며 이란의 혁명을 비난하려면 권리를 어떤 말로 사용해야 할지 논의한 회의에서 클라크는 "저는 사적 권리나 개인의 권리로 말하는 게 좋습니다."라고 말했다. 회의 참석자 일부는 '개인성'을 지나치게 강조하면 정부가 '소련의 유대인'과 '터키의 아르메니아인' 같은 민족 '집단'을 대변하기 힘들어진다는 우려를 표했다. 그러나 레이건의 참모 하나는 이렇게 말했다. "중요한 건 밖에서 개인의 권리를 밀어붙이는 겁니다. 그래야 공산주의와 제대로 싸울 수 있어요. 개인을 강조하는 방법이 가장 확실한 방법입니다."

어맞았다. 이야기는 잘 알려진 대로다. 경제학자 프리드리히 폰 하이에크와 소설가 겸 철학자 아인 랜드Ayn Rand 등 다양한 지식인과 운동가는 교육·문화 기관, 대학, 출판사를 기반으로 반국가주의 혁명을 미래로 이끌고 모든 형태의 집단주의와 싸울 차세대를 양성했다.[15] 때가 왔을 때 —1970년에 위기가 닥쳤을 때— 그들은 만반의 준비를 하고 규제 완화, 민영화, 감세를 지원했다. 대개 이 혁명을 '오스트리아' 학파의 승리라고 부른다. 하이에크와 루트비히 폰 미제스Ludwig von Mises 등 대표적인 경제학자 다수가 비엔나 출신이었기 때문이다. 그러나 현대 자유지상주의 운동의 창시자들 —앞에서 언급한 로스 와일더 레인, 이사벨 패터슨, 제임스 뷰캐넌 등— 은 '변경이라는 개념'을 공공 정책에 적용하는 임무를 맡았다.[16] 자유지상주의 혁명은 성공적이었고(자유 발언의 권리를 허용한 법적 판결도 이끌어 냈다) 경제, 법, 교육, 노사 관계, 철학 분야를 완전히 바꿔 놓았다.

정치화된 엘리트들은 새로운 개척자라고 자처하는 지식인, 변호사, 경제학자, 철학자에 거액을 투자하기 시작했다. 이들에 따르면 개인만이 미덕의 원천이고 가치의 창조자였다. 세계는 생산자maker와 소비자taker로 나뉜다고 했다. 효과적인 해결책은 시장의 해결책밖에 없고, 언제든 밖에서 새로운 경제 변경을 정복할 수 있다고 했다. 수십 년 전, 프레더릭 잭슨 터너는 '산업의 거물들'이 자신을 개척자라 칭하며 '행동과 권력의 새로운 길'을 장악하고 '지배 영역을 확장하기 위해' 서부의 상징을 무단으로 도용했다고 지적했다. 똑같은 일이 벌어졌다. CEO들은 이렇게 노래를 부르고 있었다.

"나를 구속하지 말라."*

그러나 CEO들에 대한 규제 완화는 레이건이 군비 지출을 대폭 늘리고 제3세계의 반공 혁명을 지원한 정책을 정당화하는 '이념적 대응'이 아니었다. 뉴라이트가 공익이라는 개념 자체를 열심히 파괴하고 있을 때 공익의 비전을 제시하기는 쉽지 않았다. 뉴라이트 정책 전문가들이 복지를 축소하고 공교육을 때리고 노조를 흔드는 동안, 부자는 더 부유해졌고 가난한 사람은 더 가난해졌다. 이처럼 부활한 제왕적 대통령이 도덕적 근간을 바탕으로 미국의 권력을 재확립하고 '사회적social'이라는 말을 사전에서 없애 버리고 싶어 하는 보수 운동가들이 핵심 그룹으로 있는 상황에서 레이건은 이민 개혁을 지지했다.

---

* 코크 형제는 데이비드 코크가 자유당 부통령 후보자로 입후보한 1980년에 전국 정치에 발을 들였다. 코크는 레이건보다 더 극단적인 규제 철폐 의제를 요구했고 이른바 세이지브러시 반란(Sagebrush Rebellion)으로 지지자를 끌어모았다. 세이지브러시는 멸종위기종보호법(Endangered Species Act)처럼 서부의 공유지를 더욱 잘 관리하기 위해 1970년대에 의회에서 통과시킨 '풍요의 종말' 법들에 대항해 떠오른 운동이었다. 거대 농장주, 토지 개발업자, 광산 회사, 벌목 회사, 독자적인 석유 사업가로부터 자금을 지원받은 세이지브러시 운동은 환경 규제와 연방 정부 통제의 약화를 위해 계획적으로 조직되었다. 카우보이모자를 쓴 변경의 잭슨주의자를 연기한 '반란군'은 연방이라는 폭군에 전쟁을 신청했다. 레이건도 세이지브러시를 지지했고, 임기 중 가스 및 석유 굴착에 점점 더 많은 공유지를 개방했다. 코크 형제는 이후로도 이른바 현명한 이용주의 운동에 계속 자금을 댔고, 연방 토지를 사유화하거나 주 정부에 이관하려는 정치인과 단체를 후원했다(트럼프 정부가 유타주 베어스이어스 국립기념지에 했던 것처럼 자연보호구역과 연방 기념지의 규모도 줄였다).

4

"두 우방국 사이의 국경에는 2.7미터 높이의 울타리를 세우지 않습니다."

1980년 9월, 텍사스를 돌아다니며 유세를 하던 레이건이 말했다. 통행이 잦은 지대를 따라 국경에 울타리를 치겠다는 카터 정부의 계획을 비난한 목적은 4년 전 87퍼센트가 카터를 지지했던 텍사스 라티노의 표를 얻는 것이었다.

"미등록 노동자를 등록시키고 비자로 여기 오게 합시다."

그리고 그들을 '언제까지든 원하는 만큼' 머물게 하자고 말했다.[17]

1960년대의 정책 변화는 이민 관련 논쟁에 불을 붙였다. 1963년, 미국 정부는 저숙련 멕시코 노동자가 미국 농장에서 계절 단위로 임금 노동을 할 수 있게 만든 브라세로 프로그램을 20년 만에 종료했다.[18] 1965년에 의회에서는 이민국적법Immigration and Nationality Act이 통과되었다. 규제를 완화하는 개혁 입법으로, 오늘날 자국민 보호주의 세력은 이민국적법이 노골적인 인종 차별 정책으로 1924년에 도입한 쿼터제를 폐지했다고 비난한다. 그러나 의회를 새로운 법으로 멕시코에서 들어올 수 있는 이주자의 숫자에 사상 최초로 제한을 걸었다. 1968년에는 불법 입국한 이주자를 심판하는 별도의 치안법원 제도를 만들어 기소·구금·추방당하는 사람의 수를 크게 늘렸다. 이런 정책 변화가 모여 멕시코 이주자는 날이 갈수록 범죄자 취급을 받았다. '합법' 이주자 행렬은 줄어들었다.[19] 멕시코 노동자에 대한 수요가 늘어나며 '불법' 이주자는 쏟아져 들어왔다.[20] 역사학자 아나 라켈 미니안Ana Raquel

Minian은 불법 입국으로 미국에서 체포된 멕시코인의 수는 1965년 5만 5,000명에서 1986년에는 150만 명으로 껑충 뛰었다고 했다.[21]

어떻게 보면 이 시기의 국경은 활짝 열려 있었다. 샌디에이고 바로 아래에는 노동자 수백 명이 모여 국경을 건너기 위해 밤이 되기를 기다렸다. 1972년에서 1977년 사이 이민귀화국Immigration and Naturalization Service의 국장이었던 레너드 채프먼Leonard Chapman은 이주자의 '거대한 군대'가 '고요한 침략'을 이끌고 있다고 경고했다. 그러나 한편으로는 이민법을 "절대 시행할 수 없다."라고 믿었다.

"경찰국가는 답이 아니다."

퇴역한 4성 장군인 채프먼은 말했다.

"우리 국가가 베를린 장벽에 둘러싸이는 모습을 보고 싶어 하는 사람은 없다. 길에서 사람들을 멈춰 세우고 시민권을 확인할 이민국 요원을 군대처럼 많이 둘 수도 없다."[22]

그러나 같은 시기에 멕시코 이주자와 조직범죄, 인신매매, 약물, 총기 밀매 같은 범죄가 연결되며 국경 횡단은 더욱 위험해졌다. 도둑들은 샌디에이고 남쪽 협곡에 있는 가난한 이주자들에 몰래 접근했다. 1978년, 샌디에이고 경찰은 유인 부대를 꾸려 경찰관이 이주자로 변장을 하고 범인을 잡으려 했다. 그러나 부대는 해체할 수밖에 없었다. 유인책을 맡은 경찰이 다른 경찰이나 국경경비대의 총을 맞는 사고가 너무 자주 발생했기 때문이다.

이 시기에는 이주 노동의 성격이 바뀌었다. 여전히 밭, 공장, 식당에서 일을 구했지만 정원 관리나 일회성 수리처럼 가끔가다 나오는 가정집 일을 맡고자 도시의 길모퉁이에 모여드는 노동자 수는 날이 갈수록 늘어났다. 중산층 가정은 입주 가정부로 여성 미등록 체류자를 고용했는데, 근무 조건은 노예와 비슷했다. 국경지대 전역에서 노사 관계는 동산노예와 주인의 관계처럼 가까워졌다. 일부 여성은 감금되어 성적·정신적 학대를 받기도 했다.[23] 농장 노동자와 치카노Chicano(멕시코계 미국인을 뜻하는 말_옮긴이) 권리 운동가가 전투적으로 나오며 ― 엘파소의 고등학생들은 스페인어를 할 권리를 달라고 싸웠다 ― 백인 우월주의라는 역풍을 불렀다.[24]

갈등은 레이건이 1967년부터 1975년까지 주지사로 있었던 캘리포니아에서 특히 심했다. 샌디에이고의 외곽 지역이 무분별하게 농경지를 밀어내기 시작하면서 이주자를 상대로 한 인종 범죄가 증가했다. 자경단은 더 넓은 샌디에이고 뒷길에서 픽업트럭을 몰고 다니며 화물칸에서 멕시코인을 향해 총을 쐈다. 땅에 얕게 묻힌 채 발견된 시체만 수십 구였다.[25] 반이민 범죄는 베트남에서 분노를 품고 돌아온 퇴역군인들로 더욱 심각해졌다. 그들은 '비너beaner(콩을 많이 먹는 멕시코인을 비하하는 말_옮긴이) 단속'이라는 이름으로 이주자 캠프를 파괴했다. 저격수들은 국경을 넘어오는 멕시코인을 겨냥했다.[26] 27세 청년 데이비드 듀크David Duke가 이끄는 KKK단은 1997년에 캘리포니아주 샌이시드로San Ysidro 진입점에 '국경 감시대'를 설치했고, 국경경비대 요원 다수가 응원의 뜻을 전했다.[27] 다른 KKK 단체들도 텍사스 남부에 비슷한 순찰대를 조직해 해골과 뼈다귀를 인쇄한 전단지를 라티노 주민들의 문 앞에 뿌리며 '불법체류자'와 연방 정부에 KKK단을 두려워하라 경고하고 있었다.[28] 비슷한 시기에 당국에는 낙하 트랩을 발견했다는 신고가 들어왔다. 베트남군이 미국 병사를 잡기 위해 설

치했던 펀지 트랩punji trap(건드리면 죽창에 꽂혀 죽도록 설계된 함정_옮긴이)
을 개조한 물건이었다. 발견된 장소는 티후아나의 습지 어귀로, 국경
의 자경단들은 이곳을 '리틀남Little Nam'이라 부르기 시작했다.

미국이 직전의 베트남 전쟁에서 패배한 이유는 북쪽과 남쪽을
가르는 국경을 절대 통제할 수 없었기 때문이었다. 북베트남이 남
베트남에 침투하지 못하게 애를 쓴 국방장관 로버트 맥나마라Robert
McNamara는 5억 달러 넘게 들여 20만 통의 가시철사와 500만 개의 울
타리 기둥을 구입했다. 그는 남중국해에서 라오스까지 '장벽'—맥나
마라선으로 불리게 된다— 을 세우고자 했다.[29] 그 선은 목적을 달성
하지 못했다. 먼저 약 10킬로미터 폭의 땅을 불도저로 밀었지만 금세
자라 정글이 되었고, 장벽에 세운 나무 감시탑은 〈뉴욕 타임스〉 기사
에 따르면 '즉각 불에 타 허물어졌다.'[30]

대통령으로서 레이건은 섬세하게 균형을 잡아야 했다. 어쨌든 일
부분은 베트남전의 역풍으로 백악관에 입성한 그였다. 하지만 보수
운동가들은 미국에도 비슷한 장애물을 세우라 요구하기 시작했다.[31]
국경을 따라 장벽을 세워야 한다고, 심지어는 '해자moat'를 파야 한다
고 했다. 다른 쪽에서는 이민 논쟁의 중심에 있었던 불평불만이 재현
되었다. 그들은 미국에서 태어난 이주자 자녀가 시민권을 취득하지
못하도록 헌법을 수정하기를 원했다. 또 군대가 '완전 무장을 하고' 국
경을 지키기를 원했다.[32] 1970년대 말에 창설된 미국이민개혁연맹
Federation for American Immigration Reform과 캘리포니아인구안정화Californians
for Population Stabilization 같은 단체는 '사면amnesty'—이미 미국에 들어온
미등록 이주자가 시민권을 취득하는 방법— 을 제공하는 모든 법에

반대하고 미국 인구조사국Census Bureau에 미등록 거주자를 통계에 넣지 말라고 요구했다.

그러나 공화당 전략가들은 1983년에 당이 포섭 전략을 더 단호하게 추진해야 한다고 말하기 시작했다.

"만약 레이건 대통령이 1984년 선거에 출마한다면 히스패닉 표는 재선에 필수적일 뿐만 아니라 당의 미래에도 필수적이다."[33]

레이건은 절충안을 제시했다. 배타주의자들을 위해서는 직장 작전Operation Jobs을 개시해 연방 요원들을 일터로 보내고 미등록 노동자를 추방시켰다. 체포된 이들은 불시 단속의 잔혹한 방식에 불만을 표했다.

"요원들은 우리를 감금하고 수용소에 무더기로 쌓아 둔다."

에버라르도 레이바Everardo Leyva라는 사람은 멕시코 신문에 그렇게 전했다.

"그러고 나서는 쓰레기 같은 것을 먹으라고 주었다. 집으로 돌아가는 것 말고는 방법이 없었다."[34]

또 레이건은 강경파를 요직에 올렸다. 해럴드 에젤Harold Ezell은 이민귀화국의 서부지청장을 지내는 동안 이주자에 더 강력한 조치를 요구하는 '미국인국경순찰연합Americans for Border Patrol'을 조직했다.[35] 이민귀화국에 들어가기 전에는 패스트푸드 체인점 닥터 비너슈니첼Dr. Wienerschnitzel을 운영했던 에젤은 샌디에이고군 북부의 국경경비대에게 주간고속도로 제5호선을 따라 미등록 노동자 3,000명을 줄 세워 다른 이주자에 경고하라는 지시도 내렸다.

"우리를 두려워해야죠."

에젤은 말했다.

"여기 불법으로 온 사람은 우리를 좋아할 수가 없습니다."[36]

1984년에 국경경비대는 '60년 역사상 처음으로 한 번에 많은 인원을 충원'해 신입 요원 수백 명을 받아들였다. 남서부의 도로와 고속도로에는 24시간 검문소가 설치되었다.

레이건 본인에게 맡겼다면 울타리를 세우겠다는 카터의 계획을 무시했을 수도 있지만, 행정부는 국경을 '봉쇄'할 수 있다는 생각, '첨단 기술' 장비 ─적외선 망원경, 탐지기, 야간 투시경─ 를 배치하면 국경을 효과적으로 통제할 수 있다는 생각을 밀어붙이기 시작했다. 한 국경경비대 요원이 '새것'이라는 말을 하기는 했지만, 설치된 지상 감지기 일부는 베트남 전쟁 때 쓰다 남은 물건이었다.[37] 레이건도 1980년 선거 때보다 재선 때 더 비관적인 태도를 보였다. 토론회에서는 "우리 국경은 통제 불능 상태입니다."라고 말했다.[38] 레이건이 임명한 연방 검사 하나는 부정 투표를 의심해 조사에 착수했다. 그는 캘리포니아군에 두 가지 언어로 쓰인 투표용지를 요청한 유권자 명단을 제출하라 요구했다. 현재도 진행 중인 있는 유색인종의 투표권 반대 운동은 거기서 출발했다고 할 수 있다.[39]

그러나 레이건은 더 길게 보고 당시 공화당을 채우던 자국민 보호주의 세력에 끌려다니지 않았다. 1950년대의 웻백 작전과 비슷하다는 평을 받는 당국의 직장 단속이 이어지는 와중에도 레이건은 라티노 표를 얻어야 당이 성공한다고 믿었다.

"히스패닉은 공화당을 지지합니다."

한번은 히스패닉이 보수적으로 태어났다는 생각을 말로 표현했다.

"본인이 모를 뿐이에요."⁴⁰

역풍의 위험을 감수하고 레이건은 이민 개혁을 시행했다. 여기에는 미국 내 미등록 거주자를 위한 사면 프로그램도 포함되어 있었다.

하지만 백인 우월주의 단체에 과격파 참전용사의 수가 점점 늘어가는 문제는 어떻게 해야 할까? 국경을 돌아다니는 '경비대'와 자경단은?

5

로널드 레이건은 냉전의 부활 —특히 니카라과와 아프가니스탄에서 비밀공작과 반공 혁명을 지원했다— 로 답을 찾았다. 논쟁을 일삼던 뉴라이트의 신정神政보수주의 티오콘theocon, 신新보수주의 네오콘, 고古보수주의 팔레오콘paleocon은 전쟁에 정신이 팔려 레이건은 민주당 지도부와 이민을 비롯한 여러 가지 국내 문제로 타협을 하는 데 화력을 집중하지 못했다. 백악관은 올리버 노스Oliver North를 수장으로 한 합동 기관에 권한을 주고 버팔로 빌의 와일드 웨스트 쇼를 리메이크하듯 대외 정책을 운용하게 했다. 그들은 스스로를 '카우보이'라 불렀다. 이 카우보이들이 연루된 여러 스캔들을 일컫는 이란-콘트라Iran Contra는, 범죄라기보다 로맨스였다. 중앙아메리카 등지에서 반란을 진압하며 변경을 다시 열고, 해외로 군대를 동원해 극단주의 세력의 관심을 돌리려 했던 노력은 실제로 한동안 성과를 거두었다. 이를 가장 잘 보여 주는 사례가 토머스 포지Thomas Posey와 불법 무장단체인 민간군수품원조단체Civilian Matériel Assistance(CMA)다.

포지는 반발하는 사람의 전형으로 LBJ가 정확히 경고했던 보복주의자였다. 전부터 우파의 버처Bircher와 클랜 정치에 푹 빠져 있던 포지는 베트남 전쟁으로 더 과격해졌고 전쟁 이후 군대를 떠나자 삶의 목적을 잃었다. 그는 "아무것도 할 일이 없는 평화는 절망적이다."라고 말했다.[41] 레이건이 제3세계에서 공산주의를 밀어내려 하며 포지는 다시 활동할 기회를 얻었다. 미시간주 플린트시를 근거지로 한 그는 동네 일반 상점과 총기 판매점에 갤런 크기의 피클 병을 놓고 '공산주의자들을 저지하고 러시아로 돌려보내기 위한' 기부금을 요구했다. 포지는 대개 베트남전 참전용사와 주 방위군 출신으로 이루어진 네트워크에 속해 있었다. 다른 사람들도 대부분 KKK와 버처 회원이었다. 아니면 백악관이 아프리카나 아시아에서 계속 준비 중인 비밀 공작으로 서로 연결된 돈의 병사, 즉 용병들이었다. 이 네트워크는 의회의 금지법을 건너뛰고 산디니스타Sandinista 정부를 흔들기 위한 반공 반군인 니카라과 콘트라스에 군사 원조를 보낼 방법을 찾으려 했다. 베트남 전쟁 이후 광범위한 긴축 정책의 하나로 탄생한 의회의 금지 규정은 백악관이 책임질 이유 없는 전쟁을 일으키지 못하게 막는 역할을 했다.

이어 포시는 다른 KKK단 단원, 베트남 참전용사와 함께 CMA를 설립했다. CMA는 이후 몇 년 동안 중앙아메리카 군대나 CIA 측 조력자와 긴밀한 관계를 맺는다. 레이건의 중앙아메리카 운동을 지원하기 위해 모금 운동을 벌였고 온두라스의 콘트라 반군, 엘살바도르의 우익 암살단에 무기 등의 물자를 보급했다. 조직원들은 니카라과에서 함께 훈련하고 싸우며 콘트라 반군이 코스타리카에 두 번째 전선을 형성하게 도왔다. 1985년에 올리버 노스의 카우보이들과 손을 잡은 CMA는 대부분 베트남 참전용사 출신인 회원 수천 명을 거느렸다. 조지아, 루이지애나, 앨라배마, 테네시, 플로리다, 미시시피 등 남부 전역에 사무소가 있었고, 지역에 무수히 존재하는 군대와 주방위군 기지, 해외참전용사협회 회관 등을 통해 빠르게 성장했다.[42]

CMA는 중앙아메리카에만 집중하지도 않았다. 1980년대 중반에는 니카라과, 과테말라, 엘살바도르에서 레이건이 일으킨 전쟁을 피해 매년 수십만 명의 중앙아메리카인이 미국으로 오고 있었다. 그러자 CMA 같은 단체를 활성화한 반공 백인 우월주의는 더욱 뜨겁게 달아올랐다. KKK단과 버처, 나치 지지자들은 중앙아메리카의 공산주의자나 서류 없이 미국에 들어오는 이주자나 별다른 차이가 없다고 생각했다. 그래서 CMA는 엘살바도르와 온두라스에 조교와 군수품을 보내는 한편, 애리조나에 자경단을 조직해 국경을 경비했다(또한 레이건의 중앙아메리카 전쟁을 피해 도망치는 난민을 돕는 교회 단체 네트워크의 '피난' 활동가들을 공격했다).[43] 레이건이 이민 개혁을 채택했을 무렵, 이러한 국경 활동이 전국의 관심을 끈다. 1986년 7월 4일, 군인의 위장 작업복을 입고 AK-47로 무장한 CMA 소속 '국경의 천사들' 약 20명은 J. R. 헤이건J. R. Hagan('불법무장 애호가인 차압꾼'으로 묘사되는 베트남 참전용사로, 자기가 베트남인 몇 명을 죽였는지 자랑하고 다녔다)의 지휘에 따라 노갤러스 바로 동쪽에서 국경을 넘는 이주자 16명을 체포하고 총을 겨눈 채 국경경비대로 넘겼다.[44] 〈뉴욕 타임스〉를 비롯한 전국 언론이 이 사건을 보도했고 자경단에 대한 비난 여론이 확산되었다.

포지는 레이건 정부에 있는 지인을 통해 대응 방법을 조율했는지 CMA의 국경 활동을 접기로 했다. CMA의 앨라배마 본부에서 그는 작전을 부인하고 '국경의 천사들'을 해체했으며 불법 무기 소유 혐의로 연방 검찰에 기소될 예정인 헤이건을 제명했다. 그러나 같은 시기에 중앙아메리카에서 CMA의 활동은 증가했다. 회원들은 반공 수도인 테구시갈파Tegucigalpa, 과테말라시티, 산살바도르를 왔다 갔다 하며 바쁘게 지냈다. 헤이건의 국경경비대가 전국적인 분노를 일으킨 달에 CMA는 콘트라 반군을 훈련할 베트남 참전용사 약 100명을 온두라스로 파견했다.[45]

해외의 전쟁과 국내의 과격파 사이의 관계가 얼마나 상호 의존적인지 최대한 간략하게 정리하고 묘사해 보자. 베트남에서 패배한 후 과격해진 퇴역군인 한 세대는 대부분 백인 우월주의 단체에 가입했다. 부상하는 뉴라이트의 지도자로서 로널드 레이건은 1980년 대선 당시 이런 과격파 세력을 선거운동에 효과적으로 이용해 승리했다. 일단 취임한 후에는 냉전을 다시 확대해 과격 세력을 억제하고 그들이 국내 정치에 (지나치게) 큰 영향을 미치지 않도록 막을 수 있었다. 중앙아메리카 ―레이건이 '우리의 남쪽 변경'이라 불렀던 지역이다― 의 반공 운동은 특히 공격성을 바깥으로 돌리는 데 도움이 되었다.[46] 그러나 레이건의 중앙아메리카 전쟁(니카라과의 콘트라 반군, 엘살바도르·과테말라·온두라스의 암살단을 지원했다)은 수백만 명의 난민을 낳았고, 대부분이라 해도 과언이 아닌 많은 사람이 미국으로 도망쳤다. 난민들이 국경에 접근하자 애초에 난민을 만들어 낸 전쟁을 일으키기 위해 레이건이 동원했던 바로 그 지지층이 분노했다. 백악관은 계속해서 문제를 회피하고 보복심을 국외로 돌렸다(중앙아메리카는 물론 아프가니스탄 같은 제3세계의 다른 지역으로도). 레이건과 '카우보이들'은 일 촉즉발의 게임을 하고 있었다. 다만 그 게임을 계속하려면 변경이 지 금처럼 계속 열려 있어야 했다.

어쨌든 당장은 대외 정책으로 반발을 회피했다. 백악관은 이민개 혁및통제법Immigration Reform and Control Act을 밀어붙일 수 있었다. 강제력 을 강화한 이 법은 고용주가 피고용인의 시민권 상태를 확인하는 절 차를 필수화하는 등의 조항으로 미국이민개혁연맹 같은 보수 단체의 박수를 받았다. 그러나 이 법으로 많은 미등록 거주자는 5년에 걸쳐 시민권을 취득할 수 있는 단 한 번의 기회를 얻었다. 그러기 위해서는 수수료를 지불하고, 신체검사를 하고, 영어를 배우고, 시민권 시험을 통과해야 했다. 또 징병 등록을 하고 중범죄를 저지르지 말아야 한다 는 조건도 있었다. 경범죄의 경우는 2회로 제한했다.

이주자 권리 보호 단체는 법이 소급 적용을 하고 사면을 1회만 허 용한다는 점이 위험할 정도로 잘못되었다고 생각했다.[47] 이 법안은 경찰력을 확대해 국경을 봉쇄할 수 있다는 불가능한 약속을 개혁의 조건으로 거는 선례를 만들었다. 그래도 점점 세력이 커지는 자국민 보호주의 단체를 압도할 만큼 많은 공화당과 민주당 지지자들이 뭉 쳐 준 덕분에 레이건은 1986년 11월 6일 법안에 서명했다.* 그 결과, 약 270만 명의 미등록 거주자가 미국 시민이 되었다.[48]

---

*   같은 날, 레바논 신문이 이란-콘트라 기사로 스캔들을 터뜨리며 레이건은 하마터면 대통령직 을 잃을 뻔했다. 서명식에서 기사의 사실 여부를 확인해 달라는 기자에게 레이건은 "노코멘트." 라고 말했다.

레이건은 퇴임 연설에서 미국이 아직도 '불빛'이라고 말했다. 미국은 '자유를 누려야 할 모든 사람, 모든 잃어버린 곳을 등지고 어둠 속에서 돌진하고 있는 모든 방랑자를 집으로 인도해 줄 자석'이었다.[49]

1989년에 베를린 장벽이 무너지고 1991년에 소련이 붕괴되며 미국은 세계 유일의 초강대국 자리에 올랐다. 오래전부터 기다려 왔던 순간이었다.

"아메리카는 반구 전체를 소유한다."

1813년에 토머스 제퍼슨이 한 말이다. 제퍼슨은 '지구 절반'이라고 말했다. 냉전이 시작될 즈음, 국무장관 딘 애치슨은 '세계 절반을 자유로운 반쪽으로 만들' 방법을 고민했다. 레이건의 후임인 조지 H. W. 부시는 모든 것을 차지했다. 전부 얻었다는 말은 안과 밖의 구별도, 지그재그 같은 찰나의 움직임도 없다는 뜻이었다.

"외국 지도자들과 미국 상품의 새로운 시장을 논의할 때 제가 대외 정책을 이야기하는 걸까요? 아니면 국내 정책을 이야기하는 걸까요?"[50]

부시는 자신의 질문에 둘 다 정답이라고 대답했다. 이제 변경은 어디에나 존재했다. 그러나 한계라는 의미의 국경은 어디에도 존재하지 않았다.

"별들 너머에 변경이 보입니다. 바로 우리 안에 존재하는 변경입니다."

1989년 6월, 부시는 말했다.

"앞에 있는 변경에 경계는 없습니다."[51]

6개월 후인 1989년 12월 ―베를린 장벽이 무너지고 한 달 뒤― 부시는 파나마를 침공해 한때는 동맹이었지만 이제는 적이 된 마누엘 노리에가Manuel Noriega를 축출했다. 8개월 후에는 이번 전쟁이 자립 개입이라 정의하고 페르시아만으로 병력 수십만 명을 보내 쿠웨이트의 해방을 돕기 시작했다. 1991년 3월, 귀국한 장병들에게 부시는 말했다.

"여러분은 쿠웨이트에 자유를 주었을 뿐만 아니라 이 나라가 과거의 유령과 의혹에서 벗어나게 해 주었습니다. 이제 전 세계에서 우리를 의심할 이는 없습니다."

부시는 말했다.

"여러분의 행동으로 미국은 과거의 희망과 꿈을 되찾았습니다."

부시는 전쟁이 '단순한 외교 정책'이 아니라고 했다.

"쿠웨이트에서 이라크를 몰아내며 미국인은 다시 스스로를 믿을 수 있게 되었습니다."[52]

암울했던 1970년대의 여파가 끝나고 미국의 임무를 다시 신성화하자는 뉴라이트 프로젝트는 성공한 듯 보였다. '레이건 혁명'은 악령의 흡입관을 다시 한번 바깥으로 돌리고 결정적인 재편성을 이루어 낸 것만 같았다. 1990년대 초에 '자유'는 새로운 도덕 질서를 나타내는 키워드가 되었다. 돌이켜 보면 재편성은 허술했다. 레이건은 뜻대로 이민 개혁을 했지만 결국 공화당에 불리하게 작용했고 라티노 유권자들은 공화당의 산업 공동화, 사회 서비스 축소와 우파의 문화적 이슈 선동이 자신의 삶과 큰 상관이 없다고 보았다. 대부분 계속해서 민주당을 찍었다. 레이건의 '사면'으로 공화당은 '레이건의 국가'라 불렸던 캘리포니아마저 잃기 시작했을지도 모른다. 1988년의 조지 H. W. 부시 이후로 공화당 대통령 후보는 캘리포니아의 지지를 얻지 못했다.

공화당은 딜레마에 빠졌다. 계속 캘리포니아에서 지는 것은 안타까운 일이었다. 하지만 캘리포니아와 인구 통계가 비슷한 텍사스, 플로리다에서도 쭉 진다면 파멸을 맞을 수도 있었다. 여전히 낙태와 동성애자 권리 반대 같은 이슈로 라티노 표심을 얻을 수 있다고 믿는 공화당원들도 있다. 그러나 다른 이들은 엄격한 반라티노 정책을 추진하기 시작했다. 1994년 캘리포니아의 주민발의안 제187호는 미등록 거주자에 대한 사회 서비스를 거부하는 내용이었다. 발의안은 통과되었고 피트 윌슨Pete Wilson 주지사를 중심으로 캘리포니아 반이민 세력의 에너지가 모였다. 그러나 그것도 결국에는 역풍을 불러왔다. 윌슨은 자국민 보호주의를 전국적인 운동으로 전환할 능력이 없었고, 캘리포니아는 민주당 지지세가 강한 주가 되었다. 그동안 공화당은 계속해서 분열하고 있었다. 최소한 라티노 표의 일부분이라도 얻어야 당의 미래가 있다고 생각하는 지도부와 미국을 이주자에게 최대한 적대적인 곳으로 만들려 하는 일반 당원의 의견은 서로 갈라졌다. 당내 운동가들은 인종을 겨냥한 투표 억압 계획에 착수했고 애리조나 같은 주에서 '신분증 제시 요구show me your papers' 같은 법을 추진했다. 그들은 특히 레이건의 '사면'이 되풀이하지 말아야 할 실수라고 지적했다.[53]

레이건주의는 한계를 극복하겠다는 약속으로 이념의 재편성을 시작했다. 언젠가는 이민의 문화 정치학에서 자신의 한계에 부딪히고 말겠지만 그때까지 레이건의 후계자들은 같은 약속을 이어 갈 것이다. 더, 더, 더.

새로운 선취자

"빼앗을 때는 분열했고 …
소유할 때는 단결했다."

20세기 동안 미국과 멕시코 사이의 국경은 변경 보편주의의 그림자 역할을 했다. 인종 극단주의는 3,200킬로미터 길이의 변두리로 밀려났다. 1895년에 우드로 윌슨은 온통 자유로운 범위인 세상을 보고 흥분한 민족에게 "처음부터 세계는 변경이었다."라고 썼다. 그러나 20세기 말에 접어들며 미국의 정서를 포착하고 상상력을 집중시킨 대상은 변경이 아닌 국경이었다. 브라세로 프로그램이 제공하는 최소한의 보호 조치가 없어져도 미국으로 오는 멕시코인의 수는 점점 늘어났다. 중앙아메리카에서도 수십만 명이 레이건의 전쟁을 피해 도망쳐 오고 있었다. 멕시코 혁명 이후 처음으로 우파 정치인과 학자는 국경을 국가 안보 문제로 지목했다. 레이건은 변경의 개념을 되살렸다. 하지만 한편으로는 '미국의 국경을 향해 혼돈과 무정부 상태를 옮기려' 하는 공산주의 세력에 경고했다. 1990년대 초만 해도 이민은 당파적인 문제가 아니었다. 미국노동연맹American Federation of Labor과 농장 노동자연합United Farm Workers같이 민주당 평당원으로 이루어진 단체들은 미등록 노동자가 임금을 낮춘다고 우려했다.[1] 뉴욕주의 민주당 소속 하원의원 제임스 슈이어James Scheuer도 인구 문제 특별위원회 위원장으로서 "우리는 국경을 확고하고 강력하게 봉인하는 것을 지지한다."라고 말했다.[2] 그러나 자국민 보호주의의 독은 공화당에 빠르게 집결하고 있었다.

국외로 진출하는 산업이 늘어나며 멕시코에는 조립 공장이 들어섰다. 평론가들이 경제 세계화라 부르기 시작한 현상에 따라 국경을 오가는 일이 늘어났지만 사실 많은 사람에게 이 길은 국경에서 탈출하는 방법이었다. 조지 H. W. 부시는 반구 전체를 자유 무역 지대로 만들겠다는 목표를 '국경 없는 혁명'이라 묘사했다. '북극권에서 마젤란 해협까지', '자유, 평화, 번영'을 공유하는 개방된 공동체를 세우고자 했다.[3] 평론가들은 특히 북미자유무역협정NAFTA ─오늘날 정치의 화약고─ 이 제노포비아와 극단주의를 굴복시킬 것이라 주장했다. 빌 클린턴은 "이 새로운 세계 경제가 우리의 새로운 변경이다."라고 말하며 멕시코와의 자유로운 무역이 시민 부흥을 가져올 것이라 했다.

"'우리 국가의 운명은' 세상에 계속해서 손을 뻗는 데 달렸다."[4]

클린턴 행정부의 각료 한 명은 NAFTA가 '19세기 변경과 도덕적으로 동등한 대상'이라고 말했다.[5]

그러나 NAFTA는 미국을 국경 위로 떠오르게 해 주지 않았다. 오히려 국경을 더욱 강화해 국경선 ─그에 수반되는 모든 증오와 집착도─ 을 국내 정치에 영원히 떨어지지 않을 과제, 국수주의적 불만의 영원한 원천으로 바꿔 놓았다.

1
—

1992년, 클린턴은 43퍼센트라는 득표율로 대통령에 당선되었고 영역을 확장하면 평화와 번영이 깃든다는 매디슨의 이론을 적용해 분열 중이던 국가를 그 나름대로 자신감 있게 통합시켰다. 클린턴은 레이건의 가장 위대한 업적이었다. 그는 산업화 이후의 숙명론 —규제는 불가능하다, 긴축 경제는 불가피하다, 예산은 수입과 지출이 맞아떨어져야 한다, 범죄는 경제 정책이 아니라 문화적 조건이다— 을 소탈한 탈근대적 낙관론과 결합해 공화주의적 의제를 끌고 나갔다. 끝없는 성장이 가져올 '포용의 정치'를 내세우며 뻔한 희망의 말을 제시하고 있었다. 통제할 수 없는 파생물의 구속을 거부한 클린턴은 월스트리트라는 거친 서부에 울타리를 치지 못하게 했다. 조지 H. W. 부시의 유산도 훌륭히 관리해 높은 국방 예산을 유지하고 부시와 마찬가지로 보스니아, 수단, 아프가니스탄, 코소보 등 여러 곳에 군대를 보냈다. 또한 페르시아만에 주둔한 미국 군인의 수를 늘리고 주기적으로 이라크를 공습했다. 2000년 무렵, 클린턴 정부는 이라크에 평균주 3회 폭격을 가해 1년에 10억 달러 이상을 지출하고 있었다.[6]

그러나 세 대통령을 원인과 결과로 연결하는 가장 명확한 직통선은 NAFTA였다. 1980년에 레이건이 제안한 NAFTA는 베를린 장벽이 무너진 후 부시가 협상을 이끌었고 클린턴은 취임 후 몇 달 만에 의회의 가결을 밀어붙이기 시작했다. 국가의 자신감을 얻는 순간이어야 했다. 미국은 냉전에서 승리했다. 소련은 패배했을 뿐만 아니라 아예 지도에서 사라졌다. 파나마와 페르시아만에서 성공적인 전쟁을 치른 미국에 정치적으로든, 경제적으로든 도전할 나라는 없었다. 이념적인 도전자도 없었다. 그럼에도 조약이 의회에서 통과되기 전의 논쟁에는 왠지 모를 불안감이 감돌고 있었다. 빌 클린턴은 과반수 지지를 받지 못한 대통령이었다. 다른 후보인 로스 페로Ross Perot가 자유 무역에 반대하는 표를 나눠 가지지 않았더라면 선거에서 승리하지 못했을 것이다. 한편, 당시 멕시코 대통령이었던 카를로스 살리나스Carlos Salinas는 라사로 카르데나스의 아들이자 경제 자유화에 반대하고 멕시코를 아버지의 급진주의로 되돌리려 했던 콰우테모크 카르데나스Cuauhtémoc Cárdenas을 꺾고 승리했다.[7] 그때 NAFTA는 클린턴에게나 살리나스에게나 정치적 약점을 거대 금융 기업의 지원으로 만회할 방법이었다. 살리나스는 사실상 골드만삭스Goldman Sachs를 멕시코 정부의 지사로 만든 것이나 다름없었다. 골드만삭스의 고문단은 NAFTA가 통과되도록 멕시코 경제를 준비시켰다.

클린턴에게 NAFTA 통과 운동은 민주당에 대한 지배권을 확립할 기회였기에 '전력을 다해' 열정적으로 투쟁에 나섰다. NAFTA를 통과시키겠다는 대통령의 집념에 대해 토머스 프리드먼Thomas Friedman은 항상 보면 클린턴이 '정통 민주당과 싸울 때 가장 명확한 입장을 밝히는' 듯했다고 썼다. 조약에 반대하는 것은 미국노동연맹-산별노조협의회AFL-CIO와 환경 운동가만이 아니었다. 의회 흑인 의원 모임인 블랙 코커스Congressional Black Caucus도 반대 의사를 밝혔다. 클린턴은 자유

무역이 문화 부흥의 기회라며 맞섰다. 참모 한 명이 말한 것처럼 한편으로는 기회, 이동성, 책임을 주제로 '미국 정신에서 무의식적으로 이루어지는 논쟁'의 일부였다. 클린턴은 임기 중 여러 이슈 중에서도 한 가지 이슈를 반복적으로 NAFTA와 엮었다. 바로 인종이었다.

1990년대 초는 로스앤젤레스 폭동의 여파로 인종과 관련해 걱정이 많은 시기였다. 범죄율은 솟았고 도심 총기 난사 사건도 늘어났다. 12년간 공화당이 집권하며 1960년대와 1970년대에 인종 차별과 빈민 문제를 다루기 위해 도입했던 적극적인 연방 정책의 힘은 크게 약해졌다. 빌 클린턴 같은 신민주당파는 문화를 언급하며 사회 문제를 설명하기 시작했다. 그중에서도 아프리카계 미국인 청년들, 붕괴된 가정, 총기 폭력, 빈곤, 실업 같은 '병폐'에 집중했다. NAFTA에 대한 의회 투표가 있기 불과 며칠 전, 클린턴은 테네시주 멤피스로 가서 마틴 루터 킹이 마지막 설교를 했던 바로 그 교회에서 문제의 연설을 했다. 클린턴은 킹의 억양을 모방했을 뿐만 아니라 킹의 목소리로 말을 하며 범죄, 총기, 아이들에 개인적인 책임을 져야 한다고 청중을 꾸짖었다.

"책임감 없이 다른 흑인을 살인하라고 제가 흑인의 권리를 위해 싸운 게 아닙니다."

클린턴은 킹을 떠올리며 그렇게 말했다. 다른 곳에서는 NAFTA를 더 직접적으로 홍보했다. 인종 차별의 구조적 근본을 깨뜨리는 연방 정부의 개입을 논쟁의 중심에서 치우고, 경제 팽창을 하면 공동체와 가족이 하나로 묶여 '빈민가의 병'을 끝내는 데 필요한 부가 생길 것이라 했다.[8]

멤피스 등에서 클린턴이 했던 연설은 NAFTA에 찬성하라고 흑인 지도자들을 설득할 목적이 아니었다. 일주일 후, 블랙 코커스 소속 의원 대다수가 NAFTA에 반대표를 던졌다. 그러나 흑인에 대한 일부 문화적 비판을 세계적으로 확대하며 클린턴은 공화당과 민주당 내 보수파가 조약에 찬성할 명분을 주고 있었다. 미국이 세계적으로 성장하면 빈곤과 인종 차별 문제가 사라진다는 것이 공식적인 방침이었다. 그러나 비공식적 방침, '잠재적인' 메시지는 분명했다. 세계와의 경쟁은 최하층 흑인 계급의 질서를 바로잡고 블랙 코커스 같은 단체에 대한 민주당의 의존을 끊어 줄 것이었다. 만약 클린턴이 NAFTA로 기반을 다질 수 있다면 (1935년에 FDR이 확립한) 복지의 해체, 경찰 권력 강화, 교도소 시스템의 확대처럼 그의 의제에 올라 있는 다른 항목들도 줄줄이 때릴 수 있었다.[9]

노조와 시민권 운동 지도자, 환경단체와 랠프 네이더Ralph Nader 느낌의 공익단체는 진보적인 이유로 NAFTA를 반대했다. NAFTA가 체결되면 일자리가 줄어들고 임금이 낮아질 수밖에 없었다. 기업이 공해 방지 같은 정부 규정을 회피하는 일도 가능해진다. 그러나 민주당과 공화당, 진보와 보수를 가리지 않고 정치권에서 NAFTA에 찬성하는 세력은 패트릭 뷰캐넌 같은 자국민 보호주의자와 가끔 나사가 빠지는 페로가 자유 무역을 반대하는 대표적인 얼굴로 대중 앞에 서는 모습을 보며 즐거워했다.

뷰캐넌은 1992년 공화당 후보 지명 당시 조지 H. W. 부시에게 의외로 강력한 첫 도전 상대로 막 경쟁을 끝낸 인물이었다. 당시 그는 미국-멕시코 국경에 장벽을, 아니 배수로를 파고 ―본인 입으로 '뷰캐넌 참호-Buchanan Trench'라 했다— 미국에서 태어난 이주자의 자녀가 미국 시민권을 취득할 수 없게 헌법을 수정해야 한다고 주장했다. 뷰캐넌은 레이건이 겉으로 드러내지 않은 인종 차별을 직설적으로 마음껏 표출했고, 레이건이 복지 수혜자, 제3세계 사회주의자, 동성애자 권익 운동가, 환경 운동가를 향해 불러일으킨 모든 분노의 정곡을 찔렀다. 뷰캐넌은 '국가적 자살', '인종적 자살'을 저지할 정책들을 지지하고 미국의 유대-기독교Judeo-Christian 유산을 옹호했다. 뷰캐넌은 '미국 우선주의America First'에 기회를 걸었다가 실패했다. 그래도 성과가 없지는 않았다. 그 덕분에 공화당이 국경에 '구조물'을 세우겠다는 약속을 정당 공약에 처음으로 집어넣었기 때문이었다.

당시 NAFTA는 어둠을 물리칠 방법으로 알려졌다. 자유 무역을 통해 영역을 확장하면 극단주의자 —이 경우 페로와 뷰캐넌— 의 힘을 약화시키고 공화국에 의미도 부여할 수 있었다. 〈뉴 리퍼블릭〉은 미국의 '도덕적 캐릭터'가 위태로운 상태라고 썼다.[10] 20세기 초, 〈뉴 리퍼블릭〉은 터너 사관을 사회적으로 바꾼 웨일 같은 지식인들의 본부였고, 팽창이 모든 문제의 해결책은 아니라고 말했다. 이제는 영원히 변경에서 문제를 바깥으로 돌리지 말고 국내에서 집중해야 할 때라고 했다. 1990년대 초, 〈뉴 리퍼블릭〉의 편집자들은 완전히 터너주의자가 되었다. 뷰캐넌과 페로는 팽창의 앞을 가로막는 '악의 원인'을 상징했다. 이제 냉전이 끝났으니 NAFTA는 미국이 계속해서 불가능한 일을 시도하게 도와줄 수 있었다. 현실주의와 이상주의를 결합하고 야망을 미덕으로 정의할 수 있었다.

"시간이 흐르며 국내 정책과 대외 정책 사이의 구분이 더 흐릿해진다.”

통상 조약은 ‘도덕적 비전’과 ‘국가적 이익’을 합친 ‘국제주의’를 상징했다.

NAFTA는 캐나다와 멕시코 양국과의 무역·투자 조건을 완화했지만 논쟁의 중심에는 주로 멕시코가 있었다. 헨리 키신저_{Henry Kissinger} 같은 자유무역론자는 통상 조약이 실제로는 냉전의 연장선상에 있다고 주장했다. 전쟁의 끝나지 않은 문제를 마무리할 방법이라는 것이다.

멕시코는 평범한 제3세계 국가가 아니었다. 미국 자본에 맞서 20세기 최초로 대대적인 사회 혁명을 일으킨 나라였고 모든 것의 출발점이었다. 멕시코의 혁명적인 민족주의를 계기로 세계는 사회권을 받아들이게 되었고 보호적인 경제 정책을 내세워 1970년대에는 미국의 투자를 막아 세웠다. 제3세계에 강경하게 나갔던 레이건의 정책은 흐름이 바뀌었다. NAFTA는 완전히 과거로 되돌릴 기회였다. 자유무역은 미국이 남북전쟁 이후처럼 다시 한번 멕시코에 ‘대변혁’을 일으킬 수 있었다. 그렇게 되면 아메리카 대륙 전체에 대변혁이 일어난다. 키신저는 살리나스의 경제 개혁에 대해 이렇게 썼다.

“멕시코는 서반구를 휩쓸고 있는 좌파의 국가 통제주의에 반하는 혁명의 선봉에 있었다.”[11]

클린턴은 “NAFTA가 첫걸음일 뿐이다.”라고 했다.[12]

NAFTA의 배경을 이야기하려면 30년 전으로 돌아가야 한다. 1965년, 멕시코와 미국은 양국의 관세율표를 수정했다. 이후로 국경에 있는 멕시코의 조립 공장은 완제품을 다시 미국에 수출하는 조건으로 원료와 일부 조립된 부품을 무관세로 수입해 올 수 있었다. 미국은 수입품의 총액이 아니라 외국에서 추가된 부품의 가격에만 관세를 부과했다.[13] 소리 소문 없이 절차가 개정되며 생산 과정이 세세하게 쪼개졌다. 멕시코 쪽의 국경은 수출 조립 공장 지대로 바뀌었다. 새로운 조건에 따라 뉴욕에서 자른 옷감은 멕시코에서 의복으로 꿰맬 수 있었다. 최종 상품을 다시 미국으로 수입할 때 기업들은 멕시코에서 한 작업의 가격에만 관세를 지불하면 됐다.[14] 멕시코 노동자는 미국 노동자에 비해 현저히 낮은 임금을 받았기에 상품 이동으로 기업은 상당한 액수를 절약할 수 있었다.

기업들은 계산기를 두드리고 공장을 이전했다. 1968년에 74개였던 공장이 1969년에는 147개, 1975년에는 454개로 늘었다. 여기에는 페어차일드 카메라 앤드 인스트루먼트Fairchild Camera and Instrument와 레이시온Raytheon 같은 첨단 기술 회사의 제조 공장도 포함되어 있었다. 처음에는 공장의 위치를 찾기 힘들었다. 기업들이 '도망자'로서 관심을 받고 싶지 않아 '흙길 끝의 간판 없는 창고'에 공장을 두었기 때문이었다.[15] 그러나 멕시코의 해외 투자가 늘어나며 숨길 이유가 사라졌다. 이내 교도소만큼이나 위풍당당한 공장들이 건설되고 있었다. 냉전이 끝날 무렵, 공장의 수는 1,925개로 늘어났고 노동자 약 50

만 명이 옷감을 꿰매고 전자제품을 조립하고 자동차를 만들었다. 멕시코에서 1달러면 살 수 있는 노동력이 미국에서는 8.29달러였다.[16] NAFTA가 시행되기 전부터 국경은 이미 산업 지대로 변모하고 있었다. 티후아나, 시우다드후아레스, 멕시칼리, 누에보라레도, 레이노사, 노갈레스를 중심으로 휑뎅그렁한 콘크리트 건물 수천 개가 가시철사와 감시탑으로 둘러싸여 있었다.[17] 오늘날 그런 공장은 3,000개가 족히 넘고 근로자들은 티셔츠에서 TV, 약, SUV까지 모든 것을 만들고 있다.

1965년에 멕시코 당국은 국경 산업화가 멕시코 혁명의 유산을 배신하리라고 상상하지 못했다. 조립 공장이 들어선다고 혁명의 상징인 농지 개혁이 중단된다는 의미는 아니었다. 농지 개혁은 소작농 공동체에 땅뿐만 아니라 보조금도 나눠 주고 미국에서 수입하는 값싼 옥수수 같은 식량에 대한 관세에서 농민들을 보호했다.[18] 오히려 정책 입안자들은 브라세로 프로그램이 끝나고 미국이 이민 상한제나 쿼터제를 도입할 경우 국내 고용률에 미칠 영향을 더 걱정했다. 멕시코가 자신의 안전밸브válvula de seguridad라 생각했던 것 —북쪽으로의 이주가 제공하는 '안전밸브'— 은 하루아침에 잠겨 버렸다. 그래서 멕시코 정부는 국경에 조립 공장 건설을 장려하고자 투자와 관세 규칙의 완화를 제안했다. 그러면 일자리를 창출해 국경 북쪽의 고용 손실을 만회할 수 있었다. 많은 정치인은 조립 공장을 시작으로 경제 전반에 생산 기술과 노하우가 퍼져 더 강력한 산업을 이룰 수 있다고 주장했다. 수출이 증가하며 멕시코의 고질병인 무역 수지 적자도 줄어들 것이었다.[19]

1965년 미국의 관세법 개정에 동의했을 때 린든 존슨도 뉴딜이 만든 경제 질서를 자기 손으로 훼손하고 있다고 상상하지 못했다. 뉴딜 정부는 핵심 산업의 낮은 임금을 유지하기 위해 오랫동안 노력했다. 존슨 정부도 그런 이유를 내세우며 관세 개정을 주장했다.[20] 엘파소에서 활동하는 노동 운동가 제임스 기븐스James Givens는 말했다.

"전에는 값싼 멕시코 노동자를 우리나라로 들여왔는데 이제는 그들에게 일자리를 갖다 바치고 있다."[21]

그러나 1965년은 존슨이 베트남 전쟁을 확대한 해이기도 하다. 얼마 지나지 않아 B-52는 제2차 세계대전 당시 전 세계에 떨어진 것보다 더 많은 폭탄을 북베트남, 라오스, 캄보디아에 투하했다. 킹이 예고한 것처럼 폭탄은 국내에서 터졌고 연쇄 반응을 일으켜 북아메리카 대륙을 완전히 바꿔 놓았다.

3

미국이 동남아시아에 투하한 폭탄과 그곳에 파견한 군대, 그 밖의 군수품에 들어간 비용은 미국 달러에 지속해서 압력을 가했고, 그 결과 인플레이션과 저성장이 특징인 경제 위기가 길게 이어졌다. 1979년에 미국 연준Federal Reserve은 금리를 대폭 인상하는 방법으로 대응했다. 연준 의장인 폴 볼커Paul Volcker의 이름을 딴 볼커 쇼크Volcker Shock는 결국 인플레이션을 잡았지만 그 외 다른 것은 다 깨뜨렸다. 긴축 통화 정책은 달러 가치의 과대평가를 낳았고 북동부와 중서부 산업 지역은 큰 타격을 입었다. 수출품 가격이 상승하고 현대화에 필요한 부채 비용이 지나치게 올라갔다. 기업들은 경기 침체를 기회 삼아 공장 문을 닫고 자본을 남쪽으로 대거 보내기 시작했다. 선택지는 노동권이 있고 세금이 낮은 남서부, 아니면 멕시코 국경지대 둘 중 하나였다. 1981년에서 1984년 사이, 미국에서는 노조 임금 산업 노동자의 일자리가 200만 개나 사라졌다. 레이건은 이삿짐 트럭에 비용을 댄 것이나 다름없었다. 그는 가능한 한 높은 금리를 유지하고 그 밖의 인센티브를 제공해 구시대적인 제조업 —철강과 자동차 제조 등— 에서 첨단 무기, 금융, 서비스로 경제의 전환을 유도하고 있었다.[22]

공장이 문을 닫게 만든 고금리는 소규모 농가도 무겁게 짓눌렀다. 돈의 가치가 올라가자 기존에 있던 부채가 증가했고 앞으로 기를 작물을 심으려면 대출을 새로 받아야 하는데 대출금도 지나치게 올라갔다. 10년도 되지 않아 미국은 농가를 최대 100만 가구 잃게 된다. 저널리스트 조엘 다이어Joel Dyer는 저서 《분노의 수확Harvest of Rage》에서 그 결과로 찾아온 '농장 위기farm crisis'가 '엄청난 빈곤과 절망'이었다고 정리했다. 자살, 질병, 범죄, 정치 극단주의가 증가했다.[23] 위기의 여파가 완전히 드러나기도 전에 연방 정부는 소규모 농장에 대한 지원을 대부분 끊고 대규모 농공산업이 더 커지도록 장려하는 쪽으로 우선순위를 바꿨다.

"커지지 않으려면 떠나라."

은행과 대학의 농학자들은 농부들에게 말했다.[24] 뉴딜 프로그램이 가족농과 기업농의 공존을 안정화한 반면, 새로운 정부 정책은 규모가 크고 효율적인 산업에만 혜택을 쏟아부었다. 농업경제학자 존이커드John Ikerd는 이렇게 쓴다.

"농장은 커지고 소유 회사는 줄어들었다."[25]

여러 정책 —정부에서 보조하는 작물 보험, 대출, 세금 우대 조치, 정부에서 자금을 지원하는 연구, 미국 작물을 구매하는 국가에 제공하는 융자— 은 규모 확대, 표준화, 산업 통합을 장려했다. 농장 합병으로 그레이트플레인스에서는 사람이 사라졌다. 문을 닫은 가게로 가득한 텅 빈 작은 마을을 사이사이에는 수 킬로미터나 뻗은 기계화된 대규모 농장이 들어섰다.[26] 현재 텍사스 서부에 농촌 마을은 39곳 있지만 주민은 평방마일당 10명도 되지 않는다.

미국의 탈산업화를 가져오고 소규모 농가를 무너뜨린 고금리는 멕시코 경제를 개방하는 데 쓰였다. 미국 농부들과 마찬가지로 멕시코의 대출금도 미국 달러로 액수를 매겼다. 달러 가치가 올라가며 금리 쇼크 덕분에 멕시코의 부채도 증가했다. 멕시코는 국가 부도 위기를 맞고 국제통화기금International Monetary Fund의 도움을 받아야 했다. 부채를 감당하고 통화를 지탱할 새로운 대출의 대가로 멕시코 정부는 공기업의 민영화, 지출 삭감, 해외 투자에 대한 규제 철폐, 노동법 보호 완화, 토지 개혁 축소에 합의했다. 이 협정은 무엇보다도 멕시코 혁명이 세웠던 민족주의 모델을 끝내고 멕시코를 NAFTA의 길에 올려놓았다는 데 의미가 있었다.

4

1993년에 NAFTA가 체결되었을 때 미국은 이미 농업 위기와 탈산업화를 10년째 겪고 있었다. 그래서 NAFTA의 효과는 현재 진행 중인 변화의 연속으로 느껴졌다. 한편 멕시코는 NAFTA로 큰 타격을 입었다. 발효일인 1994년 1월 1일 전까지 멕시코 정부는 소규모 농가에 상당한 보조금과 관세 보호 조치를 이어 갔다. NAFTA는 이런 지원을 쓸어 갔다. 전부 한꺼번에 없앤 것은 아니지만 여기저기서 큼직하게 떼어 냈고 멕시코의 소작농들은 마치 신 앞에 홀로 선 인간처럼 카길과 아처 대니얼스 미들랜드Archer Daniels Midland(미국의 식품 가공 회사_옮긴이) 같은 미국의 거대 기업에 무방비 상태로 맞서야 했다.

1960년대의 멕시코 정부는 국경 산업화가 멕시코 농민을 공격할 줄은 몰랐을 것이다. 그러나 1990년대 들어 멕시코의 새로운 계급을 이룬 기술관료들은 주로 원주민 사회에서 운영하는 공동 농장 '에히도' 3만여 곳을 보며 구시대적 유물이라고 생각했다. 그들의 눈에는 과거라는 진흙탕에 뒹굴며 국가의 발전을 막고 있는 사람들밖에 보이지 않았다. NAFTA는 모든 것을 쓸어버릴 기회였다. 그러고 나면 멕시코는 선진국 대열에 합류할 수 있었다.

"우리는 프랑스가 아닙니다."

언젠가 멕시코의 전 외무장관은 말했다.

"그저 좋아 보인다는 이유로, 발전하지 않는 소작농의 비용까지 부담할 여력은 없습니다."

조약의 비준을 준비하면서 살리나스 정부는 멕시코의 헌법을 수

정해 가장 급진적인 조항들을 없앴다.[27] 농업 개혁이 끝났다고 선언했다. 이후로 정부가 토지를 몰수하고 영세 농민에 분배하는 일은 없었다. 에히도는 민간 자본에 땅을 팔거나 임대할 수 있었다. 아니면 공동 소유의 땅을 각 구성원의 사유지로 나누는 방법도 있었다. 소작농에게 적은 크기라도 땅을 준다거나 소작농을 임금 노동자로 완전히 전환한다는 명목이었던 이런 변화는 당장 나가라는 퇴거 통보였다.* 만약 소작농의 땅이 비옥하다면 농업 자본가들은 거대한 농장으로 합쳐 곡물이 아니라 미국 시장에 팔 딸기나 아보카도 같은 작물을 생산했다.[28] 만약 척박해 옥수수 수확에도 공이 많이 드는 땅이라면 그냥 방치했다. 미국 옥수수를 싸게 수입해 멕시코 월마트에서 파는 쪽이 훨씬 편했다.

반대로 미국은 NAFTA의 조항에 따라 농업 보조금을 유지할 수 있었다. 2014년 미국 농업법Farm Bill은 1조에 육박하는 959,000,000,000달러를 9년에 걸쳐 사용하도록 예산을 배정했고 상당한 보조금이 소수의 텍사스 농장에 제공될 예정이었다(멕시코 국경과 가까운 누에시스군은 2016년에 거의 2,100만 달러를 독차지했다).[29] 한편 멕시코 고위층은 자본, 기술, 산업 관련 일자리를 끌어오기 위해서라면 소작농을 팔아넘기는 일도 마다하지 않았다. 거의 모든 보조금과 관세가 철폐되었고 멕시코의 시장은 미국 농업에 개방되었다.

---

* NAFTA에 따른 멕시코의 헌법 수정은 아메리카 원주민이 공동으로 소유한 땅을 사유화한 1887년 미국의 도스법(Dawes Act)과 비교할 수 있다. "1887년 당시 인디언 터전의 4분의 3에 해당했고 가장 비옥했던 땅 1,500만 에이커가 50년도 되지 않아 사라졌다." 소규모 자작농이 땅을 팔거나 소유권을 강제로 이전해야 했기 때문이다.

땅을 잃은 농민들에게 정부는 국경에 빠르게 늘어나고 있는 조립 공장의 일자리를 약속했다. 말처럼 되지는 않았다. 국경의 조립 공장은 멕시코인 약 100만 명을 고용하지만, NAFTA가 발효되고 몇 년 사이 토지를 잃은 농가의 수만 470만 가구였다. 소규모 옥수수·유제품·돼지 농장은 기계화된 미국 농업에 전멸했다.[30] 이내 몇십만 아이오와 농민이 멕시코 소작농 약 300만 명보다 옥수수를 2배는 많이 재배해 반값에 팔았다.[31]

그러나 옥수수가 싸졌다고 멕시코의 음식이 저렴해지지는 않았다. 일단 지역 농민 생산 체제가 파괴되자 수입 식품의 판매 가격은 세계 시장의 판단에 따라 상승했다. 한때 멕시코의 유제품 부문은 활발하게 돌아갔다. 그러나 NAFTA가 발효된 직후, 멕시코는 분유를 가장 많이 수입하는 국가가 되었다. 관세가 부과되지 않는 음료수와 정크푸드가 멕시코로 쏟아져 들어와 영양실조와 비만이 함께 증가했다(최근 멕시코는 세계에서 비만율이 두 번째로 높은 국가에 이름을 올렸다).[32] 동시에 멕시코 옥수수와 설탕, 아프리카 야자가 그 어느 때보다 높은 비율로 바이오 연료 생산에 쓰이면서(미국 정부에서 보조금을 더 많이 지원해 수요를 인위적으로 높게 유지되었다) 지역 농산물을 생산할 수 있었던 토지도 사용하지 못하게 되었다.

경쟁력을 잃은 NAFTA 난민 대다수는 멕시코시티로 향했고 마약 거래에 빠지는 등 비공식적 경제에 의지해 근근이 생계를 꾸렸다. 아니면 미국에서 일자리를 찾기를 꿈꾸며 북쪽으로 이주했다. 1994년에서 2000년 사이, 연간 미국으로 가는 멕시코인의 수는 79퍼센트 증가했다.

시간이 흐르며 멕시코 이주자 행렬에 들어오는 중앙아메리카 사람은 점점 늘었다. 1980년대에 레이건이 냉전을 확대하는 가운데 겨우 살아남은 중앙아메리카 국가들은 1990년대에 채광, 대규모 바이오 연료 생산, 다국적 농업 기업에 경제를 개방하라는 미국 정부의 압박을 받았다. 현재 온 나라가 굶주리고 있다. 과테말라 아동의 절반 이상이 만성적인 영양실조 환자라고 한다. '자유 무역' 세대는 심각한 인지·신체 장애를 안고 자랐다. 세계식량계획World Food Programme은 세계에서 조사한 가장 영양이 부족한 나라에 과테말라는 빠지는 법이 없다.[33]

5

NAFTA로 투자와 상품은 아무 제약 없이 국경을 넘을 수 있었다. 그러나 노동자들은 그런 자유를 누리지 못했다. 조약문에는 초청 근로자guest-worker 프로그램이 포함되어 있지도 않았다. 사실 노동자의 이동이 증가하면 NAFTA의 핵심이 의미를 잃었다. 투자자에게 멕시코의 가장 큰 매력은 값싸고 넘치는 노동력이었기 때문이다. NAFTA가 발효됨과 동시에 국경은 빠르게 군대화되어 시스템 자체의 비정상적인 반反안전밸브 기능을 했다. 국경은 멕시코 노동자의 이동 범위를 제한하면서 미국 경제에 대한 멕시코의 상대적 이점 —낮은 임금—을 그대로 유지했다.

클린턴 행정부는 NAFTA로 불법이주가 대거 증가할 것을 알고 계획을 세웠다.[34] 국경경비대의 예산과 인원을 크게 늘리고 적외선 야간 투시경, 열화상 기기, 동작 감지기, 매립 센서 등 더 기술적으로 발전한 장비를 댔다. 체포된 이주자의 신체를 스캔할 수 있는 소프트웨어도 있었다.[35] 경기장 조명이 켜져 티후아나를 밝게 비추었다. 정부는 인정하지 않겠지만 긴 벽이 세워졌다.

"그건 울타리라고 합니다."

한 정부 관계자는 말했다.

"'벽'이라고 하면 부정적인 의미로 들리죠."

태평양에서 동쪽으로 24킬로미터 길이로 뻗은 직선의 끝에는 옛 베트남 시대의 강철 헬리콥터 착륙대가 서 있다. 울타리의 가장자리는 무척 날카로워서 울타리를 넘으려던 이민자가 손가락을 잃는 사고도 자주 발생했다.[36]

더욱이 엘파소, 샌디에이고, 러레이도 등에서 펼쳐진 일련의 '작전' —봉쇄Blockade, 문지기Gatekeeper, 현상 유지Hold-The-Line, 리오그란데 Rio Grande 같은 이름이 붙었다— 으로 상대적으로 안전한 횡단로도 무장 지대로 바뀌었다.[37] 이제 이주자들은 미국으로 들어가려면 더 위험한 땅을 지날 수밖에 없었다. 크레소오트 관목이 자라는 텍사스 남부의 평지 아니면 애리조나 사막의 협곡과 고원을 택해야 했다. 며칠이면 충분하던 길이 작열하는 태양 아래 건조한 모래를 지나며 몇 주로 늘어났다. 클린턴 때 이민귀화국 국장이었던 도리스 마이스너Doris Meissner는 '지리'가 '우리 편'이라고 말했다. 사막의 고행이 억제제 역할을 한다는 뜻이었다.[38] NAFTA가 시행된 이후로 미국에 들어가려다 사망한 사람이 몇 명인지는 아무도 모른다. 대부분 탈수, 고체온증, 저체온증으로 목숨을 잃었다. 리오그란데강에 빠져 죽은 사람들도 있었다. 1998년경 후로 국경경비대는 약 7,000명의 사망자를 보고했고, 투손에 있는 인간의권리연합Coalición de Derechos Humanos 같은 단체는 최소 6,000명의 유해가 수습되었다고 추정했다. 한 이주자 권리 운동가는 정확한 수치를 파악하기 어려운 문제에 관해 이렇게 말했다.

"사막은 넓은 곳이니까요."

하지만 사람들은 절박했다. 계속해서 미국으로 들어왔고 이제는 자국으로 돌아가지 않고 미국에 머무는 사람의 비율이 더 높았다. 이동이 어려워지자 오랫동안 이어지던 계절 이주의 관행은 사라졌다. 일단 도착한 노동자들은 미국에 정착했다. 영구 미등록 거주자의 수는 2배로, 또 2배로 뛰어 클린턴이 퇴임할 무렵에는 1,000만 명을 넘어섰다.

클린턴은 국경만을 강화한 것이 아니었다. 공화당 쪽 자국민 보호주의자들과 함께 이주자에 대한 반대 여론도 강화했다. NAFTA 투표 이후 의회 중간선거에서 찬성에 투표했던 민주당 의원 다수가 선거에서 패배해 뉴트 깅리치Newt Gingrich가 하원의장에 오르는 길을 열어주었다. 공화당은 대체로 NAFTA를 지지했지만 미등록 이주자의 동화 거부나 라티노 범죄에 초점을 맞추고 미등록 이주자 이슈를 정치화하기 시작했다. 공화당 의원들은 '원정 출산 아동'의 시민권을 취소하고, 영어만 사용해야 한다는 법을 통과하고, 공립학교에서 미등록 거주자의 자녀를 퇴학시키고, 공공병원의 이용을 금지할 방법에 대해 논의했다. 클린턴은 이런 극단론에 비해 온건한 노선을 취하고 그 나름대로 강경한 정책을 밀어붙였다. 1995년 연두교서에서 클린턴은 이렇게 말했다.

"모든 미국인은 우리나라에 들어오고 있는 수많은 불법체류자로 마땅히 불안감을 느낍니다."

'범죄를 저질러 체포된 불법체류자의 추방을 가속화'하겠다고 약속하며 클린턴은 지나치게 가혹한 범죄·테러·이민 법안에 서명해 오늘날 존재하는 추방 제도를 만들었다.[40] 이주자가 합법적 신문을 얻을 다양한 방법이 막혔고 이들은 사법 심사를 받지 못하고 보석 없이 유치장에 갇혀 있어야 했다. 이민 기관 —요원, 법원, 보호소— 은 이제 무엇보다 신속한 추방에 중점을 두었고 추방 건수는 급격히 증가했다. 법적 거주지가 있는 이주자도 경범죄 등 위반 행위로 추방될 수 있었다. 수십 년 전의 일이거나 이미 법정에서 해결되었다 해도 상관없었다. 백악관은 이런 반이민 운동이 클린턴의 다양한 범죄 법안의 기틀을 잡아 '법과 질서' 이슈에서 공화당의 우위를 빼앗았다고 보았다. 클린턴의 참모인 람 이매뉴얼Rahm Emanuel은 '직장'의 이주자를 노리라고 부추겼다. 특정 산업을 '불법 이주자가 없는 곳'으로 만들고 '범죄를 저지른 불법체류자의 기록적인 추방'을 달성하는 목표를 세워야 한다고 했다.[41] 클린턴이 서명한 복지 감축 법안도 미등록 이주자를 겨냥했다. 이주자는 다양한 사회 서비스를 받지 못하게 되었고, 지방 법원에서 미등록 거주자를 '사면'하는 것도 금지되었다. 사회학자 더글러스 매시Douglas Massey와 캐런 프렌Karen Pren은 다음과 같이 썼다.[42]

"1996년 이전까지 내부 법 집행 활동은 이민 관리에 그리 중요한 역할을 하지 않았다. 96년부터는 대공황 시대의 추방 운동 이후 본 적 없는 수준까지 치솟았다."

클린턴이 백악관을 떠날 무렵, 기업들은 새로운 변경을 개척했다.

NAFTA 같은 조약은 전에 없던 자유를 가져다주었다. 그러나 멕시코의 임금은 댈러스 연방준비은행에서 비숙련 멕시코 노동자의 하루 평균 임금을 2.84달러로 추정한 1970년보다 크게 높아지지 않았다.[43] 거의 반세기가 지난 오늘날 렉스마크Lexmark —중국인이 소유하고 미국에 본거지를 둔 전자 회사— 에서 운영하는 조립 공장의 직원들은 대개 여성들로 이루어져 있고 하루에 9시간 반을 일하며 6달러 정도를 받는다.

"이 돈으로는 살 수 없어요. 인간 대접을 안 하는 거예요."

렉스마크 근로자 수잔 프리토 테라자스Susan Prieto Terrazas는 말한다.

"그 사람들은 노예 세대를 만들고 있어요."[44]

멕시코의 임금 정체는 수십 년째 현 수준을 유지하거나 하강하고 있는 미국의 임금까지 낮추었다.

"1970년대 말 이후로 하위 70퍼센트의 임금은 근본적으로 정체 상태다."

경제학자 로런스 미셸Lawrence Mishell은 쓴다.

"그리고 2009년에서 2013년 사이에는 임금 분포에서 하위 90퍼센트의 실질 임금이 전체적으로 하락했다."

한편 국경경비대는 규모가 3배로 늘어나 FBI의 뒤를 이어 미국에서 두 번째로 큰 법집행기관이 되었다.

20세기 초에 활동한 진보 평론가들은 NAFTA가 토지와 자원을 몰수했던 도금 시대Gilded Era의 연장선에 있음을 이해했을 것이다. 대륙에서 가장 비옥한 땅을 부자들에게 나눠 준 또 다른 '화려한 바비큐'

였다. 1912년 월터 웨일이 법을 이용해 지방의 통제를 무시한 엘리트층을 묘사한 '선취자'가 부활했다. 기업들은 특히 NAFTA 같은 조약을 반겼다. 상대 국가가 '기대되는 미래 수익'에 영향을 주는 환경·공중 보건 규정을 통과시킬 경우 그 나라를 고소할 수 있는 조항들이 들어가 있었기 때문이다. 멕시코 정부가 지역사회의 반대 여론을 참작해 캘리포니아 소재 유독성 쓰레기 매립 회사의 건축허가증 발부를 거부하고 기업이 소유한 땅을 생태보호지로 바꾸려 하자 기업은 멕시코를 고소했고 수백만 달러의 합의금을 받아 냈다.[45] 2015년 무렵 비슷한 소송으로 멕시코가 외국 투자자들에게 건넨 금액은 수십억 달러였고, 아직 계류 중인 청구 금액도 수십억이었다.[46]

100여 년 전에 웨일이 썼던 것처럼 '빼앗을 때는 분열했던' 기업들도 '소유할 때는 단결했다.'

이처럼 빼앗고 소유하는 작업은 국경 양쪽에서 서로 다르지만 연관된 방식으로 이루어졌다. 똑같이 공동화 현상이 일어났다. 옥수수의 99퍼센트를 멕시코로 보낸 캔자스 서부에서는 사람들이 사라졌고 오악사카와 푸에블라 농촌이나 과테말라 고원도 마찬가지였다. 예전에는 옥수수가 풍부하게 자라 자국민들에게 식량을 공급하던 곳이지만 이제는 상황이 달라졌다. 이 지역의 마을에도 공동화 현상이 발생했다. 오악사카 산타아나제가체Santa Ana Zegache에 남은 주민들은 대부분 여성 아니면 노인이었다. 일할 나이인 남성은 전부 일자리를 찾아 북쪽으로 떠났기 때문이었다.[47]

클린턴의 표현을 빌리자면 미국의 마약, 범죄, 총기, 우울증, 자살, 영양실조, 비만 문제는 멕시코와 중앙아메리카에 유사한 문제로 반영되지 않았고 미국의 정책이 다른 나라에 유발했거나 악화시킨 사회적 '병리학'은 없다. 미국 자국민 보호주의자들의 분노를 부르는 '중앙아메리카' 갱단 마라 살바트루차_{Mara Salvatrucha}, 일명 MS-13은 1980년대에 레이건의 전쟁을 피해 도망친 난민들이 미국 로스앤젤레스 교도소에서 만든 조직이었다.* 마찬가지로 멕시코를 장악한 마약 카르텔은 미국의 마약 수요만으로 탄생하지 않았다.[48] 카르텔은 미국이 콜롬비아에 수십억 달러를 들여 무장 봉쇄 정책을 실시한 결과이기도 했다. 전까지 안데스산맥 북쪽을 넘지 않았던 마약 범죄가 그로 인해 중앙아메리카와 멕시코로 퍼지게 되었다.

멕시코와 맞닿은 국경 남쪽에서 미국 정부가 펼친 정책은 훗날 더 넓은 중동에서 일으킬 참사를 예고했다. 그곳에서도 무수한 난민이 쏟아지고 지역 정치가 격화되었다. 북아메리카에서 미국의 경제 정책은 19세기에 앨러게니산맥을 넘어 서쪽으로 이동한 행렬과 마찬가지로 역사상 가장 규모가 큰 이주 행렬을 만들어 냈다. 그러나 자연법의 힘을 등에 업고 명백한 운명이라는 따스한 햇살을 맞이하는 대신, 오늘날 미국의 이주자들 ―한 국경경비대 대원은 NAFTA로 들어온 첫 번째 난민들을 '완전한 인간 덩어리'라 묘사했다― 은 날이 갈수록 자신을 증오 대상으로 정의하는 나라로 들어오고 있다.[49]

---

* 미국은 쿠바와 니카라과 이주자를 '정치 난민'으로 생각한 반면 ―좌파 정부를 피해 도망쳐 왔기에 대접을 받았다― 엘살바도르와 과테말라 사람들은 함부로 대했다. 대부분 교도소에 갇히는 신세가 되었다. 범죄자 취급을 받은 이들은 범죄자가 되었고 MS-13을 비롯한 갱단을 조직했으며 본국으로 추방을 당한 후에도 조직 활동을 계속했다. (니카라과가 상대적으로 갱의 피해를 덜 입은 이유 중 하나는 니카라과 난민의 경우 교도소에 들어갔다가 추방당하는 일이 없었기 때문이다.)

핏빛 자오선을
건너

"싸움은 내부를 향한다 …
마녀사냥에는 전쟁이 따른다."

—⟩⟩⟩⟩⟩—

1
—

NAFTA 이전의 국경에 낭만은 없었다. 국경은 100년 넘게 자국민 우선주의의 환상에 자유를 주었고 이런저런 자경단이 날뛰게 했다. 1990년에 국경통제동맹Alliance for Border Control이라는 캘리포니아 단체가 500대에 이르는 자동차 머리를 멕시코가 있는 남쪽으로 돌리고 다 같이 헤드라이트를 켜 '국경에 불을 밝혔다.' 같은 해, 샌디에이고 고등학생 무리는 메탈 밀리티아Metal Militia라는 이름의 신新나치주의 불법 무장단체를 조직해 국경에서 '전쟁 게임'을 벌이기 시작했다. 이주자를 사냥하고 강도질을 한 이들의 만행은 사람들의 시선을 끌었고 그 무렵 개국한 폭스 방송국의 『더 리포터스The Reporters』에 보도되었다.[1]

　인종주의와 자국민 보호주의가 아직 폭스의 주 수입원이 되기 전이었다. 『더 리포터스』진행자이자 이전에는 『뉴스데이』의 탐사보도 기자였던 밥 드러리Bob Drury는 자극적인 노선을 택하고 ―에피소드 제목도 '인간 먹이Human Prey'였다― 이주자를 동정적으로 묘사했다. 드러리가 인터뷰한 한 자경단원은 샌디에이고군에 무장단체가 약 10개 있다고 추정하고 그곳에서는 이주자 '사냥, 추적, 스토킹'이 스포츠라고 했다. 촬영팀과 함께 움직인 한 단체는 가족을 포획했는데, 그중에는 어린 아기와 겁에 질린 할머니도 포함되어 있었다. 드러리는 경계에 극단주의가 급증한 이유로 베트남에서의 조기 병력 감축을 꼽았다. 자경단원 다수가 베트남 참전용사였기 때문이다. 나머지는 젊은 친구들로 10대 청소년도 있었다. 이들은 베트남 전쟁을 다룬 영화를 참고해 부비트랩을 설치하는 등 전략을 짰다. 드러리의 보도에서 가장 충격적인 부분은 자경단원과 한 인터뷰였다. 신원을 알아보지 못하도록 변장한 단원들은 순수한 혐오를 드러냈다.

"어린애를 잡는 거요."

이주자를 위협할 때 가장 애용하는 수단을 이야기하며 한 단원이 한 말이다.

"그러면 아무도 꼼짝 못 해요."

2년 전부터 『더 리포터스』방송이 나갈 때까지, 샌디에이고군에서 살해당한 이주자는 약 100명이었다. 22세 일라리우 카스타네다Hilario Castañeda와 19세 마틸데 마세도Matilde Macedo가 시골길을 걷고 있을 때 검은 옷을 입은 10대 소년 케네스 코브젤로브Kenneth Kovzelove가 지나가는 픽업트럭 화물칸에서 튀어나왔다. 코브젤로브는 "죽어, 죽어, 죽어!"라며 반자동 소총을 쏴 카스타네다와 마세도를 죽였다.

"그러니까 너희는 죽이려고 멕시코 사람을 찾고 있었던 거니?"

코브젤로브는 심문 중에 이런 질문을 받았다. 그의 대답은 "네, 맞아요."였다.[2] 코브젤로브는 살인 혐의에 유죄를 받았지만 이렇게 해결되는 사건은 드물었다. 죽임을 당한 이주자 3분의 1은 신원조차 확인되지 않았다.

국경경비대는 창설 이후로 쭉 백인 우월주의 세력의 최전선 기관의 역할을 담당했다. 경비대는 주기적으로 폭행, 살인, 고문, 강간을 저질렀고 열두 살밖에 안 되는 여자아이도 강간 피해를 입었다. 자기 집에 '불법' 자경단을 운영하는 경비대원도 있었다.[3] 그러지 않으면 KKK단 같은 단체와 긴밀히 일했다.[4] 경비대 대원들은 이주자의 자녀를 미끼로 삼거나 자백을 강요하도록 압박하는 전략으로 사용했다. 가족을 발견하면 국경경비대는 가족이 뿔뿔이 흩어지기 전에 가장 어린 사람을 먼저 체포하는 편이었다. 가족과 떨어지지 않기 위해 나머지 가족도 자진해서 붙잡히리라는 계산이 있었기 때문이다. 한 경비대원은 기자에게 "잔인하게 들릴 수 있어요."라고 하면서도 그 방법이 대체로 효과적이라고 말했다.[5]

이주자 가족을 분리하는 것은 그 시대 정부의 공식적인 정책이 아니었다. 그러나 재량껏 수단을 활용할 수 있었던 경비대원들은 보통 자녀를 부모에게서 떼어 놓고 미국에 불법으로 입국했다고 고백하지 않는다면 '영원히' 서로 만나지 못할 것이라 위협했다. 한 대원은 특히 엄마들이 "백이면 백 넘어간다."라고 말했다.[6] 일단 자백을 받아 내면 아이는 위탁 가정에 들어가거나 연방 교도소에 머물게 된다. 아니면 홀로 멕시코에 풀어 주는 경우도 있었다. 국선변호사들의 말에 따르면 아이들은 집과 멀리 떨어진 곳에서 '쓰레기통을 뒤지고 옥상 같은 데서 지내며' 생존해야 했다.[7] 텍사스로 들어가다 할머니와 떨어진 열 살짜리 실비아 알바라도Sylvia Alvarado는 석 달 넘게 작은 콘크리트 감방에 갇혀 있었다. 캘리포니아에서 13세 줄리아 페레스Julia Pérez는 체포하겠다고 위협하고 먹을 것을 주지 않자 결국 무너져 심문자에게 자신이 멕시코인이라고 고백했다. 실제로는 미국 시민이었는데도 말이다. 국경경비대는 돈도, 미국 가족과 연락할 방법도 주지 않고 페레스를 멕시코에 풀어 주었다.[8]

이 주제에 관해 조사를 진행한 〈뉴욕 타임스〉의 존 크루드슨John Crewdson은 경비대의 폭행이 단발로 끝나지 않고 상부에서 장려하고 직접 활용하는 패턴이라는 사실을 밝혀냈다.[9] 폭력은 불필요하게 잔혹하고 체계적이었다. 훗날 이라크 전쟁하면 연상되는 '스트레스' 기법도 사용되었다. 이주자들은 실오라기도 걸치지 못하고 극도로 추운 방에 한참이나 머물렀다. 멕시코로 돌려보낼 때는 차에 수갑을 연결하고 국경을 따라 뛰게 했다. 경비대는 '불법체류자를 절벽 아래로' 밀기도 했다. 한 경비대원이 기자에게 말했듯 '사고로 위장하기 위해서'였다.[10]

경비대의 모 기관인 이민국은 국경에서 체포한 젊은 멕시코 여성들을 미식축구 구단인 로스앤젤레스 램스에 넘기는 대가로 정기 입장권을 받았고, 멕시코 매춘부들을 미국 의회 의원과 판사에게 공급해 정보 제공자에 대한 보상금 기금으로 화대를 지급했다. 요원들은 텍사스 농장주들과도 긴밀한 사이여서 노동자를 농장에 갖다 바쳤다(린든 베인스 존슨이 백악관에 있을 때 소유했던 농장도 포함). 그런 다음 월급

일 직전에 농장을 단속해 노동자들을 추방했다. 크루드슨은 이렇게 썼다.

"농장주는 공짜로 작물을 수확했고, INS 사람들은 농장에서 낚시와 사냥을 하는 특권을 얻었고, 멕시코인은 아무것도 얻지 못했다."

요원들은 자기가 하라는 대로 해야 한다고 포로에게 일렀다.

"여기에 당신 권리는 없어."[11]

국경경비대는 면책을 관례화했으며 별다른 감독을 받지 않고 운영되었다. 국경지대는 대체로 외딴곳이고 지형이 험난했다. 업무 범위가 외국과 국내 권한 사이에 양다리를 걸쳤고, 대원은 대부분 해외 전쟁의 참전용사였다 보니(아니면 국경지대를 포함해 인종 문제가 심한 지역 출신이었다) 한 대원의 표현을 빌려 '요새 심리fortress mentality(공격을 당하고 있다고 생각하는 여럿이 뭉쳐 다른 의견이나 비판에 귀를 기울이지 않는 상태_옮긴이)'가 나타났다.[12] 경비대는 자신이 머무는 외딴 사무소를 적지의 변경 요새로 탈바꿈하고 야만인을 물리치고 있다고 상상했다.[13] 사실상 의지할 곳이 없는 절박한 사람들에게 어마어마한 권력을 휘둘렀다. 체포된 이주자는 구타를 당하거나 구타 위협을 받고 '자발적인 출국 동의서'에 서명하고 '빠르게 본국으로 송환'되었다.[14] 1982년에서 1990년 사이, 멕시코 정부는 국경경비대의 손에 부상을 입거나 목숨을 잃은 멕시코 국민을 대신해 미국 국무부에 적어도 24통의 항의서를 보냈다.[15]

군인들이 해외에서 만난 적들을 향해 인종 차별적 멸칭을 썼듯, 국경경비대도 적을 '통크tonk'라 불렀다. 한 폭행 사건에서 그 단어가 무슨 뜻이냐고 변호사들이 추궁하자 대원들은 너도나도 모른다고 주장했다. 마침내 한 목격자가 털어놓았다. '통크'는 '손전등으로 사람 머리를 칠 때 나는 소리'였다.[16]

미등록 거주자로 가득한 동네의 경비대는 점령군처럼 자유롭게 활동했다.

"신경 끄셔, 아줌마, 집으로 들어가라고."

캘리포니아주 스톡턴에서 발코니로 나왔다가 '수갑을 차고 땅에 얼굴을 박고 누워 있는 멕시코 남자가 발로 차이는 모습'을 본 주민에게 한 대원이 명령했다.[17] 경비대원의 권한은 헌법 조항의 제한을 받지 않았다. 어디든 수색할 수 있었고 이주자의 재산이라도 전부 압류할 수 있었다.[18] 가난한 멕시코 사람인이라면 죽이지 못할 사람도 없었다. 1985년에서 1990년 사이, 연방 대원들은 샌디에이고에서만 이주자 40명을 총으로 쐈고 그중 22명이 사망했다. 1986년 4월 18일, 에드워드 콜Edward Cole이라는 대원은 미국 쪽 국경의 철조망에서 14세 에두아르도 카리요 에스트라다Eduardo Carrillo Estrada를 폭행하다가 에두아르도의 남동생 움베르토Humberto를 뒤에서 쐈다. 움베르토는 철조망 반대편, 즉 멕시코 영토에 서 있었다. 법원은 철조망 너머로 멕시코인을 쏜 전력이 있는 콜이 움베르토 때문에 생명의 위협을 느낄 만한 이유가 있었다며 정당방위를 했다고 판결했다.[19]

이렇게 가학적인 행위는 연방 국경경비대만이 아니라 지역 경찰도 일삼았다. 1980년에 농장노동자연합과 연계된 텍사스 변호사는 지난 7년 동안 이주자를 상대로 이루어진 심문 영상을 72개 입수했다. 촬영된 곳은 텍사스주 매캘런에 있는 경찰서였다. 영상은 충격적이었다. 경찰은 수갑 찬 멕시코인을 번갈아 가며 구타하고 콘크리트

바닥에 머리를 내리쳤다. 주먹으로 때리고 발로 타고 제발 살려 달라고 애원하는 사람에게 욕설을 퍼부었다.[20] 테이프는 그저 오락용이었다. 경찰관들은 '밤마다' 모여 앉아 맥주를 마시며 심문 장면의 '재방송'을 보았다. 이 사건에 연루된 경관 한 명은 이것이 신참 경찰에게 비법을 전수하는 유대 의식이었다고 말했다.[21]

1980년대와 1990년대의 국경은 그런 모습이었다. 100년 넘게 폭력을 저지르고도 처벌을 받지 않는 무법 지대로 있었다. 그러나 인종차별이 펄펄 끓고 군대나 준군사조직 같은 잔인함이 난무하는 국경지대는 미국의 중심부와 멀리 떨어져 있는 세계였다. 국경에서 들리는 뉴스는 아무리 잔혹해도 로널드 레이건이 미국을 다시 한번 변경 너머로 날려 보내고, 빌 클린턴이 미국의 이익과 세계의 이익을 구분하는 선이 없다고 외치는 동안에는 미국인의 의식에 들어오지 않았다.

2

그러나 폭력은 2000년경 무너지기 시작했다. 오래전부터 존재했지만 오랫동안 관심에서 벗어나 있던 자경단 활동에 대한 보도가 점점 전 국민의 관심을 끌었다.

군복을 입은 남자들이 민간 차량을 운전하며 이주자를 총으로 쏘고 죽이는 모습을 봤다는 목격자 제보가 들어오기 시작했다.[22] 신원 미상 남성의 시신은 마치 린치를 당한 것처럼 목에 밧줄 자국이 난 채로 발견되었다. 수색대는 멕시코인을 붙잡고 여럿을 줄로 묶어 짐

승 떼처럼 행진시켜 국경경비대에 넘겼다. 〈크리스천 사이언스 모니터Christian Science Monitor〉에는 이런 헤드라인이 실렸다. '미국 목장주들이 무기를 들다.'**23** 곧 남서부의 캠프장에는 익명의 전단지가 살포되었다. 전단지는 외부인도 레저용 자동차, 총, 할로겐 조명을 들고 와 '이웃 목장 방범 활동Neighborhood Ranch Watch'을 함께하며 '햇살 아래 즐거움'을 만끽하자고 말하고 있었다. 2001년 초, 더 많은 백인 우월주의자, 나치 추종자, 자국민 보호주의자가 국경에 이끌렸다. 이 중에는 제1차 걸프전 이후 중서부와 서부에 퍼져 있던 민병대 대원들도 있었다.

그러다 갑자기 9/11이 터지며 이런 모임은 깨졌다. 미국은 아프가니스탄에, 다음으로는 이라크에 전쟁을 위해 병력을 동원했다. 그러면서 자경단 활동은 쇠퇴했다. 펜타곤과 세계무역센터 테러는 냉전 이후 10년을 소위 방종으로 흘려보낸 미국에 새로운 목적의식을 주었다. 이전에 자유주의와 보수주의 세력은 NAFTA가 이 목적을 이룰 수 있다고 했다. NAFTA는 미국의 변경 보편주의를 잇고 고립의 유혹을 떨쳐 낼 방법이라 했다. 그러나 일단 협의안에 서명해 법이 되자 열기는 가라앉았다. 세계무역기구를 만든 것처럼 다른 조약들도 있었다. 그러나 자유 무역은, 최소한 자유 무역의 이행은 궁극적으로 하찮은 실리 문제였다. 경제 협정의 조항들 —의무 예정표의 세부 사항 확정, 셀룰로오스 에탄올과 녹말 에탄올의 차이 정의— 은 국민 생활에 의미를 부여하는 문제들이 아니었다. 10년의 자유 무역은 번영과 평화를 누리는 국가들의 국제 사회를 만들지도, 국내 정치 분열을 극복하지도 못했다. 치열했던 2000년 대선 이후 미국의 양극화는 그 어느 때보다 심각해졌다.

그래서 테러 공격이 있고 몇 달 뒤, NAFTA 통과가 변경과 도덕적으로 동일한 대상이라 했던 정치 계급은 이제 아프가니스탄과 이라크 침공에 같은 말을 하고 있었다. 미국이 9/11 이후 벌인 '테러와의 전쟁' 운동은 국경에서 눈을 돌리고 세계를 새롭게 바라볼 기회를 주었다. 임무는 신성했다.

"우리는 자유의 변경을 확장할 것이다."

2004년 여름, 조지 W. 부시는 그렇게 맹세했다.

그 무렵 재난의 규모가 시야에 들어오고 있었다. 아프가니스탄과 이라크 점령이 그토록 잘못되지 않았더라면 1980년대에 로널드 레이건이 중앙아메리카에 관심을 집중시켜 가장 공격적인 자국민 보호주의 자경단을 해체했던 것처럼 부시도 중동에서 벌이는 운동으로 방향을 돌려 공화당 간부와 일반 당원 사이에 커지는 인종주의를 억제할 수 있었을지 모른다. 앤드루 잭슨 시대부터 100년이 넘도록 미국의 정치 지도자들은 시민들의 흥분과 분노 —9/11 이전에 국경으로 모이기 시작했던 부류— 를 멕시코, 아메리카 원주민, 필리핀, 니카라과 등 바깥의 전쟁으로 돌리고 이익을 만끽했다.

그러나 중동 점령은 실패로 돌아갔다. 부시와 신보수주의 참모들은 미국 역사상 가장 비용이 많이 들어간 전쟁을 벌였다. 그것도 미국 역사상 가장 큰 규모로 감세 정책을 시행한 직후였다. 그들은 레이건의 선례를 따르고 있었다. 1980년대에 레이건은 적자가 하늘 높이 치솟을 때까지 군비를 증액하면서 세금은 대폭 삭감했다.[24] 바그다드, 팔루자, 바스라, 안바르주Anbar Province, 바그람 등지에서 들려오는 소식은 부시가 대재앙을 일으켰음을 증명한다. 정치인과 정책 전문가들은 무엇이 고문이고 무엇이 아닌지에 대해 논쟁을 벌이기 시작했다. 그리고 '선진 심문enhanced interrogation'이 뭐든 간에 미국은 그럴 권리가 있다고 주장했다. 아부그라이브 감옥에서 미국 대원이 이라크인을 유쾌하게 조롱하고 고문하는 사진이 널리 퍼졌고, 미군이 포로들에게 그 밖의 잔혹한 행위를 했다는 보고가 들어왔다. 전쟁이 구상부터 불법이었을 뿐만 아니라 타당하다는 이유도 거짓이었고 실행 방법도 부도덕했으며 운영도 부패했음을 많은 사람이 깨달았다.

레이건 이후 모든 대통령은 윤리적으로 강수를 두었다. 이른바 '국제주의' —가난한 제3세계 국가의 사람을 죽이는 전쟁이든, 기업 무역 조약이든— 가 도덕적으로 필요하다고 주장했다. 그러나 부시가 일으킨 테러와의 전쟁은 엄청난 환멸을 낳았고 여러 사건을 통해 전체 작전이 사기였다는 사실이 금세 드러났다. 도무지 앞뒤도 맞지 않았다. 전쟁은, 특히 이라크에 민주주의를 내리겠다던 전쟁은 국가 목적에 새로운 시대를 연다고 했다. 그러나 대중의 지지를 받으려면 미국에서 가장 신뢰를 받는 뉴스 매체의 기자들도 공모에 가담한 거짓 캠페인이 필요했다. 사담 후세인Saddam Hussein의 실각은 '식은 죽 먹기'여야 했다. 딕 체니 부통령은 미군 병사들이 '해방자로서 환영을 받을 것'이라고 말했다. 그러면서도 체니는 테러와의 전쟁에서 이기기 위해 전 세계 곳곳에 비밀 고문 장소 네트워크를 구축해야 한다고 주장했다. 수천 명이 죽었고 수십억 명이 실종되었다. 그저 전쟁만이 아니라 냉전 이후 팽창 프로젝트 전체 —더, 더, 더— 에 숨은 허상은 완전한 끝에 이르렀다.

변경이 닫히며 일부는 국경으로 다시 돌아왔다. 산발적인 폭력 ―
2004년 애리조나주 유마군에서는 백인 우월주의자가 '멕시코인 사냥'
을 하던 중 이주자를 죽였다― 은 조직적으로 불법 무장을 한 극단주
의 단체가 대신했다.[25] 전쟁이 끝난 후에는 전쟁 복수주의가 나타나
기 마련이다. 제1차 세계대전 이후 KKK단이 부활했고, 베트남 전쟁
이후에는 백인 우월주의가 과격해졌다. 그런데 지금은 전쟁이 아직
도 계속되는 것처럼 보인다. 국경의 준군사조직은 전쟁에서 돌아온
군인들뿐만 아니라 더 오래된 전쟁에 참전했던 군인들까지 끌어당기
기 시작했다. 이주자 유입에 대한 이들의 두려움은 현재의 전쟁뿐만
아니라 모든 전쟁과 관련이 있었다.

베트남 참전용사 짐 길크리스트 Jim Gilchrist는 아부그라이브 스캔들
이 터졌을 무렵, 국경을 지키기 위해 자원봉사 단체를 만들까 생각했
을 때를 회상한다.

"오랫동안 머릿속에서 맴돌고 있던 생각들이었어요."

길크리스트는 말했다.

"두려움이 쌓이고 쌓인 거죠."

그러면서 이렇게 물었다.

"2차 세계대전에서, 한국과 베트남 전쟁에서 이 사람들은 무엇을
위해 죽었을까요?"

개방된 국경을 위해서는 아니었다. 미국을 '혼란의 국가로 만들'
수많은 이주자를 들여보내기 위해서가 아니다.[26] 이 사실을 깨달은
2005년 초, 길크리스트는 미닛맨 프로젝트Minuteman Project(미닛맨은 미
국 독립전쟁 당시 1분 만에 소집에 응했다는 민병들의 별명이다_옮긴이)를 공동

설립하고 미등록 이주자를 찾아 사막을 순찰하기 시작했다. 이후 3년 동안 프로젝트는 빠르게 성장했고 미국국경순찰대American Border Patrol, 마운틴미닛맨Mountain Minutemen, 캘리포니아미닛맨California Minutemen 등 다양한 단체로 쪼개졌다.

'멕시코인 사냥'은 유서 깊은 스포츠로 최소한 과달루페 이달고 조약이 체결되기 전부터 시작되었다. 그때 멕시코 정부는 미국에 '무장한 사람들 단체'가 텍사스에서 멕시코인을 상대로 강도와 살인을 저지르는 문제에 대해 정확히 사냥이라는 표현을 쓰며 불만을 드러냈다.[27] 이제 사냥은 전국으로 퍼졌다. 미닛맨 지부들은 롱아일랜드 이스트엔드처럼 국경에서 한참 떨어진 도시의 길모퉁이에 모여 있는 일용직 노동자들까지 괴롭히기 시작했다.[28] 중서부의 한 파견대는 도심 공원에서 라티노들을 노렸다. 캔자스시티 미닛맨시민방위대Minutemen Civil Defense Corps 지부인 '미국의 심장Heart of America'의 창립자는 "국경이 이제는 사막에 있지 않다."라고 말했다.

"미국 전역에 있다."

2006년 말, 한 집계에 따르면 34개 주에 140개 미닛맨 지부가 생겼다.[29] 절정기 때 미닛맨 프로젝트에만 회원이 1만 2,000명이었다고 하고, 회원 대다수는 퇴역군인, 은퇴한 국경경비대 대원, 그 밖의 법집행관으로 이루어져 있었다. 이 무렵 아프가니스탄과 이라크의 상황이 악화되며 매리코파군의 보안관 조 알페이오는 일반적인 치안 행위에서 관심을 돌리고 멕시코계 미국인 공동체와 이주 노동자를 구체적으로 노리기 시작했다. 전국적으로 라티노를 겨냥한 폭력 사건이 급증했다.[30]

3

점령이 뜻대로 되지 않으며 부시의 당내 지배력도 약해졌다. 원하는 대로 세금을 삭감하고 전쟁을 일으킨 공화당은 두 가지의 부작용으로 고전하고 있었다. 당시 많은 사람은 현대 보수주의가 힘을 잃고 있다고 생각했다. 쓸데없이 이념만 잔뜩 내세웠고, 무력을 휘두르는 안보 국가와 자유주의 경제에 대해 모순적인 약속을 했다. 개인의 자유에 집착했고, 인종 간의 불만을 비롯한 문화 전쟁을 부추겼다. 부시는 2004년 재선에 성공했다. 그러나 공화당 지도부는 애리조나, 텍사스, 플로리다 같은 주의 인구 통계 변화를 보며 전국 정당의 지위를 유지하려면 공화당이 다시 한번 라티노 유권자의 민심을 잡아야 한다는 교훈을 얻었다. 그래서 백악관은 레이건의 이민 전략을 모방하고자 했다. 그렇게 나온 법은 이후 국경을 한층 더 무장하는 한편, 자격이 되는 미등록 거주자에게는 단 한 번 시민권을 취득할 길을 열어 주었다.

자경단은 개혁안에 길길이 뛰었고 단체로 반대 운동을 벌였다. 약해지고 있는 보수 운동이 부활했다. 보수 운동에 이미 존재하던 광적인 믿음에서 자국민 보호주의에 대한 광신이 폭발해 나왔다. 그러면서 새로운 일관성과 활력, 미등록 거주자 수백만 명의 시민권을 포함하지 않는 새로운 성공의 길을 제시했다.

"싸움은 내부를 향한다."

역사학자 리처드 슬로킨은 그렇게 쓰며 미국이 변경의 폭력으로 재생할 능력을 잃었을 때를 상상해 보았다.

"마녀사냥에는 전쟁이 따른다."[31]

자경단은 더 큰 규모의 반이민 연합의 핵심을 차지했다. 연합에는 주의회와 미국 의회의 동지들도 점점 늘어나고 있었다. 앨라배마 상원의원 제프 세션스Jeff Sessions, 미등록 거주자의 범죄로 피해를 당한 사람들의 친척, 전장에서 죽은 군인의 유족, 귀환한 참전 군인, 국경경비대 대원을 비롯한 경찰들도 포함되었다.[32] 미닛맨 프로젝트의 지도부는 주기적으로 폭스 뉴스와 라디오에 출연해 부시에게 '사면'을 추진하지 말고 국경에 주 방위군을 배치하고 국경 전체에 장벽을 쌓으라고 요구했다.

부시는 국경 경비를 한층 더 강화해 밑에서의 반란을 잠재우려 했다. 2006년 안보장벽법Secure Fence Act은 드론, '가상의 벽', 비행선, 레이더, 헬리콥터, 감시탑, 감시 풍선, 철조망에 수십억 달러를 책정했다. 협곡과 국경의 가장자리를 메우고, 모래의 변화에 맞춰 높이 조절이 가능한 장벽을 두기로 했다. 울타리의 견본을 시험할 연구소도 있었다(텍사스 A&M 대학교에 있고 보잉사Boeing와 제휴해 운영한다). 국경경비대의 수는 2배로 뛰었고, 국경의 철조망 길이는 4배로 늘어났다. 스트림라인 작전Operation Streamline으로 이주자는 단체로 구금·기소되고 재판을 받은 후 더 신속하게 추방되었다(주로 클린턴이 1996년에 서명한 이민개혁법을 사용했다). 이민세관집행국Immigration and Customs Enforcement(9/11 이후 재조직한 국경경비대로 ICE라 불린다) 요원들은 스쿨버스에서 아이들을 잡아냈고 뉴욕의 햄프턴, 매사추세츠주 뉴베드퍼드같이 진보적인 지역에도 깊숙이 침투해 미등록 거주자를 추적했다. 8년의 임기 동안 부시가 추방한 사람만 200만 명이었다. 그래도 소용없었다. 2007년,

공화당의 자국민 보호주의 세력은 부시의 이민법안을 부결했다.

"경찰국가는 답이 아니다."

닉슨과 포드 정부 시절 1972년에서 1977년까지 이민귀화국INS 국장으로 있었던 레너드 채프먼은 국경을 완전히 봉쇄할 수 있다는 환상을 좇는 것이 정치인들에게 어떤 의미인지 이미 30년 전에 경고했다. 15장 초반부에 나온 국경 폭력 사건을 여럿 보도한 〈뉴욕 타임스〉 기자 존 크루드슨도 이렇게 물었다.

"미국에 KGB(소련 국가보안위원회_옮긴이)를 누가 원할까?"[33]

방식은 달랐지만 채프먼과 크루드슨은 만약 미국에 전제정치가 들어온다면 좌파와 우파가 일반적으로 설명하는 것처럼 위협적인 노동 운동이나 복지 국가의 확대 때문은 아닐 것이라 이야기하고 있었다. 만약 그런 일이 생긴다면 미국에만 존재하는 국경이 원인으로 작용할 것이라 했다. 국경을 확실하게 지켜야 한다는 충족할 수 없는 욕망이 문제였다. 미국의 국경은 국가 안보 문제가 아니라 '절망적인 빈곤과 막대한 부를 가르는 경계선'이었기 때문이다.[34]

이후로 채프먼과 크루드슨의 경고는 예언이 되었다. 채프먼은 1976년에 이렇게 말했다.

"우리는 이미 이곳에 와 있는 가족을 서로 떨어뜨릴 의사가 없다."[35]

그러나 수십 년 사이 이민 정책이 강화되며 가족을 억지로 떼어놓고 아이를 표적으로 삼는 일은 빈번하게 발생했다. 그런데도 국경의 깡패들은 만족하지 않았다.

부시 대통령의 임기 말, 국경에 집결했던 분노한 민심이 전국으로 퍼졌고 미국은 아프가니스탄과 이라크에 발목을 붙잡혔다. 주택과 신용 시장은 무너지기 시작했다. 은행이 파산했다. 주택을 압류당하고 집에서 쫓겨나는 사례가 급증했다. 사회 서비스가 위축되며 불평등의 개인 부채는 심각해졌다. 그래도 변함이 없었다. 정부가 국경에 경비원을 대규모로 투입해도, 부시가 수많은 사람을 추방해도 미국에 들어오는 멕시코인과 중앙아메리카인의 행렬은 끊이지 않았다. 역사학자 고든 우드가 잭슨 시대를 가리켜 한 말처럼 전부 흩어져 산산이 조각나는 것처럼 보였다. 그러나 큰 차이가 있었다. 잭슨 시대에는 정착선 너머에서 오직 가능성을 보았다. 자유 토지와 자유 토지가 가져다줄 모든 것에 대한 약속으로 미국은 스스로 상처를 꿰매고 일어설 수 있었다. 하지만 지금은 고개를 들어도 위기밖에 보이지 않았다.

그때 미국은 흑인 남성을 대통령으로 선출한다.

4

재임 8년 동안 버락 오바마는 남부 연합부터 멕시코-미국 전쟁, 텍사스 분리 독립을 지나 팩스턴 보이스 시절까지 과거의 유령에 사로잡힌 듯한 적대감을 상대해야 했다. 여러 역사학자는 오바마를 싫어하는 사람이 한 명 이상의 학자에게서 최초의 '티파티 대통령Tea Party President'이라 불렸던 앤드루 잭슨은 사랑했다고 말했다.[36] 일리가 있는 말이다. 격렬한 감정은 똑같이 변경에서 비롯되었기 때문이다. 오바마와 잭슨 모두 파도의 바깥 가장자리, 미국 관할권 가장 바깥의 안쪽에서 출발한 대통령이었다. 잭슨은 컴벌랜드갭과 서부에서, 오바마는 하와이와 인도네시아(미국의 냉전 영향권 안에 안전하게 있는 국가)에서 왔다. 그러나 다른 점이 있다면 문화적 상징으로서 잭슨은 변경을 앞으로 밀어낸 정착민, 유색인종을 내쫓고 노예로 삼아 더 큰 자유를 얻어 낸 사람들을 대표했다. 그들이 쫓아내고 노예로 삼은 사람과 대조해 정의했던 자유를 나타냈다. 미국 최초의 아프리카계 미국인 대통령인 오바마는 그들의 피해자를 언급했다. 그래서 오바마의 반대 세력은 오바마가 경계 너머에서 태어났다는, 최소한 밖에서 자랐다는 생각을 이용했다.

역사학자 대니얼 로저스Daniel Rodgers는 오바마의 당선이 "감정적인 위력을 가졌다."라고 표현한다. 그러나 오바마 정부는 '홀쩍이는 정책 밖에' 내놓지 못했다. 전임자에게 물려받은 수많은 문제를 급진적인 해결책이 아닌 익숙한 말로 바로잡으려 했다. 오바마의 주요 법안 — 부담적정보호법Affordable Care Act, 일명 오바마케어처럼 법이 된 것도 있고, 탄소 배출권 거래처럼 그렇지 않은 것도 있다— 은 얼마 전이었다면 공화당 다수도 무난히 수용했을 범위 안에 있었다.[37] 공화당은 오바마가 8년 동안 연두교서에서 제시한 의제를 전부 이행하자고 할 수도 있었다. 하지만 그랬더라도 수백만 빈곤층의 위태로운 상황은 달라지지 않았을 것이다. 가장 놀라운 것은 오바마 정부가 1990년대식 자유 무역을 넘어서는 사고를 거부했다는 사실이다. 경제학자 폴 크루그먼Paul Krugman을 비롯해 과거 NAFTA를 추진했던 이들도 장기간 계속되는 임금 정체를 알아차리기 시작하고 회의적으로 변했다.

〈뉴욕 타임스〉는 '세계화의 전리품'이 "부자들에게 불균형하게 돌아갔다."라고 인정했다.[38] 그런데도 오바마는 파나마, 콜롬비아, 대한민국과의 무역 협정을 밀어붙였다.[39] 더는 존재하지 않는 중심에 계속 손을 뻗고 있었다. 오바마는 자신의 웅변술과 무한한 인내심을 이용하면 원 상태로 되돌릴 수 있다고 생각한 듯 보였다.

그러는 사이 우파의 자국민 보호주의 세력은 계속해서 연합했다. 부시 시대에 국경의 다양한 자경단은 전국적으로 뻗어 나갔고 연방 정책 수립에 도움을 주었다. 오바마 시대에는 다른 우익 단체와 합병해 티파티Tea Party를 조직했다.[40] 전 단계에서 교류가 이루어졌다. 공화당 지지자들은 자유지상주의라고 이름표를 새로 붙였고, 반라티노 단체는 국가 재정의 '책임'을 중심으로 움직였다. 국경 미닛맨Border Minutemen은 번디 가족 민병대Bundy family militia(공유지에서 연방 당국과 두 차례 무력 대치를 한 적 있는 단체)와 합쳤고, 민병대 대원들은 미닛맨과 함께 국경을 정찰했다. 오랫동안 우파 성향의 목장주 자경단이 활동했던 애리조나주 코치스군 같은 곳에서는 미닛맨과 티파티가 합세했다.[41]

"벽을 세우고 총을 쏩시다."

2010년 피닉스 집회에서 한 찬조 연사가 말했다.

"줄을 세워요. 내가 직접 고문할 테니."

이 시점에서 잔혹 행위는 외국인들에 대한 상징적 지배를 확립하는 방법이었다. 그러나 정치권과 모든 정치 지도자, 기관에 대한 경멸의 표시이기도 했다.

전쟁은 계속되었고 막대한 예산을 등에 업은 군대는 여전히 미국에서 가장 효과적인 사회 이동 수단으로 의료 서비스와 교육을 제공했다. 그러나 부시가 군국주의를 놓고 이념적 투쟁이라는 프레임을 짠 반면, 오바마는 유용성과 기능성의 문제를 제시했다.[42] 그사이 미국은 극단주의를 바깥으로 돌릴 능력을 잃었고 미국이 페르시아만에 쏟아 냈던 혼란은 점점 국내에도 반영되어 지하디스트jihadist의 테러, 학교 내 총기 난사, 백인 우월주의자와 남성 우월주의자의 난동이 소용돌이치듯 증가했다.[43]

5
-

2010년이 되자 미국은 극단주의를 배출할 능력을 잃었다는 말로는 부족했다. 100년 넘게 대외 관계는 가장 좋은 사회 조직 방법의 규범적인 아이디어를 시험하는 무대였다. 이곳에서 국가 지도자들은 개인과 사회, 미덕과 야망같이 충돌할 가능성이 있는 이해관계를 조화할 수 있었다. 바깥을 가리키며 변경 너머의 저곳에서 차이를 극복할 것이라 말할 수 있었다.[44] 빌 클린턴이 NAFTA 캠페인을 벌이기 시작했을 때, 소련이 사라진 세계는 활짝 열려 있었다. 그래서 자유 무역이 시민 활성화를 이끌 것이라는 클린턴의 주장이 설득력 있게 들렸고, NAFTA가 '19세기의 변경과 도덕적으로 동등한 대상'이라는 주장에 반박하기 힘들었다.

오바마는 갇힌 신세였다. 미국의 도덕적·군사적 권위가 추락하고 자유 무역 성장 모델이 무너지자 더는 대외 정책으로 공익의 더 큰 비전을 분명히 표현할 수 없었다. 미국을 분열하고 있는 양극화를 극복하게 해 줄 국제 관계의 영역이 없었다. 전쟁도, 인도적인 개입도, 무역도 아니었다. 한 비평가가 '스테로이드를 맞은 NAFTA'라 표현한 거대 무역 협정인 환태평양 경제동반자 협정Trans-Pacific Partnership(TPP)은 더더욱 아니었다.[45] 오바마는 후임 대통령의 선거운동이 막 시작되는 시점에 TPP를 추진하기 시작하며 좌우의 비평가들에게 중도가 거기서 거기인 것들밖에 주지 못한다는 사실을 확인해 주었다.

미국이 밖으로 나가는 미래를 상상할 수 없게 되자 안으로 들어가려는 사람을 둘러싼 싸움은 더욱 치열해졌다. 여기서도 오바마는 반대 의견과 절충을 시도했다. 그는 대통령 명령으로 미성년자일 때 미국에 들어온 미등록 거주자에게 보호를 제공하는 미성년입국자추방유예제도Deferred Action for Childhood Arrivals(DACA)에 서명했다. 그러나 미국의 다양한 국경·세관·이민 기관에 자금과 인력을 보충하기도 했다. 백악관은 부시와 똑같은 짐작을 하고 있었다. 수십 년 전 설치된 '집행 우선'이라는 덫에 걸려 국경을 '봉쇄'해야 ─불가능한 전제였다─ 개혁이 통과될 수 있다고 생각했다. 오바마는 국경 보안을 강화하면 협상의 길이 트이기를 바랐다. 그러나 상황은 뜻대로 돌아가지 않았다. 엘살바도르, 온두라스, 과테말라 등 중앙아메리카에서 국경을 넘는 아이들이 '급증'하기 시작했고 2009년에서 2014년 사이 매년 수만 명이 들어왔다.[46] 레이건의 중앙아메리카 전쟁으로 큰 타격을 입은 이 나라들은 미국 정부가 지원한 무역·마약 반대·안보 정책으로 또다시 두들겨 맞았다. 아이들이 혼자 온 이유는 국경 무장으로 비교적 안전한 길이 닫히며 가족 전체가 움직이기가 너무 위험해졌기 때문이었다.

이에 맞서 백악관은 국경 관리에 더 많은 자원을 투입하고 더 많은 사람을 추방했다.[47] 2016년에 미국은 다른 연방 법 집행 기관을 합친 것보다 국경과 이민 관련 집행에 더 많은 돈을 쓰고 있었다. 하지만 부시 때와 마찬가지로 이번에도 이민 개혁은 실패로 돌아갔다.

이민세관집행국ICE과 국경경비대의 권한이 커지며 요원들은 계속해서 처벌을 모면했다. 2003년 이후로 경비대에서는 아동 6명 포함 최소 97명을 죽였다. 기소된 요원은 몇 명에 불과했다.[48] 미국시민자유연맹ACLU의 보고서에 따르면 어린 소녀를 때리고 강간을 하겠다 위협했다고 한다. 홀로 국경경비대에 체포된 한 아이는 '신체적·정신적 학대'를 경험했다.

"비위생적이고 비인도적인 생활 환경 속에서 가족과 격리된 채로 장기간 구금되고 법적으로 의료 서비스를 받지도 못했다."[49]

30여 년 전 존 크루드먼이 기록했던 것처럼 이주자를 극도로 차가운 방에 오랫동안 가두는 등의 스트레스 고문이 계속 사용되었다.[50] 롱아일랜드에서 부모와 재회하려 했던 엘살바도르 출신 7세 소녀는 10일간 험난한 길을 걸은 끝에 2014년 텍사스에서 체포되었다. 아이는 15일 동안 '아이스박스'에 갇혀 있었다.

"추웠어요. 아주 많이요."

아이는 그렇게 증언했다.

"종일 불이 환했고 바닥이 딱딱했어요. 잠을 잘 수가 없었고 … 늘 배가 고팠어요."[51]

이런 만행을 길게 이야기하기는 어렵다. 변경이 닫히며 시간 감각이 무너졌던 것처럼 공포는 또 다른 공포와 뒤섞인다. 바깥세상으로 나아가며 경험한 폭력은 문제를 뒤에 남기고 전진한다는 환영을 보여 주었지만 이제는 점점 누적될 뿐이다.

"물병을 칼로 베어서 놈들 물을 마른 땅에 뿌린다."

한 국경경비대 대원은 몸을 숨긴 이주자들이 감춰 놓은 짐을 발견했을 때 어떻게 했는지 묘사한다.

"배낭을 버리고 식량과 옷가지를 쌓은 다음 깔아뭉개고 오줌을 싸고 발로 밟는다. 사막에 뿌리고 불을 지른다."[52]

한편 오바마의 두 번째 임기도 끝나 갈 무렵, 우파의 불만은 이주자에서 의료 서비스로, 세금, 전쟁, 총기에서 남부연합기, ISIS, 멕시코 카르텔, 환경 규제로, 이슬람법, 에너지 정책, 성별 인칭 대명사gender pronouns에서 중앙아메리카 갱단, 블랙 라이브스 매터Black Lives Matter로 계속해서 쳇바퀴를 돌았다. 그러다 다시 이주자, 미성년입국자추방유예제도DACA의 수혜자, 중앙아메리카 아이들 문제로 돌아왔다. 수십 년 동안의 처참한 정책에 대한 반발이 차곡차곡 쌓여 반발에 대한 반발이 나타나는 지경에 이르렀다.

조지 부시 때 국경에 결집했고 8년 동안 버락 오바마에게 병적이라 할 수 있는 증오를 표출했던 자국민 보호주의는 이른바 '인종 현실주의'로 확고히 굳어졌다. 이들은 자유주의적 다자 질서의 합법적 전제를 거부했다. 특히 모두가 테이블에 앉아 세계의 부를 누릴 수 있고, 세계 경제는 최대한 개방된 선을 중심으로 조직되어야 하며, 앵글로색슨주의보다는 다양성이 정치 공동체의 근간 역할을 할 수 있다는 아이디어를 받아들이지 못했다.* 50년 전 클레어 부스 루스가 썼듯 변경은 닫혔고 자원은 한정되어 있었다. 정치 체제는 그런 사실들을 바탕으로 해야 했다.

그런 세계관은 체계적인 철학보다는 본능으로 표현되었고 법집행기관에 대한 반사적인 공감과 인종 차별적 분노 같은 여러 형태를 띠었다. 그러나 지난 몇십 년 동안 국경은 그런 정서를 일관적으로 만들었다. 2014년 7월, 샌디에이고 바로 북쪽에 있는 캘리포니아주 무리에타 주민들은 며칠 동안 거리로 뛰쳐나와 성조기와 개즈던 깃발(미국 독립전쟁 당시 제임스 개즈던이 디자인한 깃발로, 현재는 주로 총기 소지 권리와 제한된 정부를 상징한다_옮긴이)를 흔들며 인종 차별적인 비난을 퍼붓고 인근 연방 시설로 중앙아메리카 아이들을 태우고 가는 버스를 막으려 했다.

"우리도 앞가림을 못 하는데 다른 사람까지 챙겨 줄 수 없다."

한 시위자의 말은 곧 트럼프주의로 통하게 될 표현을 아주 간결하게 제시했다. 버스는 방향을 돌렸고 —아이들은 다른 연방 보호소로 옮겨 갔다— 2년 후 무리에타 주민들은 압도적인 표 차이로 도널드 트럼프를 뽑았다.

미국의 예외주의는 무한하다고 생각했던 변경에서 태어났다. 이

---

* <워싱턴 포스트>(2018년 3월 20일 자)에 따르면 2014년 중간선거 이전에 소셜미디어 데이터 수집 기업인 케임브리지 애널리티카Cambridge Analytica가 실시한 설문 조사에서 '불법 이민자의 출입을 차단하는 벽'을 짓자는 제안을 포함한 '인종 현실주의' 관련 주제는 '보수 성향의 백인 미국인'을 명확히 구분해 주었다.

제 무한하다고 할 수 있는 것은 끝없이 되돌아오는 역사밖에 없다. 국경지대로 향한 퇴역군인들은 패배한 전쟁을 어떻게 하면 이길 수 있었을지 연습한다. 미닛맨 프로젝트의 설립자 중 한 명인 짐 길크리스트는 1968년에 전쟁터에서 돌아왔다. 그는 "베트남 생각을 하지 않은 날이 단 하루도 없다."라고 말한다.[53] 다른 자경단원은 "2인 1조로 나가 40년 전 베트남에서 그랬던 것처럼 놈들을 쏜다."라고 했다.[54] 1·2차 걸프전으로 이라크와, 또는 아프가니스탄과 싸웠던 군인들도 자경단 소속으로 국경을 순찰하고 있다. 2015년 이후로 미국이 군사작전을 수행하고 있는 74개국에 있었던 군인들도 마찬가지다.

프레더릭 터너는 대초원이 건조한 평원과 만나는 서경 99도가 상징적으로 변경을 표시하는 장소로 가장 적합하다고 생각했다. 집요하고 창의적인 사람들은 이 선 너머에서 마른 땅에 물을 댈 방법을 궁리하기 시작했다. 역사란 더 풍요로운 미래를 향해 진보하는 과정으로 생각하기 시작했다. 바로 이곳에서 미국은 자유주의자, 국제주의자가 되었고, '세계를 먹여 살릴' 방법을 배웠다.[55] 소설가 코맥 매카시는 이 선을 '핏빛 자오선'이라 부르며 다른 경계를 나타낸다고 생각했다. 이 선 너머에서 진보를 향한 생각은 지옥 같은 무한함에 힘을 잃었다. '전쟁으로 고아가 된 폭력적인 아이들로 가득한' 땅에서 군인과 정착민은 미친 듯한 소용돌이에 휘감겨 어디로도 가지 못하고 빙글빙글 돌고 있다. 그곳은 저기 바깥에, 변경 너머에 있었다. 그러나 미국은 수없이 그 선을 넘으며 선을 지워 버렸다.

이제 핏빛 자오선은 어디에나 존재하고 국경 그 자체에서 가장 두드러진다. 이곳에서 과거의 모든 전쟁은 하나의 전쟁이 된다. 자경단원들은 종종 자신들을 1846~48년의 멕시코-미국 전쟁의 후위 부대라고 일컬으며 그 전쟁이 끝났을 때 잃었던 땅을 다시 차지할 속셈이라고 믿는 적과 맞서고 있다.⁵⁶ 미닛맨 설립자 하나는 "멕시코 이주자는 재정복을 노리고 있다."라며 무력이 아닌 이주를 이용한다고 말했다.⁵⁷ '재정복', 레콩키스타reconquista. 공명을 불러일으키는 이 단어는 자주 자경단의 입에 오른다. 원래는 스페인이 아랍과 베르베르 무슬림에게서 이베리아반도를 다시 가져올 목적으로 722년에 시작해 1492년에 끝난(만약 전쟁을 벌였었더라면 아주 긴 전쟁이었을 것이다) 개혁 운동을 가리키는 용어였다. 오늘날 국경의 미닛맨은 그 무슬림의 후예들이 북쪽으로 오고 있다고 상상한다. '수염을 기른 중동 남자들'을 자주 봤고 사막에서 아랍어-영어 사전을 발견했다고 말한다.⁵⁸ 한 미닛맨은 연구자에게 이런 말을 했다.

"이곳이 우리의 가자Gaza입니다."⁵⁹

오바마의 임기 말에 이라크의 부작용이 심각해지고 중앙아메리카 아이들이 도착하며 자경 활동은 더욱 공격적인 형태로 급증했다. 예전보다 더 젊고, 더 분노에 찬 사람들이 가입해 '개 같은 멕시코 놈들'을 막을 의도로 사막용 군복을 입고 군용 무기를 갖춘다. 이들은 ISIS, 중앙아메리카 갱단, 멕시코 카르텔, 블랙 라이브스 매터에 똑같이 집착했다.⁶⁰ 대부분 아프가니스탄과 이라크에서 여러 차례 활동을 한 사람들이었다.

"여기 와서 옛 전우들과 함께 있으니 치유가 되는 느낌이에요."

네 차례 이라크에 갔다 온 후로 뇌 손상과 스트레스 장애를 입은 한 퇴역군인은 말한다.

사막에 있으면 악몽이 가라앉는다. 그는 기자에게 국경을 지키고 있으면 '새로운 기억'이 쌓인다고 말했다.[61]

미국사에 장벽이 갖는 의의

핵심은 실제 '장벽'을 세우지 않아도 장벽을 세우겠다고 계속해서 알리는 것이다.

"우리는 벽을 쌓기 시작했습니다. 뿌듯하군요. 이제 시작이에요."

도널드 트럼프가 트윗한 내용이다.

"참으로 아름답습니다."

건설 중인 벽 따위는 없었다. 적어도 해리 트루먼 대통령 시절 이후로 꾸준히 증가하고 있는 수 킬로미터의 방어 시설 너머에는 존재하지 않았다. 정말 샌디에이고 동쪽의 오테이메사Otay Mesa 지구에는 트럼프 장벽의 여덟 가지 '견본'이 사막 높이 솟아 있다. 견본 중 하나가 장벽의 디자인으로 선정될 예정이고, 트럼프는 자신이 우승자를 뽑을 것이라 했다. 그러나 국토안보부는 최근 어떤 벽이 건설되든 오테이메사 모델을 바탕으로 하지는 않을 것이라 발표했다. 보아하니 하나당 50만 달러가 들어간 모형은 차후에 나올 모형에 영감을 주는 의도인 듯하다.

"여덟 가지 견본은 미래에 나올 국경 장벽의 설계 기준을 각각 어느 정도 알리고자 한다."[1]

어쨌든 장벽은 자국민 보호주의를 내세우는 정치인들에게 유용한 배경이 되었다. 장벽을 건설하지 않는다고 의회를 공격하고 싶을 때나, 이주자가 저질렀다고 하는 범죄를 강조해 이주자를 악마로 만들고 싶을 때가 대표적이다. 이민 반대 시위에 참석한 공화당 소속 샌디에이고주 하원의원 덩컨 헌터Duncan Hunter는 구조물 앞에서 이렇게 말했다.

"예멘, 이라크, 파키스탄, 중국 등등 어디든 옛 소련의 위성국이었던 나라 사람들은 전부 멕시코를 통해 들어옵니다."

거대한 돌덩이는 영구성을 암시한다. 트럼프식 정치의 미래가 어떤 모습이든 간에 실제로 벽이 생길 것이라는 느낌을 준다.

어쨌든 국경에 장벽을 쌓는다는 아이디어는 적절한 때를 놓쳤을지도 모르겠다. 현재 '국경'이라는 공간은 과거의 '변경'처럼 사방에 널려 있기 때문이다. 이민국과 국방부는 미국의 진정한 국경이 애리조나와 텍사스가 아니라 과테말라와 맞닿은 멕시코의 남쪽 경계라고 단정한다.[2] 그곳에서 미국 정부에 보조금을 받는 멕시코 수비대는 여러 겹으로 이루어진 국경의 첫 번째 선을 지키며 북쪽으로 올라오려는 중앙아메리카 이주자들을 막는다. 한 국방 연구원에 따르면 사실상 남아메리카 전체가 미국의 '세 번째 국경'이고, 국방부는 카리브해도 그렇다고 말한다.

현재는 전 세계 공항에 급증한 출입국 관리소도 미국 국경에 속해 있다는 인식이 있다. 미국 내 암트랙Amtrak 열차와 그레이하운드Greyhound 버스와 공항에서 무작위로 이루어지는 검사도 다르지 않다. 연방 요원들은 '헌법 이상의 권한'을 갖고 다른 나라와의 경계에서 160킬로미터 안을 뜻하는 '국경지대'를 누빈다. 이 범위 안에 있는 시민만 최대 2억 명이다. 미국 인구의 65퍼센트에 해당하는 숫자이고, 라틴계 주민의 75퍼센트가 이곳에 살고 있다.[3]

미시간주 전체도, 하와이와 플로리다도 '국경지대'다. 한 정책 분석가는 "헌법에서 자유로운 영역이나 다름없다."라고 평하기도 했다. 국경경비대는 이 지대 안이라면 어디서든 차량을 압수하고 검사하고 서류를 요구할 수 있다.[4] 미국시민자유연맹ACLU 대변인은 실제 국경과 수 킬로미터 떨어진 오지에 설치된 검문소를 '국경 자체'라고 부른다. 가족과 공동체를 떨어뜨리려고 일부러 설치했다는 의미였다. 2008년, 텍사스주에서 자금을 일부 지원한 인터넷 프로젝트가 시작되었다. 200개가 넘는 국경 카메라를 통해 인터넷 생중계를 보며 누구나 어디서든 국경경비대가 될 수 있었다. 수십만 명이 접속해 수상한 행동을 보고할 뿐만 아니라 SNS 커뮤니티로 온라인 자경단을 조직했다.[5] 미국기업연구소American Enterprise Institute의 애널리스트는 묻는다.

"미국 '본국'의 경계는 정확히 어디인가?"

답은 캔자스시티 국경감시대의 설립자의 말에서 찾을 수 있다.

"전 아메리카다(북미+남미)."

어디가 되었든 오랫동안 변경 신화에서 자랑스럽게 여겼던 공간인 국경지대는 이제 특별함을 잃었다. 국경과 경계가 없는 나라는 없고, 오늘날 많은 나라에는 실제로 장벽이 서 있다.[6] 베를린 장벽이 무너진 이후 여기저기서 장벽을 쌓아 올렸다. 브라질 리우Rio에서는 부유층을 보호하고, 서안 지구West Bank에서는 팔레스타인 사람들을 가둔다. 인도와 방글라데시, 그리스와 터키를 나누고 영국 벨파스트에서는 가톨릭과 개신교의 구역을 구분한다. 텍사스 평원의 척박한 변경이 새로운 기술을 빠르게 발전시켰듯—역사학자 월터 프레스콧 웹은 워커 콜트Walker Colt 리볼버의 발명으로 정착민이 말에서 "내리지 않고도 코만치족이나 멕시코인과 싸울 수 있었다."라고 한다— 전 세계적으로 번성하는 '국경 장벽' 산업은 첨단 보안 기술에 혁신을 일으켰다. 2010년에 미국에서 가장 엄격한 반이민 법인 SB 1070을 통과시킨 애리조나주는 '보안벽' 상품을 파는 시장으로 변모해 새로운 국경 사업가들이 직원으로 일하는 국제 엑스포를 주최하고 있었다. 엔지니어들은 공적 자금으로 지원을 받아 연구하고, 영업사원들은 주변의 주에 상품을 홍보하며, 기술자들은 그들을 지원한다.

"피닉스에 갔을 때 넓고 불을 환히 밝힌 공상과학의 대성당에서 가장 놀라웠던 광경은 총과 드론, 로봇, 고정된 감시탑과 무장한 마네킹이 아니었다."

그런 도구들로 가득한 컨벤션에 참석한 후 저널리스트 토드 밀러 Todd Miller는 말했다.[7] 그보다 밀러에게 감명을 준 것은 '회장 내 공기에 자욱했던 충격적인 에너지와 열정'이었다. 밀러는 컨벤션 센터를 나서며 방금 목격한 장면의 의미를 깨달았다.

"단순히 국경만이 아니라 전 세계를 우리의 세계로 만들겠다는 의도가 가득한 새로운 산업이 수십억 달러 규모로 급성장하고 있었다."

그리 오래되지 않은 과거에 역사학자와 경제학자들은 미국과 같은 민주적 발전의 확산을 '위대한 세계 변경'이라 묘사했다. 오늘날 우리는 전 세계에 장벽을 두고 있다.

100년 넘게 변경은 미국식 보편주의를 강력하게 상징했다. 미국이 앞으로 나아가고 있다는 관념을 전달할 뿐만 아니라 전진하는 과정에서 잔혹한 행위가 있어도 고결하게 변할 것이라 약속했다. 변경 팽창은 모든 역설을 깨뜨리고 이상과 이익, 미덕과 야망 사이의 모든 모순을 조화시킨다. 영역을 확장하면 평화가 보장된다. 개인의 자유를 보호하고 당파를 약화시킨다. 호기심과 자신감과 자원이 넘치는 사람들은 일반적인 교리에 사로잡히지 않고 지역을 초월하고 번영을 전파하며 인종을 넘어선다. 범위가 넓어지며 세계인을 향한 우리의 사랑도 커질 것이다. 경계가 확장되며 우리의 인내심도 커지고 인류가 우리의 국가라는 사실을 깨닫는다. 팽창으로 문제가 생겼어도 더 큰 팽창이면 다 해결된다. 전쟁이 낳은 트라우마는 다음 전쟁으로 넘길 수 있다. 빈곤은 더욱 성장하며 해결될 것이다.

그러나 현재 변경은 닫혔고 안전밸브는 잠겼다. 어떤 메타포를 사용하든, 미국은 신화의 종말 이후를 살고 있다. 변경이 영원한 재탄생과 봄철의 경작을 상징했던 것과 달리, 오테이메사의 여덟 가지 견본은 묘비처럼 다가온다. 핏빛 자오선을 지나 앞으로 달아난 수 세기 이후, 팽창이 보호한다고 했던 모든 것은 파괴되었고, 팽창이 파괴한다고 했던 모든 것은 보존되었다. 평화 대신 끝없는 전쟁이 이어졌다.

비판적이고 꿋꿋하고 진보적인 시민 의식이 아니라 논리를 거부하고 변화를 두려워하는 음습한 허무주의가 나타났다. 파벌이 엉겨 붙어 전국 선거에서 승리했다.

변경처럼 보이는 것에 접근할 기회가 아직 몇 번 있기는 하다. NAFTA로 대표되는 조약과 협정은 기업에 그들만의 끝없는 수평선을 주었다. 최근 세계은행World Bank은 전 세계 부가 극단적으로 집중되고 신기술의 등장으로 인간의 노동력에 대한 수요가 줄어들었으며 국경을 마음대로 넘나들며 투자를 할 수 있는 현실을 조사하며 가난한 나라들에 이런 조언을 했다. '부담스러운' 규칙을 없애 노동자의 행복을 지켜야 한다. '최저임금이 높고 고용과 해고 규정이 지나치게 제한적이고 계약 양식이 엄격하면 기술 대비 노동력이 비싸지고' 기업이 투자할 가능성이 낮아진다.[8] 변경의 민주적인 용도 —개방된 범위에서 전례 없이 많은 사람이 전례 없는 자유를 누리고 '시스템과 통제'의 종속을 피할 수 있다— 는 완전히 뒤집혔다. 현재 기업들은 국제법에 명시된 터너의 '탈출구'를 이용해 중앙 정부의 규제 야망을 잘라 낼 수 있다.

슈퍼리치들의 환상은 그들이 가진 자본처럼 제한이 없다. 그들은 시스테더sea-steader(바다에서 살고자 하는 사람_옮긴이)가 되는 상상을 하고 정부의 통제에서 벗어난 물에 떠다니는 마을을 건설하기 시작했다. 아니면 죽음을 피하거나 의식을 구름 위로 올려 보내고 싶다는 바람으로 생명 연장 연구에 자금을 지원한다. 누군가는 화성이 조만간 인류의 '새로운 변경'이 될 것이라 말한다. 트럼프를 후원하는 헤지펀드 억만장자는 "인간은 돈을 얼마나 많이 버느냐 외에는 본질적인 가치가 없다."라며 생활보호를 받는 사람은 '부정적인 가치'를 갖고 있다고 믿는다. 사회성이 심각하게 없어서 사람의 눈을 쳐다보지 못하고 다른 사람이 말을 걸 때 휘파람을 부는 남자는 뉴멕시코의 옛 광산 마을에서 자원 보안관이 되어 50개 주에서 총기를 소지할 수 있었다.[9] 지배 계층이 지금처럼 자유로운 ―피지배층에게서 완전히 벗어난― 적이 없었다.

그 외 많은 사람에게 자유의 영역은 축소되었다. 전 세대 ―1980년대 이후 출생자― 는 2007~08년 금융 붕괴에 따른 대침체에서 평생 회복되지 못할 수도 있다.[10] 금융 붕괴로 실업률이 감소하고 주식 시장은 호황을 맞았지만 빈곤은 깊이 뿌리를 내렸다. 최근 유나이티드웨이United Way에서 발표한 보고서에 따르면 '현대 경제에서 생존하기' 충분한 돈을 벌지 못하는 미국 가정은 5,100만 가구에 육박한다. 월간 예산으로는 주거, 식생활, 의료 같은 기본적인 욕구를 감당할 수 없다. 다른 고소득 국가와 순위를 비교하면 미국은 기대 수명이 가장 낮고 영아 사망률이 가장 높은 국가이다. 로널드 레이건은 무엇이든 가능하다고 말했다. 그러나 많은 사람에게 가능성은 점점 줄어들고 있다. 적절한 교육과 품위 있는 은퇴는 고사하고 은퇴를 꿈도 꾸지 못한다.[11]

오늘날 세계의 다른 선진국들은 농업 위기 이후의 미국처럼 아웃소싱, 민영화, 금융 자유화를 조합한 '자유 무역' 정책을 추구한다. 그러나 다른 선진국은 미국의 일상이 된 소외, 불평등, 공중보건 위기, 폭력을 경험하지 않는다.[12] 왜냐하면 미국은 베트남 전쟁 이후 복구를 목적으로 사회 제도를 재편성하는 데 그치지 않고 사회 제도에 공격을 가했기 때문이다. 특히 공공 서비스와 노조에 대한 공격은 재편성의 효과를 약화했을지도 모른다.

"여러분은 군대입니다."

뉴딜로 최대한 많은 문제를 해결하려고 노력하는 변경의 운동가들을 향해 레이건이 한 말이다.

"여러분은 자유의 변경에 서 있습니다."

이라크 전쟁과 금융 위기로 격변이 일어난 후에는 새로운 깨달음도 찾아들었다. 세계는 취약하고 미국은 지속이나 정당화가 가능하지 않은 경제 체제에 갇혔다. 넓게 펼쳐진 서부의 땅은 불타오르고 지구온난화로 인한 환경오염으로 수백만 그루의 나무가 죽어 간다. 휴스턴과 푸에르토리코에는 홍수가 일어났고, 바다는 산성화되었다. 사라진 박쥐, 개구리, 날아다니는 곤충은 셀 수조차 없다. 코맥 매카시의 《로드The Road》에서 어느 한 문장을 뽑아도 신문 헤드라인으로 쓸 수 있다. '드넓은 땅이 불타고 하늘은 그을음으로 가득하다.' 캘리포니아의 산불을 다룬 〈뉴욕 타임스〉 기사의 제목이었다.

전쟁은 끝나지 않을지 모른다. 그러나 이제는 어떤 형태로든 전쟁의 임무가 신성하다고 할 수 없다.

트럼프의 장벽이 변경의 신화보다 세계가 돌아가는 현실을 더 정확하게 평가했다고 생각하면 흥미롭다. 궁극적으로 변경은 신기루였다. 이제는 고갈된 보편주의의 이념적 유물이었다. 순진했든 작정하고 속였든 변경은 세계가 무한하면 국가가 통치선을 중심으로 조직될 필요가 없다는 약속을 했다. 모두가 이익을 얻을 수 있다고 했다. 모두가 일어나 세계의 부를 나눠 가질 수 있다고 했다. 반면 장벽은 잔인한 지정학적 현실을 일깨워 주는 각성의 기념물이다. 인종주의는 결코 초월할 수 없었다. 돌아다닐 공간은 충분하지 않았다. 세계 경제에는 승자와 패배가 있기 마련이었다. 모두가 테이블에 앉을 수는 없었다. 그리고 정부 정책은 이런 사실을 인정하고 구상해야 했다.

실제로는 성장에 한계가 있다는 사실 —계속 앞으로 달아나며 사회 갈등을 해결할 수 있다는 낡은 정치 모델에 이제는 실현 가능성이 없다는 사실— 을 받아들이면 다양한 정치적 반응이 나올 수 있다. 미국의 뉴딜은 변경이 닫혔다는 사실을 인정하고 사회적 시민권에 새롭고 인도적인 윤리를 구축했다. 뉴라이트에 의해 일부 퇴색되었지만 뉴딜의 비전은 그래도 미국이 아직 자랑스럽게 내놓을 수 있는 많은 것을 이룩해 냈다.

하지만 미국은 일종의 종 면역species immunity에 대한 신화적 믿음 —예외주의를 넘어 미국이 자연, 사회, 역사, 심지어 죽음에서도 면제된다는 면책주의— 에서 탄생했다. 그런 국가에 영원히 앞으로 나아갈 수 없다는 깨달음은 충격적일 수밖에 없다. 자유의 무한한 이상은 아프리카계 미국인, 멕시코계 미국인, 멕시코인, 아메리카 원주민을 지배했기에 가능했을 뿐이다. 노예와 값싼 노동력은 빼앗은 땅을 자본으로 바꾸고 밧줄을 잘라 낸 후 미국 경제를 성층권으로 날려 보내고 있었다. 현재 우리는 황폐해진 지구로 다시 추락했다. 유색인종의 존재는 원치 않는 죽음을 상징했다. 한계가 있다는 암시였고, 역사는 인간에게 부담을 주며 삶은 사회적 의무를 약속한다는 증거였다.

그렇게 벽은 그 자체로 환상을 준다. 한계를 인정하는 동시에 거부하는 속임수다. 트럼프주의는 한편으로 미국이 너무 관대해졌다는 분노를 조장한다. 중앙아메리카 아이들을 막아 세운 무리에타 주민의 말처럼 부족한 세계에서 "우리도 앞가림을 못 하는데 다른 사람까지 챙겨 줄 수 없다."라고 이야기한다. 또 한편으로는 어떤 권리도 금지하거나 억제하지 않는 못된 쾌락주의를 장려한다. 총기 소유는 당연하고, 트럭이 어마어마한 양의 디젤을 태우도록 다시 손을 보는 '롤링콜rolling coal'도 막지 않았다. 이런 취미를 즐기는 사람들의 말에 따르면 트럭들이 내뿜은 검은 연기는 '미국식 자유의 뻔뻔한 표현'이었고 2016년 이후로는 트럼프를 지지하는 표현이 되었다.[13] 이미 많은 사람이 지적했지만 파리기후협약Paris Climate Accord에서 탈퇴한다 해도 기업의 이익은 크게 늘어나지 않을 것이다. 그러나 기후협약 탈퇴는 미국이 절대 한계에 굴복하지 않겠다는 신호였다. 우리의 취약한 세계에서 자유를 표현하는 행위는 점점 잔혹해지고 있고, 잔혹성 자체가 '미국식 자유의 뻔뻔한 표현'이 되었다. 미국은 겨울잠을 자는 곰 사냥에 대한 규제를 풀고, 조 알페이오를 사면하고, 고문을 찬양하고 있다.

트럼프의 잔혹한 면모는 여러 형태로 드러나지만 일관적으로 피해를 입는 대상은 주로 멕시코와 중앙아메리카 이주자다.[14] 트럼프의 벽은 미국을 중세 시대처럼 포위된 요새로 재개조하고 고귀한 희생자 숭배 집단까지 완벽하게 갖췄다고 생각할 수 있다. 후보 시절 트럼프는 미등록 거주민이 저지른 범죄의 피해자(또는 피해자의 가족)와 유세를 다니며 그들의 슬픔을 이용해 폭력을 부추겼다. 대통령이 되고 가장 먼저 한 일은 '추방 가능한 불법체류자가 저지른 범죄의 피해자들'에게 지원 사업을 하는 정부 기관을 설립하는 것이었다.

고통에 시달리는 사람들을 겨우 조금 도와주던 비자 프로그램은 화려한 팡파르와 함께 트럼프의 손에 폐지되었다. 니카라과인 수천 명을 지원하던 프로그램은 사라졌고, 온두라스인을 위한 유사 프로그램도 마찬가지였다. 트럼프 정부의 이민국 국장은 '이민국이 시민권을 박탈하기 시작할 것'이라고 발표했다. 오류가 드물다고 본인 입으로 말했으면서도 이민자의 귀화 신청 과정에서 오류를 찾아내고 그 점을 이용해 시민권을 취소할 것이라 했다. 국경에서 출생 기록을 위조했다거나 실제로는 멕시코 출생이라고 의심을 받아 여권을 거부당하는 사람은 점점 늘어나고 있다. 〈워싱턴 포스트〉에 따르면 트럼프 시대에 '공식적인 미국 출생증명서로 여권을 신청하는 사람도 외국인 보호소에 수감되고 국외 추방 절차에 들어간다.'[15] 트럼프는 한 술 더 떠 출생시민권을 없애는 대통령 명령에 서명하겠다고 약속했다. 이렇게 되면 미국 수정 헌법 제14조는 근본적으로 제한을 받을 수밖에 없다.

2018년 여름, 중간선거가 다가오자 트럼프는 이주자 자녀들의 학대를 정치적 이슈로 만들어 선거에서 승리할 수 있겠다는 계산을 끝냈다. 법무장관 제프 세션스는 국경에 도착하는 대로 가족이 분리될 것이라 발표했다. 부모는 교도소에 수감되고 아동 밀매 혐의로 기소되었다. 수십 년 동안 기억에 묻혔던 국경의 잔혹성이 갑자기 튀어나왔다. 이야기, 사진, 영상, 음성이 감당하기 힘들 만큼 쏟아져 나왔다. 아기들은 철창에 갇혀 부모를 찾아 울부짖었고, 강제로 주사를 맞고 잠들었다. 문을 닫은 대형 마트는 외국인 보호소로 변모했다. 분노 여론이 터져 나오며 트럼프는 가족 분리 정책에서 가장 문제 되는 부분을 철회했다. 하지만 그런 후에도 대중의 관심을 이용해 '무관용zero tolerance' 원칙을 고집했고 정책에 반대하는 시위를 이용해 ICE와 국경경비대 내에 불만을 조장했다. 대중이 그의 정책을 지지한다는 존재하지도 않는 여론 조사를 인용하며 그것이 '좋은 이슈'라고 말했다.[16] 2018년 중반, 주로 멕시코와 중앙아메리카 출신인 이주자 자녀 1만 3,000명이 국경지대의 구금 시설에 갇혀 있고, 이는 전년보다 거의 10배는 증가한 수치다.[17]

트럼프는 전후 질서의 모든 유산에 맞서며 승리를 얻어 냈다. 그 중에는 국경 남쪽의 국가는 물론 중동에 셀 수 없는 난민(예상할 수 있겠지만 범죄자도)을 만들어 낸 정책들도 있었다. 트럼프는 끝없는 전쟁, 내핍, '자유 무역', 규제를 받지 않는 기업 권력, 극심한 불평등에 반대했다.[18] 임기 2년 차에 전쟁은 확대되었고 폭격은 더 심해졌고 국방비는 증가했다. 세금은 삭감되었고 규제 완화는 가속화되었으며 행정부는 규제를 더욱 철폐하고자 하는 탁상공론 이론가들로 채워졌다.

공유지와 공공자원은 민영화되고 있고, 세금 감면으로 빈곤층을 계속된 계급 전쟁을 치르고 있다. 사법부와 행정부의 관직 임명은 독점 지배를 강화할 것이다. 기존의 의제를 위험한 속도로 밀어붙이는 것 말고는 대안을 제시하지 못하는 트럼프주의는 분노로 한계를 거부한다. 트럼프 본인도 자주 말하지만 많은 사람에게는 그의 불처벌impunity이 매력으로 다가온다. 하지만 장벽을 건설하겠다는 약속은 세계에 분명 한계가 있다는 관념을 바탕으로 한다.

장벽이 건설되든 아니든, 그것은 미국의 새로운 상징이다. 미국은 여전히 '자유'가 구속에서 벗어날 자유를 의미한다고 생각하지만, 한계가 있는 세계에서 모든 사람이 자유로울 수 있다는 가식을 버렸다. 그리고 잔혹성, 지배, 인종 차별로 현실을 강요한다.

어쩌면 트럼프가 떠난 후에는 정치적 '중심'이 다시 설 수도 있다. 하지만 잘 모르겠다. 정치는 서로 다른 두 가지 방향으로 움직이는 듯하다. 한쪽에서는 자국민 보호주의가 손짓한다. 현재로서는 도널드 트럼프가 선봉에 있다. 반대쪽에서는 빚에 휘청이고 암울한 노동 시장에 부딪혀 전에 없는 숫자로 사회권을 포용하는 젊은 유권자를 사회주의가 부르고 있다. 다음 세대는 냉혹한 선택을 해야 할 것이다. 변경 보편주의라는 강력한 정서가 오랫동안 막아 주고 있었지만 최근의 사건들로 뚜렷하게 부각된 선택지는 둘 중 하나다. 야만주의냐, 사회주의냐. 아니면 적어도 사회민주주의일까.

인종 현실주의와 장벽

1950년에 발표한 단편 소설 《벽과 책The Wall and the Books》에서 호르헤 루이스 보르헤스Jorge Luis Borges는 중국에 만리장성을 세우고 모든 책을 태우라 명령했던 진시황제를 이야기한다. 역시 보르헤스는 모순으로 보이는 두 가지 욕구 ―창조와 파괴― 의 모든 이유에서 한 가지 설명이 나오면 다음 설명이 앞엣것을 무효로 만든다고 본다. 마침내 보르헤스는 장벽 건설과 분서가 '죽음을 피하려는' 황제의 욕구에서 나왔다는 결론을 내린다. 보르헤스에 따르면 진시황제는 언젠가는 닥칠 죽음을 두려워하며 살았고 그의 앞에서 '죽음'이라는 단어를 입에 올리지 못하게 했으며 불로장생의 영역을 간절히 찾았다. 보르헤스의 추측이지만 진시황제는 영원의 영역을 지키기 위해 장벽 건설을 지시하고, 영원한 것은 없다는 생각을 억압하기 위해 책을 불태우라 명령했던 것 같다. 책 속의 역사는 우리가 지구에서 보내는 시간이 한순간이라는 교훈만큼은 확실히 주지 않던가. 황제는 책을 지키려 하는 자가 있으면 장벽에서 평생 강제 노역을 하는 형벌을 내렸다고 한다. 보르헤스는 "어쩌면 장벽은 메타포였을지도 모르겠다."라고 쓴다. 만리장성은 건설된 이후로 '과거를 과거 그 자체만큼 광대하고 어리석으며 무용한 과제로 떠받든 사람들을 비난하는' 역할이었을지도 모른다.

미국의 경우, 캘리포니아 대학교 샌타바버라 캠퍼스의 종신교수인 생물학자 개릿 하딘Garrett Hardin은 멕시코 국경에 장벽을 세워야 한다고 처음 요구한 사람 중 한 명이었다. 1977년 환경 전문 잡지 〈에콜로지스트The Ecologist〉에 실린 에세이 '인구와 이민: 동정이냐, 책임이냐Population and Immigration: Compassion or Responsibility?'에서 하딘은 "우리는 말 그대로 벽을 쌓아야 할 수 있다."라고 했다. 하딘이 일찍이 주창한 이론은 오늘날 '인종 현실주의'가 되어 자원이 한정적이고 백인의 출생률이 떨어지는 세계에서 국경을 더 강화해야 한다고 본다. 하딘이 1971년 〈사이언스Science〉에 기고한 '국가와 문명의 생존The Survival of Nations and Civilization'을 보면 이런 주장을 한다.

남성의 정부는 여성에게 토끼를 모방하는 것이 애국적 의무라고 설득할 수 있을까? 강요할 수는 있나? 만약 우리가 정복과 과잉 교배를 포기한다면 경쟁 세계에서 우리의 생존은 세계의 종류에 따라 결정된다. 하나의 세계냐, 아니면 국가의 영토들로 이루어진 세계냐. 만약 세계가 하나의 거대한 공유지이고 모든 식량을 똑같이 나눠 먹는다면 우리에게 희망은 없다. 빠르게 번식하는 쪽이 나머지를 대체할 것이다 … 완벽하지 않은 세계에서 파괴적인 번식 경쟁을 피하려면 영토에 기초한 권리의 배분을 반드시 지켜야 한다. 문명과 존엄성이 모든 곳에서 살아남기는 힘들겠지만 전부 사라지느니 몇 곳만이라도 생존하는 편이 낫다.

200년 전, 벤저민 프랭클린과 토머스 제퍼슨은 신세계의 풍요를 생각하며 열광했다. 성장하며 인구도 빠르게 증가해 이내 '인류의 수는 물론 존재와 행복의 양도' 2배로 늘어날 것이라 생각했다. 하딘 같은 자칭 '현실주의자들'은 제퍼슨과 프랭클린이 암시만 한 사실을 직설적으로 표현했다. 그런 기쁨은 오로지 백인의 성장에만 국한되어야 한다는 것이다. 하딘은 자신의 입장을 '구명보트 윤리lifeboat ethics'로 묘사하기에 이른다. 노는 배를 젓는 용도로 끝나지 않고 배에 오르려는 사람들을 쳐 내는 무기로 사용해야 한다는 개념이다. 훗날 하딘은 《벨 커브The Bell Curve》의 '인종학'을 지지하게 된다.

지난 수십 년 사이, 이민에 반대하는 자국민 보호주의로 보수 운동이 다시 활발해졌고 우파는 후속 매니페스토들을 대거 출간했다. 초창기 출간물 일부는 베트남 전쟁 이후 '풍요의 종말' 문학에서 출발했는데 여기서 보면 환경운동가, 인구 통제론자, 영어 옹호론자, 반이민 자국민 보호주의자가 제기하는 문제가 서로 중복된다는 사실을 알 수 있다. 이런 중복을 대표적으로 보여 주는 예가 하딘과 존 탠턴John Tanton이다. 탠턴은 1970년대에 우생학을 주장하는 에세이를 쓰고 자국민 보호주의 단체인 미국이민개혁연맹 창설을 도왔다. Elena R. Gutiérrez, *Fertile Matters: The Politics of Mexican-Origin Women's Reproduction* (2009)은 탠턴 같은 이민 제한주의자가 멕시코의 출생률에 점점 더 집착한다고 이야기한다. Laura Briggs, *How All Politics Became Reproductive Politics* (2017)도 추가로 참고하면 좋을 것이다.

환경운동가이며 《몽키스패너 갱The Monkey Wrench Gang》 등을 쓴 소설가 에드워드 애비Edward Abbey는 일찍부터 인구 증가, 유색인종의 출생률 증가, 미국의 '라틴화'에 대한 우려를 표명했다. 1981년에는 '물리적 장애물'을 만들고 최대 2만 명의 대원을 포함해 국경 경비를 확대하라고 요구했다(당시에는 과격한 제안이라고 할 법한 숫자였지만 현재는 국경경비대와 ICE를 합해 활동하는 요원 수의 절반도 되지 않는다). 애비는 "가혹하고 어쩌면 잔인하다고 할 수 있는 제안이다."라고 말했다. 그러나 하딘의 말을 반복해 〈뉴욕 리뷰 오브 북스New York Review of Books〉(1981년 12월 17일)에 편지를 보내 "미국의 배는 만선이다. 이미 그 이상을 넘었을지도 모른다. 우리는 추가적인 대량 이민을 감당할 수 없다. 미국 대중도 아는 사실을 우리의 '지도자들'께서는 무시하는 쪽을 택한다. 그들은 인정하지 않을 것이다." 제노포비아가 보수 우파의 핵심 요소가 되면서 주류든 급진파든 환경 운동가들은 이민 문제에 대한 사회적 비판과 멀어지고 있었다. 1988년에 머레이 북친Murray Bookchin은 애비를 인종주의자라 불렀다.

Luis Alberto Urrea, "Down the Highway with Edward Abbey," *Nobody's Son: Notes from an American Life* (1998)에서도 관련 비판

을 볼 수 있다.

패트릭 뷰캐넌은 1992년 조지 H. W. 부시를 상대로 대선 후보 지명에 도전하며 남쪽 국경에 장벽을 세우는 아이디어를 가장 대중화한 인물이다. 오늘날 앤 콜터Ann Coulter를 비롯해 극보수 성향의 인사들은 반이민을 촉구하는 책을 최소 한 권씩은 출간했다. 같은 유형으로 그보다 먼저 나온 책들은 다음과 같다. Palmer Stacy and Wayne Lutton, *The Immigration Time Bomb* (1985); Wayne Lutton, *The Myth of Open Borders* (1988); Lawrence Auster, *The Path to National Suicide* (1990); Roy Howard Beck, *The Case Against Immigration* (1996); Peter Brimelow, *Alien Nation* (1996); John Tanton and Joseph Smith, *Immigration and the Social Contract* (1996); Samuel Francis, *America Extinguished* (2001); Buchanan, *The Death of the West* (2002); Victor Davis Hanson, *Mexifornia* (2003). 하버드대 정치학자 새뮤얼 헌팅턴Samuel Huntington의 극찬을 받은 *Who Are We? The Challenges to America's National Identity* (2004)도 빠뜨릴 수 없다. 대니얼 덴버 Daniel Denvir의 신작 *All-American Nativism*도 반이민 극단주의의 부상을 개략적으로 설명하는 중요한 작품이다.

공화당이 라틴계와 그 밖의 유색인종의 투표 억압에 집중하기로 한 결정은 현실적인 계산을 바탕으로 한다. 만약 선거인 등록 제도, 투표율, 선거 경향이 현 상태를 유지할 경우 공화당은 텍사스, 애리조나, 플로리다를 잃을 위험에 처한다. 전국적인 정치 조직의 지위를 잃을 가능성도 있다. 다음은 투표 억압이 무엇이고 어떻게 라틴계를 겨냥했는지 알고 싶다면 참고할 기사들이다. Gregory Downs,

"Today's Voter Suppression Tactics Have a 150Year History," *Talking Points Memo* (July 26, 2018), Ari Berman, "The Man Behind Trump's Voter-Fraud Obsession," *New York Times* (June 13, 2017). 릭 펄스타인 Rick Perlstein과 리비아 거숀Livia Gershon은 소수 집단에 대한 공화당의 투표 억압이 1961년까지 거슬러 올라간다고 기록한다. 현재 악명 높은 애리조나주 매리코파군에서 훗날 대법원장이 되는 윌리엄 렌퀴스트William Rehnquist는 이글 아이 작전Operation Eagle Eye을 지휘했다. '흑인과 멕시코인 유권자 전원'은 강제로 문맹 테스트를 하고 헌법에서 한 문장씩 읽어야 했다. 1966년 배리 골드워터Barry Goldwater가 대선에 참가했을 때 이 계획은 거의 모든 주 보안관의 도움으로 애리조나주 전역으로 확대되었다. Perlstein and Gershon, "Stolen Elections, Voting Dogs and Other Fantastic Fables from the GOP Voter Fraud Mythology," *Talking Points Memo* (August 16, 2018).

그러나 선을 넘은 증오는, 자국민 보호주의자들이 귀중히 여긴다는 이상을 상징하는 사람들을 향하고 있다. 미국 전역에서 라틴계는 지역을 다시 살아나게 하고 도심에 거주하며 가게를 열고 기존의 소기업에 돈을 수혈해 주고 있다. 상점가는 멕시코와 중앙아메리카 사람들이 빈 상점을 타코 전문점taquerías, 정육점carnicerías, 푸푸사(옥수수 반죽에 속을 넣고 납작하게 구워 먹는 중앙아메리카 전통 음식_옮긴이) 전문점 pupuserías 같은 사업으로 바꾸지 않았더라면 지금보다 더 황폐했을 것이다. 우파는 마치 라틴계를 그림자로 밀어 버리면서 기업 세계화의 부상으로 수년 전 시작된 공동화를 완성하고 싶은 것만 같다. 필자가 생각하기에 증오는 보르헤스가 진시황제에 책임을 돌린 것처럼 죽을 운명에 대한 공포에 뿌리를 둔 것 같다. 간단히 말해, 유색인종 노동자에 대한 미국의 의존성은 존재의 사회적 근간을 확인하고, 그에 따라 사회권의 합법성을 확인해 준다. 개인의 권리가 신성불가침이라고 여기는 정치 문화에서 사회권은 이단보다도 용납할 수 없는 것이다. 사회권은 한계를 암시하고, 한계는 모든 것이 영원히 계속된다는 미국만의 전제를 훼손하기 때문이다.

라틴아메리카의 월마트들에서 노조를 결성하고 있다는 사실만으로 우리는 로널드 레이건이 가장 좋아하던 클리셰 중 하나에 종지부를 찍어야 한다. 라티노는 본인이 아직 모를 뿐 공화당을 지지한다는 클리셰 말이다. 2012년에 버락 오바마가 재선에 성공한 후 많은 보수주의자는 문화적 갈등 이슈에 호소하거나 이민 개혁을 약속해도 라티노 유권자에 관한 한 공화당에 도움이 되지 않는다는 사실을 깨달았다. 〈내셔널 리뷰National Review〉의 헤더 맥도널드Heather McDonald는 라티노 유권자가 민주당에 충성하는 이유는 이민 개혁을 약속하기 때문이 아니라고 했다. 그보다는 '더 관대한 안전망, 정부의 강력한 경제 개입, 진보적인 조세 제도'를 가치 있게 여기기 때문이었다. 미국 기업 연구소에서 찰스 머리Charles Murray는 라티노가 선천적으로 보수적이지 않다고 동의했다. 다른 집단보다 신앙심이 깊지도, 동성애를 혐오하지도 않았다. 대부분의 인구보다 낙태에 반대하는 사람이 아주 조금 더 많을 뿐이었다(다만 머리는 자기 집에서 일하는 라티노 노동자가 '성실하고 일을 잘하는' 듯하다는 말을 했는데 이 성격을 보수주의와 같다는 의미로 받아들였다).

그런 사실을 깨닫자 공화당 내 권력의 균형은 트럼프주의라 불리는 세력에 넘어갔다. 조지 W. 부시의 비극적인 임기 이후 운동권 보수파는 자신의 이념 과잉에 발이 걸리고 더 넓은 범위의 문화 전쟁에서 지고 있음을 느끼고 중도파의 도움 없이 실패를 설명하기 위해 이주자의 악마화를 이용했다(귀화한 멕시코와 중앙아메리카 시민도). 우파 운동가, 사상가, 정치인은 300만 명의 미등록 거주자에게 시민권을 준 레이건의 1986년 이민 개혁 때문에 민주당이 캘리포니아를 차지했고 버락 오바마가 두 번의 선거에서 승리했다고 했다고 책임을 돌렸다. 이런 사고방식에 따르면 레이건의 사면은 선거인 명부에 1,500만 명의 새로운 시민을 더했다(귀화한 시민이 다른 가족의 시민권을 보증할 수 있었던 정책의 결과였다). 공화당 대표 스티브 킹Steve King은 하원을 대표하는 자국민 보호주의 이론가로 이렇게 머릿수가 증가해 "버락 오바마의 당선을 불러왔다."라고 말했다. 2016년 선거 이전에 공화당원 대다수는 '불법 이민자' 수백만 명이 2008년과 2012년에 투표를 했고 2016년에도 그럴 계획이라고 믿었다. 이런 주장을 뒷받침할 증거는 없었지만 유색인종의 투표를 억압하려는 지속적인 노력을 정당화했다. 최근 폭스의 터커 칼슨Tucker Carlson은 이런 주장을 이용해 미국 국내 정치에 대한 러시아의 개입을 대수롭지 않게 넘겼다. 그는 멕시코가 "우리 유권자 명부에 몰려들어 우리 선거에 주기적으로 개입한다."라고 비난했다.

변경

미국의 변경 문학과 프런티어 사관을 다루는 학문은 방대하다. 다음은 전체적으로 인용된 문헌 외에 여러 가지 의미로 특별히 더 도움을 준 책들이다. Patricia Limerick, *The Legacy of Conquest* (1987), James Grossman, eds., *The Frontier in American Culture* (1994). 여기에 리처드 화이트와 퍼트리샤 리머릭의 에세이도 유용했다. 리처드 슬로킨이 Regeneration Through Violence (1973)부터 시작해 미국 문화의 창조와 재창조에 변경의 폭력성이 한 역할을 여러 권으로 정리한 연구도 빠뜨릴 수 없다. 개념의 발전 관련: John Juricek, "American Usage of the Word 'Frontier' from Colonial Times to Frederick Jackson Turner," *Proceedings of the American Philosophical Society* (1966). 추가 자료: Warren Susman, *Culture as History* (1984); Sarah Deutsch, *No Separate Refuge: Culture, Class, and Gender on the Anglo-Hispanic Frontier in the American Southwest, 1880–1940* (1987); Richard White, *It's Your Misfortune and None of My Own: A New History of the American West* (1991); George Rogers Taylor, ed., *The Turner Thesis: Concerning the Role of the Frontier in American History* (1972); Amy Greenberg, *Manifest Manhood and the Antebellum American Empire* (2005); Kerwin Lee Klein, *Frontiers of Historical Imagination* (1997); Adam Rothman, *Slave Country: American Expansion and the Origins of the Deep South* (2007); Walter Johnson, *River of Dark Dreams: Slavery and Empire in the*

Cotton Kingdom (2013); Walter Prescott Webb, *The Great Frontier* (1952); Henry Nash Smith, *Virgin Land* (1950). 퍼트리샤 리머릭은 터너 사관 안에 '프런티어 안티테제Frontier Antithesis'가 들어 있으며 터너를 넘으려고 아무리 시도해도 그런 노력조차 이미 터너 안에 있다는 사실에 발이 걸려 넘어진다고 지적한다("Turnerians All: The Dream of a Helpful History in an Intelligible World," American Historical Review [June 1995], vol. 100, no. 3, pp. 697-716).

국경

미국-멕시코 국경, 광범위한 국경지대, NAFTA, 이민 정책의 군사화도 만만치 않게 방대하고 그 어느 때보다 중요한 학문이다. 여기서는 본문에 인용된 구체적인 도서나 기사 제목을 언급하는 대신, 이 책에 많은 영향을 준 학자들에게 감사를 표현하고 싶다. Liz Oglesby, Mae Ngai, Dara Lind, Kelly Lytle Hernández, John Crewdson, Ana Raquel Minan, Anabel Hernández, Douglas Massey, Karl Jacoby, Robin Reineke, Rachel St. John, Oscar Martínez, Adam Goodman, Natalia Molina, Samuel Truett, Elliot Young, David Bacon, Paul Kershaw, Todd Miller, Rebecca Schreiber, Paul Ortiz, Alicia Schmidt Camacho, Joseph Nevins, Patrick Timmons, Timothy Dunn. '잊기를 거부하다' 프로젝트에 참여한 학자들도 있다. Ben Johnson, Trinidad Gonzales, Monica Muñoz Martinez, Sonia Hernández, and John

Morán González.

Monica Muñoz Martine, *The Injustice Never Leaves You: Anti-Mexican Violence in Texas*는 이 책보다 늦게 출간되었는데 텍사스 레인저스의 칭송 일색인 일대기에 강력하게 맞선다. 저자는 텍사스 레인저스가 창설 이래로 다른 나라였다면 암살단이라 불렸을 활동을 했음을 보여 준다.

안전밸브

1800년대 초부터 자유적 자본 민주주의에는 생존을 위해 팽창이 '필수'라는 주장이 여러 형태로 존재해 왔다. 19세기 초에 영국 보수파는 미국이 백인 노동자에게로 선거권을 확대할 수 있었던 이유가 넓고 개방된 서부라는 '안전밸브'가 있었기 때문이라고 말했다. 그래서 사회주의에 투표하겠다고 투표권을 이용해 위협하는 힘이 약해진다는 것이었다. 세월이 흐르며, 다른 작가들은 팽창의 여러 가지 종류(토지, 경제, 이념, 정치, 군사)와 팽창이 해결할 여러 가지 사회 병폐(공산품의 생산 과잉 혹은 생산 부족, 인구 압력, 계급 갈등, 재산권을 위협하는 급진주의, 자본주의의 소외, 현대의 권태, 시민 쇠퇴 등)를 강조했다.

많은 역사학자가 증명하듯 프레더릭 잭슨 터너는 게오르크 빌헬름 프리드리히 헤겔Georg Wilhelm Friedrich Hegel에게서 영향을 받았다. 미국의 독립선언보다 6년 앞서 슈투트가르트에서 태어난 헤겔은 '의존성dependency'(개인은 주변 사람들에 대한 의존을 깨달으면서 더 높은 수준의 의식으로 이동한다)과 '도피escape'를 이야기하는 철학자였다. 헤겔은 '과도한 부'와 '과도한 천민' 문제를 해결할 내부적 방법은 없다고 했다. 그래서 진정한 자유로 가는 길이 어떤 모습일지 정신적 갈등에 갇힌 주인과 노예로 비유해 설명했던 철학자는 이제 현대의 경제인이 자신의 '내적 변증법'을 받아들이고 앞으로 달아나 갈등을 피하라 권유했다. 터너의 문명사회/국가 분열도 헤겔에게서 끌어왔을 수도 있다. 그는 미국이 팽창을 기본 전제에 넣은 세계 유일의 공화국이라고 했다. 1820년대 초 헤겔은 '이웃 국가가 없는' 미국이 '식민지 건설의 출구가 항상 넓게 열려 있고 수많은 사람이 지속적으로 미시시피의 평원으로 쏟아져 들어오기' 때문에 부조화와 분산을 보장한다고 썼다. 터너를 예고하듯 헤겔은 미시시피강 계곡이 문명사회의 이상이라 묘사한다. 그곳은 국가가 등장하기 '이전'에 미덕이 존재했던, 거래와 신뢰가 통합된 거대한 네트워크였다.

헤겔이 주인과 노예에 비유해 이야기할 때, 마르크스는 자본주의가 사회적 소외의 역사라고 이론을 세웠다. 생계 수단에 대한 통제력을 잃어 임금에 의존하게 되고 집세를 내야 할 의무를 진 개인과 가족의 역사라는 것이다. 남북전쟁 이전에 텍사스로 이민을 고려했던 마르크스는 헤겔과 터너처럼 미국이 자본주의 역사에 얼마나 중요한 역할을 하는지 알고 있었다. 1867년에 출간한 《자본론Capital》에서는 이렇게 썼다.

"아일랜드의 집세가 올라가는 속도와 발맞춰 미국에 축적되는 아일랜드인의 수도 늘어난다."

그들이 전부 보스턴에 머물 수는 없었다. 마르크스는 대중의 프롤레타리아화를 막는 데 변경이 도움이 되지 않을까 하는 생각도 잠시 해 보았다. 그러면서 캘리포니아에서는 노동자가 마치 갑각류 동물처럼 어떤 것에든 달라붙는 것을 거부할 수 있다고 말한 프랑스 작가의 말을 인용했다.

"해 보니 광업은 보수가 그리 좋지 않았기 때문에 마을로 떠나 인쇄공, 슬레이트공, 배관공 등등이 되었다. 그렇게 내가 어떤 일에든 적합하다는 사실을 알아낸 결과, 연체동물이 아니라 인간에 더 가까워진 느낌이 든다."

헤겔과 마르크스 이후 팽창의 '내적 변증법'을 강조한 학자들은 로자 룩셈부르크Rosa Luxemburg, 레닌Lenin, 해나 아렌트Hannah Arendt 등 더 있었다. 다음은 그 외에 참고하면 좋을 책들이다. Paul Baran, *The Political Economy of Growth* (1957); Baran and Paul Sweezy, *Monopoly Capital* (1966); Gabriel Kolko, *The Roots of American Foreign Policy* (1969); Harry Magdoff, *The Age of Imperialism* (1969). 하지만 베트남 전쟁 전후에 자유 자본주의가 내부의 모순에 힘입어 확대된다는 주장을 더욱 자세히 설명한 학자는 다름 아닌 윌리엄 애플먼 윌리엄스다. 윌리엄스는 대개 외교사를 전문으로 한다고 기억하지만 이데올로기를 비판하고 자유주의 이론을 세운 학자로 더 유명하다. 가장 중요한 업적 —이 업적 때문에 지금까지 많은 사람이 그의 이론을 활용하지만 한편으로는 잘못 이해하기도 한다— 은 대외 관계가 사회를 가장 잘 조직하는 방법에 대한 규범적인 아이디어를 시험하는 장이라고 간주한 것이다. 윌리엄스는 미국의 오랜 역사에서 자유주의의 주된 모순 —사회와 사유재산, 개인주의와 사회, 미덕과 사리의 갈등— 이 처음에는 영토를, 이후에는 경제를 지속적으로 팽창해 조화를 이루었다고 주장했다. 1976년에는 이렇게 썼다.

"제국은 탐욕과 도덕을 받을 유일한 방법이었다. 선과 부를 동시에 가질 방법은 그것뿐이었다."

마이클 폴 로긴Michael Paul Rogin의 *Fathers and Children: Andrew Jackson and the Subjugation of the American Indian* (1976)도 정신분석과 사회사를 훌륭하게 결합한 책이다. 자본 축적과 자아 형성에 서부 팽창과 원주민 추방이 중요한 역할을 했다고 주장하며 두 가지가 어떤 식으로 지속적인 팽창에 의존했는지 설명한다. 로긴은 변경 팽창과 인종 전쟁으로 형성된 잭슨주의 합의와 점점 사회주의화하는 유럽의 정치 문화와 대조하기 위해 1848년 혁명의 결과로 나타난 '1848년 미국인American 1848'이라는 표현을 만들어 냈다. 1970년대 이후로 사회사학자들은 도시의 숙련 노동자와 비숙련 노동자의 상반된 문화와 조직에서, 노동 공화주의자의 급진주의와 노예폐지론자의 공격성에서 합의의 대안을 찾았다(잭슨과 윌리엄 헨리 해리슨William Henry Harrison 같은 '잭슨주의자' 개인, 또는 휘그계라고 하지만 잭슨파의 백인 민족주의, 팽창주의, 군국주의 정신을 공유하는 정치인 사이의 특정한 경쟁을 넘어). 그러나 로긴은 이런 반문화를 '정교한 정치적 반대'와 혼동하지 말라고 충고한다. 계급에서의 위치, 도시 생활, 출신지를 바탕으로 대립하는 정체성이 있을 수 있었다. 영구적인 변경 전쟁은 도시의 노동자가 생각하는 국가의 정체성이 아닐 수도 있다. 그러나 로긴은 '전쟁 전의 노동 계급의 조건에서 나온 많은 사람이 지지하고 오래 이어진 정치적 대안도 마찬가지'라고 지적했다. 잭슨주의 합의에 빈틈이 없었던 것은 아니지만 어쨌든 버텼다. 더는 감당하지 못할 때까지. 하지만 대니 얼 워커 하우Daniel Walker Howe는 또 다른 의견을 제시한다.

"미국 제국주의는 미국인의 합의를 대표하지 않았다. 국가 정책 내에 격렬한 반대를 불러일으켰을 뿐이다."(*What Hath God Wrought: The Transformation of America, 1815–1848* (2007), p. 705).

또한 프레더릭 머크Frederick Merk의 *Manifest Destiny and Mission in American History: A Reinterpretation* (1995), p. 216은 충분한 합의가 이루어지지 않았던 팽창이 그럼에도 어떻게 국민의 애국심을 통합했는지 설명한다. 현대 작가 중에서도 수전 팔루디Susan Faludi는 *Stiffed* (1999), *The Terror Dream* (2007) 같은 책에서 신좌파 뉴레프트 New Left의 비판 정신을 이어 가며 자본주의의 정치경제 변화, 끝없는 군국주의의 부상같이 더 광범위한 역사적 전환에 남성성의 변혁을 연결한다.

"안녕, 캘.", "안녕, 앨.": 왜 미국에는 사회주의가 없는가

미국은 사회주의는 당연하고 사회권에도 격렬하게 저항해 왔다. 왜 그럴까? 그동안 많은 사람이 내놓은 대답은 '변경'이었다. 그들은 변경의 땅 혹은 이념이 계급 갈등을 피하거나 흡수하고 자유에 대한 개인적 관념에 변함없는 약속을 한다고 주장했다. 그러나 1933년에 레온 샘슨Leon Samson은 프런티어 사관을 멋지게 비틀어 질문에 대답했다. 첫째로, 샘슨은 그런 질문의 전제가 틀렸다고 했다. 미국인은 사회주의를 혐오하지 않는다. 그들은 사회주의자다. 샘슨은 변경에서 탄생한 미국주의가 모든 사회주의의 약속을 사실상 제공했다고 말했다. 사회주의자는 소외되지 않는 노동의 미래, 개인이 완전한 인간이 될 수 있는 때에 귀를 기울이지만 미국인은 "자신이 이미 아무 제약을 받지 않는 궁극적 개인인 '인간'이라고 주장한다."라는 것이다. 사회주의에서는 국가가 공정한 경제적 관계 아래 '시들어 간다'라고 말하지만, 미국인은 변경이 만들어 낸 허물없는 의식을 통해 매일 '오직 자신의 힘으로' 이렇게 시들어 가는 과정을 밟는다.

"'안녕, 캘' —'안녕, 앨.'(캘빈 쿨리지와 앨 스미스가 철도위원회 회의 전 나눴던 인사_옮긴이) 미국인은 정치가와 악수를 하고 주를 폐지한다."

사회주의에는 그런 개념이 없기 때문에 —과거의 망령을 극복해야 한다는 요구, 노동이 가치의 원천이라는 발상, 부르주아의 도덕성에 대한 의심, 심지어 계급 갈등과 의식까지도— 변경이 만들어 낸 미국주의에서 '실질적인 반대 개념'을 찾지 못한다.

반전 운동가이자 지식인으로 1917년 미국이 제1차 세계대전에 참전하는 것을 반대해 컬럼비아 대학교에서 애국 폭도에 의해 쫓겨나기도 했던 샘슨은 기억에서도 추방되었다. 1933년에 *Towards a United Front*를 출간한 이후로 그의 삶에 대해 알려진 내용은 별로 없다. 폴 불Paul Buhle조차도 모른다고 하니! 어쨌든 미국의 노동 계급이 사회주의의 유혹에 넘어가지 않는지 설명하려고 했던 샘슨의 전체적인 요점은 변경이 이데올로기를 부정하고, 그러한 부정을 이데올로기로 바꾼다는 의미였다. 변경으로 인해 미국은 끊임없이 자본주의를 향해 다가가고 또 멀어지고 있었고, 도망치면서도 '자본주의 세력과 형태'에 압도되고 있었다.

"이러한 이중 운동이 미국 역사의 주된 원동력이었다."

샘슨은 그러면서 '사회적 신경증social neuroticism'이라 부른 정신적 부조화를 낳았다고 썼다. 마이클 데닝Michael Denning은 *The Cultural Front* (1998), p. 431에서 샘슨의 주장을 다룬다.

우리의 변경 이론가 대통령들

시어도어 루스벨트, 우드로 윌슨, 로널드 레이건이 변경 이론에 얼마나 크게 기여했는지는 잘 알려져 있다. 다음은 상대적으로 언급이 덜한 대통령들이다.

린든 B. 존슨: 뉴딜을 확대하기로 약속했지만 결국 뉴딜을 파괴할 세력만 키우고 고된 임기를 마친 1969년 이후, 린든 존슨은 멕시코 치와와주에 있는 대규모 목장인 라스 팜파스Las Pampas로 자주 떠났다. 길이 120킬로미터와 폭 72킬로미터의 목장은 텍사스 소들로 가득했다. 자본 축적과 제국주의 전쟁이 집중적으로 반복되며 짙은 향수를 불러일으켰고 베트남의 부담에서 벗어난 존슨은 멕시코에서 사회 개혁에 다시 몸을 바치는 환상에 빠질 수 있었다. 그는 '완전히 고립된 그곳에서 거친 듯한 아름다운 풍경'을 즐겼다.

"거의 다 대가족 출신인 가난한 목장 일꾼들을 보며 안타까움을 느끼곤 했다."

통역사를 통해 존슨은 가족들을 상대로 피임에 대한 강의를 했다. 존슨은 이렇게 말했다.

"만약 내가 세계의 독재자가 된다면 지구상에 있는 모든 가난한 자에게 오두막 한 채와 피임약을 줄 것이다. 하나를 안 받겠다고 하면 다른 하나는 어림도 없게 해야지."

그러나 목장 일꾼들의 생각은 달랐다. 그들은 존슨이 라스 팜파스를 불법으로 소유했다고 주장했다. 라스 팜파스의 소유자는 여전히 존슨의 친구이자 전 멕시코 대통령 미겔 알레만Miguel Alemán으로 되어 있었다. NAFTA 이전에 멕시코에서는 외국인이 그토록 큰 목장을 소유하는 것이 법적으로 금지되어 있었다. 그래서 소작농들은 토지 개혁에 따라 라스 팜파스를 몰수하고 에히도로 바꿔야 한다고 요구했다(라스 팜파스 관련 기사: Leo Janos, "Last Days of the President: LBJ in Retirement," *The Atlantic* [July 1973]; Richard Severo, "Mexican Farmers Say Johnson Holds a Ranch There Illegally," *New York Times* [December 31, 1972]). 텍사스 출신이고 여러 멕시코 대통령과 친구였던 존슨은 오래전부터 국경지대를 통합 경제 구역으로 보았다. *The Tarnished Door* (1983), p. 154에서 존 크루드슨은 브라세로 프로그램이 끝나기도 전에 LBJ 가 "백악관에 사는 동안 LBJ 목장에 주기적으로 불법 멕시코 농장 일꾼들을 데려오도록 주선했다."라고 전한다.

조지 H. W. 부시: 소련의 붕괴 과정에 중개자로 도움을 주고 파나마를 침공하고 쿠웨이트에서 이라크를 몰아내고 전 아메리카 대륙에 대한 자유 무역 조약을 옹호하기 시작한 부시는 그가 주도하는 시대가 "귀에 쏙 박히는 이름을 필요로 한다."라고 생각했다.

"이거 어떻습니까."

니카라과의 산디니스타에게서 '훔친' 표현이라 인정하며 부시는 이렇게 말했다.

"La revolución sin fronteras, 변경 없는 혁명."

이전에 로널드 레이건은 미국이 계속해서 콘트라 반군에 자금을 대야 한다는 이유를 정당화하고자 산디니스타당이 태생적으로 팽창 주의자라는 증거로 그 표현을 인용했다(더 적절하게 '국경 없는 혁명'이라 번역했다). 승리를 차지한 패권국이 최근 꺾은 적의 언어·사상·방식을 빌리는 일은 그리 새롭지 않다. 그러나 미국과 니카라과의 힘과 크기를 비교했을 때 부시의 표현은 어쩐지 비열한 느낌을 준다. 레이건의 반공 운동을 지지했던 중앙아메리카 국가들에 계속되는 절망적인 빈곤은 말할 것도 없다.

빌 클린턴: 클린턴은 시민 활성화를 목적으로 자유 무역이 '변경과 도덕적으로 동등한 대상' 역할을 하도록 NAFTA를 열렬히 주장했다. 이 책에서 이야기한 것처럼 전부 개방된 세계는 클린턴이 인종 공격과 거래하고, 또 인종 공격을 초월할 수단이 되었다. 많은 평론가가 이야기했듯 클린턴은 그만의 포퓰리즘 스타일을 개발했다. 종종 아프리카계 미국인의 억양을 모방해 뉴딜 지지층, 특히 노조와 시민권 운동 지도자들에 도전하고 경제 자유화를 추진하고 복지를 없애고 징벌적인 법질서 법안을 통과시켰다.

이 스타일이 유래한 사연이 있다. 레이건이 미시시피 벽지로 가서

'주의 권리'를 강력히 옹호한 때로부터 12년 후, 클린턴은 1992년 민주당의 조지아주 예비선거 전날 러시모어산보다 큰 남부연합의 조각이 그림자를 드리우는 스톤마운틴 교도소로 향했다. 현대 KKK단이 탄생지와 그리 멀지 않은 곳이었다. 이처럼 클린턴이 백인 우월주의에 노골적으로 호소한 사건은 제법 잘 알려져 있다. 백인 신남부연합 정치인들을 거느리고 대부분 아프리카계 미국인인 수감자 약 40명이 질서정연하게 줄을 서 있는 앞에 서서 클린턴은 '범죄 엄벌tough-on-crime' 연설을 했다. 같은 예비후보였던 제리 브라운Jerry Brown은 클린턴의 메시지가 분명하다고 말했다.

"우리가 그들을 통제하고 있으니 걱정하지 마세요."

하지만 이후 사정은 잘 알려지지 않았다. 클린턴 캠프의 참모였던 디디 마이어스Dee Dee Myers는 이렇게 이야기한다. 교도소를 떠날 무렵, 클린턴은 나이 지긋한 아프리카계 미국인 여성과 잠시 대화를 나눈다. 마이어스에 따르면 이 시점에 클린턴은 벽에 부딪혀 정치적 목소리를 찾는 데 어려움을 느끼고 있었다. 그러나 이 '귀여운 멋쟁이 할머님'(마이어스의 묘사)이 쓴 흑인 말씨는 명확했다고 한다.

"남들이 뭐라고 하든 상관없어요. 지금 후보님을 보고 있으니까 후보님이 나를 위한 사람이라는 걸 알겠어요."

그녀는 당내 고학력 '엘리트'와 경쟁하는 후보에게 포퓰리즘으로 승리할 수 있다는 깨달음을 주었다. 마이어스는 '그때 이후로' 클린턴이 "제트기 조종사처럼 … 목표물을 정확히 포착했다."라고 쓴다. 그러니까 로버트 E. 리와 똑같은 조각이 내려다보는 가운데 클린턴은 스톤마운틴에서 백인의 인종 차별과 아프리카계 미국인의 포풀리즘을 통합할 방법을 찾았다. 이후로 그 방법을 이용해 NAFTA 같은 조약을 밀어붙이고 복지를 끝내고 교도소 시스템을 확대한 것이다. 마이어스의 이야기는 'Clinton the Survivor' *Newsweek* (July 19, 1992)에서 볼 수 있다. 스톤마운틴에서의 클린턴은 Nathan Robinson, 'Bill Clinton's Stone Mountain Moment' *Jacobin* (September 16, 2016)을 참고하면 되고, 제리 브라운의 말은 Kofi Bueno Hadjor, *Another America* (1995)에서 인용했다.

1992년에도 이미 스톤마운틴은 문화 전쟁의 전쟁터였다. 클린턴이 그곳을 방문하고 불과 몇 달 후 〈타임〉지는 공공장소에서 남부연합 상징물을 제거하는 것에 대한 반대 여론을 다루었다("Nixing Dixie," 1993년 8월 2일).

"모든 남부연합의 상징과 묘지, 심지어 남부연합군의 영웅들의 거대한 화강암 기념물이 있는 조지아의 스톤마운틴마저도 사라질까 두려워하는 백인들이 있었다."

당시 남부연합 참전용사의 후손들Sons of Confederate Veterans이라는 단체의 대변인이었던 찰스 런스퍼드Charles Lunsford는 이렇게 말했다.

"우리 문화의 뿌리가 뽑히고 있다."

도널드 트럼프: 도널드 트럼프의 독일인 할아버지 프레더릭은 변경 이론대로 살았다. 병과 함께했던 독일 팔츠에서의 유년 시절을 뒤로 하고 1885년 뉴욕으로 떠났고 광산 호황 이후 서쪽의 시애틀로 이동했다. 그러다 북쪽의 알래스카로 갔다가 동부로 돌아와 퀸스 우드헤이븐의 자메이카 애비뉴에 땅을 샀고 그곳에서 트럼프 가문의 부

를 쌓았다. 선거운동 기간에 트럼프는 공화당의 정설을 깨고 '미국 예외주의'라는 말을 '좋아하지' 않는다고 선언했다. 이른바 '현실주의'에서 나온 의견으로 트럼프는 미국의 이익을 팔아먹고 있다는 다자적 글로벌주의를 거부했다. 퀸스에서 태어나 브루클린에서 자라고 맨해튼에서 때를 벗은 도널드 트럼프는 확실히 변경 전통을 지킬 사람이 아니었다(할아버지 프레더릭의 유산에도 불구하고). 그러나 대통령으로서 트럼프는 변경 이론을 업데이트해 국제주의가 아니라 분노에 이끌린 지배를 단호히 주장했다. 2018년 해군사관학교 졸업식 연설에서 이렇게 말했다.

"우리 조상들은 제국을 완파하고, 대륙을 길들이고, 사상 최악의 사악한 세력에 승리를 거두었습니다. 매 세대에 냉소적인 사람들, 비판을 일삼는 사람들이 미국을 분열시키려 했죠. 하지만 최근 들어 문제는 더 심각해졌습니다. 점점 더 많은 사람이 자신의 발판을 이용해 미국의 눈부신 유산을 더럽히고 미국의 주권에 도전을 하고 있습니다 … 그동안 우리는 세계에 이용만 당했습니다. 앞으로는 그럴 일이 없을 겁니다."

과거 대통령들이 활짝 열린 변경을 언급하며 우주 프로그램을 지지했던 반면(레이건: 우주비행사들은 '우리를 미래로 끌어당기고, 더 멀리 있는 변경을 향해' 우리를 밀어주고 있다; 조지 H. W. 부시: 별들 너머에 변경이 보입니다. 바로 우리 안에 존재하는 변경입니다.) 트럼프는 미국 군대의 한 분파로서 우주군 창설을 주장하며 우주가 최후의 변경인 것처럼 이야기한다.

"지구 밖에서 우리의 운명은 국가 정체성의 문제가 아니라 국가 안보의 문제입니다 … 미국을 지킬 때 우주에 미국의 존재가 있는 것만으로는 부족해요. 미국이 우주를 지배해야 합니다."

다른 변경 이론가 대통령들이 넓은 하늘과 개방된 영역에 대해 서정시를 쓸 때 트럼프는 미국 서부의 다른 상징을 노래한다. 1870년대부터 새로운 발명품이 초원과 평원에 퍼지기 시작하며 목장주들은 수고를 들이지 않고도 더 많은 가축을 가둘 수 있게 되었다. 국경에 배치한 현역 군인들이 중앙아메리카의 망명 신청자들을 막을 방법을 언급하며 트럼프는 이렇게 말했다.

"철조망도 아름다운 광경이 됩니다."

에필로그

1 터너의 에세이 'The Significance of the Frontier in American History'는 인터넷
   에서 쉽게 찾아볼 수 있고 다양한 형태로 재가공되었다. 대표적인 작품으로 존
   맥 파라거John Mack Faragher가 편집한 *Rereading Frederick Jackson Turner* (1994)
   가 있다. 출처를 따로 밝히지 않은 터너의 인용문은 전부 이 책에서 나왔다.

2 Frank Norris, "The Frontier Gone at Last," *The Responsibilities of the Novelist:
   And Other Essays* (1903), p. 83.

3 Woodrow Wilson, *The Course of American History* (1895), pp. 11, 15.

4 오랫동안 많은 국가가 터너 사관을 비롯해 '변경'이라는 개념을 해석한 이론을
   자국에 적용하고 변경에서 일어난 이야기를 신화에 집어넣었다. 그러나 팽창의
   역사가 길고 자본주의에 변경 신화를 대표적 메타포로 이용한 국가는 미국뿐이
   다. 터너와 유사한 주장을 러시아에 적용한 예: Mark Bassin, "Turner, Solov'ev,
   and the 'Frontier Hypothesis': The Nationalist Signification of Open Spaces,"
   Journal of Modern History 65.3 (1993), pp. 473–511. 정착민 사회와 비교한 예:
   Lynette Russell, ed., *Colonial Frontiers: Indigenous–European Encounters in*

Settler Societies (2001); Paul Maylam, in *South Africa's Racial Past* (2017), p. 52. 이 책은 남아프리카에 터너 사관을 적용하려 했더니 남아프리카의 인종차별이 노골적으로 드러났다는 사실을 지적한다. 브라질에 적용한 예: Mary Lombardi, "The Frontier in Brazilian History," *Pacific Historical Review* (November 1975), vol. 44, no. 4, pp. 437–57; 남아메리카와 비교한 예: Gilbert J. Butland, "Frontiers of Settlement in South America," *Revista Geográfica* (December 1966), vol. 66, pp. 93–108; and David Weber and Jane Rausch, eds., *Where Cultures Meet; Frontiers in Latin American History* (1994).

5   홉스와 버지니아 컴퍼니의 관계: Patricia Springborg, "Hobbes, Donne and the Virginia Company: Terra Nullius and 'the Bulimia of Dominium,'" *History of Political Thought* (2015), vol. 36, no. 1, pp. 113–64; and Andrew Fitzmaurice, "The Civic Solution to the Crisis of English Colonization, 1609–1625," *Historical Journal* (1999), vol. 42, pp. 25–51; Fitzmaurice, *Sovereignty, Property and Empire*, 1500–2000 (2014), p. 104.

6   "A Summary View of the Rights of British America," 1774: http://press-pubs. uchicago.edu/founders/print_documents/v1ch14s10.html에서 확인 가능.

7   Loren Baritz, "The Idea of the West," *American Historical Review* (April 1961), vol. 66, no. 3, pp. 618–40.

8   Paul Horgan, *Great River* (1954), vol. 2, p. 638.

9   Walter Prescott Webb, *The Great Frontier* (1951), p. 126.

10   1843년 2월 12일 자 '잭슨 장군의 편지'는 *Niles' National Register* (March 30, 1844), p. 70에 실려 있다.

11   화염방사기: Rick Perlstein, *Nixonland* (2010), p. 243; 폭탄: "The Casualties of the War in Vietnam" (February 25, 1967), http://www.aavw.org/special_features/ speeches_speech_king02.html.

12   Eliot Janeway, *The Economics of Crisis: War, Politics, and the Dollar* (1968), p. 114; Walter LaFeber, *The New Empire* (1961).

13   Frances Fitzgerald, *Fire in the Lake* (1972), p. 371. 이런 주장을 다룬 최고 역작 은 미국 변경 신화를 주제로 한 리처드 슬로킨Richard Slotkin의 3부작이다.

14 William Appleman Williams, *The Great Evasion* (1966), p. 13.

15 Rukmini Callimachi, Helene Cooper, Eric Schmitt, Alan Blinder, and Thomas Gibbons-Neff, "'An Endless War': Why 4 U. S. Soldiers Died in a Remote African Desert," *New York Times* (February 20, 2018).

16 Wesley Morgan and Bryan Bender, "America's Shadow War in Africa," *Politico* (October12,2017), https://www.politico.com/story/2017/10/12/niger-shadow-war-africa-243695.

17 한 보고서에 따르면 이라크와 아프가니스탄 작전에 투입된 비용만 —파키스탄, 예멘, 리비아, 사하라 이남 아프리카 전쟁에 들어간 비용은 제외— 6조 달러가 넘을 전망이라고 한다. 보고서에는 이렇게 쓰여 있다. "그 비용은 대부분 아직 치르지도 않았다." 비용에는 군사작전에 쓰인 적자 지출의 이자뿐만 아니라 참전 군인과 가족에게 제공하는 장기 치료 및 장해 보상 비용도 포함된다. Linda Bilmes, "The Financial Legacy of Iraq and Afghanistan: How Wartime Spending Decisions Will Constrain Future National Security Budgets," HKS Faculty Research Working Paper Series RWP13-006 (March 2013). Neta Crawford's "U. S. Budgetary Costs of Wars Through 2016," Watson Institute, Brown University (September 2016)는 시리아와 파키스탄에서 사용한 비용과 국토 안보에 투입한 비용을 포함한다: http://watson.brown.edu/costsofwar/files/cow/imce/papers/2016/Costs%20of%20War%20through%202016%20FINAL%20final%20v2.pdf.

18 J. W. Mason, "What Recovery?" Roosevelt Institute (July 25, 2017), http://rooseveltinstitute.org/wp-content/uploads/2017/07/Monetary-Policy-Report-070617-2.pdf; Larry Summers, "The Age of Secular Stagnation," *Foreign Affairs* (March–April 2017); Nelson Schwartz, "The Recovery Threw the Middle-Class Dream Under a Benz," *New York Times* (September 12, 2018), https://www.nytimes.com/2018/09/12/business/middle-class-financial-crisis.html; David Lazarus, "The Economy May Be Booming, but Nearly Half of Americans Can't Make Ends Meet," *Los Angeles Times* (August 31, 2018), http://www.latimes.com/business/lazarus/la-fi-lazarus-economy-stagnant-wages-20180831-story.html.

19 "Remarks Announcing Candidacy for the Republican Presidential Nomination" (November 13, 1979), http://www.presidency.ucsb.edu/ws/?pid=76116; "Second Inaugural Address" (January 21, 1985), http://avalon.law.yale.edu/20th_century/reagan2.asp.

20 Rudiger Dornbusch, *Keys to Prosperity* (2002), p. 66.

21 실제로는 카우보이도 노조에 가입했다: Mark Lause, *The Great Cowboy Strike: Bullets, Ballots, and Class Conflicts in the American West* (2018).

22 Sam Tanenhaus, *The Death of Conservatism* (2010), p. 99.

23 Andy Kroll, "How Trump Learned to Love the Koch Brothers," *Mother Jones* (December 1, 2017). 트럼프가 코크 형제와 충돌하는 부분도 있었지만 공화당의 규제 완화안을 어느 정도로 잘 이행했는지 설명한다. 다만 이 책을 쓰고 있는 시점에서 트럼프는 수입품에 관세를 부과하자고 해 공화당 자유무역주의자들과 관계가 틀어졌다.

1. 그 모든 공간

1 Jonathan Hart, *Representing the New World* (2001), p. 149.

2 Alexander Young, *Chronicles of the Pilgrim Fathers* (2005), p. 36; Thaddeus Piotrowski, *The Indian Heritage of New Hampshire and Northern New England* (2008), p. 14.

3 Bernard Bailyn, *The Barbarous Years* (2012), p. 438.

4 James Kirby Martin, *Interpreting Colonial America* (1978), p. 29.

5 프레더릭 잭슨 터너는 이 문서를 자주 인용했다. 하지만 다소 부정확한 영문 번역본을 참고하다 보니 '*naciones indias*인디언 민족'을 '인디언 부족들'이라 하고, '*el vasto continente*거대한 대륙'을 '지역region'이라 칭했다. 카론델레트 남작의 1794년 12월 1일 자 스페인어 편지 원본은 위스콘신 역사협회Wisconsin Historical Society의 드레이퍼 컬렉션Draper Collection, 사본mss 39 J 16-69에 보관되어 있다. 원본 사용을 허락해 준 기록보관원 리 그레이디Lee Grady에게 감사를 표한다.

6 Octavio Paz, *El Arco y la Lira* (1956), p. 279.

7 David Weber, *The Mexican Frontier* (1982), p. 175.

8 John Fanning Watson, *Historic Tales of Olden Time* (1833), p. 229.

9 Watson, *Historic Tales of Olden Time*, p. 229.

10 https://founders.archives.gov/documents/Franklin/01-04-02-0080에서 확인 가능.

11 Fred Anderson, *The War That Made America: A Short History of the French and Indian War* (2006), and Colin Calloway, *The Scratch of a Pen: 1763 and the Transformation of North America* (2007).

12 Robert Kirkwood, *Through So Many Dangers: The Memoirs and Adventures of Robert Kirk, Late of the Royal Highland Regiment* (2004), p. 66.

13 Norman O. Brown, *Love's Body* (1968), p. 30.

14 Jared Sparks, *The Works of Benjamin Franklin* (1840), vol. 7, p. 355.

15 대다수 역사학자는 오하이오 컴퍼니가 1749년에 설립되었다고 본다. 그러나 피츠버그 대학교 공문서 및 특별 장서 보관소에 있는 회사 서류들이 생성된 연도는 그보다 1년 전으로 추정된다.

16 캐나다 정부와 원주민은 매년 '국왕 포고일'을 기념하고 포고령을 근거로 캐나다 영토의 소유권을 주장한다. 수압파쇄와 채굴을 반대하고 원주민의 권리를 보호하는 캐나다 풀뿌리 단체 '아이들 노 모어Idel No More'는 최근 포고령 공포 250주년을 맞아 세계적인 행동의 날을 예고하기도 했다. 포고령을 부정해 탄생한 미국에서는 캐나다 같은 활동이나 기념행사가 벌어지지 않는다.

17 Kevin Kenny's *Peaceable Kingdom Lost: The Paxton Boys and the Destruction of William Penn's Holy Experiment*. 이 책에서는 팩스턴 연쇄 테러로 필라델피아 퀘이커 정부의 끝이 시작되었다고 한다. 미국의 정착형 식민주의에 '얼스터 스코트인Ulster-Scots'이 미친 영향: Roxanne Dunbar-Ortiz, *An Indigenous Peoples' History of the United States* (2015), p. 51.

18 한스 니콜라스 아이젠하워가 드와이트 D. 아이젠하워의 5대 조부라는 사실은 족보로 확인되었다. 한스와 첫 번째 부인 사이에서 태어난 아들 피터 아이젠하워Peter Eisenhauer는 애나 디싱어Anna Dissinger와 결혼해 프레더릭 아이젠하워Frederick Eisenhower를 낳았다(이 대에 성의 철자가 Eisenhauer에서 Eisenhower로 바뀌었다). 프레더릭과 바버라 밀러Barbara Miller의 아들 제이콥 F. 아이젠하워Jacob F. Eisenhower

가 드와이트 아이젠하워의 할아버지다. 이 정보를 정확히 밝혀 준 브렌던 조던 Brendan Jordan에게 감사드린다.

19 Ezra Grumbine, "Frederick Stump: The Founder of Fredericksburg, Pa.," *Lebanon County Historical Society* (June 26, 1914), chapters 1–9.

20 Samuel Williams, "Tennessee's First Military Expedition (1803)," *Tennessee Historical Magazine* (1924), vol. 8, no. 3, pp. 171–90. 테네시에서 스텀프 가문이 어떻게 지냈고 이후 등장할 잭슨주의를 스텀프가 어떤 식으로 지지했는지 알고 싶다면 Harriette Simpson Arnow, *Flowering of the Cumberland* (2013)를 참고하라.

21 워싱턴은 7년 전쟁에 참전한 군인들을 대표해 영국 왕실에 압력을 가했다. 영국 왕실은 참전 군인들에게 오하이오 앨러게니산맥 서쪽에 있는 '하사지'를 보상으로 주겠다 약속했지만 약속을 지키지 않았다. '옛 전우들'을 대변한 대가로 워싱턴은 땅에서 나오는 수익 일부를 챙겼다. 전쟁에서 프랑스와 싸운 공으로는 오하이오 땅 2만 에이커를 받았다. Thomas Perkins Abernethy, *Western Lands and the American Revolution* (1937), "Washington as Land Speculator," George Washington Papers, Library of Congress, https://www.loc.gov/collections/george-washington-papers/articles-and-essays/george-washington-survey-and-mapmaker/washington-as-land-speculator/. 추가 자료: Archibald Henderson, *The Star of Empire: Phases of the Westward Movement in the Old Southwest* (1919), p. 47: "조지 워싱턴은 서부의 막대한 토지를 비밀리에 매입함으로써 넓은 날 도끼를 서쪽으로 휘두르는 강력한 군대를 간접적으로 움직인 것이나 다름없었다."

22 Caroline Winterer, *American Enlightenments: Pursuing Happiness in the Age of Reason* (2016). 맬서스의 비관론과 대조적인 신세계의 풍요로움을 볼 수 있다. 추가 자료: Antonello Gerbi, The Dispute of the New World: The History of a Polemic, 1750–1900 (1973); Lee Alan Dugatkin, *Mr. Jefferson and the Giant Moose: Natural History in Early America* (2009).

23 제퍼슨 인용문 관련: *Memoirs* (1929), vol. 1, p. 437.

24 *The Writings of James Madison* (1807), vol. 7, p. 16.

25 위스콘신 역사협회에서 보관 중인 카론델레트의 스페인어 편지 원본을 참고하라.

26 미시시피강 계곡에서 앵글로인을 '억제'하기 불가능했다는 스페인 식민지 관료들의 불만: Sylvia L. Hilton, "Movilidad y expansión en la construcción política de los Estados Unidos: 'Estos errantes colonos' en las fronteras españolas del Misisipí (1776–1803)," *Revista Complutense de Historia de América* (2002), vol. 28, pp. 63–96.

27 http://reevesmaps.com/maps/map380.jpg.

28 Jennifer Nedelsky, *Private Property and the Limits of Constitutionalism* (1994), p. 80.

29 Montesquieu, *Political Writings* (1990), p. 106. 노아 웹스터Noah Webster는 '위대한 몽테스키외'를 수정하는 방법으로 문제를 해결할 수 있다고 생각했다. 웹스터는 몽테스키외가 '미덕virtue'이라는 단어를 사용한 곳마다 '재산property'을 넣자고 제안했다. 웹스터가 말하는 '재산'이란 소유할 권리 같은 추상적인 의미가 아니라 실제 땅을 의미하고 있었다. *An Examination into the Leading Principles of the Federal Constitution* (1787), p. 47에 웹스터는 이렇게 썼다. "토지 재산을 일반에 최대한 균등하게 분배하는 것이 국가적 자유의 모든 근본이다."

30 많은 학자는 공화파가 공화주의 사상을 수정해 팽창을 도모하고 정당화한 데는 매디슨의 연방주의자 논문 제10호가 큰 역할을 했다고 강조한다. 대표적인 예: Charles Beard, *An Economic Interpretation of the Constitution of the United States* (1913). William Appleman Williams's "A Note on Charles Austin Beard's Search for a General Theory of Causation," *American Historical Review* (October 1956), vol. 62, no. 1, pp. 55-80에서는 매디슨에 대한 비어드의 해석을 살펴본다. 여기서 인용한 매디슨과 몽테스키외의 글은 위의 작품들에서 나왔다. Andrew Hacker, *The Study of Politics* (1963), p. 81도 참고하기를 바란다.

2. 알파와 오메가

1 Arístides Silva Otero, *La diplomacia hispanoamericanista de laran Colombia* (1967), p. 15. 추가 자료: Germán A. de la Reza, "The Formative Platform of

the Congress of Panama (1810–1826): The Pan-American Conjecture Revisited,"
Revista brasileira de política internacional (2013), vol. 56, n. 1, pp. 5–21, http://
www.scielo.br/scielo.php?script=sci_arttext&pid=S0034-73292013000100001&ln
g=en&nrm=iso.

2 '현상 유보의 원칙'이 무엇이고 현대에 이상적으로 생각하는 주권과 어떤 관
련이 있는지, 발견의 원칙을 어떤 식으로 부정하는지 알고 싶다면 참고할 자
료들이다. 이 책에 나오는 인용문 다수도 여기에서 나왔다: Greg Grandin,
"The Liberal Traditions in the Americas: Rights, Sovereignty, and the Origins
of Liberal Multilateralism," *American Historical Review* (2012), vol. 117, pp.
68–91; Alejandro Alvarez, *The Monroe Doctrine* (1924); Alejandro Alvarez, "The
Monroe Doctrine from the Latin-American Point of View," *St. Louis Law Review*
(1917), vol. 2 no. 3; Juan Pablo Scarfi, The Hidden History of International Law
in the Americas (2017). 콜롬비아식 공화주의에 대해 더 알고 싶다면 Lina del
Castillo, *Crafting a Republic for the World* (2018)를 참고하라.

3 Leslie Rout, *Politics of the Chaco Peace Conference, 1935–1939* (1970).

4 Marcus Kornprobst, "The Management of Border Disputes in African Regional
Subsystems," *Journal of Modern African Studies* (2002), vol. 40, no. 3, p. 375;
Boutros Boutros-ghali, *Les conflits de frontières en Afrique* (1972).

5 Graham H. Stuart, "Simón Bolívar's Project for a League of Nations,"
Southwestern Political and Social Science Quarterly (1926), vol. 7, no. 3, pp.
238–52.

6 신세계에서 노예제도를 가장 먼저 없앤 아이티는 미국 공화파가 감히 상상할 수
없는 외로움을 느꼈다. 경제는 프랑스의 봉쇄에 막혔고 영토는 수십 년간 스페
인 제국에 포위되어 있었다. '자매 공화국' 미국의 인정도 받지 못했다. "우리는
감히 자유를 원한다." 1804년 아이티의 독립선언문이 발표되었다. "그러니 우리
힘으로 우리를 위해 존재하게 하라." 윌리엄 애플맨 윌리엄스는 미국 공화파의
예외주의에서 존재의 '오랜 고립', '주위에 아무도 없다는 지독한 고독'이 하나의
요소였다고 규정한다. 사유 재산을 파괴하는 다른 나라의 혁명 —특히 노예 출
신이 이끄는 혁명— 과 거리를 두고 싶다는 욕구가 가장 큰 원동력으로 작용했

지만, 끝없이 팽창하는 영역에서 자치 정부를 쟁취하려고 노력하는 선례를 만들고 있다는 느낌, '신의 지혜에 도전'하고 있다는 느낌도 없지는 않았다. (*America Confronts a Revolutionary World* [1976], pp. 38-39). Our Sister Republics (2016)에서 케이틀린 피츠Caitlin Fitz는 1808년에 제퍼슨이 표현한 바와 같이 미국의 일부 공화주의자들이 느낀 존재론적 예외주의가 얼마 후 완전하게 드러났다고 지적한다. 스페인어권 아메리카에서 독립운동이 일어난 뒤로 미국이 무수한 공화국과 신세계를 나눠 가져야 한다는 사실이 명백해졌기 때문이다.

7   연방주의자 논집은 예일대 법학대학원의 디지털 도서관 아발론 프로젝트Avalon Project에서 볼 수 있다. 여기서 인용한 해밀턴의 7호 전문: http://avalon.law.yale.edu/18th_century/fed07.asp.

8   George Bancroft, *History of the Formation of the Constitution of the United States* (1882), p. 503.

9   Peter Onuf, *Jefferson's Empire* (2000), p. 181.

10   아직 변경의 땅은 열려 있었지만 먼로는 이때부터 세계 무역의 무한한 가능성을 생각했다. 먼로는 말했다. "지금까지 경험으로 우리는 더없이 올바르고 신중한 정책을 바탕으로 한 발전도 위험을 피하지 못한다는 사실을 배웠습니다. 우리 제도는 문명 세계의 역사에 중요한 한 획을 그었습니다. 우리의 제도를 수호하고 극도의 순수성을 유지해야만 합니다. 우리의 이익은 지구상 사람이 거주하는 모든 땅에 퍼져 나가고 있습니다. 모든 바다로도 뻗어 나가고 그곳에서 우리 시민들의 산업과 기업이 오가고 있습니다. 가지지 못한 사람들이 부를 때 우리 시민들은 그곳으로 갈 권리가 있습니다. 우리는 시민들이 이 권리를 누리도록 보호해야 합니다. 그렇게 하지 않으면 어떤 일이 생겼을 때 불모지와 폐허에 내팽개치는 것밖에 되지 않습니다." *Addresses and Messages of the Presidents* (1849), vol. 1, p. 478. 본문에 나온 인용문 출처: *The Writings of James Monroe* (1903), vol. 7, p. 48.

11   제임스 매디슨처럼 윌슨도 경제적 '이익'이 객관적일 뿐만 아니라 주관적이라고 보았다. "외견상의 이익은 실제 이익과 똑같은 믿음을 낳고 그 이익을 추구하는 힘과 인내심도 똑같이 강하다." 윌슨은 미국이 무수한 개인의 이익으로 이루어졌다며 "그것을 다 더하면 전체 이익의 총합과 똑같이 맞아떨어질 것이다."라

고 했다. 대의가 개인의 이익을 정확히 더한 값보다 클 수 없다면, 개개인의 이
익이 영원히 변한다면 독재가 아니고서야 어떻게 안정적인 정부를 만들고 주관
적인 이익을 보호할 수 있겠는가? 개개인의 이익의 총합을 초월하는 미덕을 확
립할 수 없다면 무엇을 "행할 수 있단 말인가?" 혁명가 윌슨은 혁명적인 질문을
던졌다. 그리고 헌법을 비준하고 크기로 자유를 지켜야 한다는 대답을 내놓았
다. James Wilson and Bird Wilson, eds., *The Works of the Honourable James
Wilson* (1804), pp. 274–77. 2장 각주에서 언급한 펜실베이니아 혁명 당시 '신사
들'과 '오지 정착민들'이 손을 잡은 사실: David Freeman Hawke, *In the Midst
of a Revolution* (1961). *The Winning of the West* (1889), vol. 1의 "In the Current
of the Revolution: The Southern Backwoodsmen Overwhelm the Cherokees,
1776"에서 시어도어 루스벨트도 같은 주장을 했다. "각 지방에 할 일이 따로 있
었다. 동부는 독립을 쟁취했고 그동안 서부는 대륙을 정복하기 시작했다."

12 José Gaos, ed., *El pensamiento hispanoamericano* (1993), vol. 5, p. 168. 볼리
바르가 파나마를 세계 공화국의 중심으로 상상한 내용: 위에 나온 Alvarez, *The
Monroe Doctrine*. 또한 볼리바르가 파나마 회의에 초대한 것을 잭슨파가 어떻
게 이용했는지는 Jay Sexton, *The Monroe Doctrine* (2011), p. 80에 나와 있다.

13 Joseph Byrne Lockey, *Pan-Americanism: Its Beginnings* (1920), p. 388.

14 *The Writings of Thomas Jefferson* (1859), vol. 4, p. 419.

15 Onuf, *Jefferson's Empire*, p. 1.

16 Everett Somerville Brown, ed., *The Constitutional History of the Louisiana
Purchase* (2000), p. 63.

17 Arthur Stanley Link, ed., *The Papers of Woodrow Wilson* (1970), vol. 8, p. 354.

18 Peter Onuf, *The Mind of Thomas Jefferson* (2007), p. 106.

19 David Ramsay, *An Oration on the Cession of Louisiana, to the United States*
(1804), p. 21.

20 James McClellan, *Reflections on the Cession of Louisiana to the United States*
(1803), p. 14.

21 정치 이론가로서 제임스 매디슨은 전쟁이 '공공의 자유'를 가장 위협하는 '두려
운' 적이라고 정의했다. 높은 세금, 부채, 상비군, 부당이득과 사기를 통한 '부의

불평등', 예의와 도덕의 타락 같은 '다른 적들의 세균'을 퍼뜨리기 때문이었다. 임기 중(1809-1817) 자기 억제적 평화냐, 영역을 확장하는 전쟁이냐 둘 중 하나를 선택해야 했던 매디슨 대통령은 전쟁을 택했다. 역사학자 개리 윌스Garry Wills는 매디슨이 영국과 벌인 1812년 전쟁을 '환영'했다고 했다. "전쟁을 일으킬 계획을 세웠다." 최종 목표는 캐나다를 얻는 것이었다. 윌스는 *James Madison* (2015)에서 그렇게 보면 전쟁은 "아무 소득이 없었다."라고 썼다. 하지만 어떤 의미에서는 모든 것의 시작을 알렸다. 군국화로 북부의 제조업자들을 육성했고, 변경의 복수자이자 크리크족의 파괴자 앤드루 잭슨을 전국 정치 무대로 끌어올렸다.

22 Susan Dunn, *Jefferson's Second Revolution* (2004), p. 241.

23 Onuf, *The Mind of Thomas Jefferson*, p. 107.

24 Edward Everett, *Orations and Speeches* (1836), vol. 1, p. 197.

25 제퍼슨이 1803년 2월 27일 인디애나 준주 윌리엄 헨리 해리슨 지사에게 보낸 편지에서 인용했다: *The Writings of Thomas Jefferson* (1859), pp. 472–73. 편지는 여기서 확인할 수 있다: http://www.digitalhistory.uh.edu/active_learning/explorations/indian_removal/jefferson_to_harrison.cfm. 일부 사본에 '교역소 trading houses'가 'trading uses'로 나와 있다는 점을 참고할 것. 해리슨은 영국과의 1812년 전쟁을 촉발한 1811년 티피카누 전투Battle of Tippecanoe에서 쇼니족을 꺾고 전 국민의 영웅이 된다. 수많은 인디언을 죽여 유명해진 해리슨은 1840년에 대통령으로 선출되지만 취임 직후 사망했다.

26 제퍼슨이 1813년 12월 6일 알렉산더 폰 훔볼트Alexander von Humboldt에게 쓴 편지, https://founders.archives.gov/documents/Jefferson/03-07-02-0011.

27 제퍼슨이 1813년 12월 6일 알렉산더 훔볼트에게 쓴 편지 (위의 링크). 여기서 제퍼슨은 오대호 지역을 차지하는 데 결정적인 전쟁이었던 테쿰세 전쟁을 영국이 지원했다고 구체적으로 언급한다. 결국 인디애나 준주의 윌리엄 헨리 해리슨 지사가 반란을 진압했고 제퍼슨은 해리슨에게 약탈적 부채를 강요하라는 지시를 내렸다. David Curtis Skaggs and Larry L. Nelson, eds., *The Sixty Years' War for the Great Lakes, 1754–1814* (2001); Kerry Trask, *Black Hawk: The Battle for the Heart of America* (2006); Richard White, *The Middle Ground: Indians, Empires, and Republics in the Great Lakes Region, 1650–1815* (1991).

28 Lewis Cass, "Removal of theIndians," North AmericanReview (1830), p. 107.

29 Onuf, *The Mind of Thomas Jefferson*, p. 107.

30 Louis Hartz, *The Liberal Tradition in America* (1955), p. 7.

31 Loren Baritz, *City on a Hill* (1964), p. 99.

32 *The Writings of James Monroe* (1903), vol. 6, p. 274.

33 Ralph Louis Ketcham, *James Madison: A Biography* (1990), p. 145.

3. 백인 민주주의

1 Indispensable: John Juricek, "American Usage of the Word 'Frontier' from Colonial Times to Frederick Jackson Turner," *Proceedings of the American Philosophical Society* (1966), vol. 110, no. 1, pp. 10–34.

2 *The Royal Standard English Dictionary* (1788).

3 J. M. Opal, *Avenging the People: Andrew Jackson, the Rule of Law, and the American Nation* (2017), p. 70.

4 Leonard Sadosky, *Revolutionary Negotiations: Indians, Empires, and Diplomats in the Founding of America* (2010), p. 158. 여기서 녹스는 원주민과 연방 정부의 관계를 '베스트팔렌주 체제Westphalian states system'로 정의하려 했다. 즉, 정부가 경계선 및 한계선 분쟁을 끝낼 방법으로 원주민의 주권을 인정했다는 말이었다. 하지만 제퍼슨 등은 국제법을 "우리의 불안정한 국가 상황에 맞게 적용해야 한다."라고 생각했다. 제퍼슨의 말은 미국의 '주권'이 커지면 인디언의 주권은 자연히 사라진다는 사실을 의미했다. "그들에게서 우리의 권리를 빠르게 획득해 올수록 우리 사회의 범위가 빠르게 넓어지고, 새로운 땅이 우리의 경계 안에 들어오는 즉시 그곳은 우리 사회의 고정된 한계선이 된다."

5 Lawrence Kinnaird, *Spain in the Mississippi Valley, 1765–1794* (1945).

6 각주에 언급된 1783년 노스캐롤라이나의 '토지수탈' 법 관련: R. Douglas Hurt, *The Indian Frontier, 1763–1846* (2002), p. 101.

7 Allan Kulikoff, *The Agrarian Origins of American Capitalism* (1992), p. 75.

8 William Reynolds, Jr., *The Cherokee Struggle to Maintain Identity in the 17th* *and 18th Centuries* (2015), p. 271.

9 프레더릭 스텀프가 1807년 3월 3일 앤드루 잭슨에게 보낸 편지, 의회 도서관에
   소장된 앤드루 잭슨 관련 문서(1775-1874) 중: https://www.loc.gov/resource/
   maj.01007_0300_0301/?sp=1&q=%22frederick+stump%22에서 확인 가능. Steve
   Inskeep, *Jacksonland* (2015)는 잭슨의 강탈 정책이 어떻게 잭슨과 동료들을 사
   적 시민으로서, 또 공적 시민으로서 부자로 만들어 주었는지 논의한다.

10 Ned Sublette and Constance Sublette, *American Slave Coast: A History of the
   Slave-Breeding Industry* (2016), p. 396. 잭슨과 노예무역, 더 나아가 1808년 이
   후 국내 노예무역의 더 광범위한 역사가 나와 있다. 잭슨과 딘스모어의 갈등
   은 물론 여기 인용된 말들도 잭슨의 전기에 거의 빠짐없이 등장한다. *Letter
   from the Secretary of War, Transmitting the Information, in Part, Required
   by a Resolution of the House of Representatives, of 21st Inst. in Relation to
   the Breaking an Individual, and Depriving Him of His Authority Among the
   Creeks...* (1828), pp. 10–19. 다른 인용문 관련: "James A. McLaughlin Jan. 30,
   1843. Genl. Jacksons trip to Natchez,1811," https://www.loc.gov/resource/
   maj.06165_0138_0141/?st=text.

11 Opal, *Avenging the People*, p. 138.

12 Sublette and Sublette, *American Slave Coast*, p. 396; Josh Foreman and Ryan
   Starrett, *Hidden History of Jackson* (2018), p. 28.

13 *Journal of the Senate at the Second Session of the Ninth General Assembly
   of the State of Tennessee* (1812), p.72, https://hdl.handle.net/2027/
   uiug.30112108189405.

14 Opal, *Avenging the People*, p. 138.

15 Robert Breckinridge McAfee, *History of the Late War in the Western Country*
   (2009), p. 492. 잭슨의 크리크족 공격과 여기서 사용된 인용문 관련: Sean
   Michael O'Brien, *In Bitterness and in Tears: Andrew Jackson's Destruction of
   the Creeks and Seminoles* (2003); Alfred Cave, *Sharp Knife: Andrew Jackson
   and the American Indians* (2017), p. 45.

16 *Speeches of the Hon. Henry Clay* (1842), p. 90.

17 Cave, *Sharp Knife*, p. 45.

18 Sadosky's, in *Revolutionary Negotiations*, p. 194에서 인용했다. 1802년 무렵, 제퍼슨은 "연방 정부가 장차 조지아주에서 인디언의 소유권을 전부 소멸시키겠다고 약속했다. 대가로 조지아주는 앨라배마주와 미시시피주가 될 영토에 대한 소유권을 이양해야 했다."

19 Sadosky, *Revolutionary Negotiations*, p. 193. 인디언 이주는 잭슨의 동지 윌리 블런트Willie Blount가 테네시 지사 시절 추진한 정책에서 출발했다. "동부의 아메리카 원주민 인구를 미시시피강 서쪽으로 이주시킨다는 블런트의 구상은 제퍼슨 집권기에 진행된 강탈과 토지 취득 정책을 조금 더 극단적인 형태로 바꿨을 뿐이었다."

20 헌법에서 평등을 공식화한 스페인어권 아메리카에서 인종 배척과 착취가 계속 이어진 배경: Marixa Lasso, "Race War and Nation in Caribbean Gran Colombia, Cartagena, 1810–1832," *American Historical Review* (April 1, 2006), vol.111, issue 2, pp. 336–61.

21 Arthur Schlesinger, Jr., *The Age of Jackson* (1945); Sean Wilentz, *Andrew Jackson* (2005). See Michael Rogin, *Fathers and Children* (1991), pp. xvii–xviii. 잭슨식 미화가 미국 정치의 순환과 어떻게 맞물리는지 보여 준다.

22 Wilbur Larremore, "The Consent of the Governed," *American Law Review* (March–April 1906), p. 166; Charles Maurice Wiltse, *John C. Calhoun, Nationalist*, 1782–1828 (1968), p. 11.

23 Larremore, "The Consent of the Governed," p. 166.

24 Andrew Jackson to Tilghman Ashurst Howard, August 20, 1833, https://www.loc.gov/resource/maj.01084_0354_0357/?st=text.

25 *The Addresses and Messages of the Presidents of the United States* (1839), p. 423.

26 주의 이상적인 권한과 최소 정부를 구체적으로 설명해 노예제도를 옹호한 방법: Manisha Sinha, *The Counterrevolution of Slavery: Politics and Ideology in Antebellum South Carolina* (2000); David Waldstreicher, *Slavery's Constitution* (2009); Richard Ellis, *The Union at Risk: Jacksonian Democracy, States' Rights and the Nullification Crisis* (1989).

27 체로키족은 1838년 5월에야 이주한다. 애팔래치아산맥 남쪽에서 터를 잡고 살던 체로키족은 윈필드 스콧 장군(이후 멕시코 전쟁에서도 미국군을 지휘한다)에 쫓겨나 —1만 5,000명에서 1만 6,000명으로 추정된다— '눈물의 길'을 따라 서부로 향했다. 도중에 질병, 굶주림, 체온 저하로 최대 4,000명이 목숨을 잃었다.

28 Francis Newton Thorpe, ed., *The Statesmanship of Andrew Jackson* (1909), pp. 190-92.

29 *Army and Navy Chronicle* (February 1, 1838), p. 69에서 인용했다.

30 Caleb Cushing, *An Oration, on the Material Growth and Progress of the United States* (1839), p. 29.

31 *Army and Navy Chronicle* (January 25, 1838), p. 55에서 인용.

32 *A Diary in America: With Remarks on Its Institutions* (1839), part 2, vol. 3, p. 205에서 인용. 중요한 사실은 미시시피강 바로 서쪽에 사는 원주민 약 5만 1,000명이 이 기록에 올라 있었다는 것이다. 하지만 변경 '안쪽'은 불과 1년 전 상원 인디언문제위원회에서 "우리 바깥에 있고, 그곳은 영원히 바깥으로 남을 것이다."라고 말했던 곳이다. 1837년 보고서에 기록된 요새들 —슈피리어호 끝과 가까운 북쪽의 포트 브래디에서 나체스 아래로 내려와 배턴루지에 있는 포트 애덤스까지 지그재그 패턴으로 배치되어 있다— 을 보면 그해 미국군이 변경, 즉 '외측 방어선'을 어디로 그리고 있었는지 대략 알 수 있다. 고정되지 않고 움직이는 선은 당시 미국 행정 구역의 동쪽 끝까지 뻗어 나가 있었다(이주 정책으로 오클라호마에 형성된 '인디언 컨트리' 동쪽도 포함되었다). 보고서에 실린 민족 목록에 따르면 변경선에서 '공격 가능 범위' 내에 있는 서부 인디언의 영역은 그레이트플레인스와 마주한 로키산맥의 첫 번째 줄기에 이르렀고, 그 안에는 텍사스(멕시코에서 떨어져 나왔지만 아직 미국으로 합병되지는 않았다)에 살았던 아파치족 같은 부족도 포함되었다. 이 잠재적 전사 목록에서 빠진 부족은 로키산맥이나 산맥 서쪽에 살았던 유트족, 파이우트족Paiutes, 쇼쇼니족Shoshone, 살라시족Salish이다.

33 Rogin, *Fathers and Children*, p. 4.

34 *Niles' Weekly Register*, April 2, 1831, p. 83.

35 Juricek, "American Usage."

36 Thomas Frazier, *The Underside of American History* (1982), p. 71.

37 Frederick Hoxie, ed., *The Oxford Handbook of American Indian History* (2016), p. 605.

38 Rogin, *Fathers and Children*, p. 117.

39 *Winston Leader* (August 24, 1880).

40 "The Indian Question," *North American Review* (April 1873), p. 336.

41 "Report of the Commissioner of Indian Affairs," Department of the Interior (October 30, 1876), http://public.csusm.edu/nadp/r876001.htm.

42 In *A Diary in America*, p. 217.

43 *Army and Navy Chronicle* (February 1, 1838), p. 65.

44 Larremore, "The Consent of the Governed," p. 165.

4. 안전밸브

1 "Steamboat Disasters," *North American Review* (January 1840), p. 40.

2 Emerson Gould, *Fifty Years on the Mississippi* (1889), p. 168.

3 *Hazard's Register of Pennsylvania* (June 27, 1835), p. 416.

4 Gordon Wood, *Radicalism of the American Revolution* (1991), p. 307.

5 훗날 로널드 레이건은 채닝의 이 말을 인용하며 '뉴라이트 혁명'을 이끈 조 쿠어스Joe Coors와 헤리티지 재단Heritage Foundation을 극찬했다. 앙골라 용병을 '자유의 투사'라며 추켜세우고 콘트라 반군과 크메르 루주Khmer Rouge, 미국의 보수파 인사들이 '자유를 위한 전진 전략'을 밀어붙이고 있다며 축배를 들었다. *Public Papers of the Presidents of the United States: Ronald Reagan* (1988), p. 499.

6 T. Romeyn Beck, "Statistical Notices of Some of the Lunatic Asylums in the United States," *Transactions of the Albany Institute* (1830), vol. 1.

7 *Views and Reviews in American Literature* (1845), p. 39.

8 Charles Perkins, *An Oration, Pronounced at the Request of the Citizens of Norwich, Conn.* (1822), p. 19.

9 *Hampshire Gazette* (November 9, 1831), p. 3.

10 *Portland Daily Advertiser* (November 28, 1835), p. 2.

11 *The Life and Times of Frederick Douglass* (1993), p. 129.

12 John Codman, *The Duty of American Christians to Send the Gospel to the Heathen* (1836), p. 16.

13 *Jamestown Journal*, New York (August 8, 1845).

14 "To the Citizens of Portland," *Portland Weekly Advertiser*, Maine (July 9, 1833).

15 Manisha Sinha, *The Slave's Cause: A History of Abolition* (2016).

16 "Mr. Torrey's Case," *Emancipator and Free American* (February 11, 1842); *North American and Daily Advertiser* (November 12, 1840); "What Have the Abolitionists Done?" *The Emancipator* (June 28, 1838).

17 노예제도를 둘러싼 논쟁이 벌어지며 비교사회학이 발전했다. 옹호론자와 비판론자가 유럽을 보며 노예제도의 미래를 상상했기 때문이다. 다음은 동산노예제를 유지하기 위해 서부 팽창이 필요하다고 주장하는 예시이다. "그러므로 러시아, 터키, 중국 같은 반半미개 지역에 존재하는 밀도 수준이 된다면 싸울 일 없이 이 나라의 노예제도도 무너질 것이다." 그와 같은 결과를 피하려면 '남서부'로 확장해 '안전밸브'를 마련해야 했다. "Extension of Slave Territory," *National Era* (March 11, 1847).

18 *Western Monthly Review* (January 1839), p. 359.

19 *Niles' National Register* (July 6, 1844), p. 303.

20 "Proceedings of the London Convention," *The Emancipator* (September 10, 1840)에 나와 있다.

21 자유 토지 운동 관련: Eric Foner, *Free Soil, Free Labor, Free Men: The Ideology of the Republican Party Before the Civil War* (1995).

22 Frederick Evans, *Autobiography of a Shaker* (1869), p. 37.

23 Leon Samson, "Substitutive Socialism," *Toward a United Front* (1933), p. 7; John Commons, "Labor Organization and Labor Politics, 1827–1837," *Quarterly Journal of Economics* (February 1907), vol. 21, no. 2, pp. 324–25; *Rulers of America* (1936)에서 애나 로체스터Anna Rochester는 서부 개방이 노동조합 조직을 억제했다는 견해를 밝혔다.

24 1920년대에 농업경제학자 벤저민 호러스 히바드Benjamin Horace Hibbard는 '도시를

뒤로 하고 변경으로 떠날 가능성'이 노동 쟁의에 어떤 영향을 미쳤고, 뒤이은 노동당 창당에 어떻게 작용했는지 말할 수 없다고 썼다. 그러면서 조심스럽게 요약했다. "공유지는 틀림없이 정치와 경제에 균형추 역할을 했다. 하지만 안정된 기계는 균형추가 필요하다는 징후를 겉으로 보이지 않듯 공유지가 제 기능을 하는지 감지할 수는 없었다. 불만이 쌓인 사람들은 계속해서 서부로 이동하고 있었다 ⋯ 이들이 옛 정착지에 남아 있었을 경우 문제를 일으켰을 것이라는 뜻이 아니다. 하지만 분명 지금과 다른 나라를 만들었을 것이다." Hibbard's *A History of Public Land Policies* (1924), pp. 556–57에서.

25 Cushing, *An Oration*.

26 Robert J. Walker, *Letter of Mr. Walker, of Mississippi, Relative to the Reannexation of Texas: in Reply to the Call of the People of Carroll County, Kentucky, to Communicate His Views on that Subject* (1844). 워커는 텍사스 합병과 멕시코-미국 전쟁 당시 재무장관이었고 남북전쟁을 준비할 시기에는 '피의 캔자스'의 지사로 있었다. 노예제도를 옹호하는 캔자스 준주의 헌법 초안 작성을 감독하기도 했다.

27 여기서 워커는 1840년 인구 조사 수치를 이야기하며 완전히 날조된 자료를 인용했다. 이 자료에는 정신 질환을 앓는 아프리카계 미국인 비율이 극단적으로 높고 특히 북부에 그런 환자가 많다고 기록되어 있었다. 1840년 인구 조사 결과 관련: Dea Boster, *African American Slavery and Disability* (2013), p. 23, and Lynn Gamwell and Nancy Tomes, *Madness in America* (1995), p. 103.

28 W. E. B. Du Bois, *Black Reconstruction* (1935), p. 9.

29 에세이 'Slavery in the United States'는 미시간의 푸리에주의Fourierism 유토피아 공동체에서 발행한 신문 *Alphadelphia Tocsin*에 처음 등장했고 1845년 6월 7일 에반스의 *Young America*에 다시 실렸다. "그렇다면 우리는 '즉각적인' 해방에 반대한다. 지금 해방된다면 흑인들의 사정은 10배 더 힘들어진다. 구치소, 교도소, 구빈원을 가득 채울 것이고, 임금이 내려가고 노동력 경쟁이 치열해져 북부 백인 노동자에게도 끔찍한 화가 미칠 것이다. 그렇다고 노예제도를 영원히 유지해야 하느냐? 안 될 말이다! 언제까지 계속될 수는 없다. 노예의 수는 백인보다 훨씬 빠르게 증가하고 있다. 자진해서 풀어 주지 않는다면 언젠가 검을 들고 스

스로 해방을 찾으려 할 것이다." 그러나 해방 노예에게 토지를 준다면 "사기꾼과 고리대금업자에게서 벗어나 집을 소유하고, 받은 수단을 이용해 그들만의 산업을 꾸리며 행복하고 독립적으로 살 수 있다. 인구는 전처럼 빠르게 증가하지 못할 것이다. 자기 힘으로 자식들을 먹여 살려야 하기 때문이다. 흑인의 권리를 회복하고 정의를 실현하는 방법은 이것뿐이다. 고국에서 강제로 끌려 온 그들에게 최소한 평화롭게 살 수 있는 땅을 마련해 줄 수 있고, 그래야 마땅하다. 슬픈 일이지만 이 세상 모든 정부가 자기 집 없는 노동자를 노예로 만들어 궁핍한 생활을 하게 만들었다는 사실에는 반론의 여지가 없다. 그들은 현재의 흑인 노예보다 10배는 더 험하고 비참한 삶을 살았다. 이런 현상이 우리 북부 노동자 사이에서 급속도로 번지고 있다 … 그런데도 이 계급의 인구를 한 번에 300만 명씩 늘려야 하나? 아니, 그럴 수는 없다! 그것은 미친 짓이다 … 어찌하여 영원한 자유를 선사한다는 구실로 끔찍한 저주를 내려야 하는가?"

30 "미시시피로 만족하면 안 되는 겁니까?" 제임스 먼로가 토머스 제퍼슨에게 한 질문이다. 잠깐이었지만 먼로는 미국이 급속도로 팽창하면 예측하지 못한 위험이 생길 수 있다는 우려를 표명했다.

31 David Lowenthal, *George Perkins Marsh: Prophet of Conservation* (2003), p. 102.

5. 전쟁을 치를 준비가 되었습니까?

1 Randolph Campbell, *An Empire for Slavery: The Peculiar Institution in Texas, 1821–1865* (1991), p. 10.

2 Sublette and Sublette, *American Slave Coast*, p. 29; Randolph Campbell, *The Laws of Slavery in Texas: Historical Documents and Essays* (2010). 텍사스 노예가 멕시코로 도망쳤다는 사실은 Karl Jacoby, *The Strange Career of William Ellis* (2016)에서 확인할 수 있다.

3 Josiah Quincy, *Memoir of the Life of John Quincy Adams* (1859), p. 242.

4 여기부터 나오는 인용문은 John Quincy Adams, *Speech ... on the Joint Resolution for distributing rations to the distressed fugitives from Indian*

hostilities in the States of Alabama and Georgia (1836)에서 발췌했다.

5 Joseph Wheelan, *Mr. Adams's Last Crusade* (2008), p. 240. 애덤스의 일기를 볼 수 있는 곳: http://www.masshist.org/jqadiaries/php/.

6 Steven Hahn, *A Nation Without Borders: The United States and Its World in an Age of Civil Wars, 1830–1910* (2016), p. 132.

7 Hershel Parker, Herman Melville (2005), vol. 1, p. 421. Michael Rogin, *Subversive Genealogy* (1983)는 멜빌의 비판에 대해 이야기한다.

8 Martin Dugard, *The Training Ground: Grant, Lee, Sherman, and Davis in the Mexican War, 1846–1848* (2008).

9 Gene Brack, *The Diplomacy of Racism: Manifest Destiny and Mexico, 1821–1848* (1974). 멕시코가 위협을 어떤 관점으로 보았는지 알고 싶다면 Gene Brack, *Mexico Views Manifest Destiny, 1821–1846* (1975)을 참고하라.

10 Peter Guardino, *The Dead March: A History of the Mexican–American War* (2017), p. 107.

11 Paul Foos, A Short, *Offhand, Killing Affair: Soldiers and Social Conflict During the Mexican–American War* (2002), p. 120.

12 William Earl Weeks, *Building the Continental Empire: American Expansion from the Revolution to the Civil War* (1997), p. 115.

13 Thomas Hietala, *Manifest Design: Anxious Aggrandizement in Late Jacksonian America* (1985), p. 155.

14 Weeks, *Building the Continental Empire*, p. 127.

15 *Congressional Globe*, February 26, 1847, p. 516.

16 David Weber, *Myth and the History of the Hispanic Southwest* (1988), p. 154.

17 Hietala, *Manifest Design*, p. xi.

18 *Message from the President of the United States* (1847), p. 17.

19 Spencer Tucker, James Arnold, and Roberta Wiener, eds., *The Encyclopedia of North American Indian Wars, 1607–1890* (2011), p. 759에 있는 "Standing Bear v. Crook" 항목 참조.

20 Michael Rogin, "Herman Melville: State, Civil Society, and the American 1848,"

Yale Review (1979), vol. 69, no. 1, p. 72, for "the American 1848."

21 William Estabrook Chancellor, *Our Presidents and Their Office* (1912), p. 61.

22 Matthew Karp, *This Vast Southern Empire: Slaveholders at the Helm of American Foreign Policy* (2016).

23 Daniel Scallet, "This Inglorious War: The Second Seminole War, the Ad Hoc Origins of American Imperialism, and the Silence of Slavery," PhD dissertation, Washington University (2011), https://openscholarship.wustl.edu/cgi/viewcontent.cgi?article=1637&context=etd.

24 Erik France, "The Regiment of Voltigeurs, U. S. A.: A Case Study of the Mexican-American War," Harriett Denise Joseph, Anthony Knopp, and Douglas A. Murphy, eds., *Papers of the Second Palo Alto Conference* (1997), p. 76에 수록.

25 James Oberley, "Gray-Haired Lobbyists: War of 1812 Veterans and the Politics of Bounty Land Grants," *Journal of the Early Republic* (Spring 1985), vol. 5, no. 1 pp. 33–58.

26 "The President and the Army," *American Review* (September 1847), p. 22.

27 Foos, *A Short, Offhand, Killing Affair*, p. 57.

28 Foos, *A Short, Offhand, Killing Affair*, p. 175.

29 Alex Gourevitch, *From Slavery to the Cooperative Commonwealth: Labor and Republican Liberty in the Nineteenth Century* (2014).

30 오리건의 배척법 관련: *Kenneth Coleman, Dangerous Subjects: James D. Saules and the Rise of Black Exclusion in Oregon* (2017). 이런 법이 생기고 멕시코를 정복하는 방법으로 평화를 강요했지만 서부 이동으로 자유가 발달할 것이라 기대하는 사람은 여전히 존재했다. 이들은 오리건이 텍사스의 잭슨주의에 균형을 잡아 주기를 바랐다. 1848년 버몬트주의 상원의원 새뮤얼 펠프스Samuel Phelps는 '억압받는' 동부의 아프리카계 미국인 인구에 오리건이 '안전밸브'로 작용할 것이라고 주장했다. 아프리카계 미국인을 "던져 버려야 한다."라고 하면서도 "우리의 광대한 영토에 문명이 확대되도록 … 나머지 세상에 자유인으로 내보내야 한다."라고 말했다. "Extract from a Speech Delivered in the Senate of the United States, June 2, 1848, by Honorable Samuel Phelps," *Vermont Historical*

Gazetteer (1867), p. 61.

6. 진정한 구원

1 Montesquieu, *The Spirit of the Laws* (1949), vol. 2, p. 25.

2 Adam Gaffney, *To Heal Humankind: The Right to Health in History* (2017).

3 Christopher Abel, *Health, Hygiene and Sanitation in Latin America, c. 1870 to c. 1950* (1996), pp. 7–8.

4 Karl Polanyi, *The Great Transformation* (2001), p. 267.

5 David S. Reynolds, "Fine Specimens," *New York Review of Books*, March 22, 2018에서.

6 Drew Gilpin Faust, *This Republic of Suffering* (2008), p. xiv.

7 Theda Skocpol, *Protection Soldiers and Mothers: The Political Origins of Social Policy in the United States* (1992).

8 Du Bois, *Black Reconstruction*, p. 179.

9 W. E. B. Du Bois, *John Brown* (1909), p. 28.

10 Veto message (February 19, 1866), http://www.presidency.ucsb.edu/ws/index.php?pid=71977.

11 듀보이스는 재건 시대의 역사를 살펴보며 존슨을 칭찬하기보다는 연민을 드러내며 경제적 특권에 맞서 싸운 '가난한 백인'이 남북전쟁 이후 백인 우월주의자로 '변질'되는 과정을 묘사한다. 존슨에 관해 이렇게 썼다. "미국적 편견이라는 비극의 현신이다. 곤궁한 환경에서 경제적 특권에 맞서 싸우는 저항자로 태어나 전매자, 농장주, 노예 고용인의 친구이자 후원자가 되고 싶다는 가난한 백인의 전형적인 야심을 품고 죽었다."

12 *Trial of Andrew Johnson* (1868), vol. 1, p. 342.

13 Jack Beatty, *Age of Betrayal* (2008), p. 131.

14 블레어는 '흑인에 모든 법적 권리를 인정할 뜻'이 있었지만 '내 양심, 내 사회를 지배하도록 허락'할 수는 없다고 했다.

15 *Congressional Globe*, March 16, 1872, p. 144.

16 James McPherson, *Abraham Lincoln and the Second American Revolution* (1992).

17 John Cox and LaWanda Cox, "General O. O. Howard and the 'Misrepresented Bureau,'" *Journal of Southern History* (November 1953), vol. 19, no. 4, pp. 427–56; James Oakes, "A Failure of Vision: The Collapse of the Freedmen's Bureau Courts," *Civil War History* (March 1979), vol. 25, no. 1, pp. 66–76.

18 하워드가 서부로 발령이 나고 해방노예국이 폐지된 복잡한 사연은 Eric Foner, *Reconstruction* (1988), and Oakes, "A Failure of Vision."에서 볼 수 있다.

19 Oliver Otis Howard, *Autobiography of Oliver Otis Howard, Major General* (1908).

20 Daniel Sharfstein, *Thunder in the Mountain: Chief Joseph, Oliver Otis Howard and the Nez Perce War* (2017).

21 *The Papers of Ulysses S. Grant* (2005), p. 69.

22 Boyd Cothran and Ari Kelman, "How the Civil War Became the Indian Wars," *New York Times* (May 25, 2015).

23 Noam Maggor, *Brahmin Capitalism: Frontiers of Wealth and Populism in America's First Gilded Age* (2017).

24 Vernon Parrington, *Main Currents in American Thought* (1927), p. 24; Maggor, *Brahmin Capitalism*.

25 John E. Stealey, *The Rending of Virginia* (1902), p. 616. 또한 Steven Stoll, *Ramp Hollow: The Ordeal of Appalachia* (2017).

26 *North American Review* (1881), p. 533.

27 Link, ed., *The Papers of Woodrow Wilson*, vol. 9, pp. 273–74.

28 Fulmer Mood and Frederick Jackson Turner, "Frederick Jackson Turner's Address on Education in a United States without Free Lands," *Agricultural History* (1949), vol. 23, no. 4, pp. 254–59.

7. 바깥 가장자리

1 Ray Allen Billington, *The Genesis of the Frontier Thesis* (1971), p. 170.

2 Charles McLean Andrews, *The Old English Manor: A Study in English Economic History* (1892), p. 3.

3 W. H. Stowell and D. Wilson, *History of the Puritans in England and the Pilgrim Fathers* (1849), p. 2,341.

4 George Bancroft, *The History of the United States*, (1846), vol 1, p. 40.

5 Woodrow Wilson, *The State* (1898), p. 509.

6 Andrews, *The Old English Manor*, p. 4.

7 Frederick Jackson Turner, "The West and American Ideals," John Mack Faragher, *Rereading Frederick Jackson Turner* (1999), p. 142에 수록.

8 Arthur M. Schlesinger, Sr., *New Viewpoints in American History* (1922),p. 70.

9 Frederick Jackson Turner, "Middle Western Pioneer Democracy," *The Frontier in American History* (1921), p. 343.

10 *The Works of Hubert Howe Bancroft* (1890), pp. 184–85, 650.

11 Daniel Schirmer, *The Philippines Reader* (1987), p. 26.

12 Theodore Roosevelt, *The Winning of the West*, vol. 1 (1889), p. 90.

13 Roosevelt, *The Winning of the West*, vol. 1, pp. 1, 30.

14 Roosevelt, *The Winning of the West*, vol. 2 (1889), p. 107.

15 Roosevelt, *The Winning of the West*, vol. 1, p. 133.

16 Richard Slotkin, *Gunfighter Nation* (1992), p. 55.

17 Ray Allen Billington, "Young Fred Turner," Martin Ridge, ed., *Frederick Jackson Turner* (2016), p. 17에 수록.

18 Billington, *The Genesis of the Frontier Thesis*, p. 12.

19 터너는 모피 무역을 주제로 한 존스 홉킨스 학위 논문을 발전시켜 짧은 책을 출간하며 도입부에서 책을 통한 첫 번째 역사적 질문을 던진다. "인디언 착취 문제는 대개 '문명으로의 전진'이라는 편리한 설명을 내세우며 가볍게 여긴다. 하지만 어떻게 날아갔단 말인가?" 훗날 터너는 변경 이론을 제기하며 이 질문의 진정한 답변 중 하나일 수 있는 폭력의 역할을 축소한다. 그러나 위스콘신의 아메

리카 원주민이 쫓겨나는 마지막 과정을 직접 경험했던 터너는 16년 후 프랑스와 영국 같은 식민지 관계가 강제 퇴거를 바탕으로 탄생했다는 사실을 인정하면서, 두 눈으로 목격했음에도 위스콘신이 그 역사에서 제외된다고 주장했다. 정착민-원주민 관계의 기본 형태는 정복이 아닌 평화적 거래라고 했다. 터너가 위스콘신을 예외적 환경으로 단정하는 결론을 내린 바람에 다른 곳에서 전쟁이 일어나면 피해자들은 위스콘신으로 피난을 오게 되었고 아메리카 원주민 인구가 늘어났다. 마스코우팅족Mascoutin, 포타와토미족Pottawattamie, 치페와족Chippewa 등 더 많은 인디언 부족이 평화적인 거래와 공존에 이끌려 위스콘신으로 이주했다. 터너는 이렇게 썼다. "그래서 위스콘신의 인디언 지도를 재수정해야 했다." 터너의 연구는 1800년대 초에 끝났다. 하지만 이후 터너의 아버지와 이름이 같은 정치인이 대통령 자리에 올랐고 인디언 이주 정책은 터너가 정부 주도 퇴거의 기억을 외면하고 위스콘신의 모습이라 상상했던 다문화적인 상업 유토피아를 무너뜨리고 말았다. Turner, "The Character and Influence of the Indian Trade in Wisconsin: A Study of the Trading Post as an Institution," *Wisconsin Historical Society* (1889), p. 53.

20 이 인용문은 윌슨이 했던 말 두 가지를 합친 것이다. 첫 번째("끊임없이, 어쩌면 침착하게 확장했다.")는 1895년에 강연으로 선보이고 이후 책으로 출간한 *Mere Literature, and Other Essays* (1896) 중 p. 226에서 발췌했다. 두 번째("한때 험하고 고요했던 이 위대한 대륙")의 출처는 *The Forum* (December 1893), p. 495에 실린 비평 에세이 "Mr. Goldwin Smith's 'Views' on Our Political History"다.

21 "Born Modern: An Overview of the West," https://ap.gilderlehrman.org/essays/born-modern-overview-west.

22 Billington, *Frederick Jackson Turner* (1973), p. 123에서 인용했고 원본은 헌팅턴 도서관 필사문서부: HEH TU 파일 서랍 E, 폴더에 있다. 터너는 〈더 네이션The Nation〉의 초대 편집장 E. L. 고드킨E. L. Godkin의 1865년 에세이에서도 영향을 받았다. 이 에세이는 서부 정착이 예술과 문학에 무관심하고 교육과 추상적 사고를 무시하며 물질적 성공에 집착하는 무식한 자부심을 만들고 있다고 설명했다. "양복점을 성공적으로 관리하는 능력도 재무장관에 적합한 자질로 인정을 받을 것이다." 터너는 이런 비판을 일부 수용했다. 하지만 변경 생활의 '반사회적' 성

격에 대해 짧게 몇 문장 적은 후 이런 반감적 개인주의를 헤겔의 절대 정신과 비슷한 정신으로 바꿔 놓는다. "변경 생활의 조건에서 대단히 중요한 지적 특징이 나왔다 ··· 미국의 지성이 그토록 독보적인 특징을 보이는 것은 변경 덕분이다."

23 위에서 인용한 1918년 강연 'Middle Western Pioneer Democracy'를 통해 터너는 개인주의와 협동의 정확한 균형을 바탕으로 국가 이전 시민 사회의 이상을 상세히 설명한다. 미국주의를 떠받치는 몇 가지 전제를 구체적으로 보여 주므로 다소 길지만 인용할 필요성을 느꼈다. "이들이 [개척자들이] 비공식적인 연합 행위로 개인의 활동을 보완할 수단이 있었다는 사실은 처음부터 명백했다. 초창기 미국에 형행을 온 사람들은 법의 지배를 받지 않는 자발적인 연합에 감탄하곤 했다 ··· 정부 기관의 개입 없이도 공통의 목표를 위해 협력하는 힘은 새로 도착한 개척자들을 구분하는 한 가지 특성이었다. 통나무를 굴리고, 집을 짓고, 함께 옥수수 껍질을 까고, 사과 껍질을 벗긴다. 공유, 야외 집회, 채광소, 자경단, 소 사육자 협회, '신사들의 합의'로 땅에 소유권을 확보하려는 투기꾼들에 맞서 스스로를 보호하는 불법 거주자 연합도 이런 태도를 보여 주는 몇 가지 예다 ··· 구세계라면 정부 개입과 강요 없이 하지 않고, 할 수 없는 많은 일이 미국에서는 사람들의 비공식적인 연합과 이해로 가능하다. 미국의 이러한 연합의 기원은 예전부터 부족이나 마을 공동체에 내려오는 관습이 아니다. 자발적인 행동으로 급조된 문화였다. 연합의 활동에는 법과 유사한 권한이 있어 ··· 초창기 오지 민주주의의 문화와 종교적 특성을 더하면 그들을 더욱 쉽게 이해할 수 있다. 이들은 감수성이 풍부했다. 주변의 야만인들에게서 숲속의 개척지를 얻어 내며, 개척지를 넓히고 공동체가 몇 개 없었던 연방의 시작을 목격했고 연방들이 미시시피강을 따라 손을 잡는 모습을 보며 이 민주주의가 계속해서 팽창할 수 있다고 열렬히 낙관하고 확신하게 되었다. 자신의 운명을 믿었다. 낙관적인 신념의 배경에는 통치 능력에 대한 믿음과 팽창에 대한 열망이 있었다. 미래를 보며 ··· 어쩌면 평소 고립되어 살았기 때문에 캠프나 정치 집회 같은 연합으로 함께했을 때 서로 공유하는 감정과 열의의 힘을 느꼈을지도 모른다. 스코틀랜드-아일랜드계 장로교, 침례교, 감리교 등 종교와 상관없이 이들은 종교와 정치에 감정을 가득 실었다. 연단과 설교단은 에너지가 모이는 전지電池로 불을 멀리까지 퍼뜨릴 수 있었다. 종교와 민주주의를 모두 느꼈고 그것을 위해 싸울 준비가 되어 있었다. 이

민주주의로 수많은 사람은 사회적으로 진심 어린 동지 의식을 느꼈다."

24 존 오설리반은 '명백한 운명'이라는 표현을 처음 사용한 1845년 에세이에서 미
국이 멕시코 대부분을 포함해 아메리카 대륙을 차지하게 된 배경을 설명했다.
"정부의 개입 없이 … 상황이 자연스럽게 흘렀고 원칙이 저절로 작용했다. 인
위적이지 않은 자연환경 속에서 인종의 성향과 욕구에 순응한 결과였다." John
O'Sullivan, "Annexation," *United States Magazine and Democratic Review*, (July-
August 1845), vol. 17, no.1, pp. 5–10.

25 Turner, "Middle Western Pioneer Democracy," p. 303.

26 Turner, "The West and American Ideals," p. 298.

27 Frederick Jackson Turner, "Social Forces in American History" (1921), p. 319.

28 Turner, "The West and American Ideals," p. 300.

29 Turner, "Social Forces in American History," p. 318.

30 Turner, "The West and American Ideals," p. 305.

31 Turner, "The West and American Ideals," p. 299.

32 Limerick, "Turnerians All: The Dream of a Helpful History in an Intelligible
World," p. 706에서 인용했다.

33 Turner, "Social Forces in American History," p. 318.

34 "Contributions of the West," in Faragher, *Rereading Frederick Jackson Turner*, p.
92.

35 "Contributions to American Democracy," in Turner, "Middle Western Pioneer
Democracy," p. 261.

36 "The Ideals of America," *Atlantic Monthly*, vol. 90 (December 1902): 721–34.

37 "The Ideals of America," p. 726.

38 필리핀, 괌, 푸에르토리코 점령은 미국주의에서 앵글로색슨 우월주의를 제거하
려는 터너 같은 사람들의 노력을 물거품으로 만들었다. 대법원은 1901년에 헌
법에 나온 권리가 새로운 점령지에 미치지 않는다고 판결을 내렸다. '앵글로색
슨인의 성질에 자연히 내재된 정의의 원칙들'을 바탕으로 했기 때문이었다. 법
원은 체로키족이 '국내 종속 국가'라고 했던 1831년 판결을 반영해 푸에르토리코
를 '내정적 외국foreign in a domestic sense'으로 정의했다. 같은 시기에 유럽 중부와 남

부에서 노동자 수백만 명이 미국으로 들어오며 이민과 관련한 논쟁도 앵글로색슨인에 대한 정의를 내렸다. 1896년에 상원의원 헨리 캐벗 로지 시니어Henry Cabot Lodge, Sr.는 앵글로색슨인이 다른 인종에게는 없는 '정신적·도덕적 특성'을 지니고 있어 자치 정부를 운영할 수 있다고 말했다.

39 Turner, "Social Forces in American History," p. 315.

40 Christina Duffy Burnett and Burke Marshall, eds., *Foreign in a Domestic Sense: Puerto Rico, American Expansion, and the Constitution* (2001). 특히 마크 와이너의 에세이 "Teutonic Constitutionalism," pp. 48–81에서는 각주에 나온 정복이 제기한 '헌법적 의문'을 소개한다. '내정적 외국'이라는 표현과 관련해서는 *Supreme Court Reporter*, vol. 21, October 1900 Term (1901), p. 967을 참고하라.

41 전쟁 이후 1919년에 터너는 긴 편지로 자신과 우드로 윌슨과의 관계를 요약했다. 터너는 유럽의 분쟁에 개입하고 싶은 마음이 윌슨보다도 컸지만 미국 내 여론이 모일 때까지 대통령의 의견을 따랐다고 말한다. 윌슨은 멕시코에 두 번 군대를 보냈지만 터너는 멕시코에 그보다 더 공격적이고 간섭주의적인 정책을 원했다는 뜻도 넌지시 밝힌다. "나는 멕시코에 대해 그분만 한 인내심이 없었고, 거기서 보인 행보 때문에 독일의 건방이 심해졌다고 생각한다." Wendell Stephenson, "The Influence of Woodrow Wilson on Frederick Jackson Turner," *Agricultural History* (October 1945), vol. 19, no. 4, pp. 249–53.

42 Turner, "Middle Western Pioneer Democracy," p. 357.

43 Ronald Fernandez, *The Disenchanted Island: Puerto Rico and the United States in the Twentieth Century* (1996), p. 56.

44 Link, ed., *The Papers of Woodrow Wilson*, vol. 32, p. 187.

45 United States, *Report of the Industrial Commission* (1901), p. 198.

46 Adam Hochschild, "When Dissent Became Treason," *New York Review of Books* (September 28, 2017).

47 Turner, "Middle Western Pioneer Democracy," p. 359.

48 이퀄 저스티스 이니셔티브Equal Justice Initiative는 재건 시대 이후(1877년부터) 발생한 린치 사건의 수를 4,400건 이상으로 본다(https://eji.org/national-lynching-memorial).

49 터너는 스콧 니어링scott Nearing 같은 사회주의자들에게 대단한 영향력을 발휘했다. 윌슨의 전쟁을 반대해 기소되기도 했던 니어링은 배심원단에게 보낸 탄원서에 미국 내 부의 집중을 역사적으로 분석했다. 니어링은 이렇게 썼다. "2세대 전, 미국이 삶에 적응하는 과정에는 변경이라는 형태의 안전밸브가 있었습니다. 변경에는 값싼 목초지가 있었고 농지, 목재, 광물이 공짜였습니다. 현재 미국에 있는 모든 최상급 토지에는 가격이 붙어 있습니다." *The Coal Question* (1918), p. 11. *The Trial of Scott Nearing* (1919), p. 188도 있다.

50 Edmund Morris, *The Rise of Theodore Roosevelt* (2010), p. 824.

51 Marcus Klein, *Easterns, Westerns, and Private Eyes: American Matters, 1870–1900* (1994), p. 110; Owen Wister, "The National Guard of Pennsylvania," *Harper's Weekly* (September 1, 1894), pp. 824–26.

52 Michael Duchemin, *New Deal Cowboy* (2016); Holly George-Warren, *Public Cowboy No. 1: The Life and Times of Gene Autry* (2007).

8. 1898년의 약속

1 Ron Andrew, *Long Gray Lines: The Southern Military School Tradition, 1839–1915* (2001), p. 2.

2 Cothran and Kelman, "How the Civil War Became the Indian Wars."

3 Cothran and Kelman, "How the Civil War Became the Indian Wars."

4 Richard White, *It's Your Misfortune and None of My Own: A New History of the American West* (2015), p. 100.

5 Matthew Westfall, *The Devil's Causeway: The True Story of America's First Prisoners of War in the Philippines* (2012), p. 138.

6 클리블랜드의 연설문 초고에 있던 구절로 월터 레이퍼버Walter LaFeber의 박사학위 논문 "The Latin American Policy of the Second Cleveland Administration," University of Wisconsin, Madison (1959), p. 224에서 인용했다.

7 Richard Wood, "The South and Reunion, 1898," *The Historian* (May 1969), vol. 31, pp. 415–30.

8   Wood, "The South and Reunion, 1898," p. 421.

9   United Spanish War Veterans, *Proceedings of the Stated Convention of the ... National Encampment* (1931), vol. 33, p. 73.

10 Kristin Hoganson, *Fighting for American Manhood: How Gender Politics Provoked the Spanish–American and Philippine–American Wars* (1998), p. 74.

11 United Spanish War Veterans, Proceedings of the Stated Convention of the ... National Encampment, p. 69.

12 Hoganson, *Fighting for American Manhood*, p.73에서 인용했다. Joseph Fry, The American South and the Vietnam War: Belligerence, Protest, and Agony in Dixie (2015)도 있다.

13 Robert Bonner, *Colors and Blood: Flag Passions of the Confederate South* (2004), p. 165. 그중에서도 "Conquered Banners"라는 장을 참고할 것

14 Gaines M. Forster, *Ghosts of the Confederacy: Defeat, the Lost Cause, and the Emergence of the New South* (1987); Ralph Lowell Eckert, *John Brown Gordon: Soldier, Southerner, American* (1993), p. 329; *Minutes of the ... Annual Meeting and Reunion of the United Confederate Veterans* (1899), p. 27.

15 Edward Ayers, *The Promise of the New South* (2007), p. 332.

16 Ayers, *The Promise of the New South*, p. 329.

17 *Minutes of the ... Annual Meeting and Reunion of the United Confederate Veterans*, p. 27.

18 *Minutes of the ... Annual Meeting and Reunion of the United Confederate Veterans*, p. 111.

19 United Spanish War Veterans, *Proceedings of the Stated Convention of the ... National Encampment*, p. 73.

20 필리핀 관련: Paul Kramer, *The Blood of Government: Race, Empire, the United States, and the Philippines* (2006), pp. 102–44; 아이티 관련: Mary Renda, *Taking Haiti: Military Occupation and the Culture of U. S. Imperialism, 1915–1940* (2004), pp. 155–56; 도미니카 공화국 관련: Bruce Calder, "Some Aspects of the United States Occupation of the Dominican Republic, 1916–1924," PhD thesis,

University of Texas, Austin (1974), pp. 153–55.

21 "Statement of Mr. William Joseph Simmons," *The Ku-Klux Klan: Hearings Before the Committee on Rules*, House of Representatives, Sixty-Seventh Congress, First Session (1921), pp. 66–73.

22 House of Representatives, *The Ku-Klux Klan: Hearings Before the Committee on Rules*, p. 68.

23 Jack Foner, *Blacks and the Military in American History: A New Perspective* (1974), p. 76.

24 Willard Gatewood, *Black Americans and the White Man's Burden, 1898–1903* (1975), p. 54.

25 Barbara Foley, *Spectres of 1919* (2003), p. 133.

26 David Blight, *Race and Reunion* (2009), p. 352.

27 "Our Patriotic Rebels," *Brooklyn Daily Eagle*, August 26, 1917.

28 Link, ed., *The Papers of Woodrow Wilson*, vol. 37, p. 128.

29 James Scott Brown, *President Wilson's Foreign Policy* (1918), p. 301.

30 Laurent Dubois, *Haiti: The Aftershocks of History* (2012), p. 226; Hans Schmidt, *Maverick Marine* (2014), p. 84.

31 토머스가 약혼녀 베아트리스에게 보낸 편지는 이와 관련해 보관 상태가 가장 우수한 자료집으로 추정되며, 당시 상황을 들여다볼 수 있는 귀중한 자료다. 역사학자 마이클 슈뢰더Michael Schroeder 덕분에 편지 모음은 여기서 볼 수 있다: http://www.sandinorebellion.com/USMC-Docs/Images-ThomasLetters/EmilThomasCollectionTranscripts-REV.pdf. 추가 자료: Schroeder's "Bandits and Blanket Thieves, Communists and Terrorists: The Politics of Naming Sandinistas in Nicaragua, 1927–36 and 1979–90," *Third World Quarterly* (2008), vol. 26, no. 1.

32 각주에 나온 오키나와 관련 정보를 알고 싶다면 William Griggs, *The World War II Black Regiment That Built the Alaska Military Highway* (2002), p. 9, and Irving Werstein, *Okinawa* (1968), p. 162를 참고하라.

33 *The Crisis*, April 1952, p. 242.

34 John Coski, *The Confederate Battle Flag* (2009), p. 112.

35 NAACP의 〈더 크라이시스〉 편집장인 듀보이스는 1912년 대통령 선거 때도, 이후 전쟁 결정을 내렸을 때도 우드로 윌슨을 지지했다. 윌슨에 환상이 있었던 것은 아니다. 그러나 린치가 증가하고 KKK단이 재결집하던 20세기 초에, 듀보이스는 "학식 있는 대통령이 남부의 과두 조직을 돕지 않을 것이다."라는 작은 소망을 품었다. 하지만 윌슨은 인종 차별을 막지 못했을 뿐만 아니라 인종 차별을 부추겼다. 이후 1920년에 듀보이스는 '백인 민족의 영혼The Souls of White Folk'이라는 에세이를 발표해 전쟁을 무섭게 비난했다. 윌슨과 시어도어 루스벨트를 포함해 듀보이스가 참아 내야 했던 백인 우월주의자들 —"초인이며 세계를 지배하는 반신반인이었다"— 은 전대미문의 파괴 행위를 벌이는 유럽에 동참했다. 듀보이스는 "우리를 때리고 비난하고 죽이던 백인 세계가 잠시 돌아서서 서로를 죽였다."라고 썼다. "피부가 검은 우리 같은 사람은 조금 놀란 채로 구경했다." 브랜다이스 대학교의 역사학자 채드 윌리엄스Chad Williams는 1963년 세상을 뜬 듀보이스의 800쪽짜리 미출간 원고 '흑인과 상처 입은 세계The Black Man and the Wounded World'를 책으로 쓰고 있다. 듀보이스는 수십 년 동안 조사를 하며 아프리카계 미국인 퇴역군인들을 두루 인터뷰했다.

9. 변경의 요새

1 Rachel St. John, *Line in the Sand: A History of the Western U. S.–Mexico Border* (2011), p. 3.

2 Michael Pearlman, *Warmaking and American Democracy* (1999), p. 101.

3 Karp, *This Vast Southern Empire*, p. 120.

4 St. John, in *Line in the Sand*, p. 41에는 이렇게 쓰여 있다. "미국의 명백한 운명에 대한 예전의 논쟁을 모방해 … 팽창주의자들은 합병 요구를 받아들였다. 그들은 인위적인 국경으로 나뉘어 있을 뿐 애리조나와 소노라가 같은 땅에 속한다고 주장했다."

5 Kris Fresonke, *West of Emerson: The Design of Manifest Destiny* (2003), p. 80.

6 "United States v. Erick Bollman and Samuel Swartwout," *Reports of Cases, Civil* *and Criminal in the United States Circuit Court of the District of Columbia* (1852), p. 385.

7 Joseph Rice, *The Hampton Roads Conference* (1903), pp. 10–11, 18–19, https://babel.hathitrust.org/cgi/pt?id=loc.ark:/13960/t3zs34s29;view=1up;seq=1. 각 주의 인용문 관련: Ted Worley, ed., "A Letter Written by General Thomas C. Hindman in Mexico," *Arkansas Historical Quarterly* (1956), vol. 15, no. 4, pp. 365–68은 멕시코에 잠깐 생겼다 사라진 남부연합 식민지에 대해 자세히 설명한다. Andrew Rolle, *The Lost Cause: The Confederate Exodus to Mexico* (1965)도 참고하면 좋을 책이다.

8 John Mason Hart, *Empire and Revolution: The Americans in Mexico Since the Civil War* (2006), 특히 제1장인 'Arms and Capital'은 소유권 주장과 투자의 역사를 설명한다는 점에서 매우 유용하다.

9 청구위원회에서 쿠싱이 한 역할 관련: Allison Powers, "Settlement Colonialism: Law, Arbitration, and Compensation in United States Expansion, 1868–1941," doctoral dissertation, Columbia University(2017). 사회의 흐름에 관해 가장 먼저 이론을 정립한 쿠싱은 이론을 실전에 적용해 정책과 외교를 통한 확장을 주창했다. 그는 존 타일러John Tyler 대통령의 대사로서 중국과의 첫 번째 조약을 협상해 중국에 미국 수출품 시장을 열기도 했다. 멕시코 전쟁에 참전한 후에는 법무장관에 임명되어 노예주와 노예폐지론자의 갈등을 증폭시킨 캔자스 네브래스카 법을 추진했다. 노예폐지론자들의 분노를 사고 자유주와 노예주의 관계를 악화시킨 법의 바탕에 있던 잭슨주의의 '국민 주권' 원칙은 백인 정착민에게 자신의 영토가 자유주인지, 노예주인지 결정할 권리를 주었다. 다시 말해, 자유란 곧 백인이 흑인을 노예로 부릴 것인지 결정할 자유라고 명확하게 정의하고 있었다. 법무장관으로서 남부를 달래기 위해 쿠싱은 노예에게 탈출구가 없다고 못을 박고 도망친 노예는 남부의 주인에게 돌아와야 한다고 의무화하는 도망노예법을 강행했으며 심지어 그 법이 인디언 거주지에도 적용된다고 해석했다. 남북전쟁 이후 쿠싱은 바하칼리포르니아에서 부동산 투기를 하고 멕시코에 보상금을 요구하는 미국 고소인들을 도왔다. 1868년에는 콜롬비아에서 외교관으로서 마지막 활동을 하며 파나마 운하에 대한 통행권 제안을 협상했다(당시에 파나마는 아

직 콜롬비아의 주였다).

10 Hart, *Empire and Revolution*, p. 41.

11 *Monthly Bulletin of the International Bureau of the American Republics*, July–December 1899, p. 475.

12 *Monthly Bulletin of the International Bureau of the American Republics*, p. 473.

13 Richard Griswold del Castillo, *The Treaty of Guadalupe Hidalgo: A Legacy of Conflict* (1992), p. 83.

14 Stuart Banner, *How the Indians Lost Their Land: Law and Power on the Frontier* (2005), p. 185.

15 Philip Russell, *The History of Mexico* (2011), p. 277.

16 야키족은 나폴레옹 3세 점령군이 패배한 1860년대부터 쫓겨나기 시작했다(야키족은 프랑스 편에서 싸웠다). 그러나 1903년 멕시코 전쟁부의 보고를 보면 추방 속도를 더 높이라고 요구한다. 보고에 따르면 야키족의 저항을 무너뜨릴 방법은 몰살, 강제 추방, 영토의 식민지화 이렇게 세 가지였다. 정부는 사실상 세 가지 방법을 전부 도입했다. Francisco Troncoso, *Las guerras con las tribus yaqui y mayo* (1905). Evelyn Hu-DeHart, "Peasant Rebellion in the Northwest: The Yaqui Indians of Sonora," *Riot, Rebellion, and Revolution*, Friedrich Katz, ed. (1988), pp. 168–69.

17 William Carrigan and Clive Webb, *Forgotten Dead: Mob Violence Against Mexicans in the United States* (2013).

18 Katherine Benton-Cohen, *Borderline Americans* (2009), pp. 83–84.

19 Benjamin Johnson, *Revolution in Texas: How a Forgotten Rebellion and Its Bloody Suppression Turned Mexicans into Americans* (2003). 샌디에이고 계획Plande San Diego 음모와 텍사스 레인저가 토지를 강탈할 수 있었던 방법을 확인할 수 있다.

20 기억 프로젝트 웹페이지: https://www.refusingtoforget.org/the-history.

21 Shawn Lay, *War, Revolution, and the Ku Klux Klan* (1985), p. 35.

22 각주 관련 정보: David Dorado Romo, *Ringside Seat to a Revolution: An Underground Cultural History of El Paso and Juárez, 1893–1923* (2005), p. 223.

23 St. John, *Line in the Sand*, p. 183.

24 Linda Gordon, *The Second Coming of the KKK* (2017); Shawn Lay, "Revolution, War, and the Ku Klux Klan in El Paso," University of Texas, El Paso, PhD thesis (1984), p. 101.

25 Nancy MacLean, *Behind the Mask of Chivalry: TheMakingof theSecond Ku Klux Klan* (1994)은 KKK단과 유럽의 파시즘을 비교한다.

26 Hiram Wesley Evans, "The Klan's Fight for Americanism," *North American Review* (March–May 1926), pp. 33–63.

27 House of Representatives, *The Ku-Klux Klan: Hearings Before the Committee on Rules*, p. 6.

28 Shawn Lay, *Invisible Empire in the West* (2004) 중 "Imperial Outpost on the Border: El Paso's Frontier Klan No. 100.": 여기서 언급된 엘파소 관련 내용은 대부분 같은 책의 "War, Revolution, and the Ku Klux Klan in El Paso"에서 참고했다.

29 Lay, "War, Revolution, and the Ku Klux Klan in El Paso," p. 69.

30 Mae Ngai, *Impossible Subjects: Illegal Aliens and the Making of Modern America* (2003). 미국 국경경비대 창설 초반 KKK단의 활동을 알 수 있다. Miguel Antonio Levario, *Militarizing the Border* (2012), p. 167; F. Arturo Rosales, *Chicano!* (1996), p. 26; David Bradley and Shelley Fisher Fishkin, *Encyclopaedia of Civil Rights in America* (1997), p. 125; George Sánchez, *Becoming Mexican American: Ethnicity, Culture, and Identity in Chicano Los Angeles* (1993), p. 59.

31 "Protect Mexicans, Hughes Tells Neff," *New York Times* (November 17, 1922); Mark Reisler, "Passing Through Our Egypt: Mexican Labor in the United States, 1900–1940," PhD thesis, Cornell University (1973), p. 243; "Protecting Mexicans in the United States," *New York Times* (November 18, 1922); "Mexicans and Negroes Flee," *New York Times* (November 16, 1922); "Mexico Protests Texas Mob Threat," *New York Times* (November 16, 1922).

32. "Texans Will Fight Quota on Mexicans," *New York Times* (December 4, 1927).

33. Greg Bailey, "This Presidential Speech on Race Shocked the Nation,"

History News Network (October 26, 2016), https://historynewsnetwork.org/ article/164410. 이 시기의 전반적인 상황: Kelly Lytle Hernández, *City of Inmates* (2017); Hans Vought, *The Bully Pulpit and the Melting Pot* (2004); Natalia Molina, *Fit to Be Citizens? Public Health and Race in Los Angeles, 1879–1939* (2006); S. Deborah Kang, *The INS on the Line: Making Immigration Law on the US-Mexico Border, 1917–1954* (2017).

34 Kelly Lytle Hernández, *Migra!* (2010), pp. 56–57에서는 미국 국경경비대 초창 기 대원들의 사회적 지위를 자세히 설명하고 국경경비대가 인종 차별을 제도화 했다고 주장한다. 또한 경비대원들이 대규모 목장주들에 영향력을 미치기 위 해 '선별적 이민 집행'을 이용했다고도 주장한다. 주류 밀반입 같은 '도덕적' 문제 에 집중하는 한편, 지주들에게는 경비대에 호의를 베풀어야 지금처럼 저렴한 노 동력을 구할 수 있다는 사실을 틈틈이 일깨워 주었다. 추가 자료: Hernández's "Entangling Bodies and Borders: Racial Profiling and the United States Border Patrol, 1924–1955," PhD dissertation, UCLA (2002).

35 Lay, "War, Revolution, and the Ku Klux Klan in El Paso," p. 75.

36 Kelly Lytle Hernández, "How Crossing the U.S.-Mexico Border Became a Crime," *The Conversation* (May 1, 2017)은 같은 저자의 *City of Inmates*를 바탕 으로 했다. https://theconversation.com/how-crossing-the-us-mexico-border-became-a-crime-74604.

37 "The Perils of the Mexican Invasion," *North American Review* (May 1929).

38 Abraham Hoffman, *Unwanted Mexican Americans in the Great Depression: Repatriation Pressures, 1929–1939* (1974), p. 43; Robert McKay, "The Federal Deportation Campaign in Texas: Mexican Deportation from the Lower Rio Grande Valley During the Great Depression," *Borderlands Journal* (Fall 1981), vol. 5.

39 Sánchez, *Becoming Mexican American*, p. 211.

40 데이비드 베이트먼David Bateman, 아이라 카츠넬슨Ira Katznelson, 존 라핀스키John Lapinski가 지적했듯, 20세기 초에는 전보다 더 명확한 백인 정체성을 기반으로 한 '남부 국가Southern Nation'의 권력이 돌아왔다. Bateman, Katznelson, and Lapinski,

eds., *Southern Nation: Congress and White Supremacy After Reconstruction* (2018).

41 Joseph Nevins, *Operation Gatekeeper and Beyond* (2010), p. 242에서 인용했다. Roxanne Dunbar-Ortiz, *Loaded: A Disarming History of the Second Amendment* (2018), p. 125는 할런 카터의 사연을 소개한다. Mark Ames, "From 'Operation Wetback' to Newtown" (December 17, 2012)도 마찬가지: https://www.nsfwcorp.com/dispatch/newtown/.

10. 심리적 왜곡

1 Walter Weyl, *The New Democracy* (1912), p. 35. 이후로도 인용된 웨일의 말은 이 책에서 나왔으며 다음 링크를 통해서도 내용을 볼 수 있다. https://archive.org/stream/newdemocracy00weyl/newdemocracy00weyl_djvu.txt.

2 Lewis Mumford, *The Golden Day* (1926) 중 다수 인용. 대공황 이전에 변경이 미국의 생활과 사상에 미친 영향을 비판하는 에세이로 존 듀이John Dewey의 "The American Intellectual Frontier," *New Republic* (May 10, 1922)도 있다. 현대에 와서 프런티어 사관에 어떤 반발이 있었는지, 프런티어 사관이 논쟁의 범위를 어느 정도로 규정했는지 명쾌하게 보여 준다. "Exit Frontier Morality," *New Republic* (January 2, 1924)도 참고하면 좋을 것이다.

3 Stuart Chase, *A New Deal* (1932), 전문은 하티트러스트Hathi Trust에서 볼 수 있다: https://hdl.handle.net/2027/mdp.39015063999323.

4 Rexford Tugwell, *The Democratic Roosevelt* (1957), p. 56.

5 1931년에 위스콘신 주지사 필립 라폴레트Philip La Follette는 프런티어 사관을 길게 요약한 말로 첫 취임사를 시작했다. 그는 위스콘신 출신 터너를 이용해 위스콘신에서 현재 정체 중인 진보 운동의 유산을 되찾았다. "오늘날에는 새로운 영토에서 새로운 자유와 새로운 기회를 찾을 수 없습니다. 우리가 자유를 찾고 기회를 만들기 위해서는 정치와 경제 질서를 현명하고 용감하게 바로잡고 우리 시대에 맞게 요구와 조건을 바꿔야 합니다." 루스벨트의 연설문을 볼 수 있는 곳: http://teachingamericanhistory.org/library/document/commonwealth-club-

address/.

6 David Siemers, *Presidents and Political Thought* (2010), p. 145.

7 *Public Papers of the Presidents of the United States: F. D. Roosevelt, 1936* (1938), vol. 5, p. 195.

8 Cass Sunstein, *The Second Bill of Rights* (2009), p. 18.

9 *Public Papers of the Presidents of the United States: F. D. Roosevelt, 1935* (1938), vol. 4, p. 47.

10 "No More Frontiers," *Today* (June 26, 1935).

11 Turner, "The West and American Ideals," p. 293.

12 Steven Kesselman, "The Frontier Thesis and the Great Depression," *Journal of the History of Ideas* (April–June 1968), vol. 29, no. 2, pp. 253–268.

13 Frances Perkins, *People at Work* (1934), pp. 11, 26–27.

14 다코타 평원에서 나고 자란 한센은 '미국의 케인스'로 자주 묘사되며 FDR에게 가장 중요한 참모였다. 그는 미국의 서부 변경이 닫힌 후에도 개척과 식민주의를 바탕으로 한 광범위한 확장이 바깥의 '세계 변경'에서 계속되었다고 했다. 그러나 세계 변경마저 고갈되며 '장기적 침체' 시대가 찾아왔다. 한센은 진보적인 정부가 조절하고 유도하는 자본 팽창을 주장하고 있었다. "우리의 선택지는 '계획과 무계획'이 아니다." 한센은 1941년에 썼다. "민주적 계획과 전체주의적 통제 중 하나를 선택해야 한다." FDR의 참모로서 한센은 사회 보장 제도의 설계를 돕고 1946년 고용법Employment Act의 초안을 작성했다. 원래는 '완전고용법Full Employment Act'이 될 예정이었지만 공화당과 민주당의 보수파의 반대로 야망이 꺾였다.

15 "NRA Held New Frontier," *Los Angeles Times* (November 11, 1933).

16 1930년대부터 간행된 *The Social Frontier*는 진보적인 교육을 촉진하기 위한 저널이다. 이 표현의 의미는 다음과 같다. "경제와 정부의 개인주의와 자유방임주의 시대는 저물고 집산주의라는 새로운 시대가 부상하고 있다."

17 뉴딜의 문화다원론이 뉴멕시코에 적용된 기원: Suzanne Forrest, *The Preservation of the Village: New Mexico's Hispanics and the New Deal* (1998), pp. 76, 222. 각주에 나와 있는 터그웰의 졸업 연설은 "Your Future and Your

Nation," *New Mexico Quarterly* (1935), vol. 5, no. 3에서 볼 수 있다.

18 Mae Ngai, *Impossible Subjects: Illegal Aliens and the Making of Modern America* (2004), pp. 83–86. 추가 자료: Kang, *The INS on the Line*, p. 71. 10장 후반에 나오듯 농장 노동자들은 대부분 뉴딜이 제시하는 노동권의 보호를 받지 못했다. 그러나 퍼킨스는 농장 노조를 지원하기 위해 최선을 다했다. 멕시코 이주자가 만든 조합도 예외가 아니었다. 1936년에 멕시코 이주자들이 멕시코 외교관의 조종을 당해 파업을 하고 있다고 캘리포니아 농장주들이 비난했을 때 퍼킨스는 노동자들의 편에 서서 개입했다.

19 훗날 주요 석유 회사들의 이익을 중동에 집중시켰던 뉴딜의 석유 코포라티즘으로 사우디아라비아에서 FDR은 멕시코의 국유화 프로그램의 합법성을 어느 정도 재량껏 인정할 수 있었다. 사우디아라비아 관련: *Robert Vitalis, America's Kingdom: Mythmaking on the Saudi Oil Frontier* (2009).

20 윌슨 밑에서 미국 외교관들은 미국의 석유 산업을 위해 적극적으로 나서서 소위 말하는 '수용권eminent domain' 원칙의 급진적 팽창에 반대했다. 미국은 지난 세월 동안 비슷한 원칙을 적용해 대개 원주민에게서 땅을 몰수하고 철도 등 국가 이익에 필수적이라고 생각한 프로젝트들을 건설해 익숙했다. 그러나 멕시코는 수용권 원칙을 '지하' 재산(즉, 석유와 광물)까지 확대해 외국인이 소유한 사유재산도 압수할 수 있었다. 그래서 1920년대 내내 미국 정부는 멕시코를 버림받은 나라로 만들었다. 크리스티 손턴Christy Thornton은 신작 *Revolution in Development: Mexico and the Governance of the Global Economy*에서 이와 같은 재산권에 대한 경쟁적인 관념에 초점을 맞출 것이다. 추가 자료: Grandin, "The Liberal Traditions in the Americas."

21 그러나 진 오트리의 1939년 영화 《국경의 남쪽South of the Border》는 카르데나스의 멕시코를 호의적이지 않은 시선으로 그린다. 국유화된 유정탑은 할 일 없이 방치되고, 혁명가들은 이념에 취해 범미주 반나치 동맹의 가능성을 위협하고 멕시코 국민을 '절망과 부족'에 빠뜨린다.

22 멕시코가 뉴딜에 미친 영향과 이 문장에 대한 정보: Tore Olsson, *Agrarian Crossings: Reformers and the Remaking of the U.S. and Mexican Countryside* (2017). 이후 나오는 논의도 대부분 이 명작에서 가져왔다.

23 John Francis Bannon, Bolton and the Spanish Borderlands (1974), p. 328.

24 Olsson, Agrarian Crossings, pp. 77-78.

25 Joseph Harsch, "America's Foreign Policy Restated," Christian Science Monitor
(January 18, 1939).

26 Thomas Ferguson and Joel Rogers, Right Turn: The Decline of the Democrats
and the Future of American Politics (1986). Steve Fraser and Gary Gerstle, eds.,
The Rise and Fall of the New Deal Order (1989)도 있고, Thomas Ferguson,
"Industrial Conflict and the Coming of the New Deal: The Triumph of
Multinational Liberalism in America."는 특히 도움이 될 것이다.

27 역사학자 데이비드 케네디David Kennedy는 뉴딜이 도시를 기반으로 한 자본집약적
산업 발달에 자원을 투자하면 더 좋았을 것이라 쓴다. 그 대신 프런티어 사관이
제시한 구조는 터그웰 같은 사람의 날카로운 분석만이 아니라 코포라티즘에 제
동을 걸 감상주의도 배출했다. 케네디는 이렇게 쓴다. "향수, 지적 관성, 정치적
압력은 뉴딜 연합을 옥수수 밭과 목초지와 목가적 전원의 국가 신화가 있는 과
거로 유혹했다. 그리고 깡마르고 굶주린 농업 로비의 품에 감싸 안았다." David
Kennedy, Freedom from Fear: The American People in Depression and War,
1929-1945 (1990).

28 "FSA, Farmers' Union Attacked by Cotton Head," Atlantic Constitution
(November 24, 1942).

29 Jack Temple Kirby, Rural Worlds Lost (1987), pp. 57-58. Donald Holley, Uncle
Sam's Farmers: The New Deal Communities in the Lower Mississippi Valley
(1975), p. 196.

30 Olsson, Agrarian Crossings, p. 56.

31 Jefferson Cowie, Capital Moves: RCA's Seventy-Five-Year Quest for Cheap Labor
(2001) p. 106.

32 브라세로가 시행된 직후, 자국의 노동력 부족을 걱정한 멕시코 정부는 미국 정
부가 미등록 노동자의 흐름을 더 막지 않는다면 프로그램에서 빠지겠다고 했다
고 역사학자 켈리 라이틀 에르난데스는 기록한다. 루스벨트 정부는 요구를 받
아들였다. 연방 정부는 국경경비대의 책임 감독관이 '멕시코 불법체류자에 대한

집중 몰이'라고 묘사한 조치를 취했다. 캐나다 국경을 지키던 요원들이 남쪽 국경에 모였다. 미국 정부는 국경경비대의 예산과 인력을 대폭 늘렸고 멕시코 정부와 보완적 협약을 맺고 국경을 초월하는 통합 추방 제도를 만들었다. 에르난데스는 '멕시코인 추방 특수 부대' —신속대응팀— 가 국경뿐만 아니라 북쪽의 미네소타·시카고 노스다코타에서도 미등록 노동자를 노려서 체포하고 추방했다고 쓴다. 추방된 노동자를 인계 받은 멕시코 당국은 그들이 다시 미국으로 몰래 들어가지 못하도록 멕시코 내륙으로 '수송'했다. Kelly Lytle Hernández, "The Crimes and Consequences of Illegal Immigration: A Cross-Border Examination of Operation Wetback, 1943 to 1954," *Western Historical Quarterly* (2006), vol. 37, no.4, pp. 421–44.

33 Truman Moore, *The Slaves We Rent* (1965); Dale Wright, *They Harvest Despair* (1965). 이 말은 1960년 추수감사절과 크리스마스 사이에 CBS에서 한 특별 보도 방송《부끄러운 수확Harvest of Shame》에서 인용했다. 에드워드 R. 머로Edward R. Murrow가 진행한 방송은 미국 시민인 농장 노동자들도 다룬다.

34 "World Needs 'True Social Democracy,'" *Washington Post* (April 15, 1945).

35 William Shirer, *Boston Globe* (November 4, 1945).

36 Grandin, "The Liberal Traditions in the Americas: Rights, Sovereignty, and the Origins of Liberal Multilateralism."

37 1951년 노동절에 〈테네시안The Tennessean〉은 '여성, 노동자, 농부'가 일본에서 잘하고 있다며 여기서 인용한 것처럼 미국과 비교했다. 사회권을 넣은 일본 헌법 초안 관련: John Dower, *Embracing Defeat: Japan in the Wake of World War II* (1999).

38 헨리 월리스는 1934년 저서《새로운 변경New Frontiers》에서 당시의 헌법이 사회권의 기초 역할을 할 수 있다는 해석을 믿는다고 했다. 그는 미국이 '재산'의 의미를 '오늘의 현실에 적절히 어울리도록' 재정의하라고 추천하고 있었다.

11. 금빛 수확

1 "Roosevelt Urges Peace Science Plan," *New York Times* (November 21, 1944).

2   Frederick Jackson Turner, "The Problem of the West" (1921), p. 212.

3   John Knox Jessup, "Western Man and the AmericanIdea," *Life*(November 5, 1951).

4   Turner, "The West and American Ideals," p. 293.

5   "Fortune Magazine Proposes Four-Point Post-War Program," *Bankers' Magazine* (May 1942); Raymond Leslie Buell, *The United States in a New World: A Series of Reports on Potential Courses for Democratic Action* (1942).

6   Megan Black, "Interior's Exterior: The State, Mining Companies, and Resource Ideologies in the Point Four Program," *Diplomatic History* (2016), vol. 40, no. 1.

7   구글 엔그램Google Ngram (https://books.google.com/ngrams)에서 '자유적 다자주의liberal multilateralism', '자유적 보편주의liberal universalism', '자유적 국제주의liberal internationalism'를 선택하면 시간에 따른 각 설명자의 상대적인 사용 빈도를 보여준다.

8   Caroline Fraser, Prairie Fires: *The American Dreams of Laura Ingalls Wilder* (2018), p. 450. For the Paterson quote: *The God of the Machine* (1943), p. 65.

9   *Free to Choose* (1981), p. 28밀턴 프리드먼Milton Friedman은 1800에서 1929년 사이에 주를 저지한 변경 시민사회 상리공생mutualism을 찬양하며 터너주의 느낌을 풍긴다.

10 "James M. Buchanan, Economic Scholar and Nobel Laureate, Dies at 93," *New York Times* (January 9, 2013); Nancy MacLean, *Democracy in Chains* (2017); James M. Buchanan, "The Soul of Classical Liberalism," *Independent Review* (2000), vol. 5, no. 1.

11 Frank Holman, *Story of the "Bricker" Amendment* (1954), p. 38.

12 Holman, *Story of the "Bricker" Amendment*, p. 151.

13 *Treaties and Executive Agreements: Hearings Before a Subcommittee of the Committee on the Judiciary, United States Senate, Eighty-Third Congress* (1953), p. 584. 1919년 철새 사건 관련: Edwin Borchard, "Treaties and Executive Agreements: A Reply," *Yale Law Journal* (1945), vol. 54, no. 3, pp. 616–64; 각주의 인용문 관련: House of Representatives, *Hearings Before the Committee on*

Immigration and Naturalization … Relating to the Temporary Admission of Illiterate Mexican Laborers (1920), p. 174.

14 "Sneak Attack on the Constitution," *Chicago Daily Tribune* (December 9, 1951) 참고. 미국변호사협회ABA의 아이디어로 시작된 듯한 이 동원은 U. N. 세계인권선언의 서명으로 촉발되었다: "Curb on President's Treaty Role Voted, 8–4, by Senate Committee," *New York Times* (June 5, 1953); ABA 회장의 증언: *Treaties and Executive Agreements: Hearings Before a Subcommittee of the Committee on the Judiciary, United States Senate, Eighty-Third Congress* (1953), p. 584.

15 "Vote on Constitution of Puerto Rico Bogs," *New York Times* (May14,1952); "Puerto Rican Code Approved by House," *New York Times* (May 29, 1952); "Hit Red Tinge in Puerto Rico Constitution," *Chicago Daily Tribune* (May 15, 1952). 푸에르토리코의 1952년 헌법을 둘러싼 정치는 '사회권'뿐만 아니라 푸에르토리코 내에서 복잡하게 작용한 주권 문제에 대한 근본적인 이슈와도 관련이 있었다. 푸에르토리코 대법원장이었던 호세 트리아스 몬지José Trías Monge는 여기서 더 광범위한 맥락을 설명한다: *Historia constitucional de Puerto Rico*, vol. 4 (1983)와 *Puerto Rico: The Trials of the Oldest Colonyin the World* (1999).

16 Rick Halpern and Jonathan Morris, eds., *American Exceptionalism?* (1997), p. 92. 법학자 캐스 선스타인Cass Sunstein은 린든 베인스 존슨의 위대한 사회 프로그램을 통해 미국 헌법에 사회권이 포함될 시기가 1930년대 아니면 1960년이었다고 지적한다. 그러나 어느 시기에도 미국에는 "헌법 수정에 대한 진지한 논쟁이 없었다. 미국 헌법에 사회권과 경제권을 추가하는 문제에 관한 중요한 논의도 없었다." 제2차 세계대전 이후 미국 정부는 국가에 사회권과 개인권을 모두 보장하는 의무를 부여한 U. N. 세계인권선언에 서명했다. 그때 이후로 미국은 퇴보해 어떤 식으로든 의료 서비스를 약속하는 조약이 있으면 서명을 거부했다. 1993년에 헤리티지 재단은 그것이 '어리석은' 행동이라고 썼다. '풍부한 의료, 주택, 식량은 이익을 추구하는 개인이 이룬 부의 부산물'이지 개인의 이익을 재분배하기 위해 개입한 국가의 산물이 아니기 때문이었다.

17 의회도서관 클레어 부스 루스 문서에 있는 "A Luce Forecast for a Luce Century" (1942년 1월 1일). 자료를 전해 준 닉힐 싱Nikhil Singh에게 감사한다.

18 *Bankers' Magazine*, "Fortune Magazine Proposes Four-Point Post-War Program."

19 Department of State, "Report by the Policy Planning Staff" (February 24, 1948), https://history.state.gov/historicaldocuments/frus1948v01p2/d4.

20 Henry L. Stimson, *On Active Service in Peace and War* (1947), p. 654.

21 발언 내용은 U. S. Congress's *Post-War Economic Policy and Planning* (1944), p. 1082에서 찾았지만 가장 먼저 인용된 곳은 윌리엄 애플먼 윌리엄스의 책이다. "The Nightmare of Depression and the Vision of Omnipotence," *The Tragedy of American Diplomacy* (1962), p. 236.

22 *Resources for Freedom: A Report to the President* (1952), p. 3.

23 *Preliminary Hearings Before the Committee on Foreign Affairs, House of Representatives* (1951), p. 376.

24 Leon Hesser, *The Man Who Fed the World* (2006), p. 66. 록펠러의 멕시코 프로그램을 이끈 사람은 식물병리학자 노먼 볼로그Norman Borlaug였다. 후에 노벨상을 타게 되는 볼로그는 인간의 혁신이 환경의 수용력보다 언제나 한 발 앞선다고 맬서스에 반대하는 주장을 한다; Paul Sabin, *The Bet: Paul Ehrlich, Julian Simon, and Our Gamble over Earth's Future* (2013).

25 Webb, *The Great Frontier*의 서문.

26 와이오밍주 샤이엔에서 한 연설 (1950년 5월 9일), http://www.presidency.ucsb.edu/ws/index.php?pid=13477; Truman, *The American Frontier: Address by Harry S. Truman, President of the United States, July 28, 1951* (1951).

27 Juliet Schor and Douglas Holt, eds., *The Consumer Society Reader* (2000), p. 472에 실린 Betsy Taylor and David Tilford, "Why Consumption Matters."

28 세계 경제 및 사회 발달에 관한 국내 총회National Conference on International Economic and Social Development에서 한 연설 (1952년 4월 8일), http://www.presidency.ucsb.edu/ws/index.php?pid=14453.

29 Hernández, *Migra!*, p. 130. 당시의 목적은 지금과 마찬가지로 미등록 노동자가 더 위험한 경로를 택하게 강요하는 것이었다. 1952년에 이 울타리를 둘러 가려 했던 멕시코인 다섯 명은 캘리포니아 슈퍼스티션산 근처의 임페리얼 밸리에

서 탈수증으로 사망했다. Wayne Cornelius, "Death at the Border: Efficacy and Unintended Consequences of U. S. Immigration Control Policy," *Population and Development Review 27* (December 2001), pp. 661–85.

12. 악령의 흡입관

1 JFK의 '높이 위로'를 포함한 인용문 출처: Richard Drinnon, *Facing West: The Metaphysics of Indian-Hating and Empire-Building* (1980).

2 Milton Bates, *The Wars We Took to Vietnam* (1996).

3 Martin Luther King, Jr., Why We Can't Wait (2011), p. 34.

4 Martin Luther King, Jr., "The Church on the Frontier of Racial Tension" (April 19, 1961), digital.library.sbts.edu/bitstream/handle/10392/2751/King-ChurchOnFrontier.pdf; King, "Fumbling on the New Frontier," *The Nation* (March 3, 1962).

5 *The Papers of Martin Luther King, Jr.* (1992), vol. 6, p. 291.

6 *The Papers of Martin Luther King, Jr.*, vol. 7, p. 273.

7 *The Radical Reader* (2003), Timothy McCarthy and John Campbell McMillian 편집, p. 376에서.

8 Tommie Shelby and Brandon Terry, *To Shape a New World: Essays on the Political Philosophy of Martin Luther King, Jr.* (2018).

9 *The Papers of Martin Luther King, Jr.*, vol. 7, p. 414.

10 David Garrow, *MLK: An American Legacy* (2016).

11 Daniel Lucks, *Selma to Saigon: The Civil Rights Movement and the Vietnam War* (2014), p. 4.

12 인용문의 출처는 윌리엄 페퍼William Pepper의 일러스트 에세이 "The Children of Vietnam," Ramparts (January 1967)다. 킹은 이 에세이에 수록된 글과 사진을 보고 입을 열어야겠다 결심했다고 한다.

13 David Garrow, "When Martin Luther King Came Out Against Vietnam," New York Times (April 4, 2017).

14 2000년대 초반 해외의 전쟁과 국내의 사회 서비스(연방 지출을 통한)의 완전한 거래적 관계를 보여 주는 예: 9/11 이후 뉴욕주 상원의원 힐러리 클린턴Hillary Clinton은 조지 W. 부시의 2002년 전쟁 승인에 찬성하는 대가로 국내 지원금을 얻었다. "대통령 집무실에 앉아 있는데 부시가 내게 물었다. '원하는 게 뭡니까?' 그래서 말했다. '알잖아요, 뉴욕 재건에 200만 달러가 필요해요.' 그러자 부시는 '알았어요.'라고 했고 약속을 지켰다." 그렇게 힐러리는 부시의 전쟁에 표를 던졌다.

15 James E. Westheider, *Fighting on Two Fronts: African Americans and the Vietnam War* (1999).

16 Thomas Borstelmann, *The Cold War and the Color Line* (2001), p. 215; *Jet* (April 4, 1968), p. 9.

17 17. *Jet* (May 16, 1968).

18 킹의 암살 이후 베트남에서 남부연합기 관련: James Westheider, *The Vietnam War* (2007), p. 182; Jason Sokol, *The Heavens Might Crack: The Death and Legacy of Martin Luther King Jr.* (2018); John Jordan, *Vietnam, PTSD, USMC, Black-Americans and Me* (2016), p. 26; Coski, *The Confederate Battle Flag*.

19 *Democrat and Chronicle* (June 14, 1970), p. 39.

20 조지프 프라이Joseph Fry가 최근 작품에서 지적한 것처럼 플로리다 출신 캘리는 남부에서 인기가 대단했다. *The American South and the Vietnam War: Belligerence, Protest, and Agony in Dixie (2015); Joan Hoff, Nixon Reconsidered* (1995), p. 222.

21 캘리를 엘리트 군인들에 희생당한 명예로운 전사로 그리는 운동은 역사의 뒷받침을 받을 수 있었다. 캘리보다 더 심한 사람이 텍사스인인 조지프 덩컨이었다. 1906년 3월에 미국 제6보병사단 사단장이었던 덩컨은 대부분 여성과 아이였던 필리핀인 800명에서 1,000명의 학살을 지휘했다. 덩컨은 루스벨트에게서 개인적으로 전보를 받았다. "귀관과 귀관이 이끄는 장교, 병사들이 그토록 훌륭히 성조기의 명예를 지킨 것에 축하를 보내네." 덩컨은 훗날 준장까지 올라갔고 알링턴 국립묘지에 매장되었다. 캘리는 하필 1898년 협정이 막 풀린 시점에 잔혹한 범죄를 저질렀다는 점에서 운이 나빴다고 할 수 있다. "Roosevelt Congratulates Troops," *Mindanao Herald* (March 17, 1906), p. 1; "Medals for Valor," *Mindanao*

Herald (June 2, 1906), p. 3; "Medal for Dajo Jero," *Mindanao Herald* (July 14, 1906), p. 2.

22 Leo Janos, "The Last Days of the President," *The Atlantic* (July 1973).

23 Greg Grandin, "Secrecy and Spectacle: Why Only Americans Are Worthy of Being Called 'Torturable,'" *The Nation* (December 17, 2014).

24 Tim Golden, "In U. S. Report, Brutal Details of 2 Afghan Inmates' Deaths," *New York Times* (May 20, 2005).

25 Daniel Bell, *The Public Interest* (Fall 1975).

26 Paz, *Claude Lévi-Strauss: An Introduction* (1970), p. 97.

27 Patrick Timmons, "Trump's Wall at Nixon's Border: How Richard Nixon's Operation Intercept Laid the Foundation for Decades of U. S.–Mexico Border Policy, Including Donald Trump's Wall," *NACLA Report on the Americas* (2017), vol. 49.

13. 더, 더, 더

1 William Endicott, "Reagan Selling a Return to the 'Good Old Days,'" *Los Angeles Times* (May 6, 1980).

2 Ronnie Dugger, *On Reagan* (1983), p. 86.

3 베트남 전쟁이 끝나고 1년 후인 1974년에 국무장관 헨리 키신저가 한 말: "미국 경제에는 해외의 광물이 많이 필요하고 그 양은 점점 늘어나고 있습니다. 특히 아직 개발되지 않은 곳에서요. 그래서 공급 국가의 정치·경제·사회가 안정되면 미국의 이익이 늘어난다는 겁니다. 출산율 제한을 통한 인구 압력을 줄이면 그 렇게 안정될 가능성이 있습니다. 인구 정책은 자원 공급과 미국의 경제적 이익 과 관련이 커지죠."

4 Paul Ehrlich, *The Population Bomb* (1968)은 개혁적이고 환경적으로 지속 가능 한 경제 모델을 만들어야 한다는 사실을 주장하는 예다. 주류 경제학자 다수는 1972년 로마 클럽Club of Romes이 〈성장의 한계The Limits to Growth〉에서 한 것처럼 자 본주의가 파멸로 기울어지고 있다는 주장에 회의적으로 반응했다. 최근 한 조

사는 이렇게 표현했다. "대다수 기업가와 경제학자는 〈성장의 한계〉 보고서에
서 시사한 전체적인 세계의 한계를 믿지 않고 거부감을 드러냈다." (Fereidoon P.
Sioshansi, ed., *Energy, Sustainability and the Environment* [2011], p. 93). 그러나 헨리
키신저처럼 미국의 고위 정책 입안자들은 자원 부족과 인구 과잉이 임박했다는
아이디어를 이용해 개발도상국에 대한 적대적 태도를 정당화했다. 이런 태도는
레이건이 제3세계에서 반란 진압 운동을 벌이며 정점에 달한다. 키신저는 1980
년 공화당 전당대회 연설에서 레이건을 뽑으면 '필수 광물과 원재료를 적정 가격
에 구입하는 것을 보장'한다고 말했다. 이런 신맬서스주의는 미국-멕시코 국경
에서 자경단 활동이 증가하는 현상에도 반영되었다.

5   Kevin Mattson, "A Politics of National Sacrifice," *American Prospect* (March 23,
    2009).

6   David Nyhan, "The Can-Do President," *Boston Globe* (August 26, 1981).

7   레이건은 네쇼바군 박람회에서 이렇게 말했다: "그들은 거대한 관료제, 또는 사
    무국과 부서와 기관 같은 관료 구조를 만들었습니다. 모든 문제를 해결하고 인
    간의 모든 절망을 제거한다고요. 그들이 잊은 사실이 있습니다. 의도가 아무리
    좋았어도 정부 관료 조직을 만들고 나면 곧 관료제를 지키는 것이 최우선 과제
    가 된다는 사실 말입니다 … 관료제는 [복지 수혜자를] 경제적인 덫에 가둬 도망
    칠 방법이 사라지게 합니다. 그들이 덫에 걸린 이유는 관료들 본인의 일자리를
    사수하기 위해 의뢰인이 필요하기 때문입니다." 연설문과 레이건의 발언에 대
    한 기록은 2007년 11월 15일 자 〈네쇼바 데모크랫Neshoba Democrat〉에 실렸고 여
    기서 볼 수 있다: http://neshobademocrat.com/Content/NEWS/News/Article/
    Transcript-of-Ronald-Reagan-s-1980-Neshoba-County-Fair-speech/2/297/15599.
    레이건의 지지자들은 그의 발언 ─학교를 지역의 통제로 돌려놓겠다는 약속 포
    함─ 이 백인 민주주의를 나타낸다는 사실을 강력하게 거부한다. 그러나 Joseph
    Crespino, *In Search of Another Country: Mississippi and the Conservative
    Counterrevolution* (2007)를 보면 레이건 캠프는 레이건이 네쇼바 이전에 '주의
    권리'라는 표현을 사용한 적 있는지 기억하지 못했다. 선거운동 중에 레이건은
    "모든 개인의 자유를 침해하는 전례를 세울 수 있다."라며 1964년 민권법을 슬쩍
    비판하기까지 한다. "Reagan Goes After Carter, Woos Chicanos," *Boston Globe*

(September 17, 1980)에서.

8 Endicott, "Reagan Selling a Return to the 'Good Old Days.'"

9 From Reagan's remarks on the Challenger explosion; in *Public Papers of the Presidents of the United States: Ronald Reagan* (1990), p. 1199.

10 Norris, "The Frontier Gone at Last," p. 73.

11 *Public Papers*, vol. 1 (1984), p. 45.

12 이 메모를 쓴 정부 관계자는 윌리엄 클라크로 알려져 있지만 Aryeh Neier, *Taking Liberties* (2005), p. 185에서는 '실제로 쓴 사람'으로 인권을 개인적 권리로 간주해야 한다고 했던 엘리엇 에이브럼스Elliott Abrams를 지목한다.

13 Jerry Wayne Sanders, *Empire at Bay: Containment Strategies and American Politics at the Crossroads* (1983), p. 22.

14 Euan Hague, Heidi Beirich, and Edward H. Sebesta, eds., *Neo-Confederacy: A Critical Introduction* (2008), p. 28.

15 Daniel Stedman Jones, *Masters of the Universe: Hayek, Friedman, and the Birth of Neoliberal Politics* (2012); Quinn Slobodian, *Globalists: The End of Empire and the Birth of Neoliberalism* (2018); Daniel Rodgers, *Age of Fracture* (2003); David Harvey, *A Brief History of Neoliberalism* (2005); Nancy MacLean, *Democracy in Chains* (2017); Wendy Brown, *Undoing the Demos* (2015); M. Olssen and M. A. Peters, "Neoliberalism, Higher Education and the Knowledge Economy: From the Free Market to Knowledge Capitalism," *Journal of Education Policy* (2005), vol. 20, no. 3, pp. 313–45; Keith Sturges, *Neoliberalizing Educational Reform* (2015); LaDawn Haglund, *Limiting Resources: Market-Led Reform and the Transformation of Public Goods* (2011); Philip Mirowski, *Never Let a Serious Crisis Go to Waste: How Neoliberalism Survived the Financial Meltdown* (2013); Jamie Peck, *Constructions of Neoliberal Reason* (2010).

16 헤리티지 재단의 분석가로 레이건의 규제 철폐 의제 다수를 선봉에서 공격 했던 스튜어트 버틀러Stuart Butler는 자유지상주의 의제를 '변경의 개념'이라 설 명했다. Jones, *Masters of the Universe*, p. 320. 코크 형제와 세이지브러시 운 동: "Libertarian Candidate Backs Drive to Regain Land," *New York Times* (July

15, 1980); "Third Party Challengers," *Newsweek* (October 15, 1980). 네바다 미
국번영재단Americans for Prosperity Nevada 등 코크가 후원하는 단체는 오리건 멀루
어 국립야생보호구역Malheur National Wildlife Refuge을 41일간 점거하는 등 네바다
와 오리건에서 무장 대치를 한 번디 가족 민병대와 동맹 관계였다. Jack Healy
and Kirk Johnson, "The Larger, but Quieter Than Bundy, Push to Take Over
FederalLand," *New York Times* (January 10, 2016); William deBuys, "Who Egged
On the Bundy Brothers?" *The Nation* (May 18, 2016). 1992년에 출간된 Charles
Wilkinson, *Crossing the Next Meridian: Land, Water, and the Future of the
American West*은 서부를 '어제의 군주들'에게서 되찾기 위해 싸우는 환경보호
론자들의 활동을 설명한다. 윌킨슨을 비롯한 환경 운동가들은 빌 클린턴이 1992
년 선거에서 승리하며 '미국의 새로운 토지 윤리'가 탄생하기를 희망했다. 1년도
되지 않아 윌킨슨은 클린턴 정부가 싸움을 포기했다고 썼다. 최근 〈마운틴 저널
Mountain Journal〉에는 이런 헤드라인이 달렸다. "다시 돌아온 어제의 군주들은 미국
의 공유지를 원한다."

17 "Reagan Breaks GOP Tradition, Woos Chicanos," *Chicago Tribune* (September
    17, 1980).

18 케네디 정부는 에드워드 머로의 CBS 방송《부끄러운 수확》처럼 치명적인 폭로
    가 연달아 터져 나오자 브라세로를 단계적으로 축소하기 시작했다. 트루먼 무어
    Truman Moore의 책《우리가 빌린 노예The Slaves We Rent》에서는 농장 노동자의 열악한
    노동 환경을 공개했다(뉴딜의 전국노동관계법에서 보장하는 보호 조치는 거부되었
    다). 이런 보도는 멕시코 이주자와 미국 시민 모두를 조명했고 그중에는 아프리
    카계 미국인도 다수 포함되었다. "이 광경은 콩고의 모습이 아닙니다. 요하네스
    버그나 케이프타운과도 아무 관련이 없고요. 니아살랜드도, 나이지리아도 아닙
    니다. 이곳은 플로리다입니다. 이들은 1960년 미국의 시민들이고요."《부끄러운
    수확》은 그렇게 시작된다. 멕시코 이주자만을 관리했던 브라세로를 없애며 백
    악관은 문제에 어떤 조치를 취하려는 듯 보였다.

19 1968년에 발효된 1965년 하트셀러법Hart-Celler Act은 '서반구' 전체에 총 쿼
    터 12만 명을 할당했다. 숫자는 1976년에 한층 더 줄어들었다. Ben Mathis-
    Lilley, "The Law That Villainized Mexican Immigrants," *Slate* (August 10,

2015)는 이해하기 쉽게 요약한다. http://www.slate.com/articles/news_and_
politics/politics/2015/08/mexican_illegals_how_the_hart_celler_act_and_its_
conservative_supporters.html. 베트남 이후 정리가 되기 전인 이 시점에서 자국
민 보호주의 세력은 공화당과 민주당 모두에 있었다.

20 10년 전인 1952년, 트루먼이 거부권을 행사했음에도 민주당 의회에서 통과시킨
매캐런 월터법McCarran-Walter Act은 1924년 이민법의 인종 차별적 쿼터를 확정했을
뿐만 아니라 이주자가 대배심 감독과 배심 재판을 받을 권리를 박탈해 불법 입
국으로 재판을 더 수월하게 했다.

21 Ana Raquel Minian, *Undocumented Lives: The Untold Story of Mexican
Migration* (2018). 이 수치의 출처: "Stanford Scholar Examines the Spike
in Unauthorized Mexican Migration in the 1970s," press release, Stanford
University (May 14, 2018), https://news.stanford.edu/press-releases/2018/05/14/
analyzing-undocumented-mexican-migration-u-s-1970s/.

22 L. H. Whittemore, "Can We Stop the Invasion of Illegal Aliens?" *Boston Globe*
(February 29, 1976).

23 John Crewdson, "Abuse Is Frequent for Female Illegal Aliens," *New York Times*
(October 23, 1980).

24 Justin Akers Chacón and Mike Davis, *No One Is Illegal* (2006)은 반이민법과 국
경의 백인 자경주의의 교차점을 명확하게 보여 준다. 추가로 보면 좋을 크루드
슨의 기사 두 편: "Farmhands Seeking a Union Walk 400 Miles to See Texas
Governor," *New York Times* (April 5, 1977), and "The New Migrant Militancy,"
New York Times (April 16, 1978).

25 Jonathan Freedman, "In an Area Growing Too Fast, Anger Is Taken Out on the
Weak," *Los Angeles Times* (February 19, 1990).

26 California Legislature, "International Migration and Border Region Violence"
(June 22, 1990), https://digitalcommons.law.ggu.edu/cgi/viewcontent.
cgi?referer=https://www.google.com/&httpsredir=1&article=1086&context=cald
ocs_joint_committees.

27 1970년대 캘리포니아 국경에 KKK단이 나타나자 카터 시절 이민귀화국 국장이

었던 레오넬 카스티요Leonel Castillo는 쇼에 불과하다고 말했다. 국경에 있던 단원은 한 번에 12명을 넘지 않았다는 것이다. 그러나 KKK단 단원들은 기자회견을 열고 시카고 운동의 시위자들이 나타나 "완전히 수적으로 압도했다." 그러다 신문사에서 기자들을 보내 양측의 충돌을 취재했는데 '그쪽 사람들이 더 많았고' 클랜은 유명세를 얻는다. 여기서 카스티요는 매스미디어의 고장을 묘사하고 있었다. 그러나 제도적으로 KKK단은 국경경비대 내에 동조자가 적지 않았다. 국경경비대는 국경에 오는 클랜을 환영했다. 기자와 인터뷰한 한 대원은 클랜이 '백인의 힘White Power' 티셔츠를 입고 국경에 나타나면 '레드카펫 대접'과 이주자를 잡으라는 응원을 받는다고 했다. 3년 후, 클랜의 국경 감시 단체를 조직한 톰 메츠거Tom Metzger는 로스앤젤레스 남부의 하원위원 자리에 민주당 후보로 현 공화당 이원에 도전했다가 패배했다. John Crewdson, *The Tarnished Door: The New Immigrants and the Transformation of America* (1983), p. 196; Institute of Oral History, University of Texas at El Paso, interview #532, Leonel Castillo, https://digitalcommons.utep.edu/cgi/viewcontent.cgi?article=1565&context=interviews. Kathleen Belew, *Bring the War Home: The White Power Movement and Paramilitary America* (2018), p. 37도 있다.

28 "Klan There but Where?" *Austin American Statesman* (November 1, 1977).

29 Peter Brush, "The Story Behind the McNamara Line," Vietnam (February 1996), https://msuweb.montclair.edu/~furrg/pbmcnamara.html; Terry Lukanic, comp., *U. S. Navy Seabees-The Vietnam Years* (2017), p. 43.

30 "U. S. Will Construct Barrier Across DMZ," *New York Times* (September 7, 1967).

31 "The Illegales: Americans Talk of Fences," *Los Angeles Times* (October 9, 1977); "In Defense of an El Paso 'Wall,'" letter to the editor, *New York Times* (November 22, 1978).

32 "Wild Schemes for Slowing Illegal Aliens," *San Diego Tribune* (March 31, 1986).

33 Phil Gailey, "Courting Hispanic Voters Now a Reagan Priority," *New York Times* (May 19, 1983). Kathleen Belew, *Bring the War Home*에 따르면 베트남의 부작용으로 백인 우월주의 단체들이 변화한 시점은 1983년경이었다. 과거에 나치나 KKK 같은 단체는 스스로 압력 단체라 상상하고 미국을 최대한 백인의 나라로

지키기 위해 노력했다. 그러나 1980년대가 되자 저항과 파멸에 가까운 태도를
보였다. 정치적 분석은 암울해졌고 과장스럽고 음모론과도 같았다. 벨류는 극단
적인 인종 차별 단체에 회원이 2,500명가량 있을 것으로 추정하고 그쪽 서적을
읽은 사람까지 포함하면 60만 명으로 늘어난다고 했다. 이 수치의 출처는 벨류
가 〈뉴욕 타임스〉에 기고한 에세이다. "The History of White Power," *New York
Times* (April 18, 2018).

34 Frederick Kiel, "Mexicans Outraged Over 'Operation Jobs,'" UPI (May 2, 1982).

35 "INS Official—Private War on Illegal Aliens," *Los Angeles Times* (April 28, 1986).

36 에젤이라는 사람 자체도 레이건이 이민 이슈에 보인 불분명한 태도를 상징했다.
레이건의 1986년 이민 '사면'을 다른 강경파에게 홍보한 후, 에젤은 INS에서 사면
신청을 하는 미등록 거주자들에게 협박을 했다. 이후에는 캘리포니아의 주민발
의안 제187호를 앞장서서 공격했다. Kate Callen, "Harold Ezell: INS Point Man
for Amnesty Program," UPI (May 4, 1988).

37 "High-Tech War Against Aliens," *Newsday* (April 23, 1983).

38 "Transcript of the Debate," *Philadelphia Inquirer* (October 22, 1984).

39 Earl Shorris, "Raids, Racism, and the I. N. S.," *The Nation* (May8, 1989).

40 Stacey L. Connaughton, *Inviting Latino Voters* (2005), p. 42.

41 이란-콘트라는 *Empire's Workshop*에서 자세히 설명해 두었다. Belew, *Bring the
War Home*, pp. 77–99는 포지와 CMA를 낱낱이 해부하고 레이건의 1983년 그레
나다 침공과의 관계를 살펴본다. 벨류가 보여 준 것처럼 그레나다 침공도 백인
우월주의 용병들의 관심을 집중시켰다.

42 이란-콘트라 —레이건 정부 인사들이 이란의 아야톨라Ayatollah에 최첨단 미사일
을 팔고 돈을 콘트라 부대로 빼돌린 사건— 에서 '이란' 쪽의 정체는 기사가 보
도된 1986년 말에야 공개된다. CMA는 이란-콘트라의 "콘트라"에 속해 있었다.
이 사실은 1984년 즈음부터 보도되었고 광범위한 풀뿌리 자금 모금 네트워크가
탄생해 우파의 모든 비주류가 —과격한 퇴역군인, 클랜 단원, 용병, 우파 성향
의 기독교인, 라틴아메리카의 나치 추종자, 텍사스의 석유 사업가 로스 페로 같
은 남부의 보수적인 사업가, 중동의 교주와 술탄— 이 힘을 합쳐 중앙아메리카
의 반공 운동을 지원했다. 결국 포지를 비롯한 CMA의 지도부는 미국의 중립법

을 위반한 혐의로 기소되었지만 연방 판사는 피고인들이 중립법을 위반할 수가 없었다고 일축했다. 중립법은 미국과 우호적인 국가에만 적용되기 때문이었다. "어떻게 생각해도 미국이 니카라과와 '우호적'이라고 말하기는 힘들다." 노먼 로 트거Norman Roettger 판사는 판결을 내렸다. "사실을 놓고 봤을 때 의회는 콘트라 부대의 지원을 삼갔지만 … 행정부는 삼가지 않았을 수 있다." 포지와 피고인들 을 변호한 사람은 현재 민주당 소속으로 앨라배마의 상원의원인 더그 존스Doug Jones였다.

43 Kristina Karin Shull, "'Nobody Wants These People': Reagan's Immigration Crisis and America's First Private Prisons," PhD dissertation, University of California, Irvine (2014).

44 "Verdict in Sanctuary Trial," Hartford Courant (May 13, 1986); "Alien Arrests Uproar," *Los Angeles Times* (July 11, 1986); "Anti-Communism Called the Thread Binding Group That Captured Aliens," *New York Times* (July 11, 1986); "Private Wars," *Wall Street Journal* (June 14, 1985); "Plea on Firearms Charge," *New York Times* (July 29,1987).

45 포지와 CMA: S. Brian Willson, *Blood on the Tracks* (2011),pp. 188–89, 394; Peter Kornbluh, *Nicaragua: The Price of Intervention* (1987); Freddy Cuevas, "Contras Seek Training from Vietnam Vets," *Sunday Rutland Herald and Sunday Times Argus* (July 6, 1986); Ken Lawrence, "From Phoenix Associates to Civilian-Military Assistance," *Covert Action Quarterly* (Fall 1984), no. 22, pp. 18–19; *Who Are the Contras?* Washington, D. C.: U. S. Congress, Arms Control and Foreign Policy Caucus (1985); "6 Cleared of Illegal Aid to Contras," *Chicago Tribune* (July 14, 1989). Belew, *Bring the War Home*, pp. 77–99.

46 "우리의 남쪽 변경": *Public Papers of the Presidents of the United States: Ronald Reagan* (1988), p. 352.

47 양당이 함께 추진한 심프슨 마졸리법Simpson-Mazzoli Act은 1978년에 의회에서 설립 한 초당적인 이민난민정책 특별위원회Select Commission on Immigration and Refugee Policy 가 1981년에 발간한 보고서에서 권고한 내용을 바탕으로 했다. 그러나 카터는 비슷한 개혁을 제시했다. 국경경비 규모를 늘리고, 미등록 노동자를 고용하는

업주에게 벌금을 부과했다. 일회성 사면으로 미등록 거주자에게 법적 신분을 주
되 시민권은 허용하지 않았다. "The Illegales: Americans Talk of Fences," *Los Angeles Times* (October 9, 1977).

48 "총 300만 명 이상이 임시 거주를 신청했고 IRCA의 결과로 미국에서 270만 명이
영주권을 받았다. IRCA는 지금도 이민과 관련해 미국 역사상 가장 규모가 큰 법
적 절차였다."; "Lessons from the Immigration Reform and Control Act of 1986,"
Migration Policy Institute (August 2005), http://www.migrationpolicy.org/pubs/
PolicyBrief_No3_Aug05.pdf.

49 "Reagan's Farewell Address" (January 12, 1989), https://www.nytimes.
com/1989/01/12/news/transcript-of-reagan-s-farewell-address-to-american-
people.html.

50 *Public Papers of the Presidents of the United States: George Bush, 1991* (1992), p.
1378.

51 부시는 터너에게서 곧바로 빌린 변경의 이미지를 적극 활용하며 와이오밍 연설
에서 이런 발언을 했다. 연설의 주제는 환경 보호였고 부시는 무한함을 강조하
면서도 자연을 보호하기 위해 어느 정도의 정부 정책이 필요하다는 사실을 인정
해 타협점을 찾으려 하고 있었다. 현재 코크가 지원하는 화석연료 절대론과 부
시가 실제로 심각한 환경 문제에 성공적인 정책으로 대응했다는 사실을 고려하
면 어쩐지 시대에 뒤진 연설로 들린다. "하지만 숲이나 그 위를 떠다니는 공기를
되살리든 말든 자연은 우리의 도움을 필요로 합니다 ⋯ 우리는 신께서 지구에
내려 주신 것과 인간에게 내려 주신 것의 표면에 상처도 내지 않았습니다."

52 *Public Papers of the Presidents of the United States: George Bush, 1991* (1992),
p. 280. '변경 없는 혁명'은 "Remarks at the Beacon Council Annual Meeting"
(September 30, 1991), http://www.presidency.ucsb.edu/ws/index.php?pid=20042
를 참고.

53 헤리티지 재단의 설립자이자 전 이사장 에드윈 퓔너Edwin Feulner의 "Skip the
Amnesty Sequel" (July 17, 2013), https://www.heritage.org/immigration/
commentary/skip-the-amnesty-sequel; "Steve King Says Ronald Reagan's 1986
'Amnesty Act' Led to 15 Million Votes for Barack Obama," *Politifact* (May 29,

2013), http://www.politifact.com/truth-o-meter/statements/2013/may/29/steve-king/steve-king-says-ronald-reagans-1986-amnesty-act-le/.

14. 새로운 선취자

1 Walter Mears, "Immigration a Hot Political Potato," *Philadelphia Tribune* (October 14, 1994).

2 "2 Dispute Chairman on 'Sealing' Border," *Washington Post* (December 22, 1978).

3 부시는 의도적으로 산디니스타의 슬로건 'revolución sin fronteras'를 빌렸다. 그는 '변경 없는 혁명'이라 번역했지만 '국경 없는 혁명'이라고 했어야 더 정확했을 것이다. "Remarks at the Beacon Council Annual Meeting," http://www.presidency.ucsb.edu/ws/index.php?pid=20042.

4 "Remarks at the Dedication of the John F. Kennedy Presidential Library Museum in Boston, Massachusetts" (October 29, 1993), http://www.presidency.ucsb.edu/ws/index.php?pid=46039; Gwen Ifill, "Clinton Pushes Trade as New Frontier," *New York Times* (October 30, 1993).

5 Thomas Friedman, "Scholars' Advice and New Campaign Help the President Hit His Old Stride," *New York Times* (November 17, 1993).

6 Anthony Arnove, ed., *Iraq Under Siege: The Deadly Impact of Sanctionsand War* (2002), p. 17; Chip Gibbons, "When Iraq Was Clinton's War," *Jacobin* (May 6, 2016). 1980년대에 클린턴은 주 방위권을 해외로 파견할 뜻을 비친 몇 안 된 주지사 중 한 명이었다. 아칸소주 방위군은 레이건의 침공군으로 그레나다에 투입되었고, 칠레에서는 아우구스토 피노체트Augusto Pinochet의 군대를 훈련했다.

7 Ginger Thompson, "Ex-President in Mexico Casts New Light on Rigged 1988 Election," *New York Times* (March 9, 2004); Paul Krugman, "The Uncomfortable Truth About NAFTA: It's Foreign Policy, Stupid," *Foreign Affairs* (November/December 1993).

8 멤피스에서 클린턴은 흑인이 흑인에 저지르는 범죄를 언급하며 '공적 병폐'라는 표현을 사용했다. '빈민가의 병'의 출처: Ta-Nehisi Coates, "The Black Family

in the Age of Mass Incarceration," *The Atlantic* (October 2015), https://www.
theatlantic.com/magazine/archive/2015/10/the-black-family-in-the-age-of-mass-
incarceration/403246/

9 Friedman, "Scholars' Advice and New Campaign Help the President Hit His Old Stride."

10 "For NAFTA," *New Republic* (October 11, 1993).

11 1970년대에 국가안보 보좌관이자 국무장권으로서 키신저는 라틴아메리카를 억제하는 일을 도왔다. 대류 전체에서 우파 쿠데타와 암살단을 지원해 한 세대의 민족주의자들을 제거했다. 1980년대에 레이건은 키신저의 업적을 바탕으로 라틴아메리카를 개방했다. 1990년대가 되자 '자유 무역'은 키신저가 멕시코의 카를로스 살리나스 대통령에게 말한 '혁명'을 통합할 기회를 주었다. 조지 H. W. 부시의 비공식적인 고문으로서 키신저는 멕시코가 부시의 무역 제안을 받아들이도록 힘썼다. 부시의 제안은 서반구 전체를 자유 무역 구역으로 만드는 첫 걸음이었다(1991년 오찬에서 키신저는 살리나스에게 사담 후세인에 승리한 조지 부시의 지지율이 올라가며 민주당이 보호 무역 노선을 밀어붙일 수 있으니 빨리 무역에 나서라고 재촉했다). 부시가 재선에서 패배한 후 키신저는 본인이 운영하는 컨설턴트 회사 키신저 어소시에이츠Kissinger Associates로 클린턴에게 조언을 하기 시작했고 1년 차에 의료보다 NAFTA를 먼저 추진하라고 요구했다. NAFTA를 위해 공개적으로 로비를 할 당시, 키신저는 멕시코에 한정된 주장을 접어 두고 첫 번째 걸프전을 지지할 때 사용한 것과 똑같은 주장으로 자유 무역을 지지했다. 두 가지 모두세계와 관계를 유지하기 위해, 행동함으로써 행동할 의지를 유지하기 위해 필요한 것들이었다. 키신저와 제1차 걸프전: Grandin, *Kissinger's Shadow* (2015). 자유 무역 관련: "With NAFTA, U. S. Finally Creates a New World Order," *Los Angeles Times* (July 18, 1993); Carlos Salinas de Gortari, *México, un paso difícil a la modernidad* (2013). 키신저와 클린턴 관련: Jeff Faux, *The Global Class War* (2006).

12 Michael Wilson, "The North American Free Trade Agreement: Ronald Reagan's Vision Realized," Heritage Foundation (November 23, 1993), https://www.heritage.org/trade/report/the-north-american-free-trade-agreement-ronald-reagans-vision-realized.

13 U. S. International Trade Commission, *Imports Under Items 806.30 and 807.00 of the Tariff Schedules of the United States* (1980), pp. 6–8; Kathryn Kopinak, "The Maquiladorization of the Mexican Economy," *The Political Economy of North American Free Trade*, Ricardo Grinspun and Maxwell A. Cameron, eds. (1993), pp. 141–61; "Mexico Starting Industrial Plan," *New York Times* (May 30, 1965).

14 Cowie, *Capital Moves*.

15 "Things Look Up for Mexico as U. S. Firms Cross the Border," *U. S. News & World Report* (July 1, 1968).

16 United States International Trade Commission, *Production Sharing: U. S. Imports Under Harmonized Tariff Schedule Provisions* ... (1994), chapter 4, pp. 2–4.

17 U. S. Environmental Protection Agency and the Mexican Secretaría de Desarrollo Urbano y Ecología, *Integrated Environmental Plan for the Mexican–U.S. Border Area (First Stage, 1992–1994)* (1992), p. B-5 (부록).

18 "Free Industrial Zone Booms on Mexican Border," *Los Angeles Times* (June 12, 1967); "Mexico Pushes Apparel in Border Cities," *Women's Wear Daily* (June 5, 1968); Michael Van Waas, "The Multinationals' Strategy for Labor: Foreign Assembly Plants in Mexico's Border Industrialization Program," PhD dissertation, Stanford University (1981). 멕시코의 상공장관 옥타비아노 캄포스 살라스Octaviano Campos Salas는 1964년에 아시아 여행을 다녀온 후로 국경의 '자유 무역. 구역에 대한 아이디어를 얻었다고 말했다. 그곳에서 그는 멕시코가 '자유 기업 체제에서 홍콩과 푸에르토리코의 대안'이 될 수 있겠다고 생각했다; 살라스의 논평: *Wall Street Journal* (May 25, 1967). Paul Kershaw, "Arrested Development: Postwar Growth Crisis and Neoliberalism in the US and Mexico, 1971–1978," PhD dissertation, New York University, department of history (2014)는 NAFTA의 오랜 역사적 배경을 이해하는 데 중요하다.

19 Cowie, *Capital Moves*, pp. 100–27.

20 존슨과 멕시코의 국경산업화 계획 관련: Michael Van Waas, "The Multinationals'

Strategy for Labor," pp. 149–50.

21 Cowie, *Capital Moves*, p. 111.

22 Robert Reich, "Reagan's Hidden 'Industrial Policy,'" *New York Times* (August 4, 1985).

23 Joel Dyer, *Harvest of Rage* (1997); D. J. Mulloy, *American Extremism: History, Politics and the Militia Movement* (2004); Michael Kimmel and Abby L. Ferber, "'White Men Are This Nation': Right-Wing Militias and the Restoration of American Masculinity," *Rural Sociology* (2000), vol. 65, no. 4, pp. 588–92; Sean P. O'Brien and Donald P. Haider-Markel, "Fueling the Fire: Social and Political Correlates of Citizen Militia Activity," *Social Science Quarterly* (June 1998), vol. 79, no. 2, pp. 456–65.

24 Nick Reding, *Methland: The Death and Life of an American Small Town* (2009), p. 187.

25 "Twinkies, Carrots, and Farm Policy Reality," *Civil Eats* (December 19, 2017), https://civileats.com/2017/12/19/twinkies-carrots-and-farm-policy-reality/.

26 Corie Brown, "Rural Kansas Is Dying," *New Food Economy* (April 26, 2018).

27 "The Reform of Article 27 and Urbanisation of the Ejido in Mexico," *Bulletin of Latin American Research* (1994), vol. 13, no. 3, pp. 327–335. Gavin O'Toole, "A Constitution Corrupted," *NACLA* (March 8, 2017).

28 각주 관련: David Case and David Voluck, *Alaska Natives and American Laws* (2012), p. 116.

29 Christopher Collins, "Top 1 Percent of Texas Commodity Farmers Get Quarter of $1.6 Billion in Subsidies," *Texas Observer* (November 15, 2017).

30 Center for Economic and Policy Research, "Did NAFTA Help Mexico? An Update After 23 Years" (March 2017), http://cepr.net/images/stories/reports/nafta-mexico-update-2017-03.pdf?v=2.

31 "Wave of Illegal Immigrants Gains Speed After NAFTA," *NPR Morning Edition* (December 26, 2013), https://www.npr.org/2013/12/26/257255787/wave-of-illegal-immigrants-gains-speed-after-nafta; Kristina Johnson and Samuel

Fromartz, "NAFTA's 'Broken Promises': These Farmers Say They Got the Raw End of Trade Deal," *The Salt* (August 7, 2017), https://www.npr.org/sections/thesalt/2017/08/07/541671747/nafta-s-broken-promises-these-farmers-say-they-got-the-raw-end-of-trade-deal.

32 "The Trade Deal That Triggered a Health Crisis in Mexico," *The Guardian* (January 1, 2018).

33 "How Guatemala Finally 'Woke Up' to Its Malnutrition Crisis," *PBS NewsHour* (June 25, 2014); "The True Cost of a Plate of Food: $1 in New York, $320 in South Sudan," *The Guardian* (October 16, 2017).

34 David Bacon, *The Right to Stay Home* (2014), Bacon, "NAFTA, the Cross-Border Disaster," *American Prospect* (November 7, 2017).

35 클린턴 정부는 수 킬로미터에 강력한 울타리를 쳤지만 실수로 한 부분을 멕시코 영토에 넣고 멕시코 정부가 치우라고 요청해야 했다. 〈워싱턴 포스트〉 기사: "분쟁 지역에서 양파 농장을 운영하는 제임스 존슨James Johnson은 19세기에 조상들이 국경 남쪽에 가시 철사 울타리를 설치해 혼돈을 겪었을지도 모르겠다."라고 말했다. 아무도 실수를 발견하지 못했고, 울타리를 세우는 인부들은 그 울타리를 길잡이로 이용했을 것이다. "1800년대에 한 실수였어요." 존슨은 말했다. "거친 산악 지대에 3킬로미터가 넘는 직선을 그리기는 쉽지 않죠." Alicia Caldwell, "U.S. Border Fence Protrudes into Mexico," *Washington Post* (June 29, 2007).

36 벤저민 포지Benjamin Forgey가 편지에 냉소적으로 썼듯 미국 정부는 전쟁에서 남은 군수품으로 '국가에 벽을 세울' 수 있었다. "The Great Walls of America," *Washington Post* (June 1, 1996).

37 클린턴이 합의안에 서명하려면 아직 3개월이 남았을 시점인 1993년 9월 18일 밤, 시우다드후아레스와 엘파소 주민 수백 명이 엘파소의 시민회관을 가득 채우고 국경에서 40킬로미터를 무역과 상업 구역으로 개방하는 안건을 놓고 토론했다. 그런데 다음 날 아침 일어나 보니 녹색과 흰색의 국경경비대 차량 수백 대가 국경을 따라 45미터에서 800미터 간격으로 늘어서 있고 머리 위에서는 헬리콥터가 소음을 냈다. 이렇게 인력과 장비를 과시하는 봉쇄 작전Operation Blockade은 미국에 들어온 이주자를 체포하지 않고 입국 지점에서 비공식 이주

를 차단하는 계획이었다. 지역 국경경비대 대원 ─실버스트 레이스Silvestre Reyes
라는 베트남 참전용사로 이 작전을 발판으로 이용해 민주당 소속 엘파소 하
원의원에 당선되었다─ 의 명령에 따른 행동이었지만 이내 전국적인 정책으
로 확대되었다. Timothy J. Dunn, *Blockading the Border and Human Rights:
The El Paso Operation That Remade Immigration Enforcement* (2009); Joseph
Nevins, *Operation Gatekeeper: The Rise of the "Illegal Alien" and the Making of
the U. S.–Mexico Boundary* (2002). "The Crimes and Consequences of Illegal
Immigration"에서 에르난데스는 지역에서 국경경비대 대원이 도입한 것이 전국
정책이 된 선례를 설명한다. 텍사스 남부에서 앨버트 퀼린Albert Quillin이라는 대원
이 실시한 작전은 웻백 작전의 모델이 된다.

38 Dunn, *Blockading the Border*, p. 205.

39 Nigel Duara, "In Arizona, Border Patrol Doesn't Include Dozens of Deaths in
Tally of Migrants Who Perish," *Los Angeles Times* (December 15, 2016); Todd
Miller, "Over 7,000 Bodies Have Been Found at the U. S.-Mexican Border Since
the '90s," *The Nation* (April 24, 2018).

40 Dara Lind, "The Disastrous, Forgotten 1996 Law," Vox (April 28, 2016).

41 1996년 12월, 백악관 고문인 람 이매뉴얼은 클린턴에게 반이민 수사를 더 강화
하라는 메모를 썼다. 클린턴은 '법과 질서' 정책으로 이 이슈에서 공화당의 우위
를 빼앗았지만 이매뉴얼은 클린턴이 더 나아가 '범죄를 저지른 불법체류자의 기
록적인 추방을 주장하고 달성하기를' 원했다. 이매뉴얼은 클린턴에게 이주자를
'직장'에서 노리라고도 조언했다. 이매뉴얼은 말했다. "임기 중반에 불법 이주자
가 없는 산업을 여러 개 확보하는 것이 좋습니다." 이매뉴얼이 메모를 쓴 시점은
클린턴이 1996년에서 재선에 성공한 '후'이므로, 그는 민주당의 장기적인 노선이
어야 한다고 생각한 정책을 추천하고 있었다. 클린턴도 동의했다. 그는 메모의
가장자리에 "훌륭해."라고 썼다.

42 "Unintended Consequences of US Immigration Policy: Explaining the Post
1965 Surge from Latin America," *Population and Development Review* (2012),
vol. 38, no. 1, pp. 1–29.

43 Robert Ford, "U. S.-Mexico Border Assembly Plant Number Growing," *Austin*

Statesman (February 19, 1970).

44 Alana Semuels, "Upheaval in the Factories of Juarez," *The Atlantic* (January 21, 2016). "Stingy by Any Measure," *The Economist* (August 16, 2014).

45 "Metalclad NAFTA Dispute Is Settled," *Los Angeles Times* (June 14, 2001). 국무부는 씨앗 교환 프로그램을 시작한 엘살바도르에게 응징하겠다고 위협했다. 프로그램의 목적은 지역 농부들에게 의존을 끊을 기회를 주는 것이었다. Edgardo Ayala, "Salvadoran Peasant Farmers Clash with U. S. over Seeds," *Inter Press Service* (July 5, 2014); Paul Krugman, "No Big Deal," *New York Times* (February 27, 2014).

46 Richard Roman and Edur Velasco Arregui, *Continental Crucible: Big Business, Workers and Unions in the Transformation of North America* (2015), p. 137.

47 Shasta Darlington and Patrick Gillespie, "Mexican Farmer's Daughter: NAFTA Destroyed Us," *CNN Money* (February 9, 2017).

48 2000년, 임기의 마지막 1년을 앞두고 빌 클린턴은 서반구에서 가장 강압적인 정부에 수십억 달러를 전하는 군사 지원 파이프라인인 콜롬비아 계획Plan Colombia을 법제화했다. 미국 정부는 이미 멕시코, 중앙아메리카, 콜롬비아의 보안군에 상당한 액수를 보내고 있었다. 하지만 한층 업그레이드된 클린턴의 법안은 안데스의 코카인 생산을 겨냥했다. 콜롬비아 계획은 확실히 자리를 잡은 콜롬비아의 수송 카르텔을 깨뜨리는 데 성공했다. 하지만 그렇다고 북쪽으로 흘러 들어오는 마약을 막지는 못했다. 중앙아메리카와 멕시코의 새로운 카르텔이 빈자리에 들어섰고 1990년대에 주로 콜롬비아에 집중되었던 마약 범죄는 북쪽으로 이동해 전 지역을 집어삼켰다.

49 Bacon, *The Right to Stay Home*. NAFTA의 효과: Bacon, "NAFTA, the Cross-Border Disaster"; Katherine McIntire Peters, "Up Against the Wall," *Government Executive* (October 1, 1996), http://www.govexec.com/magazine/1996/10/up-against-the-wall/427/.

15. 핏빛 자오선을 건너

1 Gloria Romero and Antonio Rodríguez, "A Thousand Points of Xenophobia," *Los Angeles Times* (May 21, 1990); "Boy Won't Be Charged for Border Games," *Los Angeles Times*, (June 21, 1990); "TV Show on Border Brings Calls for Inquiry," *Los Angeles Times* (May 10, 1991); "Teen Sentenced to Six Years," *Los Angeles Times* (May 30, 1991), p. 29. *The Reporters* 영상은 유튜브에서 볼 수 있다: https://www.youtube.com/watch?v=FM609mv6BOw.

2 심문 과정에서 나온 말의 출처는 *The Reporters*지만 이 사건은 신문에서도 대대적으로 다뤘다. 예: "Youth Will Be Tried as Adult in 2 Slayings," *Los Angeles Times* (April 28, 1989).

3 John Crewdson, "Violence, Often Unchecked, Pervades U.S. Border Patrol," *New York Times* (January 14, 1980). 1970년대 말부터 1980년대 초까지 크루드슨이 〈뉴욕 타임스〉에 보도하고 *The Tarnished Door: The New Immigrants and the Transformation of America* (1983)에서 재정리한 내용은 충격적이다.

4 Crewdson, *Tarnished Door*, p. 196.

5 John Crewdson, "A Night on Patrol," *New York Times* (April 22, 1977).

6 Crewdson, *Tarnished Door*, p. 170.

7 John Crewdson, "Border Sweeps of Illegal Aliens Leave Scores of Children in Jails," *New York Times* (August 3, 1980).

8 Crewdson, *Tarnished Door*, p. 170.

9 Crewdson, "Violence, Often Unchecked, Pervades U. S. Border Patrol."

10 Crewdson, *Tarnished Door*, p. 196.

11 샌디에이고의 넓은 외곽 지역에서는 밭이 목장, 수영장, 골프장으로 변하는 와중에도 농업에 호황이 찾아오며 일하러 온 미등록 노동자의 수는 점점 늘고 있었다. 새로 조성된 교외 외곽과 주립·국립공원 강가에 임시 천막을 세운 이주자들은 급증하는 인종 폭력의 피해자가 되었다. 일을 따내려 대기하는 무리를 향한 무차별적 험담과 조롱이 대부분이었지만 조직 혐오 범죄 사건도 증가했다; Crewdson, *Tarnished Door*, p. 196; Freedman, "In an Area Growing Too Fast, Anger Is Taken Out on the Weak"; Human Rights Watch, *Brutality Unchecked:*

Human Rights Abuses Along the U.S . Border with Mexico (1992); 각주에 관해서 는 Francisco Cantú, *A Line Becomes a River* (2018), p. 32를 참고하라.

12 Sebastian Rotella and Patrick McDonnell, "A Seemingly Futile Job Can Breed Abuses by Agents," *Los Angeles Times* (April 23, 1993), http://articles.latimes. com/1993-04-23/news/mn-26329_1_level-border-patrol-agent.

13 경비대는 텍사스주 할링전에서 이런 변전소 하나를 고문실로 만들었다. 휴먼라 이츠워치Human Rights Watch에 따르면 1984년에서 1992년 사이 '신체 폭력'과 '폭력 피해자에게 위협을 가하기 위한 적법 절차의 남용'이 함께 나타났다. *Brutality Unchecked*, p. 30.

14 국경경비대의 활동 관련: Hearing before the Subcommittee on International Law, Immigration, and Refugees of the Committee on the Judiciary, House of Representatives, One Hundred Second Congress, second session, August 5, 1992 (1992), p. 209. 추가 자료: American Friends Service Committee, *Sealing Our Borders: The Human Toll* (1992).

15 Operations of the Border Patrol, p. 208.

16 '통크' 관련: Shorris, "Raids, Racism, and the I. N. S.," and John Carlos Frey, "Cruelty on the Border," *Salon* (July 20, 2012), https://www.salon. com/2012/07/20/cruelty_on_the_border/; Martin Hill, "Border Violence: Has the INS Crossed the Thin Line?" *San Diego Magazine* (June 1985).

17 Human Rights Watch, *Brutality Unchecked.*

18 Shorris, "Raids, Racism, and the I. N. S."

19 Judith Cummings, "Border Patrol Is Troubled by Attacks on Agents," *New York Times* (May 19, 1985); Patrick McDonnell, "A Year Later, Mexican Youth Still Haunted by Border Shooting," *Los Angeles Times* (April 21, 1986). 다른 예: 1992 년 6월 어느 날 오후, 애리조나의 외딴 협곡에서 국경경비대 대원 마이클 앤드 루 엘머Michael Andrew Elmer가 무장하지 않은 다리오 미란다 발렌수엘라Dario Miranda Valenzuela를 뒤에서 쏘고 죽게 내버려 두었다. 전에도 다른 이주자의 "다리를 총으 로 쏴서 잘랐다."라고 떠벌렸던 엘머는 무죄 판결로 살인 혐의를 벗었다. 엘머는 미란다의 물통을 권총이라 착각했다고 말했다. 미란다의 유족은 민사소송에서

승리했다. Rhonda Bodfield, "Elmer Case Settled for $600,000," *Tucson Citizen* (June 5, 1995); Tessie Borden, "Border Agent Was Boastful," Arizona Daily Star (July 22, 1992).

20 William Scobie, "Video Films Trap Brutal Border Cops of Texas," *The Observer* (May 3, 1981).

21 James Harrington, "I'm Leaving the Texas Civil Rights Project, but Not the Fight," *Texas Observer* (January 6, 2016); Scobie, "Video Films Trap Brutal Border Cops of Texas."

22 "Mexico Asks UN for Help to Stop Ranch 'Posses' Hunting Migrants," *The Independent* (May 20, 2000); "UN Envoy Is Sent to Investigate Rio Grande Shootings by Posses of Vigilante Ranchers," *The Independent* (May 24, 2000); "Border Clash," *Time* (June 26, 2000). 2000년 초, 텍사스 남부에서 목장을 경영하는 76세 샘 블랙우드Sam Blackwood가 유세비오 드 하로Eusebio de Haro라는 이주자를 총으로 쏴 죽이는 사건이 있었다. 37도가 넘는 기온에 이틀 동안 산을 넘어 미국으로 들어온 드 하로는 목장에 다가가 물을 요청했다. 지프차를 타고 도로까지 드 하로를 쫓아 총으로 쏜 블랙우드는 A급 경범죄 처분을 받았다. John W. Gonzalez, "Rancher Convicted in Immigrant's Death," *Houston Chronicle* (August 25, 2001); Agustin Gurza, "America, Tear Down This Wall," *Los Angeles Times* (November 28, 2000). 이주민과 난민 권리를 위한 전국 네트워크National Network for Immigrant and Refugee Rights 대변인은 클린턴이 국경을 군대화하며 자경 활동이 증가했다고 비난했다. "무장 요원, 적외선 센서, 야간 투시경과 총기를 갖춘 헬리콥터의 존재는 위협적인 분위기를 조장했다. 미국 정부가 실제로 전쟁을 벌이고 있는 것 같은 느낌에 사람들은 이민자를 적으로 상상하게 되었다." William Booth, "Emotions on the Edge," *Washington Post* (June 21, 2000)과 Pauline Arrillaga, "'Climate of Violence' Leads to Death in Texas Desert," *Los Angeles Times* (August 20, 2000).

23 "Violence Up as Border Bristles with Guns," *Christian Science Monitor* (June 19, 2000).

24 레이건의 1981년 감세 정책이 미국 역사상 가장 큰 규모의 감세였다는 추정이

있다.

25 Evelyn Nieves, "Citizen Patrols as Feared as Smuggling Rings Along Border," *Milwaukee Journal Sentinel* (January 4, 2004); Government Accountability Office, "Countering Violent Extremism: Actions Needed to Define Strategy and Assess Progress of Federal Efforts" (April 2017), https://www.gao.gov/assets/690/683984.pdf.

26 Jennifer Delson, "One Man's Convictions Launched a Border Crusade," *Los Angeles Times* (April 11, 2005). 길크리스트와 함께 미닛맨 프로젝트를 설립한 애리조나의 반이민 운동가 크리스 심콕스Chris Simcox는 현재 10세 이하 여아 세 명을 성폭행한 혐의로 징역형 19년을 받고 복역 중이다.

27 Carrigan and Webb, *Forgotten Dead*, p. 46.

28 Julia Mead, "Anti-Immigrant Group Active on East End," *New York Times* (April 23, 2006).

29 Miriam Jordan, "Anti-Immigration Activists Roil the Heartland," *Wall Street Journal* (July 16, 2007).

30 롱아일랜드에서는 10대 청소년들이 멕시코인 가족의 집에 불을 지르는 사건이 발생했고, 군구郡區 사이의 숲에서 이주자들의 시체가 발견되기도 했다. 라틴계 이주자를 괴롭히는 일은 사냥 같은 유혈 스포츠가 되었다. '멕시코인 사냥'에 나선 한 청소년 무리는 에콰도르인 하나를 칼로 찔러 죽였다. Southern Poverty Law Center, "Anti-Latino Hate Crimes Rise for Fourth Year in a Row" (October29, 2008), https://www.splcenter.org/hatewatch/2008/10/29/anti-latino-hate-crimes-rise-fourth-year-row; Albor Ruiz, "Rising Hate Crime a National Shame," *New York Daily News* (November 3, 2008); Kirk Semple, "A Killing in a Town Where Latinos Sense Hate," *New York Times* (November 13, 2008). 2009년에는 국경에서 북쪽으로 16킬로미터 떨어진 애리조나주 아리바카에서 미닛맨 아메리칸 디펜스Minutemen American Defense라는 민병대의 대장 샤나 포드Shawna Forde가 대원 두 명을 이끌고 라울 플로레스Raul Flores의 집을 급습해 플로레스와 딸 브리세니아 플로레스Brisenia Flores를 죽이는 일도 있었다. 포드는 플로레스가 카르텔 멤버였다고 믿었다.

31 Slotkin, *Regeneration Through Violence*, p. 564.

32 Barry Scott Zellen, *State of Recovery: The Quest to Secure American Security After 9/11* (2013).

33 Crewdson, *Tarnished Door*, p. 333.

34 John Crewdson, "Border Region Is Almost a Country Unto Itself, Neither Mexican Nor American," *New York Times* (February 14, 1979).

35 채프먼은 모순적인 인물이다. '불법 체류자'라는 표현을 대중화하고 국경 경비에 군인 정신을 더했으며 멕시코의 높은 출생율과 '고요한 침략'을 경고했다. 이 민국에는 직장을 표적으로 삼으라 명령했는데 한편으로는 임의 조사를 금지시켰다. 군국주의에 대한 암시가 미국의 헌법 체계에 어떤 영향을 미칠지 잘 알고 있었던 것 같다. 말콤 글래드웰Malcolm Gladwell의 팟캐스트 *Revisionist History* 중 "General Chapman's Last Stand"는 채프먼을 집중 조명하는 에피소드다(http://revisionisthistory.com/episodes/25-general-chapman's-last-stand). 방송에서는 주로 멕시코인 이주 프로젝트 ―더글러스 매시, 호르헤 듀란Jorge Durand, 데이비드 린드스트럼David Lindstrom, 실비아 지오굴리 사우세이도Silvia Giorguli Saucedo, 카렌 프렌, 알론드라 라미레스 로페스Alondra Ramírez López, 베로니카 로사노Verónica Lozano― 를 강조하며 국경 경비의 원래 목적이 이주 제한이었지만 반대 효과를 불러왔다고 이야기한다. 앞에서 이야기한 것처럼 국경을 지키자 이동과 순환이 막히며 주기적·일시적 순환 이주가 중단되었고 영구적인 미등록 거주자 인구가 늘었다. 인용문 출처: Whittemore, "Can We Stop the Invasion of Illegal Aliens?"

36 *Michael Barone, "In Terms of Geography, Obama Appeals to Academics and Clinton Appeals to Jacksonians," U.S. News & World Report* (April 2, 2008); Jonathan Chait, "The Party of Andrew Jackson vs. the Party of Obama," *New York* (July 5, 2015); Robert Merry, "Andrew Jackson: Tea Party President," *American Spectator* (October 7, 2011).

37 Ezra Klein, "Obama Revealed: A Moderate Republican," *Washington Post* (April25, 2011).

38 "Still Flying High," *New York Times* (December 25, 2006). 크루그먼의 생각이 어떻게 바뀌었는지는 "Trouble with Trade," *New York Times* (December 27, 2007)

를 참고하라. 추가 자료: William Greider, "Paul Krugman Raises the White Flag on Trade," *The Nation* (March 14, 2016).

39 Lori Wallach, "NAFTA on Steroids," *The Nation* (June 27, 2012).

40 Gaiutra Bahadur, "Nativists Get a Tea-Party Makeover," *The Nation* (October 28, 2010).

41 "Tea Party Rolls into Arizona," *Human Events* (March 30, 2010), http://humanevents.com/2010/03/30/tea-party-rolls-into-arizona/.

42 그러나 오바마는 전 세계적인 테러와의 전쟁을 정당화하는 전제를 인정했다. 그러면서도 부시 정부의 고문이나 초법적 암살에 공식적인 책임은 거부했다. 오바마는 드론으로 사살을 하는 지휘권을 요구하며 자신도 위험한 선례를 만들었다. 리비아에서도 파멸을 부르는 개입을 실시했다. 이전의 이라크처럼 리비아에서 미국의 군사작전 —NATO의 합동 작전으로 무하마르 카다피Muammar Gaddafi는 실각했다— 도 끔찍한 결과를 불러왔다. 사하라 사막 이남의 아프리카에도 지하디즘이 뻗어 나갔고 시리아 내전으로 유럽에 수백만 명의 난민을 보내 유럽연합 회원국에서 우파의 반발이 거세게 일어났다. 오바마와 드론을 통한 초법적 암살: Mattathias Schwartz, "A Spymaster Steps Out of the Shadows," *New York Times* (June 27, 2018).

43 전 세계로 끊임없이 군대를 출동시켜 셀 수 없는 폭격과 다양한 비밀 작전을 수행한 미국은 '평화기'라는 개념을 사실상 없었다. 여러 학자가 증명하듯 끝없는 전쟁은 변덕스러운 형태의 남성성의 자유롭게 떠다니는 증오를 만든다. 전쟁과 국내의 과격화의 관계를 확인하는 연구도 많이 나와 있다. 특히 제1차 걸프전은 민병대와 애국 단체의 확산을 불렀다. 예: Jan Kramer, *Lone Patriot* (2007), p. 67; Steven Cermak, *Searching for a Demon* (2012); Abby Ferber, *Home-Grown Hate* (2004); Nadya Labi, "Rogue Element: How an Anti-government Militia Grew on an U. S. Army Base," *New Yorker* (May 26, 2014). 또한 Belew, *Bringing the War Home*, and Mary Dudziak, *Wartime: An Idea, Its History, Its Consequences* (2012), p. 86는 제1차 걸프전이 어떻게 그동안 미국이 겪은 전쟁과의 단절을 나타내는지 보여 준다. 변경 전쟁에서 제2차 세계대전까지는 국가가 발전하는 하나의 이야기로 자연스럽게 통합할 수 있었다. 추가 자료:

Kenneth Stern, *A Force Upon the Plain: The American Militia Movement and the Politics of Hate* (1996); Jerry Lembke, *The Spitting Image: Myth, Memory, and the Legacy of Vietnam* (2000); Daniel Levitas, *The Terrorist Next Door: The Militia Movement and the Radical Right* (2002); Hugh Campbell, Michael Mayerfield Bell, Margaret Finny, eds., *Country Boys: Masculinity and Rural Life* (2006); Michael Kimmel and Abby Ferber, "'White Men Are This Nation': Right-Wing Militias and the Restoration of Rural American Masculinity"; Chip Berlet, "Mapping the Political Right: Gender and Race Oppression in Right-Wing Movements"; Evelyn Schlatter, *Aryan Cowboys: White Supremacists and the Search for a New Frontier, 1970–2000* (2009); Leonard Zeskind, *Blood and Politics: The History of the White Nationalist Movement* (2009); and Steven Cermak, Searching for a Demon (2012). 전쟁에 사용한 수십억 달러는 사회 서비스 비용을 댈 수도 있었다. 하지만 지방 당국은 가난한 주민에게 세금과 벌금을 부과해 예산을 메꾸려 해 마치 점령을 당하고 있다고 느낀 동네들도 있었다. 경찰이 어리고 무장도 하지 않은 아프리카계 미국인을 죽이는 사고가 늘어나자 항의 시위를 행진을 한 시민들은 미국이 치른 전쟁에서 쓰다 남은 전투복을 갖춰 입은 경찰 부대와 마주하게 되었다. 많은 이가 말하기를 미주리주 퍼거슨의 경찰과 펠루자의 군인을 구별하기 힘들었다고 한다. 지방자치단체 군대화의 정치경제학: Walter Johnson, "The Economics of Ferguson," *The Atlantic* (April 26, 2015), https://www.theatlantic.com/politics/archive/2015/04/fergusons-fortune-500-company/390492/; Mark Thompson, "Why Ferguson Looks So Much Like Iraq," *Time* (August 14, 2014). 오바마 시대에 우파 인종주의자들이 죽인 사람의 수는 잘 알려져 있다. 2015년 6월에는 사우스캐롤라니아주 찰스턴의 이매뉴얼 아프리칸 감리교회 총격으로 아프리카계 미국인 9명이 사망했다. 그러나 오리건, 콜로라도, 루이지애나에서 생존주의자, 여성혐오자, 인종주의자, 백인 우월주의자가 저지른 학살은 대부분 관심을 끌지 못했다. Government Accountability Office, "Countering Violent Extremism."

44 2017년 여름, 도널드 트럼프는 조지 H. W. 부시가 1990년에 파나마를 침공한 것을 긍정적인 선례로 언급하며 위기에 빠진 베네수엘라에 군사 공격을 하라고 국

가안전국에 반복적으로 강요했다. 트럼프는 진심이었다. 회의를 할 때마다 그 주제를 꺼냈다. 그러나 군사·민간 조언자와 외국 지도자 등 그가 대화하는 모든 사람은 제안을 단호히 거부했다. 베네수엘라 침공은 부시가 제1차 걸프전의 서막으로 정치적 효과를 노렸던 파나마 침공보다 더 위험할 수 있었다. 그러나 즉각적인 거부의 이유는, 객관적으로 전략을 고려했기 때문이기도 하겠지만 그보다는 끝없는 전쟁에 갇힌 미국이 이제는 파나마 때처럼 특정한 전쟁 한 번으로 국내와 국제 정치의 질서를 다시 세울 수 없다는 사실이 크게 작용했을 것 같다. 과거에 미국은 나머지 세계에서 무리한 전쟁을 하고 난 이후 종종 라틴아메리카로 돌아가 재정비를 했다. 레이건에게는 그레나다가, 부시에게는 파나마가 있었다. 현재 트럼프는 베네수엘라를 가질 수 없었다.

45 Wallach, "NAFTA on Steroids." Ernesto Londoño and Nicholas Casey, "Trump Administration Discussed Coup Plans with Rebel Venezuelan Officers," *New York Times* (September 8, 2018), https://www.nytimes.com/2018/09/08/world/americas/donald-trump-venezuela-military-coup.html.

46 다라 린드_{Dara Lind}는 〈복스_{Vox}〉에서 국경 정책의 군대화를 포함해 국경 이슈를 훌륭히 보도했다. 개요: "The 2014 Central American Migrant Crisis" (May 13, 2015), https://www.vox.com/cards/child-migrant-crisis-unaccompanied-alien-children-rio-grande-valley-obama-immigration/are-children-who-come-into-the-us-illegally-eligible-for-legal-status.

47 ABC News, "Obama Has Deported More People Than Any Other President" (August 29, 2016). https://www.dhs.gov/immigration-statistics/yearbook에서 찾은 정부 데이터를 참고했을 때 "오바마 정부가 다른 정부보다 많은 사람을 추방했다."라는 저자의 주장은 과장으로 보인다. 더구나 후버, 루스벨트, 트루먼, 아이젠하워 때 추방 방식은 지금과 달랐다. 어쨌든 무슨 뜻인지는 잘 알겠다.

48 Sarah Macaraeg, "Fatal Encounters; 97 Deaths Point to Pattern of Border Agent Violence Across America," *The Guardian* (May 2, 2018), https://www.theguardian.com/us-news/2018/may/02/fatal-encounters-97-deaths-point-to-pattern-of-border-agent-violence-across-america.

49 ACLU Border Litigation Project and the University of Chicago Law School,

International Human Rights Clinic, "Neglect and Abuse of Unaccompanied Immigrant Children by U.S. Customs and Border Protection" (May 2018), https://www.dropbox.com/s/lplnnufjbwci0xn/CBP%20Report%20ACLU_IHRC%205.23%20FINAL.pdf?dl=0.

50 이 ACLU 페이지(https://www.aclusandiego.org/cbp-child-abuse-foia/)에 들어가면 국경경비대가 지속적으로 폭력을 저지르고 처벌을 받지 않는 것에 대해 다양한 단체 ─노모어데스No More Deaths, 여성난민위원회Women's Refugee Commission, 전국이민자정의센터National Immigrant Justice Center 등─ 가 최근 작성한 보고서 링크를 볼 수 있다.

51 Ed Pilkington, "'It Was Cold, Very Cold': Migrant Children Endure Border Patrol 'Ice Boxes,'" *The Guardian* (January 26, 2015), https://www.theguardian.com/us-news/2015/jan/26/migrant-children-border-patrol-ice-boxes.

52 Cantú, *A Line Becomes a River*, p. 32.

53 Jim Gilchrist and Jerome Corsi, *Minutemen* (2006), p. 13; Derek Lundy, *Borderlands* (2010), p. 187.

54 David Neiwert, And Hell Followed with Her: Crossing the Dark Side of the American Border (2013), p. 126; Lundy, Borderlands, p. 187.

55 David Nye, *America as Second Creation: Technology and Narratives of New Beginnings* (2004), p. 210. 추가 자료: Wallace Stegner, *Beyond the Hundredth Meridian: John Wesley Powell and the Second Opening of the West* (1954).

56 알고 보니 이란-콘트라였던 조직의 후원으로 국경순찰대를 만들었던 J. R. 하간은 자신이 베트남에서 '인간 살육'을 했고 공산주의와 싸우기 위해서라면 '또 그렇게 할 것'이라고 말했다. "Verdict in Sanctuary Trial Fails to Deter Supporters of Movement," *Hartford Courant* (May 13, 1986).

57 *"Minuteman Alista Voluntarios," La Opinión* (May 27, 2005). 또 다른 예: "국경 반대쪽에 있는 사람들은 지금도 캠프파이어에 둘러앉아 우리에게 졌던 전쟁 이야기를 하고 있을 것이다." 다른 민병대 대원은 백인들이 "정복으로 이 땅을 차지했다."라고 인정하고 있다; Harel Shapira, *Waiting for José: The Minutemen's Pursuit of America* (2013), p. 3. Gilchrist and Corsi, Minutemen, pp. 146–52에

서는 국경 민병대가 재정복 과정을 어떻게 상상했는지 보여 준다.

58 Peter Holley, "These Armed Civilians Are Patrolling the Border to Keep ISIS Out of America," *Washington Post* (November 25, 2015).

59 Shapira, *Waiting for José*, p. 12.

60 Shane Bauer, "Undercover with a Border Militia," *Mother Jones* (November/ December 2016). 우파 인터넷 사이트는 우르두어-영어 사전 혹은 아랍어-영어 사전이 국경에서 계속 발견되고 있다고 한다.

61 Tim Gaynor, "Desert Hawks," Al-Jazeera America (October 26, 2014), http:// projects.aljazeera.com/2014/arizona-border-militia/.

에필로그

1 Daniel Van Schooten, "Bad Actors Among Border Wall Contractors," *Projecton Government Oversight* (April 17, 2018), http://www.pogo.org/blog/2018/04/ bad-actors-among-border-wall-contractors.html.

2 Todd Miller, *Border Patrol Nation: Dispatches from the Front Lines of Homeland Security* (2014)는 이와 같은 국경의 새로운 관념에 주목한다.

3 "The Constitution in the 100-Mile Border Zone," ACLU fact sheet, https://www. aclu.org/other/constitution-100-mile-border-zone.

4 Tanvi Misra, "Inside the Massive U.S. 'Border Zone,'" *City Lab* (May 14, 2018), https://www.citylab.com/equity/2018/05/who-lives-in-border-patrols-100-mile-zone-probably-you-mapped/558275/.

5 텍사스주에서 자금을 지원했던 프로젝트로 이후 종료되었다. Joana Moll and Cédric Parizot, "The Virtual Watchers," *Exposing the Invisible*, https:// exposingtheinvisible.org/resources/the-virtual-watchers.

6 "Our Walled World," *The Guardian* (November 19, 2013). Michael Flynn, "Where's the U. S. Border?"는 미발표 논문으로 Todd Miller의 "Wait—What Are U. S. Border Patrol Agents Doing in the Dominican Republic?" *The Nation* (November 19, 2013)에 인용됨; Miller, *Border Patrol Nation*; "All of Michigan Is an ICE

'Border Zone,'" *Metro Times* (February 2, 2018), https://www.metrotimes.com/news-hits/archives/2018/02/02/all-of-michigan-is-an-ice-border-zone-here-are-the-rights-all-immigrants-should-know

7 Miller, *Border Patrol Nation*, p. 43.

8 Ivana Kottasová, "The 1% Grabbed 82% of All Wealth Created in 2017," *CNN Money* (January 22, 2018), http://money.cnn.com/2018/01/21/news/economy/davos-oxfam-inequality-wealth/index.html. 옥스팜OXFAM에서 '크레디트 스위스 Credit Suisse가 발간하는 세계 부 보고서Global Wealth Databook의 데이터를 이용해' 낸 기사다.

9 Jane Mayer, "The Reclusive Hedge-Fund Tycoon Behind the Trump Presidency: How Robert Mercer Exploited America's Populist Insurgency," *New Yorker* (March 27, 2017), https://www.newyorker.com/magazine/2017/03/27/the-reclusive-hedge-fund-tycoon-behind-the-trump-presidency. 머서가 보안관 행세를 할 수 있었던 프로그램은 종료되었다고 한다. Isobel Thompson, "Bob Mercer, Glorified Mall Cop, Has a Badge—and Lots of Guns," Vanity Fair (March 28, 2018), https://www.vanityfair.com/news/2018/03/robert-mercer-volunteer-policeman-gun-control; Sean Illing, "Cambridge Analytica, the Shady Data Firm That Might Be a Key Trump-Russia Link, Explained," Vox (April 4, 2018), https://www.vox.com/policy-and-politics/2017/10/16/15657512/cambridge-analytica-facebook-alexander-nix-christopher-wylie; Vicky Ward, "The Blow-It-All-Up Billionaires," *Huffington Post* (March 17, 2017), https://highline.huffingtonpost.com/articles/en/mercers; Michael Wolff, Fire and Fury (2018).

10 Tami Luhby, "Millennials Born in 1980s May Never Recover from the Great Recession," *CNN Money* (May 23, 2018), http://money.cnn.com/2018/05/22/news/economy/1980s-millennials-great-recession-study/index.html.

11 Peter Whoriskey, "'I Hope I Can Quit Working in a Few Years': A Preview of the U. S. Without Pensions," *Washington Post* (December 23, 2017).

12 정치경제의 구조적 변화에 관해 설득력 있는 주장을 펼치는 책이 있다. 이 책에서는 빈곤과 불평등 문제를 넘어 개혁에 관한 진보적 사고의 한계를 조명한다:

James Livingston, *No More Work: Why Full Employment Is a Bad Idea* (2016). 리빙스턴(뉴딜 정책을 추진한 스튜어트 체이스Stuart Chase와 체이스의 1934년 작 *The Economy of Abundance*에 가장 큰 영향을 받았다)은 노동이 자본가의 이익에서 떨어져 나왔다고 주장한다. "1920년대 이후로 사회 필수 노동 ─우리가 아는 문명 사회의 물질적 기초를 재생산하는 것이 목적이다─ 은 일상의 거래에서 차지하는 비율이 점점 낮아지고 있다. 우리는 매년 투입(자본이든 노동력이든)을 늘리지 않은 채로 생산량을 늘리고, 이 현상은 미국 내에서만이 아니라 전 세계에서 발생하고 있다." 이 인용문의 출처: "Why Work?" *The Baffler* (June 2017), https://thebaffler.com/salvos/why-work-livingston. 리빙스턴은 이 변화가 사회 폭력에 불을 지폈다고 본다: "Gunsandthe Pain Economy," *Jacobin* (December 18, 2012), https://www.jacobinmag.com/2012/12/guns-and-the-pain-economy. 추가로 참조할 자료들: Victor Tan Chen, "All Hollowed Out: The Lonely Poverty of America's White Working Class," *The Atlantic* (January 16, 2016); Peter Temin, *The Vanishing Middle Class: Prejudice and Power in a Dual Economy* (2017); Thomas Ferguson, Paul Jorgensen, and Jie Chen, "Industrial Structure and Party Competition in an Age of Hunger Games: Donald Trump and the 2016 Presidential Elections," working paper #66, Institute for New Economic Thinking (January 2018), https://www.ineteconomics.org/uploads/papers/Ferg-Jorg-Chen-INET-Working-Paper-Industrial-Structure-and-Party-Competition-in-an-Age-of-Hunger-Games-8-Jan-2018.pdf; "Statement on Visit to the USA by Professor Philip Alston, United Nations Special Rapporteur on Extreme Poverty and Human Rights" (December 15, 2017), https://www.ohchr.org/EN/NewsEvents/Pages/DisplayNews.aspx?NewsID=22533; Samuel Stebbins, "Despite Overall Sustained GDP Growth in U.S., Some Cities Still Hit Hard by Extreme Poverty," *USA Today* (April 23,2018), https://www.usatoday.com/story/money/economy/2018/04/23/cities-hit-hardest-extreme-poverty/528514002/; I. Papanicolas, L. R. Woskie, and A. K. Jha, "Health Care Spending in the United States and Other High-Income Countries," *Journal of the American Medical Association* (March 13, 2018), vol. 319, no. 10, pp. 1024–1039. Adam Tooze,

Crashed: How a Decade of Financial Crises Changed the World (2018)도 참고
할 것.

13 Hiroko Tabuchi, "'Rolling Coal' in Diesel Trucks, to Rebel and Provoke,"
    New York Times (September 4, 2016); Brian Beutler, "Republicans Are the
    'Rolling Coal' Party," *New Republic* (June 5, 2017), https://newrepublic.com/
    article/143083/republicans-rolling-coal-party.

14 Dara Lind, "Trump on Deported Immigrants: 'They're Not People. They're
    Animals,'" *Vox* (May 17, 2018), https://www.vox.com/2018/5/16/17362870/
    trump-immigrants-animals-ms-13-context-why.

15 여권 거부는 조지 W. 부시 정부에서 스타트를 끊었고 오바마 정부를 거쳐 트
    럼프 시대에 폭발적으로 증가했다. Kevin Sieff, "U. S. Is Denying Passports
    to Americans Along the Border, Throwing Their Citizenship into Question,"
    Washington Post (September 13, 2018), https://www.washingtonpost.com/
    world/the_americas/us-is-denying-passports-to-americans-along-the-border-
    throwing-their-citizenship-into-question/2018/08/29/1d630e84-a0da-11e8-a3dd-
    2a1991f075d5_story.html.

16 트럼프가 미국 상원의원이라고 착각한 상대와 통화한 내용 전문: *Business
    Insider* (June 30, 2016), https://www.businessinsider.de/trump-prank-phone-
    call-transcript-john-melendez-bob-menendez-air-force-one-2018-6?r=US&IR=T.
    추가 자료: John D. Feeley and James D. Nealon, "The Trump Administration
    Shoves Honduran Immigrants Back into Danger," *Washington Post* (May 9,
    2018); Masha Gessen, "Taking Children from Their Parents Is a Form of State
    Terror," *New Yorker* (May 9, 2018). 그러나 트럼프는 구조적 학대structural cruelty를
    극적인 학대spectacular cruelty로 바꾸었을 뿐이다. 버락 오바마 정부 때 엘살바도르
    주재 미국 대사도 비슷한 정책을 공표했다. Greg Grandin, "Here's Why the U. S.
    Is Stepping Up the Deportation of Central Americans," *The Nation* (January 21,
    2016).

17 Caitlin Dickerson, "Detention of Migrant Children Has Skyrocketed to Highest
    Levels Ever," *New York Times* (September 12, 2018), https://www.nytimes.

com/2018/09/12/us/migrant-children-detention.html.

18 Jonathan Chait, "Trump Has Now Broken Every One of His Economic Populist Promises," *New York* (May 11, 2018). 이 책을 쓰는 동안, 백악관은 멕시코·캐나다와 NAFTA 재협상을 진행하고 있다. 현재는 클린턴 시대의 경제 세계화 용어인 NAFTA가 아니라 미국-멕시코-캐나다 협정으로 통한다. 새롭게 제의된 조약—세 나라의 비준 절차가 남아 있지만— 은 미국이 탈퇴한 환태평양 동반자 협정(TPP)에서 출발한 국제무역법 조항에 반영될 것이다. 여기에는 '특허와 저작권 독점을 강화하고 연장'하는 조치들도 포함되어 있다. 물론 트럼프는 TPP 반대 운동을 벌였다. Dean Baker, "Trump's Reality-TV Trade Deal," *The Nation* (October 3, 2018), https://www.thenation.com/article/trumps-reality-tv-trade-deal/.